Schriftenreihe der Landesärztekammer Thüringen
Band 4

Herausgeber
Landesärztekammer Thüringen

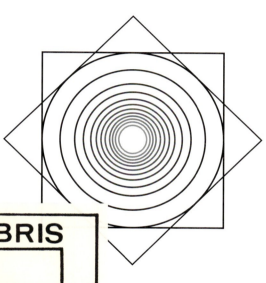

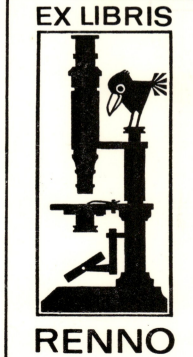

Menschliche Verantwortung gestern und heute

Beiträge und Reflexionen zum nationalsozialistischen Euthanasie-Geschehen in Thüringen und zur aktuellen Sterbedebatte

Herausgegeben von Eggert Beleites

Landesärztekammer Thüringen
Jena 2008

Schriftenreihe der Landesärztekammer Thüringen
Band 4

Bibliographische Information der Deutschen Bibliothek:
Die Deutsche Bibliothek verzeichnet diese Publikation in der Deutschen Nationalbibliographie.
Detaillierte bibliographische Angaben sind im Internet über http://dnb.ddb.de abrufbar.

1. Auflage 2008

ISBN 3-9806989-4-7

Produktion: **Hain-Team** – Hohenmoorweg 16, 26160 Bad Zwischenahn (www.hain-team.de)
CtP, Druck, Bindung: Hahndruck, Kranichfeld

© 2008 Landesärztekammer Thüringen, Jena
Das Werk einschließlich aller seiner Teile ist urheberrechtlich geschützt. Jede Verwertung außerhalb der engen Grenzen des Urheberrechts ist ohne schriftliche Zustimmung des Rechteinhabers unzulässig und strafbar. Dies gilt insbesondere für Vervielfältigungen, Übersetzungen, Mikroverfilmungen und jegliche Art digitaler Speicherung und Verarbeitung.

Inhalt

    Vorbemerkung 7
    Vorwort 9

I. Verantwortung im Erinnern

Friedrich Wallbrecht
Ethik des Erinnerns. Von der Wahrung der Menschenwürde
beim Erinnern an Menschen 15

Eggert Beleites
Von Notwendigkeit und Sinn persönlichen Erinnerns.
Gedanken zur „Ibrahim-Debatte" 21

II. Geschichtliche Problemfelder

Hans-Günter Eschke
Zum Menschenbild in der Bewegung der geistigen Kultur
Deutschlands. Philosophische Anmerkungen
über Vergangenes im Spiegel der Gegenwart 33

Manfred Weißbecker
„Wir müssen ein gesundes Volk besitzen, um uns
in der Welt durchsetzen zu können". Gedanken
eines Historikers zu den Ursachen und Zielen
nationalsozialistischer Verbrechen 55

Ernst Luther
Abwicklung oder bewußtseinsbildendes Bedenken? 73

Willy Schilling
Ärzte und das System nationalsozialistischer
Euthanasie in Thüringen 81

III. Im Streit um Ibrahim

Willy Schilling
Der „Fall" Ibrahim – Fakten, Probleme, Positionen 139

Mechthild Haupt
Zur Entwicklung der Neuropädiatrie im Verlauf
des 20. Jahrhunderts 163

Johannes-Martin Kasper
Die nationalsozialistische Kindereuthanasie in Stadtroda.
Ein Beitrag anhand von Krankenakten
aus neuropädiatrischer Sicht 171

Sebastian Lemke
22 Stadtrodaer Kinderschicksale: Fakten aus der Sicht
eines Klinikers 197

Helmut Metzler
Sozialwissenschaftliche Reflexionen zur „Ibrahim-Debatte"
in den Lokalseiten der „Ostthüringer Zeitung" 223

Olaf Werner
Schutz Verstorbener vor unwahren Behauptungen 231

IV. Sterbehilfe in unserer Zeit

Nikolaus Knoepffler
Sterbehilfe: die internationale Debatte 255

Eggert Beleites
Euthanasie heute: die deutsche Sicht 279

V. Schlußbetrachtung 285

VI. Zeittafel 291

VII. Anhang

    Abkürzungsverzeichnis 311
    Sigel und Quellennachweis 313
    Autorenverzeichnis 314

Vorbemerkung

Der vorliegende Band der Schriftenreihe der Landesärztekammer Thüringen hat eine lange Entstehungsgeschichte. Maßgeblich wurde er vom langjährigen Präsidenten der Landesärztekammer Thüringen, Professor Dr. Eggert Beleites, gefördert, der am 27. Dezember 2006 seiner schweren Krebserkrankung erlegen ist. Die Publikation sei deshalb seinem Andenken gewidmet.
Wir danken allen Autoren und allen denen, die dazu beigetragen haben, daß der Band jetzt noch nach Professor Beleites Tod erscheinen konnte.
Die Landesärztekammer hat sich bereits 1999 mit dem Problem Ärzte und Nationalsozialismus intensiv befaßt. Die Kammerversammlung, quasi das Parlament der Thüringer Ärzteschaft, verabschiedete damals folgende Erklärung:

Erklärung der Kammerversammlung der Landesärztekammer Thüringen

Die Kammerversammlung der Landesärztekammer Thüringen gedenkt der Opfer des Nationalsozialismus und bedauert zutiefst, daß Menschen in Thüringen auch durch Ärzte Leid und Tod erfahren haben.
Ärzte haben sowohl gegen Grundwerte ärztlichen Handelns als auch gegen humanitäre Prinzipien verstoßen.
An zwei Opfergruppen soll hier erinnert werden: Zum einen Patienten, die als Häftlinge oder „Geistes-" und „Erbkranke" ärztlichen Maßnahmen im Sinne und nach Maßgaben nationalsozialistischer Herrschaft ausgesetzt waren. Zum anderen die ärztlichen Kollegen, besonders die jüdischen, deren Ausschaltung von ihren Fachkollegen hingenommen oder sogar betrieben wurde.
Das KZ-Buchenwald und die „Kinderfachabteilung" in Stadtroda waren u.a. Stätten ärztlichen Fehlverhaltens in Thüringen.
Die Kammerversammlung der Landesärztekammer Thüringen trauert um die Opfer ärztlich verursachten oder geduldeten Unrechts. Sie sind uns Erinnerung und Mahnung, die Unabhängigkeit der ethischen Normen unseres Berufes über den Zeitgeist zu stellen.

Diese Erklärung hat nichts an Gültigkeit eingebüßt.
Dr. Mathias Wesser, Präsident, für den Vorstand der Landesärztekammer Thüringen
Jena, im November 2007

Vorwort

Im nationalsozialistischen Deutschland sind staatlich veranlaßte und beaufsichtigte Verbrechen und Greueltaten in einem uns heute nur schwer vorstellbaren Maß begangen worden. Viele Bürger – darunter auch viele Ärzte – beteiligten sich aktiv an diesem Geschehen. Andere verhielten sich passiv und unternahmen nichts gegen allenthalben erkennbares Unrecht. Wie konnte das in einem so hoch entwickelten europäischen Kultur- und Industrieland wie dem damaligen Deutschland passieren? Wie schätzen wir heute nach mehr als 60 Jahren diese verantwortungslosen und die Massenmorde unterstützenden, ja diese überhaupt erst ermöglichenden Verhaltensweisen ein? Worin sind ihre Ursachen zu sehen, und würden sich Menschen heute unter ähnlichen Umständen und Bedingungen ebenso verhalten wie unsere Vorfahren? Was müssen wir als Generation der Nachgeborenen unseren Enkeln mit auf den Weg geben, damit solche tragischen Verirrungen sich niemals wiederholen können?

Wie schwierig die Beantwortung solcher und ähnlicher Fragen auch heute noch ist, zeigten die heftig aufeinander prallenden Meinungen und Beurteilungen, als in Jena öffentlich bekannt wurde, daß der bis dahin weit über die deutschen Grenzen hinaus angesehene Kinderarzt und langjährige Ordinarius für Kinderheilkunde der altehrwürdigen Friedrich-Schiller-Universität Jussuf Murad Ibrahim (1877–1953) als einer von mehreren Ärzten der Alma mater Jenensis in die nationalsozialistische Euthanasie verstrickt gewesen ist. Neben den Fragen, wie es denn passieren konnte, daß überhaupt ein Arzt – man denke an Hippokrates – Patienten zur Tötung oder in das System zur Tötung überweist und mit welcher Motivation er dies tat, bewegte alle an der öffentlichen Diskussion Beteiligten zugleich das Problem, wie mit diesem „Erbe" umzugehen sei und ob es denn tatsächlich reichen würde, den Kinderarzt Prof. Jussuf Ibrahim aus der Liste der historisch gewürdigten Vorbilder zu streichen, um danach zur Tagesordnung übergehen zu können.

Bei der Beantwortung dieser und weiterer Fragen wird es einfache und völlig übereinstimmende Antworten und Lösungen nicht geben können. Es gilt, Indikatoren zu suchen, die Ursachen und Anfänge sowie Entwicklungsgefahren solcher Menschheitsverirrungen aufzuzeigen ermöglichen. Wege sind aufzuspüren, wie den heutigen und künftigen Generationen Sensibilität dafür vermittelt werden kann, Wiederholungen im Keim zu ersticken. Dies erfordert, über die öffentlich geführte Diskussion zu Ibrahims Verhalten hinaus zu gehen und sich mit der in sie verwobenen allgemeinen Problematik von Euthanasie und Sterbehilfe zu beschäftigen.

Wie in der wissenschaftlichen Literatur wird auch im vorliegenden Band der Euthanasie-Begriff unterschiedlich verwendet, wird unterschieden zwischen der von den Nationalsozialisten betriebenen verbrecherischen Selektion und Tötung „lebensunwerten Lebens" und dem ursprünglich humanistischen Gedanken eines würdigen Sterbens. Unterschiedliche Sichtweisen, geprägt von eigener Profession und eigenem Erleben, werden in den Beiträgen durchaus deutlich. Obgleich die Autoren sich im Rahmen gemeinsamer Diskussionen gegenseitig beeinflußt haben, blieben doch ihre Grundanschauungen sowie die Wichtung von Teilproblemen sehr different. Doch daraus erwächst dem Ganzen kein Nachteil. Alles, was hier kaleidoskopartig zu ein und demselben Problem zusammengestellt wurde, möge vom Leser selbst beurteilt werden.

Die Autoren dieses Bandes, so verschieden sie sind, was Herkunft, Beruf, Alter und vor allem Weltanschauung angeht, sind alle davon überzeugt, daß ein unreflektiertes Kategorisieren in Gut oder Böse bei einer so komplizierten Materie nicht hilfreich ist und nur eigenes Nachdenken – im Zusammenhang mit konkreten soziologischen und ethischen Bedingtheiten – zur Klarheit beiträgt. Einer der wichtigsten Ansätze der Autoren basiert auf dem gemeinsam vertretenen Gedanken, neue Blickwinkel bei der Beurteilung des Geschehens im Dritten Reich vor dem Hintergrund der historischen und gegenwärtigen Sterbehilfedebatte – historisch am Beispiel Thüringens und mit der Ibrahim-Debatte verknüpft – aufzuzeigen und so eine bisher verkürzte Sicht auf gleicher und neu erschlossener Quellenbasis zu hinterfragen. Die Autoren vertreten dabei die Auffassung, daß die Thematik selbst nicht verengt und monokausal betrachtet werden kann, sondern fachwissenschaftlich übergreifende Forschungsansätze verlangt.

In dem von Gottfried Wilhelm Leibniz verfaßten Band „Nouveaux Essais" aus dem Jahr 1765 findet sich der Gedanke: „Man kann sagen, daß die Gegenwart mit der Zukunft schwanger geht und mit der Vergangenheit beladen ist, damit alles sich zum Ganzen webt." In heutiger Sprache, kurz formuliert, heißt dies: Zukunft braucht Vergangenheit. Diesem Kriterium folgten die Autoren. Sie haben sich zusammengefunden, um ihre Gedanken auszutauschen und diese schließlich auch, weil derartige Problematik Ärzte und ärztliche Verhaltensweisen in ganz besonderer Weise berührt, in einem Fortbildungsband der Landesärztekammer Thüringens festzuhalten.

Jena, im Mai 2006
Prof. Dr. med. habil. Eggert Beleites
Präsident der Landesärztekammer Thüringen

I.
Verantwortung im Erinnern

Friedrich Wallbrecht

Ethik des Erinnerns

*Von der Wahrung der Menschenwürde
beim Erinnern an Menschen*

E thik – das meint ein Bemühen, sich mit dem eigenen Handeln verantworten und rechtfertigen zu können. Dazu gehören eigenes Nachdenken, Gespräche mit anderen und Verständigung mit denen, denen wir uns verbunden fühlen. Dabei soll Klarheit gewonnen werden, wie das eigene Tun, wie auch einzelne Taten sich vernünftigerweise begründen lassen. Solche Klärung sucht zugleich auch Anerkennung bei denen, deren Meinung und Urteil einem lieb und wert ist.

Im gegenwärtigen Deutschland gelten die Menschenrechte als verbindende und verbindliche Werte unserer Gesellschaft. Damit stehen wir in einer europäischen Tradition, in dem von den Vereinten Nationen (UNO) deklarierten weltweiten Zusammenhang und in der besonderen geschichtlichen Verantwortung, die sich für uns aus der Vergangenheit ergibt.

Dieser ethische Horizont darf nicht ausgeblendet werden, wo die persönliche Meinung oder eine gemeinsame Stimmung in Gruppen und öffentlichen Kreisen sich geltend machen möchte. Wollen wir diese uns alle verpflichtende ethische Kultur deutlich und verständlich machen, sollten wir deren ursprüngliche Leitworte zitieren: *Freiheit, Gleichheit* und *Brüderlichkeit*.

Die genannten ethischen Leitbegriffe beschreiben miteinander einen dreidimensionalen Lebensraum: Selbstbestimmtes Leben, gerechtes Miteinander und liebevolle Fürsorge können im Verbund eine besonders menschenwürdige Kultur entwickeln. Genauer ist darauf zu achten, daß die Verhältnisse zwischen diesen Seiten ausgewogen und lebensdienlich bleiben. Menschenunwürdig wäre eine asoziale Freizügigkeit ebenso wie ein unbarmherziges Rechtswesen oder eine entmündigende Pflege.

Katastrophale Unmenschlichkeiten greifen aber dort um sich, wo einzelne Menschen oder ganze Gruppen und Schichten von dem beschriebenen ethischen Standard ausgeschlossen werden, mit welchen Argumenten und Motiven auch immer. Die inzwischen erreichte Form der Ethik wird darum auf Menschenwürde und Menschenrecht gegenüber jedermann bestehen und dafür eintreten.

Erinnern ist nun ein ethisch besonders sensibler Handlungsbereich. Das liegt (1.) in der Natur der Sache, (2.) im Wesen des Menschen und (3.) in den Formen unseres Zusammenlebens.

(1) Erinnern betrifft Vergangenes. Erinnern befaßt sich mit Zuständen und Vorgängen, mit Personen und Sachverhalten aus zurückliegenden Zeiten, abgeschlossen und gegenwärtig auch nicht mehr zu ändern. Dem historischen Erkennen werden sich die geschichtlichen Abläufe und Zusammenhänge nicht vollkommen erschließen. Erst recht bleiben die vielfältigen Eindrücke und Reaktionen von handelnden Personen immer bis zu einem gewissen Grade undurchschaubar. Gleichwohl ist das geschichtliche Bewußtsein darauf bedacht, Vergangenes in seinen Ursachen und Wirkungen begreifen zu können. Das moralische Gewissen fühlt sich zudem berufen, das Vergangene aus gegenwärtiger Sicht zu bewerten. Zu beachten bleibt, daß solcher Rückblick stets aus einer unüberbrückbaren Distanz angestellt wird. Eine unmittelbare Begegnung mit dem Vergangenen ist von Natur aus unmöglich.

(2) Erinnern an Vergangenes ist untrennbar verbunden mit Gedanken und Gefühlen des jeweiligen Augenblicks, ganz persönlich. Eine größere Öffentlichkeit mag darauf Einfluß nehmen. Eine bestimmte Bildungskultur mag dabei prägend sein. Gestaltet wird das Erinnern aber immer aus einer persönlichen Betroffenheit und Bestimmtheit heraus. Gerade in diesem Persönlichen wird das Erinnern beschränkt, weil Menschen nur im begrenzten Umfang Vergangenes erkennen und verstehen können. Und das Erinnern wird konzentriert und profiliert von ganz persönlichen Erfahrungen und Erwartungen.

(3) Erinnern an Vergangenes kann im Zusammenleben von Menschen verschiedene Aufgaben erfüllen. Als Entscheidungshilfe dient ein Erinnern, wenn es ähnliche Vorgänge aus der Vergangenheit bewußt macht. Auswirkungen und Folgen, im Rückblick oft hinreichend deutlich, werden dann für eine vergleichbare Lage leichter vorhersehbar. Als Gefühlsverstärkung für eine Beziehung oder eine Gemeinschaft wirkt das Erinnern einer gemeinsamen Vorgeschichte. Zusammengehörigkeit und Zusammenhalt erscheinen damit in ihrer Dauer noch bedeutsamer und beständiger. Als Unterhaltungskunst erscheint das Erinnern eher spielerischer und belangloser. Untergründig geht es dabei freilich oft um ein selbstgefälliges Vergleichen. Das Fremde wird dem Eigenen gegenübergestellt und soll das Gefühl bestärken, demgegenüber glücklicher oder auch tüchtiger zu erscheinen. Solche Gegenüberstellung und Abwertung im Er-

innern greift dort um sich, wo im gegenwärtigen Zusammenleben eher Probleme und Spannungen zunehmen.

In allen drei Blickrichtungen lassen sich ethische Probleme und Gefährdungen erkennen:

(1) Das Erinnern eröffnet eine einseitige Beziehung zu Vergangenem. Wer nun an Menschen, an deren Tun und Verhalten erinnert, steht dabei in der Pflicht, deren Menschenwürde und Menschenrechte nicht zu verletzen. Dazu gehört das Prinzip der Wahrhaftigkeit. Sachverhalte, Tatbestände und Verhaltensweisen sind begründet und nachvollziehbar aufzuweisen. Unklarheiten und Beschränkungen in den Rekonstruktionen und Erklärungen müssen markiert werden.

(2) Das Erinnern wird unausweichlich subjektiv beeinflußt, ja geprägt. Der eigene Blickwinkel und die persönliche Perspektive müssen sich erkennbar machen. Dazu gehört das Prinzip der Ehrlichkeit. Folglich sind Überlegungen anzustellen, welcher Kenntnisstand die Aussagen begründet, welche eigenen Erfahrungen das Verstehen begleiten und welche gegenwärtigen Interessen das Erinnern befördern.

(3) Das Erinnern sollte die beabsichtigten Wirkungen mitteilen. Lernen, Selbstfindung und Spielen mit Erinnertem erscheinen verantwortbar. Dazu gehört das Prinzip der Gerechtigkeit. Selbstgerechte Überheblichkeit oder gar eigennützige Verunglimpfungen dagegen genügen dem gegenwärtig erreichten ethischen Standard nicht.

Erinnern unter der Kritik des moralischen Gewissens bildet einen ethischen Ernstfall. Besonders in Bezug auf verstorbene Personen bedarf es aufmerksamer Behutsamkeit. Sie haben ja nicht nur Anrechte auf Respekt ihres „Letzten Willens", auch ihrer „Totenruhe". Erst recht behalten sie auch das Recht auf Wahrung ihrer „Menschenwürde". Ihr Gedächtnis bleibt im Geltungsraum der „Menschenrechte". Da sie solches nicht mehr selbst einfordern und einklagen können, stehen alle diejenigen, die an Verstorbene erinnern, über sie reden und urteilen, in einer besonderen moralischen Verantwortung.

Die vorab benannten Prinzipien von Wahrhaftigkeit, Ehrlichkeit und Gerechtigkeit sind mit äußerster Sorgfalt zu berücksichtigen.

Zur Wahrhaftigkeit gehört es, das fragliche und anstößige Verhalten erst einmal historisch kritisch einzuordnen. Geschichtliche Umstände, gesellschaftliche Verhältnisse, persönliche Voraussetzungen und tatsächliche Auswirkungen bedürfen einer möglichst umsichtigen und tiefgründigen Klärung. Nur so finden sich angemessene Maßstäbe für ein moralisches Beurteilen oder auch Verurteilen des anstößigen Verhaltens. Wie auch heute vor Gericht und im Strafvollzug können bei Verurteilung die Menschenrechte eingeschränkt, in keinem Fall aber die Menschenwürde des Verurteilten angegriffen oder in Abrede gestellt werden. Die Kritik hat sich also an den Handlungen festzumachen, nicht an der Person. Schon vom rein sprachlichen Ausdruck her geht es bei dieser ethisch zulässigen Kritik um adverbiale Bestimmungen, nicht um attributive Bestimmungen des Subjekts.

Zur Ehrlichkeit gehört es, die eigenen Beweggründe und Werte offen zu legen, nach denen aus gegenwärtiger Sicht das Verhalten in der Vergangenheit beurteilt und verurteilt wird. Selbstkritisch muß dazu auch gegenwärtiges Handeln und Verhalten untersucht werden, selbst wenn es nur in einem entfernt vergleichbaren Problemhorizont erscheint. Diese selbstkritische Vergegenwärtigung des problematischen damaligen Verhaltens befördert Einsichten nach beiden Seiten: für die vertraute Gegenwart und für die fremde Vergangenheit. Ehrlich kann dann gefragt werden, mit welchem Wissen und Gewissen Verantwortung wahrgenommen werden kann, damals und heute.

Zur Gerechtigkeit gehört es, für angemessene öffentliche Formen der Kritik an den erinnerten Taten und Verhaltensweisen zu sorgen. Die Arten der Vermittlung und Präsentation müssen gewährleisten, daß die Öffentlichkeit sachverständlich und angemessen wirkungsvoll damit befaßt wird. Dazu sind ganz unterschiedliche Gesetzmäßigkeiten zu berücksichtigen, ob es nun um informelles Lernen, um soziale Bildung oder auch mehr um spielerische Unterhaltung geht. Immer aber kommt es darauf an, bei aller Einseitigkeit des Erinnerns dem Erinnerten seine Menschenwürde zu bewahren, gerade im Urteilen oder sogar Verurteilen von einzelnen Taten oder Untaten.

Christliche Traditionen und Institutionen tun sich schwer, für eine „Ethik des Erinnerns" allseits überzeugende und weiterführende Grundlagen bereitzustellen. Erfahrungen aus der Geschichte der Kirchen zeigen, wie mit Bibelsprüchen und Gottvertrauen Menschen das Gedenken an andere Menschen verunstaltet und in den Schmutz getreten haben. Auch wenn spätere Generationen schließlich diese Verurteilungen korrigieren, den so Geschmähten Gerechtigkeit widerfahren lassen, es bleibt der Eindruck, wie gefährdet und moralisch anfällig das Erinnern doch ist.

Die Grundlagen unserer gegenwärtigen Ethik, die allgemein gültigen Menschenrechte, sie sind ursprünglich gegen die herrschenden Verhältnisse von Staaten und

Kirchen formuliert und eingefordert worden. Gerade das ist aus christlichen Idealen und Geboten heraus erwachsen. So finden sich in den christlichen Traditionen wesentliche Elemente, die für diese „Ethik des Erinnerns" tragende Grundlagen und weiterführende Anhaltspunkte bereithalten.

„Einen andern Grund kann niemand legen als den, der gelegt ist, welcher ist Jesus Christus. Wenn aber jemand auf den Grund baut Gold, Silber, Edelsteine, Holz, Heu, Stroh, so wird das Werk eines jeden offenbar werden. Der Tag des Gerichts wird's klarmachen; denn mit Feuer wird er es offenbaren. Und von welcher Art eines jeden Werk ist, wird das Feuer erweisen. Wird jemandes Werk bleiben, das er darauf gebaut hat, so wird er Lohn empfangen. Wird aber jemandes Werk verbrennen, so wird er Schaden leiden; er selbst aber wird gerettet werden, doch so wie durchs Feuer hindurch." (1. Kor 3, 11–15).

Dieses Bibelwort verbindet den Respekt vor der Person mit der Kritik seiner Werke. Im religiösen Sinn bleibt die Würde unantastbar. Das „ewige Leben" darf keinem abgesprochen werden. Dieser liebevolle Blick erfordert aber nun gerade nicht, vor den Taten oder auch Untaten die Augen zu verschließen. Die Rettung der Person erspart nicht das Gericht seiner Werke. Das dürfen und sollen Menschen mit Herz und Verstand, nach bestem Wissen und Gewissen auch schon beim Erinnern an Verstorbene tun. So ist das kritische Überdenken und Beurteilen geradezu geboten, freilich in geschichtlicher Wahrhaftigkeit und persönlicher Ehrlichkeit. Für das religiöse Lebensgefühl bleibt dann immer noch der letzte Vorbehalt, daß alles endgültige und vollkommen richtige Beurteilen erst von Gott her erfolgen wird.

Eggert Beleites

Von Notwendigkeit und Sinn persönlichen Erinnerns

Gedanken zur „Ibrahim-Debatte"

Wie vergangene Ereignisse und Haltungen von jeder einzelnen Person beurteilt und eingeordnet werden, ist weitgehend von eigenen Erfahrungen, von der Art der erlebten Sozialisierung und natürlich von erworbenen Kenntnissen abhängig. Deshalb hat jedes Individuum eine ganz eigene Vorstellung von dem, was zu früherer Zeit geschehen ist und wie vergangene Verhaltensweisen einzuordnen sind und, daraus folgend, wie Zukunft zu gestalten ist.

Zur Darstellung einer einzelnen Facette sei ein kleiner Teil meines eigenen Erlebens und meiner Sozialisierung geschildert. Im Herbst 1945, unmittelbar nach Kriegsende, erzählten uns, d. h. den gerade eingeschulten 6-jährigen Jungen, die Lehrer, so mindestens habe ich es persönlich erlebt, von den schrecklichen Verbrechen der Nazis. Sie hätten viele unschuldige Menschen einfach umgebracht und wären ohne Grund gegen andere Länder in den Krieg gezogen. All die Zerstörung, die wir ringsherum erleben mußten, die Abwesenheit fast aller Väter, die zerstörten Häuser, der allgemein herrschende Hunger und die fehlenden Heizmöglichkeiten seien ausschließlich Folge dieser Naziverbrechen. Mit solchen Verbrechen müßte nun ein für allemal Schluß sein, deshalb gelte: „Wer noch einmal eine Waffe anfaßt, dem solle die Hand abfaulen". An jeder Litfaß-Säule war ebenfalls dieser Spruch, verstärkt durch ein eindrückliches Bild, zu lesen. Diese mir damals folgerichtig erscheinende Maxime hatte ich gewissermaßen verinnerlicht und später immer noch gelebt, als die Welt längst wieder hochgerüstet war. Erst mit 25 Jahren, nachdem ich längst als Wehrdienstverweigerer geführt wurde, habe ich vorsichtig eine Waffe, es war ein Luftgewehr, in die Hand genommen und meine Zielfähigkeit getestet.

Nachdem 1948 in der DDR die Pionierorganisation gegründet worden war, hat mein Freund mich zum Eintritt in diese Organisation überreden wollen, weil er dadurch eine Tafel Schokolade und ein Brötchen verdienen konnte, welche wir uns nach meinem Eintritt teilen wollten. In Hungerzeiten ein verlockendes Angebot. Mit den Worten „so einen Unsinn (nämlich die „Pimpfe") hatten wir schon einmal" hat die Mutter den Eintritt in die neue Organisation entschieden verboten. Allein diese Worte haben in mir lebenslang ein tiefes Mißtrauen gegenüber allen Parteien, Verbünden, Verbänden u. ä. wachsen lassen, so daß ich niemals auch nur die leiseste Versuchung spürte, in die Pioniere, in die FDJ, oder gar in die Partei einzutreten. Zu späterer Zeit habe ich öfter zu hören bekommen: „Treten Sie doch in die Partei ein, dann wird es mit Ihnen vorwärts gehen". Ich war mir stets sicher, daß ich lieber aufs Vorwärtskommen verzichten wollte, als ein Werkzeug irgendeiner friedliebenden Organisation, die möglicherweise doch nicht so friedlich war, wie sie alle vorgaben, zu sein.

Die Problematik um die Verbrechen der Nazis hat mich seit meiner Kindheit ständig beschäftigt. Ich fragte mich, wie es dazu kommen konnte, weshalb hat so gut wie keiner etwas dagegen unternommen und wo die Wurzeln zu suchen sind. Schon in der Grundschulzeit, viel mehr noch als Oberschüler und Student, habe ich versucht, Zeitzeugen zu befragen, wie sie die schreckliche Zeit erlebt und vor allem, ob sie versucht hätten, dagegen etwas zu unternehmen. Die Bilanz dieser Befragung war sehr ernüchternd. Man konnte nichts tun, man hatte nichts gewußt, man fand es nicht so schlimm usw. Ich wollte aber vor allem wissen, was ich in der Gegenwart zu tun hätte, um ähnliche Entwicklungen möglichst schon im Keim zu ersticken. Das war auf diese Art natürlich nicht zu ermitteln. Besuche in Konzentrationslagern, Lesen von Büchern über Widerstand und Erhebung bestärkten mich darin, äußerst skeptisch gegenüber irgendwelcher Parolen und unbewiesenen Behauptungen zu sein. Ganz besonders mißtrauisch wurde ich immer dann, wenn fanatisch behauptet wurde, dies oder jenes sei die einzige Wahrheit.

Während der Studentenzeit ließen mich Berichte über schreckliche Krankentötungen in psychiatrischen Einrichtungen nicht los. Ich habe mir gezielt die Gaskammern mit ihrem Umfeld, z. B. in der Bernburger Psychiatrie, angesehen, um zu erkunden, wie es überhaupt dazu kommen konnte, daß Ärzte, die nach meiner Vorstellung ja vorwiegend aus karitativen Gründen diesen Beruf erwählt hatten, sich an solch schrecklichen Menschheitsvergehen beteiligen konnten. Nach dem medizinischen Staatsexamen wollte ich Psychiater werden, um näher hinter die Kulissen gucken zu können. Meine Bewerbung in Bernburg wurde abgelehnt, so ergriff ich das Fach meiner Vorväter, die HNO-Heilkunde.

– Von Notwendigkeit und Sinn persönlichen Erinnerns –

Meine Fragen

Die Fragen „Wie können wir eine Wiederholung solch schrecklicher Verbrechen, wie sie während der NS-Zeit geschehen sind, vermeiden?" oder „Waren tatsächlich die meisten Menschen, die im Dritten Reich gelebt hatten, den Naziideologien verfallen und in sie verstrickt, wie es Thomas Mann ganz kühn behauptete." haben mich bis heute nicht losgelassen. Sie bewegten mich in besonderem Maße, als sich in Jena und Umgebung eine breite Öffentlichkeit intensiv, zugleich sehr emotional mit der über 60 Jahre zurückliegenden Zeit des Nationalsozialismus beschäftigte und nachgewiesen werden konnte, daß Ibrahim in das kategorisch zu verurteilende „Euthanasie"-Programm der Nazis verstrickt gewesen ist. Viele Zeitzeugen, die Ibrahim kennen und schätzen gelernt hatten, wollten nicht glauben, daß sich eine so humanistisch gebildete und für sie liebenswerte Persönlichkeit an Verbrechen beteiligt haben soll. Die eindeutige Aktenlage einerseits und die durch Erlebnis und Gedächtnis geprägten Erinnerungen andererseits haben zu der stark gefühlsbetonten öffentlichen Auseinandersetzung geführt. Die heftig aufeinander prallenden, sich widersprechenden Meinungen, Bewertungen und Beurteilungen ließen die Schwierigkeit und Vielschichtigkeit einer Beurteilung im Nachhinein deutlich werden.

Das „Ibrahim"-Problem gab und gibt Anlaß zum Nachdenken über unsere Vergangenheit, soll aber hier lediglich beispielhaft verwendet werden. In diesem Zusammenhang denke ich nicht nur an die Auseinandersetzung mit der NS-Vergangenheit, sondern auch an den Umgang mit der sozialistischen Vergangenheit und deren Repräsentanten und sogar an die Einschätzung der jüngsten bundesrepublikanischen Zeit. Es geht darum, wie wir mit Anschauungen, Haltungen und Taten vergangener Generationen umgehen, was und wie und möglicherweise ob wir überhaupt aus vergangenen Irrwegen lernen können und welche ethischen und moralischen Prinzipien wir der kommenden Generation versuchen sollten zu vermitteln. Die Auseinandersetzung mit der Vergangenheit ist in diesem Sinn nicht nur Aufgabe von Philosophen, Historikern oder verwandten Professionen, sie ist mindestens auch Pflicht eines jeden, der in den Erziehungsprozeß eingebunden ist oder Aus-, Weiter- und Fortbildung gestaltet.

Mit Verwunderung stellte ich fest, wie sehr die öffentliche Diskussion mich selbst bewegte. Da ich mich in den 50er und 60er Jahren intensiv mit den Verbrechen des NS-Regimes und seiner Anhänger auseinandergesetzt hatte, die damals gewonnenen Erkenntnisse und Erfahrungen mich tief erschütterten und meine gesamten

Lebenseinstellungen und Haltungen wesentlich und nachhaltig geprägt hatten, dachte ich zunächst, daß ich von diesem Thema nicht mehr so sehr berührt werden würde, zumal ich Ibrahim selbst nicht gekannt habe und alles, was an das Nazi-Regime erinnert, zutiefst verabscheue. Was machte bzw. macht mich so betroffen? Betroffen macht mich,

- daß solche schrecklichen Dinge, wie Euthanasie bei Erwachsenen und Kindern, Sterilisation gegen den Patientenwillen und medizinische Versuche an Menschen, in Konzentrationslagern überhaupt und in diesem Ausmaß geschehen konnten, vor allem aber auch, daß es so viele Ärzte gab, die sich aktiv an den Grausamkeiten beteiligt haben und den Zeitgeist offensichtlich höher bewerteten als das ärztliche Berufsethos;
- daß erst so spät Licht ins Dunkel gebracht wurde, obgleich die Unmenschlichkeiten ein derartiges Ausmaß hatten, daß man auch als Uneingeweihter leicht die Perversität des damaligen Verhaltens hätte erkennen können;
- daß so viele Menschen erst jetzt darüber erschrocken sind, was damals passiert ist und manche es immer noch nicht glauben wollen;
- daß man versucht hat und an vielen Stellen heute noch versucht, die Kenntnisse über die Grausamkeiten und Verbrechen der Öffentlichkeit vorzuenthalten, wohl aus Angst davor, daß bestimmte Persönlichkeiten, gewisse Institutionen oder auch nur ein Berufsstand in den Schmutz gezogen werden könnten;
- daß es so viele Menschen gibt, die nur in unzulässig vereinfachenden Gut-Böse- bzw. Schwarz-Weiß-Kategorien denken und dann mit diesem Gedankenansatz und dazu im Nachhinein über Verfehlungen früherer Generationen entscheiden und befinden, ohne die Umstände, die zu den Verirrungen und Verbrechen geführt haben, kritisch zu prüfen;
- daß – und dies macht mich besonders betroffen – differenziertes Denken und kritisches Hinterfragen selbst – entsprechend diesem Denkschema – schnell als unzulässige Gedankengänge dargestellt werden, die nur die Verbrechen vertuschen oder sogar beschönigen wollen. Wenn wir uns aber so verhalten, daß ein freies Nachdenken nicht mehr gestattet ist, so ist dies der Beginn der Diktatur;
- daß Aufarbeitung von Vergangenem immer wieder ohne Beziehung zur Gegenwart und auch ohne Blick in Richtung Zukunft geschieht, daß persönliche Konsequenzen und Schlußfolgerungen kaum gezogen werden und daß man sich selbst so gut wie nie kritisch hinterfragt sowie kaum darüber nachdenkt, ob das, was wir heute, aus welchen Gründen auch immer, als richtig ansehen und deshalb von uns getan wird, in 50 Jahren weiterhin Bestand haben wird;

– daß Auseinandersetzungen mit vergangenen Zeiten oftmals lediglich mit dem Ziel erfolgen, sich zu profilieren, sich darzustellen oder auch nur darum, um im Vergleich mit dem Vergangenen selbst positiv zu erscheinen. Das ist wohl auch ein Grund dafür, daß die Opfer in der Regel eine viel geringere Rolle spielen als die Täter und ihnen kaum persönliche Unterstützung gewährt wird.

Ibrahim und seine Zeit

Viele Fragen und Facetten kommen mir beim Nachdenken über die Persönlichkeit Ibrahims und die Gründe seiner Entscheidungen in den Sinn. Vieles ist völlig unklar und von den Historikern im Einzelnen wohl auch nicht mehr aufklärbar. Diese offen bleibenden Fragen können uns vielleicht bei dem Bewältigen zukünftiger Probleme auch ohne Antwort helfen, sie können uns vielleicht etwas sensibilisieren und zum kritischen Nachdenken anregen.

Über eine lange Zeit waren die NS-Verbrechen nicht Gegenstand öffentlicher Diskussion. Die Tabuisierung und kollektive Verdrängung lag wohl unter anderem wesentlich daran, daß es sich um Massenverbrechen gehandelt hat, an denen sehr viele Menschen direkt oder indirekt beteiligt waren und diese sich nicht selbst eines Verbrechens bezichtigen wollten. Viele der Mitwisser oder auch der Beteiligten verspürten offenbar nicht einmal ein Unrechtsempfinden, schließlich standen sehr viele Menschen im damaligen Deutschland Eugenik- bzw. Euthanasiegedanken positiv gegenüber. Die fehlende Sensibilität ist sicher nicht allein damit zu erklären, daß man in einer Zeit lebte, in der man zum Sterben und zum Tod eine erheblich andere Einstellung als heute hatte. Sterben und Tod waren viel gegenwärtiger als wir es heute kennen, denn viele Krankheiten waren überhaupt nicht therapierbar, die Säuglings- und Kindersterblichkeit war noch ausgesprochen hoch und der „Heldentod" hatte einen durchaus positiven Klang. Viele andere Ursachen für die Verdrängung oder das „Nicht wahrgenommen haben" der Nazigreueltaten kommen in Betracht. In Bezug auf die Kinderheilkunde sei daran erinnert, daß das noch sehr junge Fachgebiet „Pädiatrie" und deren führende Vertreter, vermutlich aus einem Gefühl des Außenseitertums heraus, für den politischen und den wissenschaftlichen Zeitgeist besonders anfällig waren. Die Machtergreifung der Nationalsozialisten versprach gerade diesem Spezialgebiet der Medizin Anerkennung und Entwicklungsmöglichkeiten. Das neue Regime schenkte der Kinderheilkunde ausdrücklich staatliche Aufmerksamkeit, weil es sich als „Garant der Zukunft" für die Kinder und Jugendentwicklung besonders verantwortlich fühlte und spezielles Interesse an einer „erb- und rassereinen" Jugend hatte, die von den Kinderärzten umsorgt werden sollte. Man brauchte Soldaten für die Zukunft. Bereits 1917 hat Ibrahim in seiner Jenaer Antrittsvorlesung diese Aufgabe deutlich formuliert. Ausdruck dafür, daß die staatlichen Ziele von den Repräsentanten der Kinderheilkunde verstanden und verinnerlicht waren, war das auf der wissenschaftlichen Jahrestagung der Pädiater 1934 entschieden vorgetragene Zurückweisen der Vorwürfe, daß Kinderärzte zu lange „lebensunwertes" Leben erhalten würden. Es hieß: „Die Kinderheilkunde hilft, alle geborenen lebenswerten (aber eben nur die „lebenswerten", d. Vf.) Kinder zu erhalten und sie unter besten Bedingungen aufwachsen zu lassen".

Der damals schon sehr bekannte Ibrahim lebte, lehrte und wirkte in der Zeit, in der die oben zitierte Meinung öffentlich von seiner Fachgesellschaft vertreten wurde. Er genoß unter der Bevölkerung als Mensch, Arzt und anerkannter Vertreter seines Faches sowohl vor dem Dritten Reich, als auch im Dritten Reich und sogar auch noch während der DDR-Zeit eine besonders hohe öffentliche Anerkennung und das, obgleich er am Euthanasie-Programm der Nazis beteiligt war. Wie ist dieser scheinbare Gegensatz zu erklären? Die Ambivalenz zwischen Humanität und Tötungsvergehen ist schwer zu begreifen. Dabei geht es nicht um die Frage, ob oder wie man das Verhalten von Ibrahim entschuldigen kann, sondern darum, wie die damalige Entwicklung zu verstehen ist und darum, eventuelle zukünftige Analogien möglichst schon im Keim zu ersticken.

Ibrahim wurde 1917, also noch in der Kaiserzeit zum Ordinarius und Ärztlichen Leiter der Kinderklinik in Jena berufen und blieb dies in den drei nachfolgenden Regimes. Der Monarchie folgte die Weimarer Republik mit den ungewissen Umbruchszeiten, der Inflation und der Weltwirtschaftskrise, dann das NS-Regime in dem besonders „braunen" Thüringen und schließlich der stalinistische Sozialismus (bis 1953). Es handelt sich bei ihm also um eine Person, die in vier sehr unterschiedlichen politischen Systemen in herausragender Stellung tätig war. Sicher bedurfte es einer gewissen Anpassungsfähigkeit, um die eigene Stellung zu behalten und gleichzeitig für das noch junge Fachgebiet Positives zu bewirken. War es mehr Anpassung oder Überzeugung, daß Ibrahim in den 1930er Jahre der NSDAP beitreten wollte?

Oft wird gesagt, man habe damals die Unmenschlichkeit des Regimes nicht erkennen können. Nahezu 50 Prozent der 1933 tätigen Pädiater waren im Sinne der NS-Gesetzgebung Juden. D.h., jeder zweite Kinderarzt unterlag der Verfolgung,

Entrechtung, Vertreibung oder Vernichtung. 1939 war die Hälfte aller Kinderärzte Deutschlands verschwunden. Das konnte niemandem verborgen bleiben. Schon gar nicht einem Ordinarius für Pädiatrie.

Ibrahim war kein Deutscher. Fühlte er sich deshalb möglicherweise einem besonderen Druck ausgesetzt? Er war ein angesehener, kompetenter Fachvertreter, der zu Lebzeiten und weit darüber hinaus hohe Achtung bei der Bevölkerung genoß. Von seinen Bewunderern wird erzählt, daß er als Arzt Leben gerettet, Juden vor dem sicheren Tod bewahrt und sich besonders der Schwachen angenommen habe. Und dennoch hat sich diese Persönlichkeit nicht, wie es einige seiner Kollegen getan haben, gegen die Vernichtung sogenannten lebensunwerten Lebens gewandt. Ganz im Gegenteil, er hat bereits vor dem Dritten Reich, wie es dem allgemeinen Zeitgeist entsprach und wie es andere meist besonders engagierte und fortschrittlich erscheinende Mediziner auch taten, über Euthanasie nachgedacht und stand ihr offenbar aufgeschlossen gegenüber. Es handelte sich wohl bei derartig denkenden Ärzten in der Mehrzahl primär nicht um Mörder im weißen Kittel, sondern um Ärzte, die sich humanistischen Gedanken besonders verbunden fühlten. Vorstellbar ist sogar, daß Ibrahim die diesbezüglich unklaren Verhältnisse in der Nazizeit – es gab keine Euthanasiegesetzlichkeit – für seine, aus seiner Sicht humanistische Idee der Euthanasie („Gnadentod") verwendete. Nicht klar ist bislang, wie Ibrahim die Prognose der dem Tod Geweihten wirklich einschätzte. Denkbar ist auch, daß er sich in vielen Fällen gerade dann, wenn ihm die Prognose eindeutig infaust erschien, besonders demonstrativ dem Regime andienen wollte. Weil es keine Gesetzlichkeit für aktive Sterbehilfe gab, wollte er, auch wenn er für Euthanasie eintrat, vielleicht nicht geheim töten oder auch nur töten lassen. Möglicherweise wurde die Euthanasie von Ibrahim gerade deshalb so offen angesprochen. So offen, daß ihm von Seiten der Politik und der Universitätsleitung die öffentliche Diskussion über Euthanasie untersagt wurde. Die gesetzlich nicht erlaubte Tötung pflegte man in der Regel durch sogenannte „natürliche" Todesursachen zu kaschieren. Ressourcenknappheit als Begründung für die Tötung wurde zwar durchaus diskutiert, aber im allgemeinen nur zweitrangig. Heilungsfähige konnten durch die Beseitigung Nicht-Heilungsfähiger besser behandelt werden. Also eine Mitteleinsparung zugunsten der Heilbaren. Triagegedanken und Rationierungsüberlegungen werden heute zwar nicht so kraß formuliert, sind uns aber durchaus nicht fremd. Nicht klar ist weiterhin, wie sich Ibrahim nach unseren heutigen Vorstellungen hätte verhalten müssen, wenn Eltern von schwerstgeschädigten Kindern nicht bereit waren, die Kinder zurückzunehmen. Diese Frage ist in dieser Weise sicher nicht zulässig, weil wir die Möglichkeiten, die Stimmungen, den Leidensdruck heute nicht mehr einschätzen können. Wenn wir über die Person Ibrahim und sein Verhalten urteilen wollen, müßten wir aber all diese Facetten berücksichtigen. Allein an diesen wenigen Gedankengängen wird klar, wie schwierig Beurteilungen im nachhinein sind.

Konsequenzen: Ein Mahn-Denk-Mal und weitere Debatten

Ein Abwägen von Negativem und Positivem bei Handlungen, bei denen es um Leben oder Nichtleben geht, ist nicht möglich und nicht zulässig. Wenn wir Euthanasie verurteilen, müssen wir uns auch gegen das Verhalten von Ibrahim aussprechen und können ihn nicht als Leitfigur für die Zukunft hochhalten. Bestrafung oder Sühne kommen nicht in Betracht, weil er nicht mehr lebt. Die Forderung, seinen Namen rasch zu streichen, scheint mir nicht sehr hilfreich zu sein, besonders dann nicht, wenn man den Blick in die Zukunft richten will. Namenstilgung heißt, die Bürde der Vergangenheit abschütteln und vergessen. Den Namen als Verbrechernamen zu archivieren, wird der aufgezeigten Problematik ebenfalls nicht gerecht und hilft nicht, ähnliche Entwicklungen zu stoppen. Weder das ideelle noch das reelle Denkmal Ibrahim können kommentarlos bleiben. Wir brauchen dagegen ein Mahnmal in dem Sinne, daß selbst eine solche Persönlichkeit, als die Ibrahim bislang erschien, dem Zeitgeist verfiel – oder sogar auch dafür, daß es möglich war, post mortem durch falsche öffentliche Darstellung, wie ebenfalls behauptet wurde, ein Vorbild aufzubauen, welches es nicht verdiente. Vielleicht wäre es im Falle Ibrahim sinnvoll gewesen, Mahnmal und Denkmal als Mahn-Denk-Mal zusammenzuziehen. Allein schon deswegen, damit die Medizinstudenten zu kritischer Distanz gegenüber dem, was ihnen in der Lehre vermittelt wird, angeregt werden. Die Universität hätte (sie kann es ja auch immer noch) an der Klinik, die von ihm so lange und so prägend geleitet wurde, eine Tafel anbringen können, die ausweist, daß aus dieser Klinik Kinder in die Euthanasie geschickt wurden und dies zu der Zeit, als Ibrahim Direktor war. Natürlich wäre aber dann auch der Zusatz notwendig, daß die deutsche Ärzteschaft heute Euthanasie entschieden ablehnt.

Auch in unserer Zeit gibt es viele Probleme, die ethisch nicht klar entschieden werden können. Es sei dabei an den Schwangerschaftsabbruch erinnert, der von etwa 50 Prozent der heutigen Bevölkerung für rechtmäßig und moralisch vertretbar gehalten wird, während die anderen 50 Prozent ihn als ein Vergehen an der Menschlichkeit ansehen. Es sei an die Präimplantationsdiagnostik erinnert, die z. Zt. gerade heftige Diskussion hervorruft, aber auch an die mehr oder weniger legalisierte Euthanasie – auch an Kindern – in den Niederlanden und Belgien. Es sei erinnert an die Auseinandersetzung um sogenannte Zwangsernährung und an die Problematik einer Magensonde bei alten Menschen, aber auch an den z. T. völlig ungeklärten und strittigen Umgang mit Patientenverfügungen, an die unnötige Defensivmedizin und deren gewaltigen Ressourcenverbrauch oder an die übermäßige maximalmedizinische Versorgung über den Tod hinaus. Das sind Themen, bei denen sich unsere Zeit uneins ist. Es gibt glücklicherweise entscheidende Unterschiede zu den Praktiken im Nationalsozialismus – die Einwilligungsbedingung und die Möglichkeit, offen darüber reden zu können. Noch immer gibt es in der deutschen Bevölkerung keine einheitliche Meinung zum Hirntod und dessen Definition, zu den Problemen der Transplantation, speziell der Multiorgantransplantation. Ähnlich wie es in der Vergangenheit gewesen ist, wissen wir auch heute oft nicht, was nur einer Zeitströmung entspricht, was moralisch-ethisch richtig ist und wo die Grenzen für das Machbare sein sollen. Es bleibt die Frage: Was werden unsere Kinder und Kindeskinder über unsere Zeit und unsere Einstellungen zu diesen oder jenen – für uns noch nicht einschätzbaren oder nicht einmal erkannten – Zeitströmungen sagen? Tagtäglich haben wir deshalb von neuem die Pflicht, uns zu fragen: Wie entscheiden wir im Sinne unserer Enkel richtig? Aus unserer heutigen Sicht geht Individualmedizin vor Sozialüberlegungen. Vor 70 Jahren wurde das gerade eben von vielen Pädiatern so nicht gesehen. Auch in der DDR hatten die sozialmedizinischen Aufgaben einen viel höheren Wert als sie es heute in der Bundesrepublik Deutschland haben. In 70 Jahren wird es vielleicht wieder völlig anders betrachtet. Klare Regeln für den Umgang mit der Vergangenheit werden wir wohl nicht aufstellen können. Oft ist nicht einmal die Schuldfrage im Nachhinein eindeutig zu klären. Wie weit mußte man in der Diktatur mitgehen? Wieviel hat man nur so, weil es „alle" taten – mitgemacht? Wie oft hätte man sich aktiver gegen das Regime oder auch gegen den Zeitgeist stellen sollen, können, müssen? Fragen, die meist nicht beantwortet werden können, die aber nach Beginn einer sogenannten „Neuen Zeit" von großer Bedeutung sind, wenn darüber entschieden werden soll, wer darf bleiben? Wer darf an welcher Stelle bleiben? Die „Evaluierung" nach 1990 habe ich als sehr unbefriedigend empfunden, allein schon deshalb, weil sie größtenteils von den Menschen durchgeführt wurde, die die spezielle Vergangenheit gar nicht richtig kannten.

Was macht das alles für einen Sinn? Wir müssen uns aktiv mit dem Geschehen auseinandersetzen. Dabei darf es keine Tabus geben. Nur wenn wir heute überzeugendere Argumente dafür oder dagegen – im Fall Ibrahim gegen die Euthanasie – finden als unsere Vorgänger, werden wir diese nachfolgenden Generationen vermitteln können. D. h., – ich überspitze hier – wir brauchen Ibrahim und sein Gedankengut, um Freiheit für einen Neuanfang zu finden.

Der Umgang mit vergangener Zeit ist schwierig und sollte differenziert geschehen. Dabei haben wir nicht nur nach Schuld, sondern vielmehr nach Fehlern zu suchen. Schuld zieht in der Regel eine Bestrafung nach sich, so daß sie nur schwer eingestanden werden kann. Aus Fehlern hingegen kann man lernen und sie in der Zukunft vermeiden. Man sollte daran denken, daß Menschen Menschen sind und ein Recht auf Irrtum haben und daß schuldig gewordenen Menschen auch die Chance auf Besserung gegeben werden muß. Die Beurteilung und Einschätzung vergangenen Verhaltens ist immer im Zusammenhang mit den Zeitumständen und dem Zeitgeist vorzunehmen. Das heißt, man sollte nicht vordergründig ex post urteilen, sondern sich um eine ex ante Bewertung bemühen. Ziel aller „Aufarbeitung" muß die Verhütung einer Wiederkehr von Fehlern, Irrtümern oder gar Verbrechen sein. Dazu bedarf es einer breiten öffentlichen Diskussion und einer Transparenz für die Bevölkerung, damit sie vernünftig sensibilisiert wird. Aus dieser Sicht finde ich es außerordentlich gut, daß die Jenaer Bevölkerung die Diskussion um Ibrahim, wenn auch sehr emotional, so doch breit geführt hat.

Ich möchte auf keinen Fall frühere Verhältnisse wieder haben, in denen in erster Linie nach Vorgaben von „oben" ergebnisorientiert geforscht worden ist und nur Experten sagen durften, was man zu denken habe, so daß folglich keine Auseinandersetzung mehr mit den eigentlichen Problemen stattfinden konnte. Alle Diskussion muß zu Beginn ergebnisoffen sein, nur so kann zu tiefgründigem Verständnis der Dinge und zu neuen Einsichten gelangt werden.

II.
Geschichtliche Problemfelder

Hans-Günter Eschke

Zum Menschenbild in der Bewegung der geistigen Kultur Deutschlands

Philosophische Anmerkungen über Vergangenes im Spiegel der Gegenwart

1.
Fragen des Herangehens

Die Frage nach der Beteiligung oder Nichtbeteiligung von Personen an dem als „Euthanasie" firmierenden industriemäßigen Massenmord durch den sich als Nationalsozialismus bezeichnenden deutschen Faschismus wirft überhaupt die Grundsatzfrage nach unserer Stellung zu dem als *Euthanasie* bezeichneten Problemkomplex auf. Und dieser wiederum verweist zurück; einmal auf die weltanschaulichen Vorstellungen vom Menschsein, auf das Bild, das wir uns in unserer Zeit und in unseren gesellschaftlichen Verhältnissen vom Menschen machen, zum anderen auf die zweifellos oft schwer zu beantwortende Frage nach der Art und Weise des wirklichen Verhaltens der Individuen und gesellschaftlichen Gruppen in Bezug auf jene Vorstellungen. Schon bei oberflächlicher Betrachtung wird sichtbar, daß uns gegenwärtig ein *einheitliches Bild* vom Menschen fehlt,[1] daß es konkurrierende Vorstellungen vom Menschen gibt und daß die aktuelle Wirklichkeit den meisten Vorstellungen vom Menschsein nicht entspricht. Oder entsprechen nicht vielmehr viele unserer Vorstellungen nicht der Wirklichkeit?

Wer mit Bertrand Russell davon ausgeht, daß Weltanschauung und damit deren Menschenbild nicht im „luftleeren Raum" entsteht, sondern im Kopfe ihres jeweiligen Schöpfers „als Ergebnis seines *Milieus*, seiner Zeit und Lebensumstände ..., als *Menschen, in dem sich die Gedanken und Empfindungen kristallisierten und verdichteten*, die, wenn auch unklar und unkonzentriert, der menschlichen Gemeinschaft eigen waren, der er angehörte",[2] der wird die gegenwärtig herrschende Uneinheitlichkeit und Konkurrenz der Auffassungen vom Menschen als unvermeidlich verstehen. Es ist eine geradezu banale, häufig übersehene Einsicht: Die Wirklichkeit drängt sich, je nach dem Platz, den die Individuen im Ensemble der natürlichen sowie der sozialökonomischen, soziokulturellen, politischen, ethnischen usw. Beziehungen einnehmen, auf sehr unterschiedliche Weise zu Bewußtsein. Das hat methodische Relevanz für die Gewinnung unseres Verständnisses hinsichtlich der realen Mannigfaltigkeit von individuellen bzw. gesellschaftlichen bis hin zu gruppenspezifischen Anschauungen über „den Menschen" und die „menschlichen Dinge".

Wir alle sind durch unseren Platz in mannigfaltigen Lebensbeziehungen genötigt, uns weltanschaulich und ethisch zu orientieren. Wer das mit dem Bewußtsein seiner Verantwortung auch will, steht angesichts solcher Sachlage vor der Aufgabe, die praktische Lebenswirklichkeit und die vielfältigen Reflexe menschlichen Seins, besonders deren Deutungen, für sich selbst irgendwie in Einklang miteinander zu bringen. Und er kann dies realistisch nur, sofern er von seinem Platz im Leben der Menschenwelt, in der er lebt, seinem objektiv gegebenen *inter–esse* ausgeht. Das bestimmt auch seine individuellen Präferenzen in dem schier unendlichen Geflecht von Inhalten und Richtungen, in denen er, verbunden mit eigenen Erfahrungen, sein eigenes Bewußtsein herausarbeitet.

Ein logischer Schluß daraus ist dann auch: Will man das Denken und praktische Verhalten bestimmter Personen und Personengruppen beurteilen, muß man diese gemäß ihrem Platz in ihrem sozialökonomischen, politischen, beruflichen, familiären usw. Milieu *und* in der geistigen Situation ihrer Zeit zu verstehen, also zu ergründen suchen. Realiter kann niemand in einer bestimmten Gesellschaft leben und zugleich frei von dem Ensemble ihrer Verhältnisse und deren geistigen Reflexen sein. Ein bloßer Hinweis auf ein „Verstricktsein" einer Person „in die Zeit" ist zu abstrakt und legt überdies den Gedanken nahe, die Einzelnen könnten quasi neben der Gesellschaft stehen und ihren Platz darin willkürlich wählen. Will man das Verhältnis von Personen, Personengruppen oder / und gesellschaftlichen Institutionen zur Euthanasie *realistisch* beurteilen, ist unverzichtbar, *allen* wirklichen geschichtlichen Verhältnissen, materiellen wie ideellen, und ihren Wandlungen im ganzen, also auch hinsichtlich des Bildes vom Menschen, Rechnung zu tragen.

Für Deutschland hat sich seit der Herrschaft des Nationalsozialismus die für Wissenschaft und Publizistik ohnehin bestehende Sorgfaltspflicht in der Erforschung der praktischen und geistigen Lebenswirklichkeit besonders zugespitzt. Das gilt auch und in besonderem Maße für die Aufarbeitung der Euthanasie-Problematik. *Ein* bestimmter *Fragenkomplex* kann nicht veralten, juristisch ausgedrückt, nicht verjähren: Wie konnte es nach den geistigen Leistungen für das selbstbewußte Verständnis unseres Menschseins, die uns Renaissance, Aufklärung und klassischer Humanismus hinterlassen haben, nach dem immensen Aufschwung der naturwissenschaftlichen Forschung in diesem Lande so weit kommen, daß die faschistische Ideologie zum herrschenden „Zeitgeist" aufsteigen, große Teile des Volkes in seinen Bann schlagen und in seine Verbrechen gegen die Menschlichkeit verstricken konnte? Was bewegte sich zwischen jenen beiden Polen in Deutschland geistig? Gab es in der Bewegung der geistigen Kultur in Deutschland Veränderungen, die Möglichkeiten solcher Fehlentwicklungen vorbereiteten und stimulierten? Wie wirkte sie in den verschiedenen Gebieten geistigen und praktischen Lebens? Und: Wie können wir unter veränderten Bedingungen solche Fehlentwicklungen rechtzeitig angemessen ausschließen? Die historische Frage nach der Schuld mündet organisch in die Frage nach unserer *Schuldigkeit* heute und hier und in Zukunft ein.

2.
Geistige Situation der Zeit und herrschender „Zeitgeist"

Hinsichtlich des Fragenkomplexes *Euthanasie* sollte eine möglichst adäquate Erfassung der geistigen Situation der Zeit, aus der die dem Nationalsozialismus eigene, spezifisch faschistische Auffassung vom Menschen sowie von Euthanasie hervorging, das angemessene Verfahren sein, das uns auch einer realistischen Bewertung von Personen näher bringen kann. Die geistige Situation eines bestimmten geschichtlichen Zeitraumes besteht ja in der Existenz *und* Wechselbeziehung sehr unterschiedlicher Anschauungen zu Welt und Mensch, zeitgemäßer und unzeitgemäßer, progressiver und konservativer, religiöser und areligiöser, realistischer und unrealistischer usw. sowie in manchen Fällen auch Mischformen.

Als Jussuf Ibrahim sein Amt in Deutschland antrat, war die faschistische deutsche Ideologie insgesamt noch eine – wie man heute sagen würde – unbedeutende Randerscheinung. Diese Ideologie ist auch nicht plötzlich als willkürliche „Erfindung" aus dem Nichts auf die Welt gekommen. Das Problem ist ja, daß sie in Fortsetzung, Kombination und Zuspitzung von Anschauungen entstand, die selbst nicht faschistisch, wohl aber in der geistigen Situation der Zeit herangewachsen und mehr oder weniger verbreitet waren. Die faschistische Ideologie ging in Deutschland im ersten Viertel des 20. Jahrhunderts aus einer praktischen und geistigen Daseinssituation hervor, die Albert Schweitzer treffend als Leben „in einem gefährlichen Gemenge von Kultur und Unkultur"[3] charakterisierte. Mit dieser Charakterisierung knüpfte Schweitzer offensichtlich an die weltanschauliche Kulturauffassung Immanuel Kants an, der zufolge alle Kultur „eigentlich im gesellschaftlichen Wert des Menschen besteht."[4] Damit wird der *gesellschaftliche* Wert *des Menschen* – seit der Aufklärungsphilosophie und dem klassischen Humanismus sind das *alle Menschen* dieses Planeten[5] – als allgemeiner *Maßstab für Kultur*, also auch der Kultur gesellschaftlicher Organisation, verstanden. Schweitzer sieht denn auch als allgemeinen Maßstab, Kriterium und Weg der Kultur zur Überwindung jenes gefährlichen Gemenges: „Der letzte Entscheid über die Zukunft einer Gesellschaft liegt nicht in der größeren oder geringeren Vollendung ihrer Organisation, sondern in der größeren oder geringeren Wertigkeit ihrer Individuen."[6]

Wo aber ist allgemein der Wert des Menschen und damit die konkrete Wertigkeit des Einzelnen wirklich und auffindbar? Antwort: In der historischen Entwicklung hat sich die *Subjektivität*, die *gesellschaftliche* Wirksamkeit der Individuen als das erwiesen, was ihren gesellschaftlichen Wert wirklich ausmacht. Außerhalb der menschlichen Gesellschaft gibt es keine Wertrelation. Nun ist *die Gesellschaft* ein Ensemble, ein organisches System von Beziehungen, Verhältnissen zwischen den Menschen, das aus dem wechselseitigen Handeln eben derselben Menschen auf verschiedenen Ebenen und in unterschiedlichen Feldern ihrer sozialen Integration hervorgeht und seinerseits der historischen Qualität des Handelns der Individuen allgemein notwendige „Rahmenbedingungen" schafft.[7] Die Individuen sind nicht einfach nur Objekte oder Teilhaber am Leben dieses Ensembles, sondern durch ihr *Gesamtverhalten*, die Äußerung ihrer Fähigkeiten und Fertigkeiten, ihres Könnens und Erfahrungsschatzes, ihres Strebens und Wollens in einer historisch bestimmten Fülle von Verhältnissen *dessen individuelle Subjekte*. Zu solcher Subjektivität sind den Anlagen nach praktisch gleichermaßen alle Individuen *disponiert*, wenn auch nicht alle in gleichem Maße ausgebildet. *Kultur* besteht gerade darin, jene Anlagen vermittels der historisch gewachsenen, gesellschaftlich vorhandenen *menschlichen Potenzen* zur Ausprägung und zum *Genuß* der selbstbewußten, verantwortlichen, produktiven Teilhabe *aller* Individuen am fortschreitenden Leben der Menschheit heranzubilden. Solche anstrengende, letztlich auf die Entwicklung der sozialen Qualität der Menschen gerichtete Betätigung in einer Fülle gesellschaftlicher Beziehungen macht Kultur aus.

Man biegt Kultur in Unkultur um, wenn man den Menschen als Subjekt und Objekt der Pflege des Humanitären aus dem Zentrum der Kulturauffassung herausdrängt, ihn nicht mehr als seinen eigenen letzten Zweck behandelt und ihm dadurch den eigentlichen Grund seiner Selbstwertschätzung entzieht. Als *Unkultur* kann unter diesen Voraussetzungen all das Denken und Handeln bezeichnet werden, das den Wert des Menschen, sein eigener letzter Zweck zu sein,[8] sich selbst etwas *Vernünftiges* zu werden, ignoriert, bestreitet, herabsetzt, durch gesellschaftliche Regulative, Machtpotentiale unmöglich macht bzw. bereits geschichtlich errungene menschliche Werte antastet, durch „Uminterpretation" ins Gegenteil verkehrt, rückgängig macht oder / und zerstört – und zwar unter Einsatz ideeller und praktischer Instrumentarien, welche die Menschheit sich in ihrem geschichtlichen Kulturprozeß erarbeitet hat. Unkultur meldet meistens den Anspruch an, angeblich „höhere Kultur" als alles Bisherige und vor allem nicht so anstrengend wie dieses zu sein. Sie substituiert meist *Mittel* zum Leben *als* angeblich *höheres Lebensprinzip* des Menschseins und konstruiert auf dieser Basis folgerichtig in der Regel exzessiv elitäre Denkweisen. Seit Mitte des 19. Jahrhunderts tritt zunehmend offener der Markt, dessen Ware-Wert-Beziehungen moralisierend gewertet werden, als oberster Wertmaßstab an die Stelle des Menschen.

Dieser Sachverhalt nötigt uns, von der geistigen Situation der Zeit den jeweils herrschenden „Zeitgeist" zu unterscheiden. „Zeitgeist" ist die Richtung oder der Komplex von Richtungen, die in der geistigen Situation der Zeit dominierend werden. Das können Richtungen sein, die die Kultur voranbringen helfen, aber auch Richtungen, in denen die Tendenzen zur Unkultur überwiegen.[9] Vertreter des jeweils herrschenden Geistes einer Zeit tun gern so, als beherrschten sie die ganze geistige Situation, und sie verführen andere zu solcher Betrachtungsweise. Es scheint dann so, daß – um auf unser Thema zu verweisen – z. B. alle, die das Wort Euthanasie gebrauchen, mit der herrschenden Auffassung übereinstimmen. Dem ist realiter keineswegs so. Die geistige Situation ist reich an Facetten weltanschaulichen, religiösen, philosophischen, ethischen Denkens, in denen menschliches Verhalten zu kranken Menschen und zur Euthanasie reflektiert wird. Wie groß auch immer seine reale Wirkung im Leben sein mag, der „Zeitgeist" ist stets nur ein Teil der geistigen Situation.

3.
Wandlungen im Menschenbild

Eigentlich haben wir es im Folgenden mit zwei historischen Wandlungen hinsichtlich des weltanschaulichen Menschenbildes zu tun, die uns auch gegenwärtig stark bewegen. Die erste Wandlung vollzieht sich in der langen geschichtlichen Periode von der Renaissance über die Aufklärung bis zum klassischen Humanismus und zu den darauf aufbauenden, aufklärerischen Einsichten dieses Humanismus verpflichteten Anschauungen vom Menschen. Die zweite setzte um die Mitte des 19. Jahrhunderts ein und kann wahrscheinlich heute noch nicht als beendet angesehen werden.

Die erste Wandlung wurde getragen vom aufstrebenden Bürgertum, das sich aus Verhältnissen persönlicher Abhängigkeiten im Schoße der Feudalgesellschaft herausbildete und im Widerspruch dazu eigene, von den feudalen unterschiedene Lebensverhältnisse und -bedürfnisse sowie die diese reflektierenden Orientierungen und Wertvorstellungen entwickelte. Weltanschaulicher Ausdruck dessen ist die zunächst zaghafte, dann immer bestimmter und selbständiger werdende Abwendung von den orthodox-theologischen Auffassungen des Menschen, die diesen ewig in *prinzipieller Abhängigkeit* und am Gängelband einer ihm übergeordneten, ihn lenkenden Macht sehen. Das sich in Produktion und Handel, wissenschaftlicher Forschung und Anwendung des Wissens profilierende bürgerliche Leben stellte neue Anforderungen an eigenständige, sachgerechte Entscheidungen und Verantwortlichkeiten und vermittelte zugleich den Menschen eigene, ihren geistigen Horizont erweiternde und vertiefende Einsichten in natürliche und gesellschaftliche Verhältnisse. Die weltanschaulichen Fragen *mußten* neu gestellt werden. Philosophie entwickelte zunehmend Fragen aus dem wirklichen Leben für wirkliche Lebensvollzüge. Damit kollidierten wachsend Fragen der Schöpfung, Bewahrung, Verbreitung und Nutzung neuen Wissens sowie Probleme der geistigen und moralischen Leistungsfähigkeit mit Offenbarungs- und Autoritätsgläubigkeit. Zumeist werden sie ausgedrückt in philosophischen Themen zur Erkenntnistheorie bzw. in ethischer Fragestellung zu Freiheit und Verantwortlichkeit des Menschen. Allgemeine Strömung *am Grunde weltanschaulichen Denkens* in dieser an Kämpfen reichen Periode seit der Renaissance ist die prononciert anthropologisch bestimmte Gewichtung des weltanschaulichen Denkens bei mehr oder weniger konsequenter Abkehr vom orthodoxen theologischen Menschenbild. Kant erklärte in theoretischer Verarbeitung des Essentiellen dieser geschichtlichen Entwicklung die Philosophie zur wissenschaftlichen Menschenkenntnis und wissenschaftlichen Lebensweisheit.[10] Der Mensch wird als ganzheitliches Wesen verstanden, das sein eigener letzter Zweck ist, das mit Hilfe der Vernunft zu rationaler Beherrschung der Natur gelangen kann, sich die Gesetze seines Handelns selbst vorschreibt und insgesamt als *geschichtsbildendes Subjekt* welthistorisch existiert und wirkt. Die im Anschluß an Fichte von Hegel ausgearbeitete Dialektik hat, unter diesem Aspekt betrachtet, ihren Sinn als allgemeine theoretische Grundlegung eines lebensphilosophischen Pragmatismus, in dessen Mittelpunkt der Mensch als sein Dasein sich selbst verdankendes, sich selbst historisch entwickelndes, ganzheitliches Wesen steht.

Feuerbach gelangte dank seiner Forschungen zur Geschichte von Religion, Theologie und Philosophie zu der Erkenntnis, daß in religiösen Fragestellungen Probleme des Menschen auf entfremdete, verklärte Weise gestellt werden, daß demzufolge „das Geheimnis der Theologie die Anthropologie" ist.[11] Sein daran anschließender Gedanke einer Reform der Philosophie implizierte ein neues weltanschauliches *Prinzip*, das alles andere denn Ersatzreligion ist: „Die wesentliche Tendenz der philosophischen Tätigkeit kann überhaupt keine andere mehr sein als die, den *Philosophen* zum *Menschen*, den *Menschen* zum *Philosophen* zu machen."[12]

In der Logik solcher Abwendung von der Dominanz theologischen Denkens lag, daß zugleich mit dem skizzierten geschichtlichen Trend einer säkularen weltanschaulichen Aufwertung des Menschen in der Philosophie das theoretische Gerüst für ein methodisches Instrumentarium herausgearbeitet wurde, das dem Menschen als „auf eigenen Füßen stehendem", sein konkretes Dasein sich selbst verdankendem Wesen zur Lebensführung notwendig ist. Die vielfach mißverstandene, zunächst in spekulativ idealistischer Form theoretisch ausgearbeitete Dialektik hatte der Sache nach die Potenz zu umfassender Weltanschauung, die auch eine Pragmatik für die sachkundige, selbstverantwortliche Entfaltung des Menschen als Ganzheit in geschichtlichen Dimensionen in sich barg. Resultat war ein dynamisches Menschenbild, das den Menschen als Schöpfer seines eigenen konkreten Wesens *in der Welt* begreift, ein Bild, das der historischen Präzisierung, Konkretisierung, Verjüngung entsprechend der geschichtlichen Entwicklung dieses Wesens in Form der realen menschlichen Subjektivität bedürftig und fähig ist.

Das hier knapp Skizzierte ist eine der historischen Errungenschaften weltanschaulichen Denkens in einer breiten, an unterschiedlichen philosophischen Positionen und geistigen Niveaus reichen Bewegung. Aber sie hatte nachhaltige Anziehungskraft für Menschen unterschiedlicher sozialer Status. Zweifellos hatte diese Bewegung auch ihre „Windmacher", Kathedergelehrten und Dogmatiker sowie ihre Feinde. Und sie wies auch notwendige Mängel auf. Uns interessieren hier vornehmlich zwei derselben: Erstens war philosophischer Idealismus und die ihm nahestehende Religion die *dominierende* Denkweise, wodurch menschliches Wesen nicht in seiner Ganzheit erfaßt, sondern *spekulativ* auf Geistigkeit reduziert wurde. Zweitens berücksichtigte jenes Denken als grundlegende Seinsweisen nur Natur einerseits, Bewußtsein, vor allem Denken, andererseits. Das große Gebiet der menschlichen Tätigkeit, in der, durch gesellschaftliche Daseinsformen historisch bestimmt, materielle Natur und Bewußtsein in eigener Lebensleistung vermittelt und auf eigentümliche Weise zusammengeführt werden, wurde entweder als „moralische Welt" dem Bewußtsein zugerechnet oder einer spekulativen unvermittelten Einheit beider einer idealisierten Natur zugeschlagen.

Nun hatte Ludwig Feuerbach mit der Bemerkung „... ich selbst bin ja *nicht Mensch überhaupt*, sondern dieser *bestimmte, besondere Mensch* ..."[13] implizit die weltanschauliche, für das Kulturverständnis höchst relevante Aufgabe gestellt, die Menschen in der gesellschaftlichen Konkretheit ihres Wesens zu begreifen. Daran knüpfte Karl Marx an. Wer das *Gesamtwerk* von Marx (und Engels) aufmerksam studiert, wird finden, daß er vor allem die spekulativ idealistische Form jenes weltanschaulichen Denkens abstreift, sich aber mit der Form seines philosophischen Materialismus in dem von Aufklärung und klassischem Humanismus vorgezeichneten anthropologischen Trend befindet, was in negativer Form durchaus auch von dem jüngst verstorbenen Papst Johannes Paul II. gesehen wurde.[14] Daß Marx im offiziellen „Zeitgeist" auf Ablehnung stieß, dürfte vor allem der Tatsache geschuldet sein, daß seine durch subtile Forschungen begründete, umfassende wissenschaftliche Analyse des kapitalistischen Systems, die ausführliche Darstellung der spezifischen Einheit der mannigfaltigen Beziehungen und damit der inneren Widersprüchlichkeit desselben zu einer Zeit kritisch offen legte, als dessen Subjekte in Deutschland gerade zu *der* Macht gelangten, die ihnen den Aufbau *ihres* Systems, der *Welt nach ihrem Bilde*, ermöglichte.

Innig mit dieser „Welt" verbunden ist die zweite Wandlung im weltanschaulichen Denken. Aufklärung und klassischer Humanismus hatten einen Citoyen, einen idealen „Normalmenschen und -bürger" intendiert. Die breite Wirkung dieses Humanismus beruhte zu einem Gutteil auf dieser idealen Allgemeinheit. Zu ökonomischer und politischer Macht gelangte aber um die Mitte des 19. Jahrhunderts eine sehr wirkliche Bourgeoisie unter sehr realen gesellschaftlichen Bedingungen und nicht minder realen, durch ihren Platz in diesen Bedingungen bestimmten Lebensbedürfnissen.[15] Lebenselement und Lebensprinzip der Bourgeoisie sind durch die *private*[16] Verfügungsgewalt über ökonomische Machtmittel der *gesellschaftlichen* Lebensgewinnung bestimmt. Im Konkurrenzkampf (im kommerziellen „Wettbewerb") mit anderen ist die Erzielung ökonomischen Gewinns die Basis *ihrer* bürgerlichen Lebensweise (Nichterlangung desselben kann ihren „bürgerlichen Tod" bewirken). Sie befindet sich dank solcher Lebensweise auch hinsichtlich ihrer Denkweise – bei Strafe des „bürgerlichen Todes" – in Abhängigkeit von den Verwertungsbedürfnissen in der realen Bewegung des Kapitals. *Dadurch* wird die Rationalität ihrer Denkweise, vor allem die Setzung ihrer Maßstäbe geprägt. Für die Bourgeoisie ist der Markt das real Wesentliche ihrer sozialen Existenz. Er impliziert ein „Denken in Warenform" – Denken, das stückwerkhaft nicht das reale menschliche Leben in seiner Ganzheit, sondern die Ganzheit selbst unter dem Aspekt der Marktverhältnisse im Blick hat und dabei vom gegenständlich Geschaffenen, in Form von Ware Erscheinenden, nicht von den tätigen Subjekten und ihrer schöpferischen Tätigkeit zur Lebensgewinnung ausgeht. Marktverhältnisse sind in Sachen ausgedrückte zwischenmenschliche Beziehungen, die wegen dieser „Versachlichung" gleichgültig gegenüber der Individualität aller Persönlichkeit sind. In den gesellschaftlichen Beziehungen hat das weiter reichende Folgen:

Der Theoretiker des Liberalismus John Stuart Mill traf den Kern, als er äußerte: „Wo immer eine *überlegene Klasse* vorhanden ist, rührt ein großer Teil *der Moral des Landes* von ihren *Sonderinteressen* her und von den Gefühlen der *Klassenüberlegenheit*."[17] Konkret impliziert dies: Die durch die Verwertungsbedürfnisse des Kapitals bestimmten reduktiven bourgeoisen Vorstellungen vom Menschen und von Ethik bestimmen ihrerseits die *Maßstäbe* im *herrschenden* „Zeitgeist". Die eintretenden Wandlungen in dieser Richtung vermerkte denn auch der bürgerliche Kulturphilosoph Jacob Burckhardt kritisch: „Das Geld wird und ist der große Maßstab der Dinge, Armut ist die größte Untugend."[18] Das heißt, mit solcher Wandlung wird ein hinsichtlich der Dimensionen des wirklichen Lebensprozesses der sozial differenzierten Menschheit historisch höchst *begrenztes Mittel* zum obersten *Maßstab* und allgemeinen *Lebenszweck* erhoben, dem alle menschlichen Lebensregungen und Beziehungen unterworfen werden. Vor solcher Vertauschung von Zweck und Mittel hatte bereits der ehemalige Weimarer Minister Goethe gewarnt: „Die Menschen werden an sich und andern irre, weil sie die Mittel als Zweck behandeln, da denn vor lauter Tätigkeit gar nichts geschieht, oder vielleicht gar das Widerwärtige."[19]

Weiter. Jene Sonderinteressen sind auch dann, wenn sie herrschend geworden sind, nur als Interessen eines Teils der Gesellschaft wirklich, wodurch der täuschende Schein erzeugt wird, als sei die besondere Lebenswirklichkeit der bestimmenden Gesellschaftsklasse mitsamt den aus ihr hervorgehenden Sonderinteressen *gegenüber* der Gesellschaft der *allgemeine* Maßstab des „wahren" Menschseins, anzustrebender *Wert* für alle. Für die Menschen, die anderen Schichten angehören, sind sie illusionär. Dadurch wird die reale Daseinssituation der „Anderen" mitsamt dem aus diesem hervorgehenden eigenen objektiven Bedürfnis- und Interessenprofil als *gleichgültig* ausgeblendet. Bereits darin liegt eine faktische Entwertung großer Teile der Menschheit.

Was geschieht aber hinsichtlich der Denkweise, wenn die Sonderinteressen einer Gruppe innerhalb der Sozietät, in der sie existiert, als *allgemein-menschliche* geltend gemacht, die eigentümlichen Interessen der anderen Gruppen bzw. der Gesellschaft als Ganzes gleichgültig übergangen werden? Wer der Gesellschaft Sonderinteressen irgendeiner Art als vermeintlich allgemein menschliche Interessen aufnötigt, steuert in einen geistigen *Wirklichkeitsverlust* hinein und bedarf zugleich *irrationalistischer* Denkweise, um seine Macht in der Gesellschaft zu behaupten. In den Vordergrund treten zwangsläufig Formalien, während objektiv reale, konkret inhaltliche Probleme infolge der realen Widersprüchlichkeit der Wirklichkeit und „aufgrund ihres unvermeidbaren Konfliktreichtums und Frustrationsrisikos" immer mehr zugunsten *virtueller Realität* verdrängt werden.[20] Damit kehren wir zur sich wandelnden geistigen Situation der Zeit zurück.

Im weltanschaulichen Denken um die Mitte des 19. Jahrhunderts wurde das allgemeine Bedürfnis nach einer Philosophie des Lebens formal beibehalten. Aber es traten bedeutsame inhaltliche und methodische Veränderungen ein.

Zunächst verlor die Philosophie selbst infolge der rasch fortschreitenden Ausgliederung von „Einzelwissenschaften", die früher – mehr oder weniger spekulativ – *in* ihrem System betrieben wurden, ihren Systemcharakter. Dieser Fortschritt für beide Seiten hätte zur Konsequenz gehabt, das *theoretisch-allgemeine* Durchdenken der *verbindenden Grundbeziehungen*, die das eigentümlich Philosophische ausmachen, von der „Belastung" durch nicht originär philosophische Probleme (z. B. besonderer Strukturen der Materie) zu befreien. Vor allem hätte es in interdisziplinärer Arbeit zur Sicherung der philosophischem Denken eigentümlichen allgemeinen Problemfelder bedurft. Praktisch aber zog „Spezialistentum" in die Philosophie selbst ein, richtete sich Philosophieren mehr und mehr nach *Paradigmen*, die einzelwissenschaftlichen bzw. technologischen Disziplinen oder/und künstlerischen Tätigkeiten entnommen wurden. Die dem philosophischen Denken eigentümliche, verallgemeinernd komprimierende Gedankenarbeit, die sich auch auf das interdisziplinäre Zusammenwirken mit den einzelnen Wissenschaften, mit künstlerischer Arbeit und mit Technik stützt, sie inhaltlich und methodisch zu weltanschaulich einheitlicher Sicht auf das Ganze verdichtet, wurde ernstlich beschädigt. Diese Situation ist vielfach beklagt worden, jedoch nicht wirklich behoben, auch nicht durch die Schaffung „Philosophischer Anthropologien" durch Max

Scheler, Helmuth Plessner und Arnold Gehlen. Weltanschauliches Denken blieb hinter den sich beschleunigenden Fortschritten der Spezialdisziplinen zurück. Zwischen *seinem* Fragen und den Erkenntnissen der Einzelwissenschaften tat sich eine Kluft auf, die eine Reihe Spezialwissenschaftler veranlaßte, von sich aus sich weltanschaulichen Fragekomplexen zuzuwenden.

Albert Schweitzer urteilt sehr hart, wenn er der Philosophie seit Mitte des 19. Jahrhunderts entgegenhält: „Der schöpferische Geist hatte sie verlassen. Mehr und mehr wurde sie eine Philosophie ohne Denken."[21] Natürlich haben Philosophen auch weiterhin gedacht. Aber der Vorwurf der Weltfremdheit, des Vorbeigehens an den realen Lebensproblemen und der zunehmenden Unverständlichkeit für die ganze Gesellschaft trifft im allgemeinen zu. Sie ist hervorhebenswert, weil hier in der Denkweise geistig geschieht, was in Marktverhältnissen praktisch vor sich geht: Die Konstituierung von Verhältnissen einer gewissen Gleichgültigkeit gegenüber der sich in der Ganzheit der sozialen Verhältnisse ausprägenden Individualität der Persönlichkeit – und das unter Verhältnissen, die als „Individualismus" und „Pluralität" öffentlich angepriesen werden.

Solche Widersprüchlichkeit hatte, zusammen mit den sozialen Wurzeln, auch Gründe in der inhaltlichen und methodischen Entwicklung der Philosophie selbst. Das Bedürfnis nach einer Philosophie des Lebens war da. Sicherlich stand auch ab Mitte des 19. Jahrhunderts im Mittelpunkt des weltanschaulichen Denkens die menschliche Subjektivität. Aber wie? Im tradierten weltanschaulichen Denken hatte – wie gesagt – bei aller inhaltlichen Fortschrittlichkeit in Bezug auf den Menschen die idealistische Grundhaltung dominiert. Deren Reduktionismus hatte den Glauben „an allgemeine, sich selbst gestaltende und regulierende Ideenzusammenhänge" genährt. Dieser Glaube war Mitte des 19. Jahrhunderts in der neuen Lebenswirklichkeit „erschüttert".[22] Von dieser Einsicht aus konnte man zwei Grundrichtungen einschlagen: Entweder man folgte den tradierten humanistischen Prinzipien, auch in der erreichten Form philosophisch materialistischen historischen Denkens, oder man glitt hinüber zu subjektiv idealistischen Prinzipien und huldigte einem dadurch begründeten Glauben an über der gesellschaftlich organisierten Menschheit angesiedelte Mächte. Tatsächlich wurden zwei scheinbar gegenläufige, sich jedoch wechselseitig ergänzende Richtungen eingeschlagen, eine subjektivistische und eine naturalistische.

Bei der Bestimmung der menschlichen Subjektivität behielt man allgemein die idealistisch-reduktionistische Denkweise bei. Diese hatte im klassischen Humanismus in der einseitig abstrakten und zugleich vieldeutigen Bestimmung des Menschen als

„Geistwesen" oder als „Selbstbewußtsein" (Hegel) kulminiert. Das eröffnete Möglichkeiten, das menschliche Wesen *subjektiv idealistisch* einzuengen. Diesen Weg schlug die offizielle Philosophie in Deutschland als dominierende ein. Er entsprach objektiv dem Vorrang der herrschenden Bourgeoisie im arbeitsteiligen gesellschaftlichen Lebensprozeß und dessen Inhalts- und Richtungsbestimmung am ehesten.

Zugleich wurde damit implizit die klassische humanistische Auffassung vom Menschen, die auf der Annahme von der ursprünglichen Gleichheit der Menschen beruht hatte, ins Elitäre umgebogen. Den Vorrang erhielt zunächst eine Willensmetaphysik, die mehr und mehr psychologistisch ausgestaltet wurde. Damit wurde die aufklärerisch-klassische Sicht reduktionistisch durch eine elitäre Sichtweise ersetzt, die von vornherein *soziale Ungleichheit* als *menschliche Ungleichwertigkeit* postulierte. Implizit wurde jener Subjektivismus soziologisch zum Transporteur der Sonderinteressen der Herrschenden als vermeintlich allgemein menschlicher. In dem Terminus „Geist der Zeit" wird das Gebundensein dieses Geistes an die Sonderinteressen kaschiert und der Eindruck erweckt, er repräsentiere die allgemeine vermeintlich „interessenfreie Wahrheit" über das Menschsein.

Zugleich wurde der Vernunftbegriff der Klassik durch allmähliches Uminterpretieren in Bahnen der „Marktrationalität" gelenkt und – wir werden es noch bei Ernst Haeckel sehen – schleichend preisgegeben. Das Gewicht wurde auf einen „Lebensbegriff" verlagert, der „gegenüber der Klarheit des Rationalen, mehr das Unergründliche und Dunkle, die geheimnishafte und im Letzten chaotische Tiefe" bedeutet.[23] Der Erkenntnisoptimismus der Klassik, der sich in objektiver und subjektiver Hinsicht auf das Ganze der Menschheit bezogen hatte, wurde zugunsten eines irrationalen Skeptizismus preisgegeben. Mehr noch. In der durch Max Scheler aus der Taufe gehobenen philosophischen Anthropologie z. B. wird der Begriff des *Geistes*, der im klassischen Philosophieren als auf den Menschen als eigentlichen letzten Zweck gerichtete, auf die Entfaltung der Ganzheit seines Wesens abzielende tätige Vernunft gebraucht wurde, in ein dem wirklichen Leben entgegengesetztes Prinzip umgekehrt, welches ein Nein zur Wirklichkeit des Lebens und der Welt bedeutet.[24] (Wie sehr diese Denkweise dem durch Konkurrenzkampf bewegten Dasein der Bourgeoisie, also der Macht des Zufalls allgemein entspricht, können wir täglich praktisch erleben und auch in scharfsinnigen theoretischen Erörterungen solcher „Superstars" unter den Devisenspekulanten wie George Soros nachlesen.[25])

Damit war das Verlassen des klassischen aufklärerischen Vertrauens in das prinzipielle Vernunft*vermögen* der Menschheit durch den Übergang zu „aristokratisch"-elitären erkenntnistheoretischen Positionen, die eine sich „vornehm" dünkende agnostizistische Impotenzerklärung in Bezug auf die ganze Welt einschloß, vollzogen. Dabei wurde bourgeoise Ideologie stillschweigend in die Erkenntnistheorie hineingenommen, erkenntnistheoretisch zur menschlichen „Normalität" verallgemeinert und zugleich hinsichtlich ihres konkreten Ursprungs verschleiert. Dominierend wurde so eine elitäre Weltsicht, der gegenüber die eigentümliche bewegende Natur der „Anderen" als gleichgültig behandelt werden konnte. Der Gleichgültigkeit gegenüber anderen Menschen entspricht auch die Gleichgültigkeit gegenüber den Lebensproblemen derselben und zieht die Gleichgültigkeit der Mittel zu deren Behandlung nach sich. Gleichgültigkeit gegenüber Menschen und Mitteln des Umgangs miteinander aber ist eine Eingangpforte zur Barbarisierung zwischenmenschlicher Beziehungen. Auf dem Vormarsch ist damit – im Getriebe des Alltags häufig kaum vermerkt – eine Unkultur, die von ihren Trägern selbst als „moderne" Kultur vertreten wird.

Die Wende zu subjektiv idealistischen Grundpositionen implizierte im Geschichtsbewußtsein eine philosophische Deklaration der Herrschenden zu „Höherwertigen, Mehrwertbesitzenden",[26] und der ihnen nahe stehenden „Reichen, Schönen und Mächtigen", im Gegensatz zu den „Niedrigstehenden", dem zugleich die prononcierte *Entwertung* „des Mannes ‚ohne Aar und Halm' in der sittlichen Welt" entspricht.[27] Ins Nationalistische und Rassistische gewendet liest sich das – bei gleichzeitig recht eigenartiger Interpretation des klassisch-humanistischen Menschenbildes – so: „Herder, Schiller, W. v. Humboldt, Goethe – sie pflegten eben nicht wie eine realistische Zeit auch an die Botokuden zu denken, wenn sie von ‚Menschen' sprachen."[28]

In Bezug auf die elitäre Sicht trifft sich die geistes- und sozialtheoretische Linie des Subjektivismus mit der naturalistischen. Wie oben erwähnt, bestand einer der Mängel im aufklärerischen und klassischen Denken darin, daß es die *wesensspezifische* Tätigkeit des Menschen, durch die in gesellschaftlicher Aktion der Menschen Materielles und Ideelles, speziell Natur und menschliches Bewußtsein miteinander kreativ und produktiv vereinigt werden, vernachlässigte. So aber war der spezifische Wert des Menschen und seiner Lebenstätigkeit *nicht konkret*[29] einsehbar. Jenen Mangel, übernahm die Philosophie seit der Mitte des 19. Jahrhunderts und führte seinen Trend, nachhaltig gespeist durch den Aufschwung der Naturwissenschaften, in differenten Formen weiter. Das reiche humanistische Erbe in Form der Grundintentionen von Leibniz, Kant, Fichte und Hegel, an welches auch Feuerbach und Marx theoretisch und methodisch angeknüpft hatten, wurde quasi „links liegen gelassen". Darüber kann auch nicht hinwegtäuschen, daß man in Deutschland in Befolgung des bourgeoisen pragmatischen „Zeitgeistes" – anders als in den USA – genötigt war, sich mit der Klassik auseinanderzusetzen und klassisches Erbe zu thematisieren.

Die naturalistische Linie, die von der eigentümlichen menschlichen Lebenstätigkeit abstrahiert, bekam besonderen Auftrieb durch die Entdeckungen Darwins sowie die mit diesen in Verbindung stehenden genetischen Forschungen. Die naturalistische Linie des Philosophierens war teils materialistisch (wie bei Ernst Haeckel), teils wurde sie mit subjektivem Idealismus gekoppelt über die eigentlich komplexe natur-sozialwissenschaftliche Psychologie, die vereinseitigend unter die Naturwissenschaften eingereiht wurde. Die Gesellschaftlichkeit des Menschen wurde entweder in einem der beiden Momente, als vermeintliche Naturgesetzlichkeit bzw. psychologistisch als angeblich „rein" psychisch-moralisches Phänomen (Gesellschaft = die „moralische Welt") gedeutet, oder im *unvermittelten* Verhältnis beider zueinander dargestellt (Pseudobiologismus.) So kamen weltanschauliche Denkrichtungen auf wie der bis in unsere Tage wirksame Sozialdarwinismus. Zunehmend wurden auch dabei subjektivistisch gefärbte Denkweisen dominant. Ein vielfach (u. a. durch den jungen F. Nietzsche, J. Burckhardt, K. Marx, F. Engels, W. Dilthey, A. Schweitzer) registrierter Niveauverlust weltanschaulichen Denkens war eine nicht zu übersehende Folge dessen.

Das führte zu weltanschaulich relevanten Möglichkeiten, originär Gesellschaftliches naturalistisch zu interpretieren. Zum Manager, Arbeiter oder Angestellten wird man erfahrungsgemäß nicht infolge seines Blutes oder seiner Gene, sondern infolge des praktischen und geistigen Verhaltens unter gegebenen gesellschaftlichen Bedingungen seines Lebens. Der Naturalismus eröffnete die Möglichkeit, soziale Status sowie ethnische bzw. nationale Daseinsweisen von Menschen als Resultate abstrakt gefaßter natürlicher Wirkfaktoren zu deuten, und manche Verantwortlichkeit der Menschen als gesellschaftliche Wesen, konnte ideologisch auf die Natur abgewälzt werden. Wir finden das z. B. heute in dem „Argument" von den „Sachzwängen", die angeblich für unangenehme Seiten des Sozialabbaus „verantwortlich" seien. Sachzwänge im eigentlichen Sinne sind Naturnotwendigkeiten, während gesellschaftliche „Zwänge" von Sachen ausgehen, die durch die Tat der Menschen in bestimmten gesellschaftlichen Formen geschaffen wurden und mit der Kraft gesellschaftlichen Handelns durch Menschen auch verändert werden können. Und wir finden, daß Leute, die meinten, einer „rein" naturwissenschaftlichen Theorie anzuhängen, gegenüber aristokratischen, subjektivistischen, elitären u. a. weltanschaulichen Konzeptionen ziemlich wehrlos waren.

Die geistige Situation der Zeit nun wurde, beginnend mit der Mitte des 19. Jahrhunderts zunehmend durch die hier fragmentarisch umrissene Veränderung im herrschenden „Zeitgeist" dominiert. Aber gleichzeitig wirkten auch andere weltanschauliche Komponenten wie Religionen, klassischer Humanismus, spezifizierte Parteiauffassungen usw. weiter fort und traten in Wechselwirkung mit diesem Zeitgeist. An der Tagesordnung war das typische Gemenge von Kultur und Unkultur. Und darin wurden Fragen thematisiert (z. B. Euthanasie), die jeweils auf unterschiedliche, meist konträre Weise von den verschiedenen Strömungen behandelt wurden. So in etwa war die geistige Situation, die Jussuf Ibrahim vorfand, als er sein Amt antrat. In dieser Situation hatte es jeder schwer, seine Orientierung zu finden.

4.
Zum Problem der Euthanasie
und ihrer nationalsozialistischen Fassung

Der Begriff der Euthanasie ist seit der Antike lange im Sinne der „Todeslinderung", als Komplex von Verfahren, durch die der Arzt den eintretenden Tod für den Sterbenden zu erleichtern und schmerzlos zu machen sucht, nicht als Tötungsauftrag verstanden worden. Es versteht sich, daß diese Vorstellung im Zusammenhang mit neuen wissenschaftlichen Erkenntnissen in Biologie und Medizin sowie in den sich wandelnden gesellschaftlichen Beziehungen immer wieder neu bedacht werden muß. Im 19. Jahrhundert treten darin prägnanter als zuvor Gedanken an mögliche grundsätzliche Wandlungen auf.

Einer der „Schrittmacher" hinsichtlich einer „neuen Deutung" des Euthanasie-Begriffs war der deutsche Arzt und in Jena tätige Naturwissenschaftler und Naturphilosoph Ernst Haeckel (1834–1919). Seine unbestreitbaren Verdienste als akribischer Forscher und kämpferischer Wegbereiter des im Anschluß an Darwin im Aufschwung befindlichen Entwicklungsdenkens in der Öffentlichkeit lassen leicht einen ihm eigenen gewissen Hang „zur vereinfachenden Darstellung, eigenwilligen Systematik und zum Teil spekulativen Schlüssen"[30] übersehen.

Haeckel selbst rechnete sich als Verdienst an, bereits 1868 (im 7. Vortrage der Natürlichen Schöpfungsgeschichte) auf die Vorzüge der „spartanischen Selection und ihren Nutzen für die Verbesserung der Rasse hingewiesen" und damit heftige

Proteste hervorgerufen zu haben.[31] Mit der Hervorhebung der – bei ihm biologisch aufgefaßten – Rasse, die mit Hilfe von Selektion „verbessert" werden soll, wich er in der Konsequenz von dem humanistischen Grundsatz der Universalität und Unteilbarkeit der Menschenwürde ab. Die Verwendung des Terminus „Lebenswert" täuscht dabei, gleichviel ob gewollt oder ungewollt, eine Wahrung der Kontinuität mit dem humanistischen Denken vor. Haeckel erklärte, es sei ein weit verbreitetes traditionelles Dogma zu meinen, „daß der Mensch unter allen Umständen verpflichtet sei, das Leben zu erhalten, auch wenn dasselbe gänzlich wertlos, ja für den schwer Leidenden und hoffnungslos Kranken nur eine Quelle der Pein und der Schmerzen, für seine Angehörigen ein Anlaß beständiger Sorgen und Mitleiden ist. Hunderttausende von unheilbar Kranken, namentlich Geisteskranke, Aussätzige, Krebskranke usw. werden in unseren modernen Kulturstaaten künstlich am Leben erhalten und ihre beständigen Qualen sorgfältig verlängert, ohne irgend einen Nutzen für sie selbst und für die Gesamtheit."[32] Solche Gedanken wurden von ihm und anderen Personen auch in die Freidenkerbewegung getragen und breit in der Öffentlichkeit diskutiert.[33]

Von dieser Position aus konnte man, durch unterschiedliche Akzentsetzungen bestimmt, in ethischer Hinsicht verschiedene Richtungen einschlagen. Am weitesten verbreitet dürfte in Deutschland zunächst die streng an medizinische Indikation gebundene und dadurch motivierte humanitäre Mitleidskomponente in der ärztlichen Ethik gewesen sein und dominiert haben, in der eine Sterbeerleichterung unheilbar Kranker als Erlösung von Leiden und damit als gute Tat erscheint. Sie spielt auch heute in öffentlichen Diskussionen eine große Rolle. Indes ist nicht zu übersehen, daß schon Ernst Haeckel den Gedanken an Wert bzw. Unwert menschlichen Lebens mit ökonomisch motivierten moralischen Überlegungen verband, wobei er einen Schritt zur Verwischung von beim Menschen bestehenden Unterschieden zwischen Biotischem und Sozialem tat.[34] Das wurde um so problematischer, als er seine Überzeugung „von der hohen Bedeutung der ‚Vererbung erworbener Eigenschaften' und insbesondere von der Erblichkeit funktioneller Anpassungen" betonte.[35] In diesem Geiste entwickelte er auch seine Gedanken vom unterschiedlich abwägbaren Lebenswert der Individuen nach Rassen und sozialer Klassenzugehörigkeit.[36] In europazentrischem Geiste heißt es u.a.: „... Naturmenschen (z.B. Weddas, Australneger) stehen in psychologischer Hinsicht näher den Säugetieren (Affen, Hunden), als dem hochzivilisierten Europäer ..."[37] Oder: „Denn je weiter die Differenzierung der Stände und Klassen in Folge der notwendigen Arbeitsteilung im Kulturstaate geht, desto größer werden die Unterschiede zwischen den hochgebildeten und ungebildeten Klassen der Bevölkerung, desto verschiedener ihre Interessen und Bedürfnisse, also auch ihr Lebenswert."[38] In solchen Gedankenverbindungen schwingt implizit der mit der Eugenik verbundene Gedanke an eine genische „Verbesserung" des Menschengeschlechts mit – ein Gedanke, der weltanschaulich auf die Annahme hinausläuft, es gebe eine Elite, die über Maßstäbe, Kriterien, Mittel und Wege zu einer solchen „Verbesserung" verfüge. Während des I. Weltkrieges empfahl er auch die Tötung von „unverbesserlichen Verbrechern".[39] Dieser ganze Gedankenkomplex war einer der Gründe für gravierende Differenzen und Spaltungen in der Freidenkerbewegung; aber er wurde später zu einem Kristallisationspunkt der faschistischen Rassentheorie der Nationalsozialisten.

Die diesbezüglichen Auffassungen heben Ernst Haeckels bleibende Leistungen für die Verteidigung und Verbreitung des Darwinschen Entwicklungsdenkens nicht auf, machen aber gleichzeitig die innere Widersprüchlichkeit dieses Denkens in seiner Persönlichkeit deutlich, eine Widersprüchlichkeit, die insbesondere auch im Hinblick auf das Euthanasieproblem nicht ohne Folgen geblieben ist. Wir werden angesichts solcher – hier nur exemplarisch angeführter – Äußerungen Ernst Haeckel nicht unbedingt als Rassisten im Sinne des Nationalsozialismus bezeichnen; aber rassistischen Auffassungen hat er Vorschub geleistet.

Es wäre für unser Verständnis und für die Bewertung der geschichtlichen Persönlichkeit Jussuf Ibrahims durchaus von Belang, genauer zu wissen, mit welcher Akzentsetzung er die Lehren Haeckels rezipiert hat. War es etwa die gleiche wie die seines Vorgesetzten, des Dekans und seit 1939 auch Rektors der Jenaer Universität, Prof. Karl Astel? Oder war es eine andere, sich dem damaligen Stand entsprechend an originär medizinische Indikation haltende Version?

Es ist möglich, in Grundzügen zu zeigen, wie der SS-Hauptsturmführer Karl Astel, Präsident des Thüringischen Landesamtes für Rassewesen und Ordentlicher Professor für „Menschliche Erbforschung und Rassewesen" an der Medizinischen Fakultät der Jenaer Universität, Haeckels Auffassungen rezipiert hat. In einem „Geleitwort" zu dem Buch von Heinz Brücher „Ernst Haeckels Bluts- und Geistes-Erbe"[40] bemühte er sich, Ernst Haeckel für die Ahnenreihe *nationalsozialistischer Ideologie* zu reklamieren.

Das, was Karl Astel in dem Geleitwort an die erste Stelle seiner Haeckel-Rezeption setzt, war dessen entschiedenes Eintreten „für die Hinrichtung gemeingefährlicher Mörder und Verbrecher ..., in einer Zeit, in der – welch ein Hohn! – sich ‚Vertreter der Humanität' nennende Menschen mit allen Mitteln für die Abschaffung der Todesstrafe einsetzten."[41] Damit ist unter Verketzerung humanitärer Bestrebungen die Grundrichtung seiner Haeckel-Rezeption angegeben. Diese wird nun aktualisiert und weiter spezifiziert: „Wir wollen heute die minderwertigen, kranken, geistesstörenden (!) und den Daseinskampf unseres Volkes gefährdenden Erbanlagen durch Ausschaltung ihrer Erbträger von der Fortpflanzung ausmerzen."[42] Hier wird das politisch-ideologische Programm des Nationalsozialismus in die Sprache der Biologie gekleidet: Maßstab ist nicht der Mensch bzw. die Menschheit, sondern die „Erbanlagen" „unseres Volkes". „Ausmerzen" – eine faschistische Lieblingsvokabel für Menschenvernichtung. Dunkel bleibt zunächst, was dabei unter krank und „minderwertig" zu verstehen ist. Eindeutig ideologisch bestimmt ist aber, daß Menschen, die hinsichtlich des faschistisch interpretierten „Daseinskampfes" „unseres Volkes" als *„geistesstörend"* ausgemacht werden, der „Ausmerzung" verfallen sollen.

Freilich muß dies demagogisch als eigene Art der „Humanität" ausgegeben werden: „Und wir glauben dabei als Wahrer der Kultur- und Leistungsfähigkeit unseres Volkes die eigentlich ‚menschlich' und ‚menschenwürdig', d.h. natur- und lebensnah denkenden ‚humanen' Vertreter unserer Zeit zu sein, im Gegensatz zu denen, die ohne Rücksicht auf Erbstrom (!) und Zukunft einer hemmungs- und gewissenlosen Vermehrung alles Elends, aller Geistesschwäche und alles Verbrechertums den Weg bereiten wollen."[43] Damit werden die eng miteinander verbundenen, auf die Universalität und Unteilbarkeit des Menschseins angelegten Begriffe der Humanität, der Kultur und der Menschenwürde in ethnisch-nationalistischem Sinne elitär und selektiv eingeengt. Solcher Umfälschung von Grundbegriffen des Humanismus entspricht auch die Mystifizierung aller Wirklichkeit: Einem nebulösen, letztlich rassistisch verstandenen „Erbstrom" zu folgen und zu genügen wird „Natur- und Lebensnähe" hinsichtlich Geistesstärke und Leistungsfähigkeit des Volkes zugeschrieben. Dieser Sichtweise zufolge verkörpern „alle arischen Völker" das „Artechte." Sie seien berufen, die „Ausschaltung des Leistungsunfähigen und Artfremden von der Fortpflanzung" zu betreiben.[44] „Artfremd" und „leistungsunfähig" seien „Juden und Menschen judenähnlicher Herkunft …"(!) Nach dem Vorhergehenden liegt es mit der Konstruktion der „judenähnlichen Menschen" im Sinne aller Feindbildkonstruktion im Bereich des Möglichen, alles Mißliebige, also auch die „geistesstörenden" Menschen, als „judenähnlich" einzustufen und unter der Flagge des Antisemitismus „auszumerzen", „weil sie, wie exakte Feststellungen beweisen, mit erblichen Geisteskrankheiten, erblich krankhaftem Gemüts- und Willensleben und erblichem Verbrechertum besonders oft behaftet sind."[45]

Im Sinne solcher Mystifizierung der Natur soll dann mit einem argumentum ad personam zum allgemeinen Kriterium „die Meisterung des gesunden Lebens ... jene naturnahe und gesunde Begabung" erhoben werden, „die dem Führer Adolf Hitler in so unerreichtem Maße eigen ist. Seine naturgeborene (!) Lehre von dem Vorrang des Gemeinnutzes der Gesunden, Lebensvollen und Schaffenden vor dem Eigennutz der Entarteten, Artfremden und Nichtsnutze ist ja nichts anderes als die Anwendung biologischer Erkenntnis in der Politik ..."[46] Man braucht nicht zu betonen, daß umgekehrt, politische Ideologie faschistischer Prägung in die Natur projiziert wurde, um „Gesetze" einer mystifizierten Natur zu gewinnen und zwecks „wissenschaftlicher Begründung" in die Politik zu retransportieren. Was insgesamt auffällt – und das zu vermerken ist hinsichtlich des Verständnisses der Atmosphäre im medizinischen Bereich zu jener Zeit nicht unwesentlich –, ist die sprachliche Diktion, die nach der mystifizierenden, politisch-ideologischen Uminterpretation des Biotischen ein Verhältnis der Verachtung, ja des Hasses gegenüber Krankheit und Kranken zum Ausdruck bringt.

Karl Astel hat Ernst Haeckel genau in diesem Sinne rezipiert. Und diese Rezeption lag auch seiner gesamten Politik innerhalb und außerhalb der Universität zu Grunde. Das Schlimme ist, daß Ernst Haeckels Theorie solcher Art Rezeption Anknüpfungsmöglichkeiten bot. Kann man bei Jussuf Ibrahim nachweisen, daß er darin ein Gefolgsmann Astels gewesen ist? Verachtung Kranker und Schwacher sowie rassistische Denkmuster sind bei ihm nicht erkennbar.

Aber gleichviel, wie diese Frage auf Grund der noch zu leistenden Forschung entschieden werden mag, zeigt sich deutlich, daß jenes Verhältnis zu Leben und Tod, das durch den ursprünglichen Begriff der Euthanasie bezeichnet wird, stets eine Gratwanderung ärztlicher Tätigkeit und gesamt-gesellschaftlichen Verhaltens bezeichnet. Jeder Fortschritt in wissenschaftlichen Erkenntnissen und in Techniken, die medizinisches Handeln tangieren, setzt dazu zwangsläufig neue Überlegungen in Gang. Das Problem kann daher nur historisch behandelt werden. Dabei macht sich zugleich immer mehr die Einsicht geltend, daß die Menschen, die dem Leben und seiner Bewahrung verpflichtet sind, daran gemessen werden sollten, was sie zu ihrer Zeit in Erfüllung dieser Pflicht auch leisten können.[47]

In allen Fragen menschlichen Lebens verknüpfen sich biotische und soziale Komponenten vor allem in Form ethischer Problemstellungen miteinander. Wiewohl sie in Einheit da sind, sind beide wohl voneinander zu unterscheidende Aspekte des Lebens. Sie geistig zu vermengen, schafft unübersehbare, zuweilen furchtbare Verwirrung. Biologische Wissenschaftsdisziplinen als solche liefern allein keine Normen für menschliches Verhalten. Aber es ist ihr legitimes Anliegen, in ihrem Gegenstandsbereich eine Antwort auf die Frage zu suchen, welche erkennbaren und erkannten Naturzusammenhänge als mögliche Grundlagen zur Begründung von Werten und Normen zu berücksichtigen sind.[48] Und das *zunächst* ohne die Einmengung etwaiger ökonomischer, finanzieller oder moralischer Überlegungen. Die sollte man anstellen, wenn man die natürlichen Zusammenhänge und Prozesse annähernd klar begriffen hat. Es ist zu befürchten, daß dies immer wieder durchbrochen und Verführung immer wieder stattfinden wird.

Hervorzuheben ist, daß im Kampf gegen den nationalsozialistischen Kulturbruch die Berufung auf Kriterien des klassischen Humanismus auch Persönlichkeiten und Personengruppen, deren allgemeine weltanschauliche Denkweisen so unterschiedlich waren, daß man sie für „durch Welten voneinander getrennt" ansehen konnte, in diesem Punkt zusammengehen konnten. Gegen den faschistischen Ungeist traten Menschen religiös geprägter ebenso wie Vertreter säkularer Weltanschauungen auf – ein historischer Ansatz, der für einen Dialog der Vernunft weitreichende Bedeutung erlangen kann.

Schließlich hat sich gezeigt, daß eine sich in engen Grenzen haltende Berufsethik allein, wenn sie nicht hinreichend bewußt in steter Wechselbeziehung mit den allgemeinen Grundsätzen humanistischer Ethik bleibt, gegenüber z. B. politischen Einengungen und Mißbräuchen nicht immunisierend wirkt, sondern wehrlos ist.

Anmerkungen

1 Max Scheler hat diesen Sachverhalt 1928 als Hauptargument zur Begründung der Notwendigkeit seiner Philosophischen Anthropologie verwendet. Vgl. Max Scheler: Die Stellung des Menschen im Kosmos. München 1947, S. 9/10.

2 Bertrand Russell: Philosophie des Abendlandes. Ihr Zusammenhang mit der politischen und der sozialen Entwicklung. 6. Aufl. Wien/Zürich 1990, S. 9/10.

3 Vgl. Albert Schweitzer: Der ethische Grundcharakter der Kultur. – In: Ders.: Kultur und Ethik. München (C. A. Beck/Beck'sche Reihe, 1150) 1990, S. 35.

4 Vgl. Immanuel Kant: Idee zu einer allgemeinen Geschichte in weltbürgerlicher Absicht. – In: Hermann Klenner (Hg.): Immanuel Kant, Rechtslehre. Schriften zur Rechtsphilosophie. Berlin (Ost) 1988, S. 199/200.

5 Es sei erinnert an die Äußerung Goethes in Wilhelm Meisters Lehrjahre, die in die Maximen und Reflexionen aufgenommen wurde: „Nur alle Menschen machen die Menschheit aus ..."

6 Albert Schweitzer (wie Anm. 3), S. 59.

– *Zum Menschenbild in der Bewegung der geistigen Kultur Deutschlands* –

7 In dieser Aussage habe ich zwei Definitionen des Begriffs der Gesellschaft durch Karl Marx (MEW, Bd. 27, S. 452 u. MEW, Bd. 42, S. 189) mit einer Darstellung des Ensembles von zwischenmenschlichen Verhältnissen durch den Verhaltensforscher Günther Tembrock (Günter Tembrock: Ist der Mensch zum Frieden fähig? – In: Gerhard Banse / Nina Hager / Klaus Buttker (Hg.): Verantwortung aus Wissen – Wissenschaftler im Friedenskampf. Berlin (Ost) 1989, S. 243) vereinigt.
8 Vgl. Immanuel Kant: Anthropologie in pragmatischer Hinsicht, hg. von Wolfgang Becker. Stuttgart 1998, S. 29.
9 Mit gutem Grund wird das relativierend formuliert. Wir sind leider gewohnt, Richtungen und Bewegungen des Denkens abstrakt nach dem zu beurteilen, was in ihrer gesellschaftlichen Wirkung dominiert. Betrachtet man sie konkret, wird man ihrer inneren Widersprüchlichkeit und damit auch ihres widersprüchlichen Einflusses auf die geschichtliche Bewegung inne.
10 Vgl. Immanuel Kant (wie Anm. 8), S. 29. Siehe auch ders.: Über einen neuerdings erhobenen vornehmen Ton in der Philosophie. – In: Immanuel Kants Kleinere Schriften zur Logik und Metaphysik, hrg. Karl Vorländer. Leipzig (Dürr'sche Buchhandlung, PhB, Bd. 46d) 1905, S. 3.
11 Vgl. Ludwig Feuerbach: Das Wesen des Christentums. Ausgabe in 2 Bänden, hg. von Werner Schuffenhauer, Bd. 2. Berlin (Ost) 1981, S. 408.
12 Ludwig Feuerbach: Zur Beurteilung der Schrift „Das Wesen des Christentums". – In: Max Gustav Lange (Hg.): Ludwig Feuerbach. Kleine philosophische Schriften (1842–1845). Leipzig (Felix Meiner, PhB, Bd. 227) 1950, S. 43.
13 Ludwig Feuerbach: Vorlesungen über das Wesen der Religion. – In: Werner Schuffenhauer (Hg.): Ludwig Feuerbach. Gesammelte Werke, Bd. 6. 2. Aufl. Berlin (Ost) 1981, S. 48.
14 Papst Johannes Paul II.: Erinnerung und Identität. Gespräche an der Schwelle zwischen den Jahrtausenden. Augsburg 2005, Kap. „Die dem Bösen gesetzte Grenze".
15 Ich distanziere mich an dieser Stelle ausdrücklich von der moralisierenden Verwendung wissenschaftlich-soziologischer Begriffe, die der Bezeichnung vorwiegend sozialökonomisch begründeter großer Menschengruppen in der Gesellschaft dienen, wie z. B. Bourgeoisie.
16 Zur Erinnerung: privare (lat.) – absondern von, auch rauben.
17 John Stuart Mill: Über die Freiheit. Stuttgart 1988, S. 12.
18 Jacob Burckhardt: Weltgeschichtliche Betrachtungen. Über geschichtliches Studium / Historische Fragmente. Leipzig (Sammlung Dieterich, Bd. 401) 1985, S. 484.
19 [Johann Wolfgang von] Goethe: Maximen und Reflexionen. Leipzig (Sammlung Dieterich), Bd. 149, S. 77.
20 Vgl. Dagmar de Sauvage: Krise der Philosophie im Zeitalter wissenschaftlich-technischer Rationalität. Reinbeck b. Hamburg 2002, S. 109 / 110.
21 Albert Schweitzer: Die Schuld der Philosophie an dem Niedergang der Kultur (wie Anm. 3), S. 20.
22 Vgl. Walther Brüning: Philosophische Anthropologie. – In: Fritz Heinemann (Hg.): Die Philosophie im XX. Jahrhundert. Stuttgart 1959, S. 564.
23 Ebenda, S. 565.
24 Max Scheler (wie Anm. 1), S. 35 u. 48 / 49.
25 Vgl. George Soros: Die Krise des globalen Kapitalismus. Offene Gesellschaft in Gefahr. Erster Teil: Der begriffliche Rahmen. Berlin 1998.

26 Vgl. Max Scheler: Das Ressentiment im Aufbau der Moralen. – In: Max Scheler: Vom Umsturz der Werte. Abhandlungen und Aufsätze, hg. von Maria Scheler. Bern 1955, S. 121.
27 Ebenda, S. 117.
28 Max Scheler: Zur Idee des Menschen. – In: Max Scheler (wie Anm. 26), S. 194.
29 Das Konkrete wird als „Einheit des Mannigfaltigen" definiert. Vgl. dazu Jan Bretschneider / Hans-Günter Eschke (Hg.): Lexikon freien Denkens: Stichwort Konkretes. Neustadt a. Rbge. 2000.
30 Horst Groschopp: Dissidenten – Freidenkerei und Kultur in Deutschland. Berlin 1997, S. 248.
31 Ernst Haeckel: Die Lebenswunder – Gemeinverständliche Studien über Biologische Philosophie. Ergänzungsband zu dem Buche über die Welträthsel. Stuttgart 1904, S. 135.
32 Ebenda, S. 134.
33 Vgl. Horst Groschopp (wie Anm. 30), 4. Kapitel: Dissidentische Kulturansichten, Abschn.: Monistenbund: Politisierung kultureller Ansichten, S. 243–299.
34 „Er folgerte Soziales und Kulturelles aus Natürlichem, wie auch umgekehrt." Vgl. ebenda, S. 251.
35 Ernst Haeckel, ebenda, S. 432.
36 Vgl. ebenda, Siebenzehntes Kapitel, S. 443–472.
37 Ebenda, S. 450.
38 Ebenda, S. 470.
39 Vgl. Ernst Haeckel: Ewigkeit. Weltkriegsgedanken über Leben und Tod, Religion und Entwicklungslehre. Berlin 1915, S. 34 / 35.
40 Heinz Brücher: Haeckels Bluts- und Geistes-Erbe. München 1936.
41 Karl Astel: Geleitwort. – In: Heinz Brücher (wie Anm. 40), S. 4.
42 Ebenda.
43 Ebenda.
44 Ebenda, S. 5.
45 Ebenda, S. 6.
46 Ebenda.
47 Vgl. Franz M. Wuketits: Verdammt zur Unmoral? Zur Naturgeschichte von Gut und Böse. München 1993, S. 42–49. – Prof. Wuketits ist Schüler und Nachfolger von Konrad Lorenz und hat dessen Lehrstuhl inne.
48 Vgl. ebenda, S. 50 / 51.

Manfred Weißbecker

„Wir müssen ein gesundes Volk besitzen, um uns in der Welt durchsetzen zu können"

Gedanken eines Historikers zu den Ursachen und Zielen nationalsozialistischer Verbrechen*

Vergangene Ereignisse zu erforschen, sie darzustellen und ihre Ursachen zu erhellen gilt als vorrangiges Anliegen der Geschichtswissenschaft. Dem Historiker begegnen dabei mitunter relativ leicht zu durchschauende Tatsachenkomplexe, in der Regel jedoch eher sehr komplizierte, einander überlagernde Entwicklungsstränge und vielfach strukturierte Problemfelder. Zu letzteren gehört ganz gewiß die Geschichte jener zwölf Jahre zwischen 1933 und 1945, die der deutschen Geschichte ein Kainsmal sondergleichen verliehen und deren Schatten auch nach mehr als sechs Jahrzehnten nicht vergehen. Im Gegenteil: Alle historisch-politischen Debatten, die seither in der deutschen Gesellschaft geführt worden sind und immer weiter geführt werden, erzwingen stets aufs Neue, den Blick auf das Geschehen im Dritten Reich zu richten, gleich ob über die Ursachen des Zweiten Weltkrieges oder über das Ende des Dritten Reiches diskutiert wird,[1] ob nach der Notwendigkeit von Entschädigungszahlungen für die im faschistischen Deutschland ausgebeuteten Zwangsarbeiter[2] oder nach der Opfer-Rolle der Deutschen gefragt wird,[3] ob einzelne „Täter"-Gruppen in differenzierender, mitunter auch in verharmlosender Weise analysiert werden,[4] oder ob sie durch die Forderung nach einer „deutschen Leitkultur" und durch die lautstark vorgetragene Parole „Ich bin stolz, ein Deutscher zu sein" hervorgerufen worden sind.[5] Zu barbarisch und folgenreich war und ist nun einmal das, was von Führern, Mitgliedern und Anhängern des Nationalsozialismus in die deutsche Geschichte eingebracht sowie von Mitläufern und Nicht-Nationalsozialisten unterstützt worden ist.

Wer auf die Jahre zwischen 1933 und 1945 schaut, sieht sich gezwungen, eigentlich Unbegreifliches begreiflich machen zu wollen, ja sogar – angesichts wiederkehrender Unbelehrbarkeit und neuer entsetzlicher Untaten – einsichtig machen zu müssen. Von besonderer Bedeutsamkeit erscheint es, jene politischen Massenverbrechen zu erhellen, die in Umfang und Brutalität, in Ausmaß und Skrupellosigkeit geschichtlich weitgehend einmalig sind. Neben der ohnehin um nationalistisch-expansionistischer Ziele willen in Kauf genommenen Vernichtung menschlichen Lebens im sorgfältig vorbereiteten und absichtsvoll am 1. September 1939 entfesselten Zweiten Weltkrieg – bekanntlich forderte dieser mehr als 50 Millionen Tote – markieren auch drei grauenvolle, eng miteinander verzahnte Stränge die barbarische Politik Hitlers und seiner Nationalsozialistischen Deutschen Arbeiterpartei (NSDAP), die im vorliegenden Beitrag in ihren inneren Zusammenhängen und in ihren Wechselwirkungen betrachtet werden: *erstens* die Organisierung des Holocausts als planmäßig, systematisch und industriell betriebene Ausrottung der europäischen Juden, *zweitens* die Gestaltung des Krieges im Osten als eines Vernichtungskrieges gegen slawische Völker sowie *drittens* die Ermordung geistig und körperlich Behinderter im Rahmen von Aktionen, denen euphemistisch-verharmlosend der damals wissenschaftlich noch indifferente Euthanasie-Begriff zugewiesen wurde.

In das Beziehungsgeflecht von faschistischer Kriegführung und politischen Massenverbrechen ordnen sich auch die systematisch organisierten Morde an unheilbaren oder als unheilbar bezeichneten Kranken ein. Wer vor allem diese Untaten erklären, ihre Ursachen aufdecken, die Täter charakterisieren und jene bewerten will, die trotz anderer Gesinnung sich den Verstrickungen in das System nicht entziehen konnten, der sollte in erster Linie alles in seiner engen Verflochtenheit mit dem Gesamtprogramm des Nationalsozialismus, mit seinem auf geschichtlichen Wurzeln aufbauenden Rassismus sowie im zeitlichen Zusammenhang mit den anderen Massenverbrechen sehen. Werden die notwendigen Debatten über die faschistische, gegen den Willen der Kranken und Behinderten und um rassenhygienischer Ziele willen vorgenommenen Zwangseuthanasie ohne Berücksichtigung solcher Zusammenhänge geführt oder gar einzig und allein aus ideologischen Wunschvorstellungen abgeleitet, drohen sie auf Irrwege zu geraten. Jede Tendenz zu einer Verselbständigung des Themas behindert die notwendige Sicht auf jenen Platz, den alle als „Euthanasie" getarnten Aktionen der NSDAP in deren Politik einnahmen.

– *"Wir müssen ein gesundes Volk besitzen, um uns in der Welt durchsetzen zu können"* –

Die Strategie eines expansionistischen Vernichtungskrieges in Osteuropa

Verwiesen sei hier zunächst auf die Tatsache, daß spätestens im Sommer 1940 die Führung des Deutschen Reiches nicht nur den Zeitpunkt für weitere Eroberungen im osteuropäischen Raum als außerordentlich günstig ansah, sondern gleichzeitig auch den zur Realisierung ihrer rassenpolitischen Absichten. Da waren die ersten militärischen Erfolge gegen Polen und Frankreich zu eigener Überraschung leicht errungen worden. Innere Auseinandersetzungen brauchten die Herrschenden nicht zu befürchten. Angesichts dessen gingen große Teile der deutschen Eliten im Sommer und Herbst 1940 daran, ihre Vorstellungen vom Kriegsziel zu erweitern, es genauer und umfassender als bisher zu fixieren. Sie planten nunmehr die Gewinnung weiterer Territorien und Einflußbereiche, neuer Rohstoffquellen und Märkte. Europa sollte „neu geordnet" und deutscher Herrschaft unterworfen werden. Die nationale Unterdrückung anderer Völker und die Errichtung einer barbarischen Fremdherrschaft in Osteuropa[6] erschienen kaum jemandem in den Reihen der deutschen Eliten mehr als ein kritisch zu beleuchtendes Problem, in keiner Weise gar als ein moralisches. Aus zahlreichen Plänen einzelner Institutionen, vor allem der Reichsgruppe Industrie, formte sich ein komplexes und weitreichendes Programm für die „Neuordnung" Europas. Danach sollten einige der okkupierten Länder zusammen mit Großdeutschland ein „Großgermanisches Reich" von ungeheurer Ausdehnung bilden. Anderen europäischen Ländern (Dänemark, Norwegen, der Slowakei und einem auf französischem Boden zu schaffenden Staat Burgund) war eine begrenzte Souveränität zugedacht. Sie sollten als „Schutzstaaten" dem Reich angegliedert sein. Darüber hinaus war die Existenz von Satellitenstaaten vorgesehen, die auf militärischem, wirtschaftlichem und außenpolitischem Gebiet eng an Deutschland gebunden sein sollten. Zu diesen zählten vor allem Finnland, Ungarn, Rumänien und Bulgarien. Pläne für ein deutsches Kolonialreich in Afrika sowie zur zeitweiligen Duldung anderer „Großräume" in Übersee ergänzten das unvergleichlich anmaßende Weltherrschaftsprogramm. Zugleich zielte alles auf unwiderrufliche und sogenannte „tausendjährige" Lösungen.[7]

Die nach außen gerichteten Eroberungs- und kolonialistischen Zukunftspläne nahmen in Osteuropa konkrete Gestalt an, als die UdSSR überfallen wurde und Hitler am 16. Juli 1941 zunächst intern das Ziel vorgab, „den riesenhaften Kuchen handgerecht zu zerlegen", damit ihn Deutschland „erstens beherrschen, zweitens verwalten und drittens ausbeuten" konnte. Am 29. Juni 1941 erhielt Hermann Göring außerordentliche Vollmachten zur Leitung des gesamten Apparates für die wirtschaftliche Ausplünderung und Kolonisierung der Sowjetunion. Unter seiner Regie entstanden Dokumente, die eine grundlegende Orientierung für die Ausplünderung und die Unterjochung der sowjetischen Bevölkerung enthielten. Dazu gehörten u. a. die als „Grüne Mappe" bezeichnete „Richtlinie für die Führung der Wirtschaft in den neubesetzten Ostgebieten" und die „Wirtschaftspolitischen Richtlinien für die Wirtschaftsorganisation Ost, Gruppe Landwirtschaft" – Dokumente, die ein anschauliches Bild von der Ungeheuerlichkeit deutscher Kriegszielplanung bieten. Einige Ämter der NSDAP-Reichsleitung – darunter das Rassenpolitische Amt und das Rassen- und Siedlungshauptamt – sowie das von Heinrich Himmler geleitete Amt des Reichskommissars für die Festigung deutschen Volkstums, in dem sich der Agrarpolitiker und Professor der Berliner Universität Konrad Meyer als Planungschef hervortat, bereiteten den langfristigen „Generalplan Ost" vor.[8]

Dieser heute nur noch in Bruchstücken bzw. in der Fassung von 1941 bekannte Plan wurde am 12. Juni 1942 von Himmler bestätigt und seit Ende 1942 als „Generalsiedlungsplan" bezeichnet. Das ihm zugrunde liegende rassistische Konzept zielte auf die Dezimierung der slawischen Bevölkerung um 30 Millionen und die Zwangsausweisung großer Teile vor allem der russischen Bevölkerung nach Sibirien. 80 bis 85 Prozent der Bevölkerung Polens, 64 Prozent der Bevölkerung der Westukraine und 75 Prozent der Bevölkerung Weißrußlands sollten aus ihren angestammten Siedlungsgebieten vertrieben werden. Seine Verfasser betrachteten lediglich ca. 14 Millionen Menschen, die in diesen Gebieten lebten, als „eindeutschungsfähig". Die Kosten der Vertreibung – dafür war ein Zeitraum von 20 Jahren vorgesehen – wurden mit ca. 46 Milliarden RM beziffert.

Diese Rechnung schloß auch jene Summen ein, die für eine Neuansiedlung von mindesten 10 Millionen Deutschen in den eroberten Gebieten Osteuropas vorgesehen waren, selbstverständlich gesunder, kräftiger und kampfwilliger arischer Menschen. Hier schließt sich jener Kreis, der auch die „Euthanasie"-Aktionen in Deutschland umfaßte. Um den Krieg für die Schaffung eines „Großgermanischen Reiches", um dieses gestalten und sichern zu können, bedurfte es mehr Deutscher, als bis dahin überhaupt existierten. Eine enorme Vergrößerung der Zahl der Deutschen hatte Hitler bereits in „Mein Kampf" als weit in die Zukunft reichendes Ziel vorgegeben: In hundert Jahren müsse es 250 Millionen Deutsche geben, einsatzfähige, kräftige und kampfbereite Menschen arischen Stammes, um „unserem Volke endlich an anderer Stelle (als im Deutschen Reich – M. W.) die mögliche Ausdehnung geben zu können."[9] Auf dem Nürnberger Parteitag von 1929 war von Hitler bereits folgende Überlegung vorgetragen worden: „Würde Deutschland jährlich eine Million Kinder bekommen und 700 000 bis 800 000 der Schwächsten beseitigen, dann würde am Ende das Ergebnis vielleicht sogar eine Kräftesteigerung sein. Das Gefährlichste ist, daß wir selbst den natürlichen Ausleseprozeß abschneiden (durch Pflege der Kranken und Schwachen) [...] Der klarste Rassenstaat der Geschichte, Sparta, hat diese Rassengesetze planmäßig durchgeführt."[10]

Das Programm zur Vernichtung anderer Völker und die Maßnahmen zu einer „rassenhygienischen Aufzucht" des deutschen Volkes – sie gehören zusammen wie die zwei Seiten einer Medaille. Ohne die Beseitigung von Kranken, überhaupt von Außenseitern der Gesellschaft und sogenannten minderwertigen „Untermenschen" ließ sich das Reich der „Herrenmenschen" nicht errichten. Schrittweise wurden nach dem 30. Januar 1933 die Sterilisierungsgesetzgebung, die Asylierung und Gettoisierung der „Asozialen", die Mittelkürzungen im Anstaltswesen,[11] die Verdrängung der kirchlichen Träger aus der Anstaltspflege, die rassenhygienische Propaganda, die Einbeziehung der Rassenhygiene in die Aus- und Weiterbildung der Ärzteschaft, die „erbbiologische Bestandsaufnahme" durchgesetzt – dies alles fügte sich zu einem umfassenden Programm negativer Eugenik zusammen, in dem schließlich auch die „Vernichtung lebensunwerten Lebens" ihren Platz fand.

So manche der ungeheuerlichen nationalsozialistischen Zielsetzungen läßt sich mit einem Blick auf das Wirken der NSDAP in Thüringen belegen. Auch hier wurde offen darüber gesprochen, daß es gelte, „Mittel und Wege zur rassehygienischen Aufartung" der Deutschen zu suchen und durchzusetzen.[12] Der hiesige NSDAP-Gauleiter und Reichsstatthalter widmete den völkisch-rassistischen Plänen ein ganz besonderes Augenmerk. Bereits am 15. Juli 1933 ließ er das „Landesamt für Rassewesen" einrichten, zu dessen Leiter er einen alten Bekannten aus dem Deutschvölkischen Schutz- und Trutzbund berief: Karl Astel.[13] Dieses Amt erfaßte in einem „erbbiologischen Archiv" binnen kurzer Zeit in 466 600 Akten fast jeden dritten Einwohner Thüringens. Es führte bis 1935 mehr als 170 Kurse mit 10 948 Teilnehmern in den „Thüringischen Staatsschulen für Führertum und Politik" in Egendorf und Bad Berka durch. Eine von ihm organisierte und in zahlreichen Städten Thüringens gezeigte Ausstellung stellte das „thüringische Rassewesen" dar. Die Wirkungen waren erheblich, und Astel selbst durfte 1934 Platz auf dem Lehrstuhl für „Menschliche Züchtungslehre und Vererbungsforschung" an der Jenaer Universität nehmen, die er zu einer SS-Universität machen wollte und deren Rektor er 1939 wurde; tatsächlich galt die Jenaer Hochschule neben Gießen rasch als ein Zentrum nationalsozialistischer Rassenhygiene und Medizin in Deutschland.[14]

In aller Öffentlichkeit forderte der thüringische Reichsstatthalter und NSDAP-Gauleiter Fritz Sauckel 1938, es müsse alles „ausgemerzt" werden, was „heute noch als Summe unsagbaren Leides in Krüppelheimen oder Irrenhäusern und als Ausgeburt menschlicher Zügellosigkeit der Vergangenheit ein jämmerliches Leben fristet ..."[15] Später, vor allem in seiner Funktion als Generalbevollmächtigter für den Arbeitseinsatz, führte er solche Menschenfeindlichkeit verstärkt und in wachsender Rigorosität fort. Seinen Untergebenen erklärte er, Franzosen, Russen, Polen seien ihm „so gleichgültig wie irgendetwas." Diese Aussage verknüpfte er mit der unmißverständlichen Forderung: „... und wenn sie sich das geringste Vergehen zuschulden kommen lassen, dann bitte sofort Anzeige an die Polizei, aufhängen, totschießen! Das kümmert mich gar nicht. Wenn sie gefährlich werden, muß man sie auslöschen."[16] In einer Rede, die nicht veröffentlicht werden durfte, bezeichnete er es am 3. Oktober 1942 als das deutsche Ziel, „ein für allemal in Europa die absolute und unbestreitbare Hegemonie" erlangen zu wollen, und zwar „sowohl politisch wie militärisch und vor allen Dingen auch wirtschaftlich."[17]

Seine „Zukunftsvisionen" richtete Sauckel vornehmlich auf die rigorose Ausplünderung aller russischen Ressourcen. In einer Rede vor Arbeitern des Reichsbahnausbesserungswerks in Meiningen erklärte er unumwunden, den Gedanken an eine „Befreiung" Rußlands vom Bolschewismus von sich weisend: „Dieses Land wird in Zukunft der Ernährung Europas dienen. Und der Führer erreicht damit, daß es dann einigermaßen Wurst ist, was am englischen Kanal los ist. Dann brauchen nicht mehr Getreideschiffe von Argentinien und Australien, von Nordamerika und Kanada bangenden Herzens abzufahren, sondern dann werden auf viergleisigen Strecken und auf Reichsautobahnen, die jetzt schon geplant werden, die Getreidezüge vom Dnjepr nach Europa hereinkommen und Deutsche werden da drüben in der Ukraine die modernsten Bewässerungssysteme anlegen, das haben ja die Russen auch nie gekannt, damit die berühmten und berüchtigten russischen Mißernten bei uns nicht mehr auftreten können. Denn das Land selbst ist ja ohnegleichen fruchtbar."[18] Diesen Gedanken wiederholte er am 3. Oktober 1942: „Sie können nun begreifen, daß wir nie und niemals dort wieder herausdürfen, denn dort ist für alle Zukunft die Möglichkeit gegeben, daß ein germanisches Großreich entsteht, in dem auch die wirtschaftliche Grundlage für das Leben von 250 bis 300 Millionen deutscher Menschen in 100 bis 150 Jahren geschaffen sein wird. Das muß das Ziel sein, und das ist es auch."[19]

Diesem Ziel ordnete Sauckel auch die „Endlösung der Judenfrage" zu. Ohne diesen Begriff zu verwenden, ließ er dennoch eindeutig erkennen, daß er wußte, worum es ging, und daß er die Ermordung der Juden nicht nur billigte, sondern sogar regelrecht forderte. Von den thüringischen Hoheitsträgern der NSDAP forderte er, zu Beginn des Jahres 1944 Appelle in allen Ortsgruppen und Betrieben durchzuführen. Dabei sollten alle Parteimitglieder sieben Bekenntnisse ablegen, so zu Hitler, zur Wehrmacht, zur nationalsozialistischen Weltanschauung, zur deutschen Volksgemeinschaft, zum „Kampf gegen das Verbrechertum Churchills, Roosevelts, Stalins und des Judentums". Wörtlich erklärte er in seiner Rede vom 31. Dezember 1943: „Der Punkt 6 kann (in den bevorstehenden Veranstaltungen – M. W.) kurz aber kategorisch behandelt werden. In Punkt 6 bekennen wir uns zur totalen Vernichtung des Judentums in Europa. Das müssen wir nun endlich unserem Volke sagen, rückhaltlos und offen. Die Vernichtung des Judentums ist die Voraussetzung dafür, dieser mörderischen Rasse weltgeschichtlich das Handwerk zu legen. Erbarmen ist falsch. Wir wollen Erbarmen haben vielleicht sogar mit irgendeinem Engländer, der von diesem Judentum verführt und auf das Schlachtfeld geführt wird. Wir wollen Erbarmen haben mit unseren Frauen und Kindern, die durch diese englischen Terrorangriffe hingemordet werden, und wir wollen Erbarmen haben mit unserem Volke und den anständigen arischen Völkern. Deshalb muß das Judentum, damit das nicht wieder passiert, ausgerottet werden mit Weib und Kind, wenigstens dort, wo wir die Waffen haben. Es ist ein Bekenntnis, um endlich einmal den Mörder innerhalb der Menschheit auszurotten, wenigstens bei uns."[20] Solche Auslassungen hielten ihn nach dem Kriege nicht davon ab, im Brustton der Überzeugung zu erklären, er habe keinerlei Kenntnis von der „Endlösung" gehabt und diese sei sogar seinen „Interessen vollkommen zuwider" gewesen.[21]

Nationalsozialistische Rechtfertigungsargumente

Das nach außen gerichtete Eroberungs- und Weltherrschaftsprogramm der Nationalsozialisten und ihr Konzept einer „Endlösung der Judenfrage" benötigte, um von großen Teilen der Bevölkerung des Reiches hingenommen oder sogar akzeptiert zu werden, eine geistig-ideologische Rechtfertigung. Daher wurde die NSDAP nicht müde zu suggerieren, die Deutschen seien ein über allen anderen stehendes Volk, ausgestattet mit besonderen Gaben und demzufolge berufen zur Herrschaft über die Welt. Da war von überragenden Eigenschaften der Deutschen die Rede, von einmaligem Heldentum, von der Überlegenheit deutscher Kultur. Belege erübrigen sich hier; es sei lediglich ein Beispiel angeführt, das zugleich zeigt, wie tief nationalistische Überheblichkeit in das Denken breiter Kreise der Bevölkerung eingedrungen war: Am 23. Februar 1943 wurde in das Poesiealbum eines Jugendlichen als beherzigenswerte Lebensweisheit geschrieben: „Die höchsten Güter dieser Welt / hat Gott in Deutschland aufgestellt: / Den deutschen Glauben wahr und rein, / das deutsche Herz voll Sonnenschein, / die deutsche Freiheit, Ehr' verbunden, / das deutsche Schwert, nie überwunden, / und über allem – wie die Bläue / des deutschen Himmels – deutsche Treue."[22]

Auf solchen hurrapatriotischen Stimmungen, die selbst nicht generell als nationalsozialistisch definiert werden können, beruhten indessen Heldenkult und Herrenmenschentum, die den Weg frei machten, Menschen anderer Völker als minderwertig anzusehen, allenfalls als Dienende oder gar als überflüssige Esser und störende Faktoren zu betrachten. Die ständig geforderte Treue zur „Deutschheit" verlangte noch mehr: Zum einen die Bereitschaft zu körperlicher Ertüchtigung, zum anderen die Zurückdrängung und Vernichtung derer, die ihr entgegenstanden, sei es aus politischen, rassischen oder physisch-psychischen Gründen.

Für beides trugen Ärzte besondere Verantwortung. Die geschichtliche Wahrheit verlangt zu sagen, daß ihre Mehrheit für beides sich engagiert und in vielfältiger Weise versucht hat, das Programm des Nationalsozialismus zu realisieren. Bereits im Januar 1933 rief das „Deutsche Ärzteblatt" zu einem Preisausschreiben auf. Beantwortet werden sollte die Frage: „Wie können sich praktizierende Ärzte an erbbiologischer und eugenischer Forschung und Materialbeschaffung beteiligen?" Seit 1934 waren Zwangssterilisierungen erlaubt, die an ca. 400 000 Personen vorgenommen wurden und in 5000 Fällen zum Tode führten. Parolen wie „Gelobt sei, was hart macht", „Gesundheit ist Pflicht" und „Krankheit ist Versagen" wurden vielfach verbreitet und ärztlichem Ethos entgegengehalten. Die Zeitschrift „Natur und Gesundheit" schrieb noch im vorletzten Kriegsjahr: „Wir wissen heute, daß die Krankheit einer der Auslesefaktoren im Kampf ums Dasein ist, in dem nur das Starke erhalten und das Schwache ausgemerzt werden soll."[23]

Nicht allein die Ärzteschaft sah sich solchen Maßregeln unterworfen. Diese richteten sich gleichermaßen gegen die von traditionellen und vorwiegend christlich geprägten Mustern in der Arbeit zahlreicher Krankenschwestern. Auch ihnen wurde erklärt, die „wahre Volksgemeinschaft" der Deutschen habe absolut im Vordergrund zu stehen, es gehe nicht um das humanistische Anliegen, die Leiden der Kranken zu lindern und Leben retten zu helfen, gleich welcher Nationalität oder „Rasse" der jeweils Betreute auch sein mochte. Die nationalsozialistischen Schwestern sollten in Ausübung „ihres Berufes am kranken Volksgenossen" dazu beitragen, wie 1943 für den Reichsbund Deutscher Schwestern, dessen Oberin Moser formulierte, ihre Kraft „am deutschen Menschen" zu verströmen, wohl wissend, daß „das augenblicklich lebende deutsche Volk nur vorübergehender Träger des ewigen Lebensstromes ist, der aus der Unendlichkeit kommt und nach unserem Willen in die Ewigkeit fließen soll als Ausdruck biologischer Unsterblichkeit."[24] In diesem Sinne wurde von den Mitgliedern der NS-Schwesternschaft verlangt, „nachweislich auf dem Boden der nationalsozialistischen Weltanschauung" zu stehen und „arischer Abstammung" zu sein.[25]

Pflege wurde als „Kampf im volkspolitischen Interesse" verstanden. Sie dürfe kein „Ergebnis persönlicher Mitleidsregungen der Pflegeperson" oder gar von „Weltflucht" sein: „Wer die Welt verläßt und in Mitleid für diejenigen vergeht, denen das irdische Leben schwer gemacht wird, besitzt jedoch nicht die erforderliche klare geistige Einstellung zum unabdingbaren Werte des Lebens. Wer aber das Leben an sich nicht bejaht, ist – bei allem anerkennenswerten Opfermut in der Berufsausbildung – doch nicht voll und ganz dazu fähig, so um jedes Leben zu kämpfen, wie es notwendig ist, um Deutschland vor dem Volkstode, der ihm schon von seinen Gegnern vorhergesagt ist, zu schützen. ... Der Schutz der deutschen Volkskraft, die Erbgesundheits-Lehre und die Förderung der körperlich und geistig Hochwertigen im Rahmen der planmäßigen Aufartungspolitik können nur aus voller Überzeugung von Menschen durchgeführt und angewandt werden, die sich die glücklichste Gestaltung der diesseitigen Zukunft des deutschen Volkes bewußt zur Lebensaufgabe setzen."[26] Noch deutlicher hatte Joseph Goebbels auf dem Reichsparteitag der NSDAP im September 1938 die Motive des Regimes benannt: „... wir müssen ein gesundes Volk besitzen (sic!), um uns in der Welt durchsetzen zu können."[27]

Der Tatsache, daß dem Ideal eines „Deutschen" keineswegs alle entsprachen, schon gar nicht jene, die irgendwelchen Gebrechen zufolge kein „Schwert" schwingen und keine Herrschaft über andere ausüben konnten, wollten die Nationalsozialisten ebenso strikt und radikal begegnen wie dem Existenzrecht der mit Krieg überzogenen Nationen. Doch hier standen sie vor gewissen Problemen: Richteten sich Holocaust und der Vernichtungskrieg im Osten Europas gegen Angehörige anderer Völker, so waren von den „Euthanasie"-Verbrechen nahezu ausschließlich Deutsche betroffen, also Angehörige des eigenen Volkes. Zudem rief die massenhafte Beseitigung von „lebensunwertem Leben" innerhalb des Reiches ein anderes Maß an Widerspruch hervor, dem sowohl mit verstärkter Geheimhaltung als auch mit trickreicher Irreführung der Öffentlichkeit Rechnung getragen werden sollte.

– Manfred Weißbecker –

Geschichtliche Keime und ihr Fortwirken im Dritten Reich

Die Wurzeln aller großen nationalsozialistischen Massenverbrechen – auch die der Morde an Kranken und Behinderten – reichen in die Tiefen deutscher Geschichte. Expansionistische Bestrebungen und antisemitische Ideen spielten allzu oft eine große, besorgniserregende Rolle. Insbesondere aus deren Zuspitzung im preußisch-deutschen Kaiserreich am Ende des 19. und Anfang des 20. Jahrhunderts sowie aus der Barbarei des ersten weltumspannenden Krieges erwuchsen nach 1918 die Doktrinen des Nationalsozialismus. Was diese beinhalteten, war in allen Grundzügen geschichtlich verankert und bereits Vorhandenem entsprossen, löste sich jedoch selbst von solchen Grundlagen. Die NSDAP übersteigerte und radikalisierte deutschnationales, konservatives und völkisches Denken in einer bis dahin ungekannten Art und Weise. Das ließ den Nationalsozialismus zu einer eigenständigen politisch-ideologischen Strömung werden, die während des Dritten Reiches eindeutig dominierte, jedoch nicht alles ursprüngliche Denken in den Kategorien von Nationalismus und Konservatismus zu ersetzen oder gar zu verdrängen vermochte. Die Gleichzeitigkeit einander zwar nahestehender, aber dennoch nicht identischer politisch-ideologischer Vorstellungen muß als ein wesentliches Merkmal der deutschen Gesellschaft jener Zeit angesehen werden.

So verlieh die NSDAP dem in Deutschland weit verbreiteten christlichen Antijudaismus und völkisch begründeten Antisemitismus einen durch und durch rassistischen Grundzug, den es zuvor lediglich in Ansätzen gegeben hatte. Ihr rassistischer Antisemitismus gipfelte im Konzept einer völligen Ausrottung des jüdischen Volkes. Als entscheidendes Ziel des Hasses auf Juden trat deren Vernichtung in den Vordergrund. Eine Beschränkung auf Verfolgung und Vertreibung sollte es nicht mehr geben. Dieser im Verlauf der 30er und zu Beginn der 40er Jahre sich weiter radikalisierende Antisemitismus der NSDAP war von neuer Qualität und bislang geschichtlich einmalig. Wir wissen jedoch aus zahlreichen Forschungen, aber auch aus Auseinandersetzungen, die es in den letzten Jahren beispielsweise zum Thema „willige Vollstrecker" und zu Goldhagens gleichnamigen Buch gab[28] oder auch zu dem neuesten Buch von Götz Aly,[29] in welchem Ausmaß es während des Zweiten Weltkrieges unterschiedliche Varianten antisemitischen Denkens gegeben hat.

Gleiches trifft auf den Expansionismus der Nationalsozialisten zu. Bereits das im Februar 1920 verkündete Parteiprogramm der NSDAP zielte nicht allein auf eine von nahezu allen Deutschen befürwortete Revision der Ergebnisse des Ersten Weltkrieges. Dessen erster von 25 Punkten verlangte nicht mehr und nicht weniger als den „Zusammenschluß *aller* Deutschen auf Grund des Selbstbestimmungsrechts der Völker zu einem Großdeutschland".[30] In seinen parteioffiziellen Erläuterungen zum Programm postulierte Alfred Rosenberg, „daß gleiches Blut und gleiche Sprache und gleiche Kulturüberlieferung auch *einen* Staat bilden müssen."[31] Erst der zweite Punkt forderte die „Gleichberechtigung des deutschen Volkes gegenüber den anderen Nationen und Aufhebung der Friedensverträge von Versailles und St. Germain", während der dritte den Erwerb von „Land und Boden (Kolonien)" proklamierte. Dies alles richtete sich nicht nur gegen die 1919 erfolgten Gebietsabtretungen an Polen, Litauen, Dänemark, Belgien, Frankreich und Italien, sondern auch gegen die Zerschlagung der Doppelmonarchie Österreich-Ungarn und gegen die Bestimmung, daß der entstandene österreichische Staat sich mit dem Deutschen Reich nicht vereinigen durfte.

Indessen reichte das Verlangen nach einem „Zusammenschluß *aller* Deutschen" noch über die – auch von anderen deutschen Parteien angemahnte – Wiederherstellung des einstigen Territoriums von 1914 oder 1866 hinaus. Da jedoch von den rund 90 Millionen Menschen deutscher Nationalität etwa ein Drittel außerhalb der Grenzen des Deutschen Reiches lebte, beinhaltete diese Formel den wahnwitzigen Anspruch, sich in die Angelegenheiten eines jeden Landes einmischen zu können, in denen deutsche Minderheiten lebten, und das war u. a. in der Tschechoslowakei, in Polen, Jugoslawien, Rumänien, in den baltischen Staaten, Rußland und auch in Übersee der Fall. Unumwunden gierte die NSDAP nach „Land und Boden", worunter sie vor allem osteuropäische Gebiete, aber auch die verlorenen Kolonien in Afrika, Asien und Ozeanien verstand. Begründet wurde dies mit demographischen und geopolitischen Argumenten; angeblich erforderten die Bevölkerungsdichte und die Ernährungssituation des Deutschen Reiches eine territoriale Expansion. Es widerspreche jeglicher natürlichen Ordnung, so verlautbarte wiederum Rosenberg, „daß 36 Millionen Franzosen über ein größeres Land verfügen als 63 Millionen Deutsche; daß auf einen Russen 20mal mehr Grund und Boden kommt als auf einen Deutschen. Dieses naturwidrige Verhältnis muß entweder zur vollkommenen Verkrüppelung des deutschen Volkes führen, oder es wird in einer Weise ein Ende nehmen, wie sich die Dinge in der Geschichte noch immer zugetragen haben: durch einen völkischen Machtkampf. Es gibt auch hier nur Durchsetzung unserer Lebensnotwendigkeiten oder Untergang."[32] In wenigen, nahezu lapidaren Sätzen hatte die NSDAP damit größte Gebietsansprüche erhoben, die weit über die Absicht anderer Teile der deutschen Eliten hinausreichten, allein das Ergebnis des Ersten Weltkrieges rückgängig machen zu wollen.

Dem hier zu Expansionismus und Antisemitismus Gesagten entsprach auch die Entwicklung der nationalsozialistischen Sicht auf das Thema „Euthanasie". Die NSDAP nutzte skrupellos alle den Gnadentod rechtfertigenden Auffassungen aus, die es seit langem in Teilen der Gesellschaft gab und die in teilweise recht unterschiedlich motivierten Debatten behandelt worden sind. Diese dienten den Nationalsozialisten als Grundlage einer eigenen, ins Unmenschliche übersteigerten und völlig radikalisierten Doktrin. Der Zeitpunkt, zu dem sich eine eigenständige nationalsozialistische Variante des Themas „Euthanasie" herauskristallisierte und zugleich Kurs auf massenhafte Vernichtungsaktionen genommen wurde, lag nach Ansicht des Verfassers bereits vor dem 30. Januar 1933. Idee und Politik der Liquidierung von körperlich und psychisch Behinderten ergaben sich geradezu logisch aus dem Gesamtprogramm. Sie konnten sich zwar auf wesentliche Voraussetzungen stützen, waren jedoch von völlig neuer Qualität. Allein den Begriff der „Euthanasie" gaben die Nationalsozialisten nicht auf; sie verwendeten ihn, ohne selbst die Unterschiede zwischen ihm und dem massenhaften faschistischen Patientenmord zu markieren.

Ähnlich wie national-konservative Ideen einerseits und die sich zudem noch radikalisierenden völkisch-rassistisch-nationalsozialistischen Ideen andererseits in den Jahren zwischen 1933 und 1945 nebeneinander existierten, gab es im Dritten Reich sowohl die zuvor vertretenen Euthanasie-Auffassungen als auch die eindeutig faschistischen Massenmord-Axiome. Zwischen ihnen kamen zahlreiche Berührungspunkte zum Vorschein, geblieben waren aber – wenngleich zumeist überdeckt – auch traditionelle Gegensätze. Zu diesen traten teilweise neue und die Zwiespältigkeit von Euthanasie an sich befördernde Unterschiede. Für den heutigen Umgang mit diesem Thema besagt dies, daß in jedem einzelnen Fall, über den es zu debattieren und zu urteilen gilt, sowohl die Verselbständigung als auch die Einzigartigkeit des nazistischen Mordprogramms an kranken und behinderten Menschen berücksichtigt werden müssen. Eindimensionale und monokausale Erklärungsmuster verbieten sich. So sehr jegliche Hilfsleistung deutscher Mediziner für dieses Programm ein hohes Maß an Verantwortungslosigkeit oder zumindest ein opportunistisch zu nennendes Mitläufertum markiert, dementsprechend strikt abzulehnen und als menschenunwürdig zu charakterisieren ist, so wenig kann pauschal unterstellt werden, alle hätten ihrem Tun und Lassen allein nationalsozialistisch-rassenhygienische Kriterien zugrunde gelegt und persönlich alle verbrecherisch zu nennenden Motive der Nationalsozialisten intendiert.[33]

* * *

– *„Wir müssen ein gesundes Volk besitzen, um uns in der Welt durchsetzen zu können"* –

Erschrecken, Empörung, Mitleid und Angst bestimmen die Erinnerung an die Opfer der nationalsozialistischen Euthanasie-Verbrechen. Mit Recht ist zu fordern, Taten und Täter deutlich zu benennen, anzuklagen und eindeutig zu verurteilen, um jede Wiederholung solcher Schandtaten zu verhindern. Auch ist eindeutig die Schuld derer zu bestimmen, die in das fürchterliche Geschehen verstrickt waren, aus welchen allgemeinen Motiven und individuellen Beweggründen auch immer. Die kritische Rückschau bleibt indessen auch davon nicht unbeeinflußt, daß Theodor Adorno irrte, als er erklärte, nach dem Holocaust könne kein Gedicht mehr geschrieben werden. Und geht möglicherweise auch derjenige an der Realität des Lebens vorbei, der behauptet, angesichts der nationalsozialistischen Mordtaten an geistig und körperlich Behinderten könne niemals mehr und in keiner Weise an Gnadentod und Sterbehilfe gedacht werden? Es lediglich als schamlosen, faschistoiden Rückgriff bezeichnen zu wollen, wenn in vielen Ländern der Welt mehr denn je über das Thema debattiert und nach neuen, nach menschlichem Ermessen vertretbaren Regelungen gesucht wird, verdrängt die Existenz physischer und geistiger Behinderung von Menschen und die Frage nach dem Umgang der Gesellschaft mit unheilbar kranken Menschen. Das Problem gab es in der Geschichte bereits lange vor 1933 und ebenso in allen Gesellschaftssystemen. Es hat nach 1945 nicht aufgehört zu existieren; in einigen westeuropäischen Ländern – in den Niederlanden, der Schweiz und in Belgien – wurden Kriterien erarbeitet und diese sogar in Gesetzesform gebracht.[34]

In ihrer Herrschaftszeit, den zwölf schlimmsten Jahren deutscher Geschichte, betrieben die Nationalsozialisten total unmenschliche Praktiken im Umgang mit behinderten Menschen. Das Problem aufzuheben vermochten sie nicht. Nach wie vor wird über das Thema Gnadentod und Sterbehilfe zu debattieren sein, wird nach vertretbaren menschlichen Lösungen zu suchen sein. Unterschiedliche Antworten sind möglich und werden zu weiteren politisch-moralischen Auseinandersetzungen führen. Immer bedarf es dabei des argumentativen Rückgriffs auf den nationalsozialistischen Mißbrauch, wenngleich nicht jeder Lösungsvorschlag von vornherein mit diesem in eins gesetzt werden sollte.

– Manfred Weißbecker –

Anmerkungen

* Der vorliegende Beitrag stützt sich auf ein Manuskript, das in dem vom Vf. publizierten und von der Rosa-Luxemburg-Stiftung Thüringen e. V. herausgegebenen Band „Gefahr im Verzug. Miniaturen und Schlaglichter zur Geschichte der NSDAP", Jena 2005, S. 149–162, enthalten ist.
1 In jüngster Zeit sowie im Zusammenhang mit dem 60. Jahrestag der Befreiung vom Faschismus wird letzteres vor allem am Beispiel des Filmes „Der Untergang" von Bernd Eichinger debattiert.
2 Siehe dazu vor allem Ulrike Winkler (Hg.): Stiften gehen. NS-Zwangsarbeit und Entschädigungsdebatte. Köln 2000.
3 Siehe dazu u. a. Werner Röhr: Opfer, Opfer, Opfer! – Neucodierung der Sicht auf den zweiten Weltkrieg beim Weltmeister der Vergangenheitsbewältigung. – In: 8. Mai 1945. Von den Schwierigkeiten beim Umgang mit deutscher Geschichte. Protokollband einer Tagung der Rosa-Luxemburg-Stiftung Thüringen e. V. am 12. Februar 2005 in Jena anläßlich des 70. Geburtstages von Prof. Dr. Manfred Weißbecker. Jena 2005, S. 123–136.
4 Siehe Klaus-Michael Mallmann u. Gerhard Paul (Hg.): Karrieren der Gewalt. Nationalsozialistische Täterbiographien. Darmstadt 2004; Gerhard Hirschfeld u. Tobias Jersak (Hg.): Karrieren im Nationalsozialismus. Funktionseliten zwischen Mitwirkung und Distanz. Frankfurt a. M. u. New York 2004.
5 Siehe Gudrun Hentges: Deutsche Leitkultur. – In: Schlagwörter und Schlachtrufe aus zwei Jahrhunderten deutscher Geschichte. Hg. von Kurt Pätzold u. Manfred Weißbecker, Bd. 2. Leipzig 2002, S. 64 f; Kurt Pätzold: Ich bin stolz, ein Deutscher zu sein. – In: Ebenda, S. 239–245.
6 Siehe Manfred Weißbecker: „Wenn hier Deutsche wohnten ..." Beharrung und Veränderung im Rußlandbild Hitlers und der NSDAP. – In: Das Rußlandbild im Dritten Reich. Hg. von Hans-Erich Volkmann. Köln, Weimar, Wien 1994, S. 9–54.
7 Siehe dazu u. a. Kurt Pätzold u. Manfred Weißbecker: Geschichte der NSDAP 1920–1945. Köln 1998, S. 420 ff.
8 Siehe Mechthild Rösler und Sabine Schleiermacher (Hg.) unter Mitarbeit von Cordula Tollmien: Der „Generalplan Ost". Hauptlinien der nationalsozialistischen Planungs- und Vernichtungspolitik. Berlin 1993; Dietrich Eichholtz: Geschichte der deutschen Kriegswirtschaft 1939–1945, Bd. 2. Berlin 1985, S. 430 ff; Götz Aly u. Susanne Heim: Vordenker der Vernichtung. Auschwitz und die deutschen Pläne für eine neue europäische Ordnung. Frankfurt a. M. 1993, S. 394 ff; Rolf-Dieter Müller: Hitlers Ostkrieg und die deutsche Siedlungspolitik. Frankfurt a. M. 1991, S. 83 ff.
9 Adolf Hitler: Mein Kampf. Zwei Bände in einem Band. Ungekürzte Ausgabe. 390./394. Aufl. München 1939, S. 766 f.
10 Völkischer Beobachter vom 7. 8. 1929. Zit. nach Hans-Walter Schmuhl: Rassenhygiene, Nationalsozialismus, Euthanasie. 2. Aufl. Göttingen 1992, S. 152.
11 Auf die nicht zu unterschätzenden wirtschaftlichen Aspekte des Themas wird hier nicht näher eingegangen. Aufschlußreich ist in dieser Hinsicht vor allem ein Artikel aus dem „Deutschen Ärzteblatt" von 1934 (hier zit. nach Walter Wuttke-Groneberg: Medizin im National-

– „Wir müssen ein gesundes Volk besitzen, um uns in der Welt durchsetzen zu können" –

sozialismus. Ein Arbeitsbuch. Tübingen 1980, S. 16f.), in dem es heißt: „Die wirtschaftliche Belastung durch Erbkranke beträgt zur Zeit für das Deutsche Reich etwa 1,2 Milliarden Mark jährlich. Diese Summe setzt sich folgendermaßen zusammen: Von 33 000 Blinden sind etwa 15–20 v. H. = 5000 als erbblind anzusehen. Bei einer durchschnittlichen Aufwendung pro Kopf von 1000 RM im Jahr bedingen diese Erbblinden einen Gesamtaufwand von 5 Millionen jährlich, von denen allein 2½ Millionen RM für Anstaltspflege verbraucht werden. Von 300 000 Krüppeln sind gleichfalls 15–20 v. H. = 50 000 als Erbkrüppel anzusehen, die bei einem Bedarf von 1000 RM jährlich pro Person eine Aufwendung von 50 Millionen verlangen. Von diesen 50 Millionen sind über 16 Millionen für Anstaltspflege verbraucht worden. Wesentlich größer ist die Zahl der erbbedingten Taubstummen, da man bei Taubstummheit in gut der Hälfte der Fälle eine erbliche Belastung annehmen muß. Die 20 000 anfallenden erblich bedingten Taubstummen bedürfen pro Kopf einen jährlichen Aufwand von 800 RM, insgesamt 15 Millionen, von denen für Anstaltspflege 2 215 000 RM aufgewendet werden. Bei den geistig Gebrechlichen liegt in etwa 70 v. H. der Fälle eine erbliche Bedingtheit vor. Diese 230 000 geistig Gebrechlichen bedingen bei je 1000 RM Unterhaltskosten im Jahr 160 Millionen RM, von denen 112.099.000 RM für Anstaltsbehandlung Verwendung finden. In dieser Zahl geistig Gebrechlicher sind 60 000 Schwachsinnige schwerster Form einbegriffen. Schwachsinnige leichter Form, aber erbbedingt, wurden auf Grund der letzten zur Verfügung stehenden Statistik 250.000 gezählt. Die Zahl der Hilfsschüler beträgt 70.000. Die notwendigen Aufwendungen für den einzelnen Hilfsschüler betragen im Jahresdurchschnitt 1015 RM, während sie für einen normalen Schüler nur 328 RM betragen. Insgesamt beansprucht die schulische Ausbildung von Hilfsschülern jährlich 71.050.000 RM. Insgesamt beträgt der Aufwand für die Erhaltung erblich Belasteter 301 Millionen RM pro Jahr, von denen etwa 192 Millionen für Anstaltspflege aufgewendet werden. Nicht mit eingerechnet sind die Kosten für etwa 200 000 Trinker und etwa 400 000 Psychopathen. Die für diese aufzuwendenden Mittel sind pro Jahr auf etwa 200 Millionen zu veranschlagen. Der durch Erbkranke bedingte Arbeitsausfall beträgt in Deutschland etwa 300 Millionen im Jahr. In Fürsorgeerziehung stehen etwa 80.000 Jugendliche, die einen Gesamtaufwand von etwa 56 Millionen bedingen. Die für Rechtspflege und Polizei aufgewendeten Mittel betragen 1,5 Milliarden RM jährlich, von denen schätzungsweise 250 Millionen durch erblich belastete Verbrecher und Asoziale bedingt sind. Eine erblich belastete Person bedarf bis zu einem Lebensalter von rund 60 Jahren ohne Anstaltsbehandlung einen Aufwand von über 50.000 RM. Diese ungeheure gesundheitliche und wirtschaftliche Belastung unseres Volkes durch Erblichbelastete würde von Jahr zu Jahr steigen, sofern nicht die nationalsozialistische Regierung im Interesse der Gesamtheit des Volkes und seiner Zukunft eingegriffen hätte."

12 Martin Schulze: Nationalsozialistische Regierungstätigkeit in Thüringen 1932–1935. Weimar 1935, S. 6f.
13 Brigitte Jensen: Karl Astel – „Ein Kämpfer für die deutsche Volksgesundheit". – In: Barbara Danckwortt (Hg.): Historische Rassismusforschung. Ideologen. Täter. Opfer. Hamburg 1995, S. 174 u. 176. Siehe dazu den Beitrag „Ärzte und das System der nationalsozialistischen Euthanasie in Thüringen" von W. Schilling in diesem Band.
14 Siehe dazu den Beitrag von W. Schilling „Ärzte und das System der nationalsozialistischen Euthanasie in Thüringen" in diesem Band. Gegenwärtig bemüht sich die Jenaer Universität,

ihre eigene Geschichte in der Zeit des Dritten Reiches aufzuarbeiten sowie die Verstrickung von Professoren der Medizinischen Fakultät in die nationalsozialistischen Euthanasiepraktiken aufzuklären. Siehe den Bericht der Kommission der Friedrich-Schiller-Universität Jena zur Untersuchung der Beteiligung Prof. Dr. Jussuf Ibrahims an der Vernichtung „unwerten Lebens" während der NS-Zeit, hg. vom Rektor der Friedrich-Schiller-Universität. Jena 2000. Siehe auch „Kämpferische Wissenschaft" – Studien zur Universität Jena im Nationalsozialismus. Hg. v. Uwe Hoßfeld, Jürgen John, Oliver Lemuth, Rüdiger Stutz, Köln / Weimar / Wien 2003.

15 Bekenntnis zum Kinderreichtum der Tüchtigen. Rede des Gauleiters und Reichsstatthalters Fritz Sauckel am 26. Juni 1938 in Weimar. Hg. vom Gauorganisationsamt der NSDAP Gau Thüringen. Weimar o. J., S. 17 f.
16 ThHStAW, Bestand RSH, Bd. 189, Bl. 22 f.
17 ThHStAW, RSH, Bd. 188, Bl. 269.
18 ThHStAW, RSH, Bd. 188, Bl. 149 f.
19 ThHStAW, RSH, Bd. 188, Bl. 274.
20 ThHStAW, RSH, Bd. 191, B. 476 f.
21 Internationales Militärtribunal gegen die deutschen Hauptkriegsverbrecher, Bd. XV, S. 53.
22 Zit. nach Heinz Scholz: Unredlicher Anbiederung das Wort geredet. – In: Thüringische Landeszeitung vom 22. 2. 2000. Zu den Wirkungen solcher und anderer Phrasen siehe Kurt Pätzold / Manfred Weißbecker (Hg.): Schlagwörter und Schlachtrufe. Aus zwei Jahrhunderten deutscher Geschichte, 2 Bde. Leipzig 2002.
23 Die Zitate sind entnommen aus Klaus Franke: Reine Rasse. – In: Spiegel spezial, Nr. 1 / 2001 zum Thema „Die Gegenwart der Vergangenheit", S. 136 f.
24 Zit. nach Herwart Vorländer: Die NSV. Darstellung und Dokumentation einer nationalsozialistischen Organisation. Boppard am Rhein 1988, S. 403. Siehe auch Birgit Breiding: Die braunen Schwestern. Ideologie – Struktur – Funktion einer nationalsozialistischen Elite. Stuttgart 1998; siehe auch Manfred Weißbecker: „Wir können alle Lust unterdrücken …" Briefe aus dem Alltag brauner Schwestern im Zweiten Weltkrieg. – In: Rassismus, Faschismus, Antifaschismus. Forschungen und Betrachtungen. Gewidmet Kurt Pätzold zum 70. Geburtstag. Hg. von Manfred Weißbecker und Reinhard Kühnl unter Mitwirkung von Erika Schwarz. Köln 2000, S. 164–177.
25 Richtlinien für die Schwesternschaft der NSV. – In: Herwart Vorländer (wie Anm. 24), S. 307.
26 Warum Ausbau der NS-Schwesternschaft? In: Nationalsozialistischer Volksdienst, 1937 / 38, S. 95 f. Zit. nach Herwart Vorländer (wie Anm. 24), S. 311 f.
27 Zit. nach ebenda, S. 369.
28 Siehe Daniel Jonah Goldhagen: Hitlers willige Vollstrecker. Ganz gewöhnliche Deutsche und der Holocaust. Aus dem Amerikanischen von Klaus Kochmann. Berlin 1996.
29 Götz Aly: Hitlers Volksstaat. Raub, Rassenkrieg und nationaler Sozialismus. Frankfurt a. M. 2005. – Zur Diskussion über dieses Buch siehe vor allem Sozialgeschichte. Zeitschrift für historische Analyse des 20. und 21. Jahrhunderts, H. 3 / 2005, das Beiträge von Rüdiger Hachtmann, Christoph Buchheim, Thomas Kuczynski, Michael Wildt, Jane Caplan und Angelika Ebbinghaus enthält. Siehe auch Manfred Weißbecker: Nationaler Sozialismus? Volksstaat?

– „Wir müssen ein gesundes Volk besitzen, um uns in der Welt durchsetzen zu können" –

    Anmerkungen zu Götz Aly. – In: Z. Zeitschrift Marxistische Erneuerung, Nr. 62, Juni 2005, S. 175 -181.
30 Zit. nach Kurt Pätzold / Manfred Weißbecker (wie Anm. 7), S. 34. Hervorhebung hier durch den Verfasser.
31 Alfred Rosenberg: Wesen, Grundsätze und Ziele der NSDAP. München 1922. Zit. nach der Ausgabe von 1933, S. 12.
32 Ebenda, S. 16.
33 Die Diskrepanz zwischen allgemeinen, traditionellen und nach Meinung des Verfassers keineswegs akzeptablen, aber in der menschlichen Gesellschaft seit eh und je vorhandenen Euthanasie-Auffassungen einerseits und der spezifischen, auf massenhafte Vernichtung „lebensunwerten" Lebens zielenden faschistischen „Euthanasie"-Politik andererseits nicht genügend beachtet zu haben, stellt offensichtlich ein gravierendes Problem jenes Berichtes dar, den eine Kommission des Senates der Friedrich-Schiller-Universität Jena im „Fall Ibrahim" vorgelegt hat (siehe Anmerkung 14). Möglicherweise haben die Mitglieder dieser Kommission die Diskrepanz gesehen, sie hielten sie jedoch – entsprechend einer begrenzten Aufgabenstellung – einer Berücksichtigung nicht für wert. Wenn letzteres angenommen werden darf, würde dies jedoch kaum einer Sichtweise entsprechen, die für sich in Anspruch nimmt, überzeugend gegen den Nationalsozialismus und seine Verbrechen gerichtet zu sein. Der Bericht umgeht leider alle berechtigten Fragen, die neben und in direktem Zusammenhang mit der korrekten Benennung Ibrahim'scher Verfehlungen unumgänglich zu stellen sind und der Erarbeitung einer alle Seiten umfassenden Biographie dienen würden. Ein solches Vorgehen behindert zudem den lebensnotwendigen Versuch, aus der Geschichte zu lernen. Stattdessen mag der Eindruck nicht unberechtigt sein, daß deren Benutzung der eines Steinbruches für jeweilige und beliebige Zwecke gleicht. Ein Beispiel völlig unwissenschaftlichen Herangehens und grober Fälschung, die angeblich antifaschistischer Argumentation dienen soll, lieferte Lars Rensmann: Antisemitismus und „Volksgesundheit". – In: Medizin und Verbrechen. Hg. von Christoph Kopke. Ulm 2001, S. 71. Hier heißt es: „Nur aus nachwirkenden Identifizierungen (! – M. W.) mit rassistisch-antisemitischen Leistungen für die ‚Volksgesundheit' des ethnisch marginalisierten Volkskörpers ist etwa zu erklären, warum der NS-Massenmörder (! – M. W.) Jussuf Ibrahim, der als Leiter der Kinderklinik Jena diejenigen Kinder eigenhändig (sic! – M. W.) ermordete, welche seinen ‚arischen' Idealen nicht entsprachen, nach einem Beschluß der Rates der Stadt Jena die Ehrenbürgerschaft behalten darf."
34 Siehe u. a. Andreas Frewer / Clemens Eickhoff (Hg.): „Euthanasie" und die aktuelle Sterbehilfe-Debatte. Die historischen Hintergründe medizinischer Ethik. Frankfurt a. M. 2000. Siehe dazu auch die Beiträge von Nikolaus Knoepffler und Eggert Beleites im vorliegenden Band.

Ernst Luther

Abwicklung oder bewußtseinsbildendes Bedenken?

Die Verbrechen der NS-Zeit ohne Zorn zu werten, das ist gewiß schwer. Das gilt in besonderem Maße für die unter dem Deckmantel „Euthanasie" durchgeführten Mordaktionen. Henry Friedländer schreibt in seinem umfangreichen Werk „Der Weg zum NS-Genozid", „daß die Euthanasie nicht einfach eine Einleitung, sondern das erste Kapitel des Genozids war."[1] Kaum ein Autor, der nicht bei der Frage nach diesen Verbrechen auf die Geschichte eingeht, und (spätestens) von Jost[2] über Binding und Hoche[3] zu den Tätern der „Aktion T 4" kommt.

Unzweifelhaft dürfen weder geistige Vorläufer dieser Mordaktion mit den NS-Tätern gleichgesetzt werden, noch die gegenwärtigen Autoren, die den Standpunkt vom lebensunwerten Leben und von der aktiven Sterbehilfe vertreten, wie Singer[4] oder Hoerster.[5] Auch wenn die Unterschiede deutlich benannt werden, darf man damit rechnen, sehr harsche und aggressive Repliken zu erhalten, wenn man auf die ideellen Bezüge bei den Begriffen „Erlösen" und „Helfenwollen" eingeht. Meine 30jährige diesbezügliche Erfahrung mit persönlichen und öffentlichen Leserbriefen, die sich auf Beiträge von mir bezogen, spricht zumindest dafür.

Es gibt ein gewisses Dilemma, vor dem wir bei der Wertung der NS-Zeit stehen, einerseits muß das perfide und nahezu perfekt geistig verbreitete und praktisch organisierte Vernichtungsprogramm benannt werden, andererseits ist eine solch große Zahl von Menschen unterschiedlichster Denk- und Verhaltensweisen eingebunden („verstrickt" heißt es heute), daß eine differenzierte Wertung unerlässlich ist.

Aber wie soll man differenzieren zwischen den Denk- und Verhaltensweisen von dem zum Tode verurteilten Karl Brandt und dem auch nach 1945 zu weiteren Ehren gekommenen Ferdinand Sauerbruch, wenn man die Dokumente des Nürnberger Ärzteprozesses zur Kenntnis nimmt?[6]

Eine sehr prononcierte Position schlußfolgerte zu diesem Thema Alfons Labisch: „Die NS-Medizin war also keineswegs ein historischer Unglücksfall, der von niederen, verbrecherischen Existenzen durchgeführt wurde. Ein historischer ‚Unglücksfall' kann leicht in der Vergangenheit als ‚bewältigt' abgelegt werden, und von verbrecherisch-monstreusen Menschen können wir uns leicht distanzieren. Josef Mengele (1911–1979), Carl Schneider (1891–1946) oder Karl Brandt (1904–1948) waren ärztliche Kollegen."[7]

Karl Brandt ein ärztlicher Kollege? Das klingt erst einmal unfaßbar. Doch sehen wir: Der im Elsaß aufgewachsene junge Arzt, der 1928 in Freiburg im Breisgau sein Staatsexamen ablegt und in Bochum in seiner chirurgischen Fachausbildung als Experte für Kopf- und Rückgratsverletzungen gilt, äußert gegenüber Albert Schweitzer den Wunsch, als Missionsarzt nach Lambarene zu gehen. Dieser nennt ihm als Bedingungen die Annahme der französischen Staatsbürgerschaft und die Bereitschaft, in der französischen Armee zu dienen. Brandt, der mit seinen Eltern 1920 das französisch gewordene Elsaß verließ, sah diese Bedingungen als unannehmbar an und schloß sich kurze Zeit später Hitler an. Beide Personen seien nach Aussage eines früheren Studienkollegen die „einflußreichsten Figuren im Leben von Brandt" gewesen.[8]

Ab 1939 dürfte doch aber bei Brandt die „Ehrfurcht vor dem Leben" längst vergessen sein; wie ist es zu erklären, daß der Betheler Anstaltsleiter Pastor Fritz v. Bodelschwingh stundenlang mit Brandt über das „Euthanasie"-Programm diskutierte und von „der persönlichen Integrität des jungen Arztes" so überzeugt war, „daß er nach dem Todesurteil gegen Brandt ein Gnadengesuch einreichte".[9]

Nun mag man vielleicht sagen, ein Pastor verurteilt nicht, er vergibt dem Sünder. Warum aber hat Brandt sich in seinem Schlußwort auf das Gnadengesuch berufen können, in dem es heißt, er sei kein „Verbrecher", sondern ein „Idealist"? Liest man bei Ernst Klee nach über die von Bodelschwinghschen Anstalten, so wird deutlich, daß Fritz von Bodelschwingh nicht nur wußte, um was es bei dem „Euthanasie-Programm" ging, sondern daß er ein „Eingebundener", ein „Verstrickter" war und für sich eine persönliche Distanz suchte.[10]

Bis in die 80er Jahre war das Thema in Bethel ein Tabu. Nach der Veröffentlichung der Akten durch Ernst Klee setzte ein mühevoller Prozeß des Nachdenkens und der „Spurensuche" ein.[11] Es ist mir nicht bekannt, wie erregt die Debatte geführt wurde und auch nichts darüber, daß Ernst Klee nach seiner Veröffentlichung eine Umbenennung der Anstalten gefordert hat.

Lassen sich Fritz von Bodelschwingh und Jussuf Ibrahim in ihren Denk- und Verhaltensweisen vergleichen? Fritz von Bodelschwingh war der Leiter einer Anstalt, mit einem Chefarzt, der mit großer Aktivität selbst die Selektionskriterien für Bethel festlegte und zwar so eifrig, daß die Kommission unter Führung von Brack und Heyde nur zehn Tage und nicht – wie geplant – sechs Wochen benötigte. Jussuf

Ibrahim hatte einen fanatischen Nationalsozialisten in Prof. Dr. Karl Astel vom Thüringischen Landesamt für Rassewesen als Rektor zum Vorgesetzten und einen ebenso aktiven Verfechter der Auffassung vom „lebensunwerten Leben" in dem Psychiater und Leiter der Kinderfachabteilung Stadtroda Gerhard Kloos zum Partner, beide sind mit Brandt, Brack und Heyde vergleichbar.

Die Aktenlage ist wohl eindeutig: So wie von Bodelschwingh die Transporte – bedauernd – zuließ, so hat Ibrahim als Arzt selbst seine Zustimmung gegeben. Nur eines unterscheidet den Umgang mit den Akten, die Fähigkeit, differenziert zu werten, ist verloren gegangen.

Seit den 50er Jahren befaßte ich mich mit dem Leben und Wirken des Arztes und Naturforschers Emil Abderhalden (1877–1950). Die Martin-Luther-Universität beging 1952 ihr 450jähriges Jubiläum und die Akademie der Naturforscher, deren Präsident Abderhalden von 1931 bis zum Lebensende war, ihr 300. Zwischen 1922 und 1938 erschien unter seiner Verantwortung eine Ethik-Zeitschrift. Grund genug also, für einen ethisch interessierten Philosophen, sich dieser Persönlichkeit zuzuwenden.

Beim Studium der Akten und der Veröffentlichungen zeigt sich die Persönlichkeit Abderhaldens als außerordentlich widersprüchlich. Ich habe mich entschieden, vom letzten Werk des 70jährigen Abderhalden über „die Gedanken eines Biologen zur Schaffung einer Völkergemeinschaft und eines dauerhaften Friedens" auszugehen, sein soziales Engagement und die zum Teil sehr progressiven politischen Äußerungen zu einer Grundlage zu nehmen, aber die Kritik an eugenischen und ausgesprochen NS-freundlichen Äußerungen nicht zu verschweigen.[12]

Auf dem IPPNW-Symposium 1988 sagte ich: „Es ist ein trauriges Dilemma, daß Abderhalden 1938 im letzten Heft der ‚Ethik' erklärt: ‚Mit Stolz und Genugtuung kann ich beim Abschluß der ‚Ethik' zum Ausdruck bringen, daß ihr Inhalt vom ersten bis zum letzten Heft an keiner Stelle im Widerspruch mit den Erfordernissen der heutigen Zeit steht.'"[13] Auf dem gleichen Symposium vertrat Susanne Zimmermann mit einem Kollegen einen Beitrag zur Rolle der Kinderfachabteilung in Stadtroda, die jetzt im „Fall Ibrahim" zu einem Mittelpunkt des Interesses geworden ist. 1988 ging es jedoch nicht um Ibrahim, sondern um den Direktor der Thüringischen Landesheilanstalten Dr. med. et. phil. Gerhard Kloos (1906–1988).[14] Über seinen Anteil an der Mordaktion gibt es keinen Zweifel. Daß er sich der Verantwortung durch die Flucht in den Westen entzog, 1952 zum Professor für Psychiatrie berufen wurde, daß ein aus der DDR 1962 eingeleitetes Ermittlungsverfahren von der Justiz der Bundesrepublik eingestellt wurde, scheint heute niemanden mehr zu interessieren.

Liest man Martin Kaßlers Aufsatz „Die Verdrängung eugenischer Verbrechen: der Fall Jussuf Ibrahim", so erscheint Kloos als ein Mann, der sogar gegen Ibrahims Vorgehen Protest erhebt.[15] Was erbost Kaßler, Klee, Zimmermann u. a. in verschiedenen Medien heute so? Es ist die Tatsache, daß viele Leute Ibrahim als eine ganz andere Persönlichkeit erfahren haben und sich nicht vorstellen können, daß er in eine Nazi-Mordaktion verwickelt sein konnte, daß er dazu durch die DDR-Regierung mehrfach geehrt wurde. Eigentlich ist schon nicht mehr Ibrahim der „Fall", sondern die DDR. Nach der Massenabwicklung von Wissenschaftlern 1990/91, nach dem Versuch, durch Umbenennungen von Straßen und Entsorgung von Bibliotheken hat sich offensichtlich die Illusion verbreitet, man könne auf diese Weise Lehren aus der Vergangenheit ziehen.

Was das Verschweigen und Verdrängen der Vergangenheit in der alten Bundesrepublik betrifft, so wäre es gerade für westdeutsche Autoren geboten, behutsamer das Thema anzugehen; da sitzen viele im Glashaus.

Ein erstes Beispiel: Am 7. Mai 1934 erschoß sich der erste Dekan der Medizinischen Fakultät und Rektor der Universität Münster 1930/31 nach einem beispiellosen Rufmord von fanatischen NS-Ärzten und Studenten. Als die Medizinische Fakultät 1950 ihr 25jähriges Jubiläum beging, wurde nicht nur diese Schandtat, sondern die gesamte Zeit von 1933 bis 1945 mit Schweigen übergangen. 1967 veröffentlichte ich einen Beitrag zur Durchsetzung des faschistischen Führerprinzips an der Universität Münster, in dem ich auf diesen Vorgang Bezug nahm.[16] Der Medizinhistoriker Richard Toellner berichtete mir später, daß er daraufhin eine Dissertation vergab. Das Buch erschien 1982.[17]

Ein zweites Beispiel: Im Sommer 1987 fand in Bad Homburg eine Diskussion zur praktischen Philosophie in Deutschland nach dem Nationalsozialismus statt. Unter den Rednern war Hermann Lübbe, der zum Thema sprach: „Verdrängung. Über eine Kategorie zur Kritik des deutschen Vergangenheitsverhältnisses".[18] Möglicherweise meinte Lübbe, seine Hörer in dem Vortrag nicht ganz überzeugt zu haben und sagte in seiner zusammenfassenden Diskussionsbemerkung: „Ich will an einem kleinen Beispiel deutlich machen, wie man sich damals in meiner Generation gegenüber den Alt-Nazis praktisch verhielt. Einer moralisierenden Belehrung über das gebotene moralische Urteil die nationalsozialistische Herrschaft betreffend fanden wir uns, noch einmal, nicht bedürftig. Je nach dem Grad unserer historisch-politischen Bildung vermochten wir daher auch einzuschätzen, was die verblüffenden Verlautbarungen Heideggers zur Zeit seines Freiburger Rektorats damals innenpolitisch wie außenpolitisch besagten. Nichtsdestoweniger fand ich mich, auch unter dem Rat älterer Kollegen, damals veranlaßt, in einer kleinen Bibliographie zu Schriften Heideggers und zu Schriften über ihn jene nazistischen Verlautbarungen titelmäßig nicht einzeln aufzuführen, vielmehr es bei der titelmäßigen Aufführung der im engeren Sinne philosophischen Schriften zu belassen. Warum tat ich das? Heute schreit jeder ‚Verdrängung!'. In Wahrheit war es, indem uns die tatsächlichen biographischen und bibliographischen Zusammenhänge doch wohl bekannt waren, nichts als eine Art Schonung. [...] Ähnliches galt auch für unseren damaligen Umgang mit Carl Schmitt."[19]

Ich möchte schon unterscheiden zwischen der Denk- und Verhaltensweise Abderhaldens, von Bodelschwinghs, Ibrahims und Sauerbruchs, die uns zu Bedenken ihres Fehlverhaltens unter bestimmten Bedingungen herausfordert, einerseits und der von Brandt und Kloos, die offensichtlich mit wenig Skrupel zu Tätern einer ganz anderen Qualität wurden.

1987 übergab mir Götz Aly das Buch „Biedermann und Schreibtischtäter", in dem er über das Tagebuch des Anatomen Hermann Voß berichtet.[20] Voß war Ehrendoktor der Medizinischen Fakultät in Halle und besaß weitere Ehrungen der DDR. Die Fakultät hat nach langen Diskussionen über Verdienste und Vergehen den Beschluß gefaßt, ihm die Ehrendoktorwürde abzuerkennen.[21]

Da ich im „Fall Ibrahim" die Akten nicht kenne, steht es mir nicht zu, die Formen zu bewerten, die notwendig sind, um an das Geschehen in der Klinik in der NS-Zeit zu erinnern und Nachdenken herauszufordern. Bethel könnte ein Beispiel sein, wie ein solcher Denkprozeß gefördert wird.

Meine Zustimmung findet Prof. Dr. med. Eggert Beleites, der in einem Interview im Deutschen Ärzteblatt sagte: „Der ‚Fall Ibrahim' sollte deshalb für uns Anlaß sein, daß wir uns mit Euthanasie auseinandersetzen. Was ist Euthanasie? Was verstehen wir darunter? Warum beteiligte Ibrahim, der offenbar eine humanistisch gebildete Person war, sich überhaupt daran? Ich möchte den Bogen spannen zu unserer heutigen Zeit."[22]

Anmerkungen

1 Henry Friedländer: Der Weg zum NS-Genozid. Von der Euthanasie zur Endlösung. Aus dem Amerikanischen von Johanna Friedmann, Martin Richter und Barbara Schaden. Berlin 1997, S. 11.
2 A. Jost: Das Recht auf den Tod. Göttingen 1895.
3 Karl Binding/Alfred Hoche: Die Freigabe der Vernichtung lebensunwerten Lebens. Ihr Maß und ihre Form. Leipzig 1920.
4 P. Singer: Praktische Ethik. Stuttgart 1984.
5 N. Hoerster: Abtreibung im säkularen Staat. Frankfurt am Main 1991.
6 Vgl. u. a. dazu die Beiträge in Angelika Ebbinghaus/Klaus Dörner: Vernichten und Heilen. Der Nürnberger Ärzteprozeß und seine Folgen. Berlin 2001.
7 Alfons Labisch: Die „hygienische Revolution" im medizinischen Denken. Medizinisches Wissen und ärztliches Handeln. – In: Angelika Ebbinghaus/Klaus Dörner (wie Anm. 6), S. 86.
8 Vgl. U. Schmidt: Die Angeklagten Fritz Fischer, Hans W. Romberg und Karl Brandt aus der Sicht des medizinischen Sachverständigen Leo Alexander. – In: Angelika Ebbinghaus/Klaus Dörner (wie Anm. 6), S. 396f. – Wer sich mit der Biografie Albert Schweitzers und seiner Frau Helene befaßt, stößt übrigens darauf, daß Helenes Vater als Jude vielen Schikanen ausgesetzt war, aber eine Professur in der neu gegründeten „Reichsuniversität" Straßburg erhielt, nachdem die französische Intelligenz davon gejagt worden war. Die Franzosen rächten sich nach 1918 mit der gleichen Maßnahme gegen die Deutschen, und Helenes Eltern mußten mit Schimpf und Schande ihr Handgepäck über die Rheinbrücke tragen. Schweitzer blieb nach 1918 gar nichts anderes übrig, als die französische Staatsbürgerschaft anzunehmen. Er hat diese peinliche Episode in fast allen Veröffentlichungen unterschlagen.
9 Vgl. Hans-Walter Schmuhl: Die Patientenmorde. – In: Angelika Ebbinghaus/Klaus Dörner (wie Anm. 6), S. 296.
10 Vgl. Dokumente zur „Euthanasie". Hg. von Ernst Klee. Frankfurt am Main 1985, S. 8f., 173f. u. 186ff.
11 Anneliese Hochmut: Spurensuche. Eugenik, Sterilisation, Patientenmorde und die v. Bodelschwinghschen Anstalten Bethel 1929–1945. Bethel 1997.
12 Vgl. dazu Ernst Luther: Ethische Aspekte im Leben und Werk Abderhaldens. – In: In Memoriam Emil Abderhalden. Vorträge eines Gedenksymposiums aus Anlaß seines 100. Geburtstages. Wiß. Beitr. der MLU 1977/26 (T 18) Halle; Ernst Luther: Das Schicksal der Zeitschrift „Ethik" – ein Beispiel für die Unvereinbarkeit von Humanismus und Kriegsvorbereitung. – In: S. M. Rapoport/Achim Thom (Hg.): Das Schicksal der Medizin im Faschismus. Internationales wissenschaftliches Symposium europäischer Sektionen der IPPNW 1988. Berlin 1989; Ernst Luther: Emil Abderhaldens Lebensbilanz: Die Menschheit braucht dauerhaften Frieden. – In: T. Ruprecht/C. Jenssen (Hg.): Äskulap oder Mars? Ärzte gegen den Krieg. Bremen 1991.
13 Ernst Luther: Das Schicksal der Zeitschrift Ethik … (wie Anm. 12), S. 285.
14 S. Zimmermann/G. Wieland: Die Kinderfachabteilung Stadtroda/Thüringen unter der Leitung des Psychiaters Gerhard Kloos – ein Beispiel der faschistischen Vernichtungspolitik „Le-

bensunwerten Lebens". – In: S. M. Rapoport / Achim Thoms (Hg.): Das Schicksal der Medizin im Faschismus (wie Anm. 12), S. 213 ff. – Über die „Kinderfachabteilungen" des „Reichsausschusses zur wissenschaftlichen Erfassung erb- und anlagebedingter schwerer Leiden" siehe bei Achim Thom / Genadij I. Caregorodcev (Hg.): Medizin unterm Hakenkreuz. Berlin 1989, S. 141 ff. In dieser Publikation werden auch die Rollen von W. Catel, C. Schneider, G. Kloos u. a. untersucht.

15 M. Kaßler: Die Verdrängung eugenischer Verbrechen: der Fall Jussuf Ibrahim. – In: Deutschlandarchiv, Jg. 33 (2000) H. 4, S. 531 ff.

16 Ernst Luther: Die Durchsetzung des faschistischen Führerprinzips an der Universität Münster. – In: Ernst Luther / B. Thaler (Hg.): Der Arzt in der politischen Entscheidung. Wiss. Beitr. der MLU 1967/1 (A 4), S. 113–131.

17 B. Vieten: Medizinstudenten in Münster. Köln 1982. Der Autor schrieb am Anfang seiner Arbeit auf Seite 12: „Beschämend für die bundesdeutschen Verhältnisse muß es nachgerade sein, wenn der bisher einzige fundierte Beitrag zur Analyse des Faschismus an der Medizinischen Fakultät Münster von einem Historiker aus der DDR geleistet wurde."

18 H. Lübbe: Verdrängung? Über eine Kategorie zur Kritik des deutschen Vergangenheitsverhältnisses. – In: Zerstörung des moralischen Selbstbewußtseins. Chance oder Gefährdung? Praktische Philosophie in Deutschland nach dem Nationalsozialismus. Hg. v. Forum für Philosophie, Bad Homburg. Frankfurt a. M. 1988. – Zu dem Thema „Verdrängung" vgl. auch J. Habermas: Eine Art Schadensabwicklung. Frankfurt am Main 1987, hier insbesondere Alfred Dreggers Äußerung (S. 138) im Bundestag anläßlich des Frankfurter Prozesses gegen zwei an der „Aktion Gnadentod" angeklagte Ärzte.

19 Ebenda, S. 231 f.

20 Götz Aly: Das Posener Tagebuch des Anatomen Hermann Voß. – In: Götz Aly / P. Chroust u. a.: Biedermann und Schreibtischtäter. Materialien zur deutschen Täter-Biographie. Berlin 1987. Vgl. auch Götz Aly (Hg.): Aktion T 4 1939–1945. Die „Euthanasie"-Zentrale in der Tiergartenstraße 4. Berlin 1987.

21 Vgl. Ernst Luther: Macht und Ohnmacht der ärztlichen Eide. – In: V. Schubert-Lehnhardt (Hg.): Ärztliche Verantwortung heute – 50 Jahre nach dem Nürnberger Ärzteprozeß. Berlin 1997, S. 122 f.

22 NS-Kindereuthanasie / Der Fall Jussuf Ibrahim „Das Problem ist ja nicht weg aus unserer Zeit". – In: Deutsches Ärzteblatt, Jg. 97, H. 27 vom 7. Juli 2000, S. C 1397.

Willy Schilling

Ärzte und das System
nationalsozialistischer Euthanasie in Thüringen

1.
Zu den weltanschaulichen Grundlagen
nationalsozialistischer Rassepolitik

Alles, was mit den Machtvorstellungen und der Machtausübung des Nationalsozialismus verbunden werden kann, verfügte, weltanschaulich bestimmt, mehr oder weniger über eine rasse(n)politische Komponente oder läßt sich dahingehend abstrahieren.[1] Das gilt für die Auslese des Führertums, für Gefolgschaft und jede Form der Autorität ebenso wie für den Krieg zur Eroberung neuer Lebensräume oder die sozialen Bindungen der „Volksgenossen" als gesunde Glieder der Volksgemeinschaft. Zwangsläufig führte ein auf die Rasse und Reinheit der Rasse, auf Blut und Boden als Bodenstoff des Germanentums existenziell vorbestimmter Rassenkampf, übertragen als Kampf ums Dasein, in seiner so bestimmten Kausalität dazu, die höhere (edlere) Rasse dauerhaft vor dem Eindringen des Fremden (oder Minderwertigen) zu schützen beziehungsweise davon zu befreien.

Im Parteiprogramm der NSDAP las sich dies noch relativ unscharf. Da wurde lediglich gefordert, daß kein Jude ein Volksgenosse und ein Führer nur der sein könne, der die dafür erforderlichen „blutmäßigen" Eigenschaften besitzt.[2] In Hitlers Programmschrift „Mein Kampf" finden sich unter den Begriffen „Rasse", „Rassehygiene", „Sendung des deutschen Volkes", „Unfruchtbarmachung" und „Volksgesundheit" schon weit zahlreichere und dezidertere Aussagen in komplexen Zusammenhängen zur Aufrichtung und zum Selbstverständnis eines „völkischen" Staates. Nur wenige Monate nach der Errichtung des NS-Regimes, noch in der Phase der Formierung, erfolgte am 14. Juli 1933 ein erster, formal ordnungspolitisch bestimmter – im Ziel jedoch weltanschaulich intendierter – Eingriff zur Regulierung der Volksgesundheit mit der Verabschiedung des „Gesetz(es) zur Verhütung erbkranken Nachwuchses" (RGBl. I, S. 529).[3] Mit den nachfolgenden Verordnungen und Ergänzungen und der 1936 beginnenden „Erbbestandsaufnahme" an Landesheilanstalten und Psychiatrischen Kliniken vollzog sich in kontinuierlichen

Schritten der Übergang von bisher gültigen Normen zu „gesetzlichem Unrecht" und „übergesetzlichem Recht".[4] Das Gesetz selbst bildete in der Kette zunehmender Radikalisierung den zunächst noch *unauffälligen* Auftakt nationalsozialistischer Rassenwahn-Aktionen. Es basierte auf einer auch international schon länger geführten Diskussion,[5] rechtfertigte jedoch über den Stand der allgemein akzeptierten Erkenntnisse hinaus die Ausgrenzung bestimmter Menschengruppen aus der Gesellschaft und markierte damit den Ausgangspunkt der sich anschließenden gezielten Tötung sogenannter „Ballast-Existenzen", klassifiziert als „lebensunwertes Leben".[6]

Die Bedeutung dieser sich verändernden gesellschaftlichen Wirklichkeit mit weitreichenden Folgen für die Medizin und Sozialpolitik im Dritten Reich faßten führende Vertreter der Rassenideologie in folgender Kommentierung zusammen: „Nachdem das Gesetz zur Verhütung erbkranken Nachwuchses mehr als zwei Jahre in Kraft war, war es auf Grund der gesammelten Erfahrungen notwendig, nunmehr die 1. Auflage des Kommentars zu diesem Gesetz einer eingehenden Durchsicht zu unterziehen und in einer Neubearbeitung der Öffentlichkeit vorzulegen. [...] Es sind inzwischen weitere Gesetze erlassen worden, die der Durchführung der nationalsozialistischen Bevölkerungspolitik dienen. Es sei an das Blutschutzgesetz und das Gesetz zum Schutze der Erbgesundheit des deutschen Volkes erinnert. Beide Gesetze, insbesondere aber das zweite, waren in der Neuauflage des Kommentars zu berücksichtigen. Erst zusammen stellen sie die geschlossene Grundlage dar, auf der eine staatliche Bevölkerungspolitik aufbauen kann. Wer sich eingehender mit den mit diesen Gesetzen zusammenhängenden Fragen beschäftigen will, wird den im gleichen Verlag erschienenen Kommentar zum Erbgesundheits- und zum Blutschutzgesetz von Gütt-Linden-Maßfeller durcharbeiten müssen. Wie sehr das lebensgesetzliche Denken sich allgemein durchgesetzt hat, ist daran zu erkennen, mit welcher Anteilnahme und welchem Verständnis diese Gesetze im deutschen Volk heute aufgenommen werden. Allgemein hat sich in der Rechtsprechung, in der Verwaltung und im Leben überhaupt der Gedanke der Erb- und Rassenpflege durchgesetzt. Dies kommt auch besonders darin zum Ausdruck, daß auch rein juristische Werke über das Ehegesundheits- und das Blutschutzgesetz die in diesem Kommentar zum ersten Mal bei der Erläuterung eines Gesetzes verwandten Begriffe der Erb- und Rassenpflege ihren Arbeiten zugrunde legen."[7]

Dieser Kommentar verdeutlicht als ein Beispiel den Wandel im Denken von Ärzten und Juristen vor dem Hintergrund sich vollziehender systemtragender Grundlagen und die zunehmend geforderte und geförderte Bereitschaft zur Mitwirkung im Rahmen der nationalsozialistischen Gesundheitspolitik. Der vielfach angewandte Begriff der Rassenhygiene baute dabei auf den in Forschung, Lehre und Gesellschaft vor und nach dem Ersten Weltkrieg begründeten Zielen zur Sicherung der Volksgesundheit auf, ohne das Gleiche zu meinen. Einen essentiellen, vordergründig aber nicht evidenten Bestandteil der Rassenhygiene bildete der historisch existierende Euthanasie-Gedanke. Die Vorstellung vom *Gnadentod*, wie sie vor 1933 wissenschaftlich weltweit diskutiert wurde, muß in ihren Grundlegungen jedoch anders eingeordnet werden, als die nach 1933 in Deutschland eingetretene Kanalisierung, die in fataler Weise 1939 im nationalsozialistischen Euthanasie-Programm ihren pervertierten Ausdruck fand.

Der entscheidende Unterschied gegenüber den Ansätzen der ursprünglichen Diskussion um die Möglichkeit von Euthanasie gegenüber der nationalsozialistischen Variante bestand vor allem darin, daß erstgenannte weder einseitig ideologisch vorbestimmt noch in ihrer Totalität eine systematische und massenhafte Vernichtung bestimmter Menschengruppen anstrebte, sondern bei der Auswahl strenge wissenschaftliche, juristische und soziale Maßstäbe bis hin zur Selbstbestimmung einforderte. Selbst in der gemeinsam verfaßten Monografie des Mediziners Alfred Hoche und des Juristen Karl Binding, die die Gruppe deutscher „Euthanasie"-Ärzte des NS-Regimes wesentlich beeinflußte, finden sich – neben der grundsätzlichen Zustimmung zur Euthanasie einschließlich ihrer sozialen Indikation – solche Instrumente.[8] Dagegen akzeptierten die NS-Ideologie und NS-Wissenschaftspolitik derartige juristische Vorgaben nur bedingt im Sinne ihrer eigenen Monokausalität. Führererlasse und Führerbefehle besaßen spätestens Ende der 30er Jahre uneingeschränkte Gesetzeskraft und erlaubten auf diese Weise individuelle oder subjektive Rechtsetzung; die Ermächtigung der Reichsregierung, Gesetze ohne Parlament verabschieden zu können, bestand bereits ab März 1933.

Die Alliierten entwickelten aus dieser staatlichen Realität (Verfassungswirklichkeit), in Verbindung mit den individuelle Schuld umfassenden, Verhältnissen die im Kriegsverbrecherprozeß von Nürnberg und den alliierten Nachfolgeprozessen angewandten Völkerrechtsgrundsätze, die die weltanschaulichen Grundsätze des NS-Regimes in ihren moralischen Verwerfungen (Verbrechen gegen die Menschlichkeit) gleichberechtigt neben dem juristischen Schuldnachweis zum herausgehobenen Kriterium bei der Klassifizierung von Hauptkriegsverbrechern, belasteten oder weniger belasteten Tätern und Mitläufern bestimmten.[9] Dieser Maßstab galt auch für den Nürnberger Ärzteprozeß und muß auch heute noch bei der Bestimmung von Schuld und Mitschuld hinreichend beachtet werden. Bei der Bewertung von Schuld am Beispiel der nationalsozialistischen Euthanasie stellt sich demzufolge zunächst die Frage, ob es sich um einen NS-Überzeugungstäter handelt oder gehandelt hat, der international und national anerkannte Rechtsprinzipien und -grundlagen bewußt im Sinne seiner weltanschaulichen Überzeugung und ohne Rücksicht auf geltendes oder anerkanntes Recht überschritt. Erst nachdem dieser Sachverhalt geklärt ist, schließt sich die Frage nach der individuellen Täter- oder Mittäterschaft als Tatbestand an. Allein auf der Grundlage dieser besonderen (zweischichtigen) Disposition ergibt sich die Möglichkeit, wissenschaftlich exakt den historischen Platz des Einzelnen im System und seine individuelle Verstrickung oder Teilhabe an Verbrechen hinreichend differenziert zu bestimmen. Jede Einseitigkeit der Analyse, allein abgeleitet aus dem System oder der im System strukturierten Teilhabe, führt zwangsläufig zu Verzerrungen, Verallgemeinerungen oder anderen Fehlinterpretationen. Historiker müssen und dürfen moralisch urteilen. Juristen haben sich dagegen streng an die Buchstaben des Gesetzes zu halten. Was Menschen moralisch vorgeworfen werden kann, sind Schwächen und persönliches Versagen. Sofern dies nicht justiziabel ist, erfüllen moralische Vorwürfe keine juristischen Tatbestände.

2.
Formierung und Ausbau
des NS-Gesundheitswesens in Thüringen

Unmittelbar nach dem 30. Januar 1933 begann die politische Führung der NSDAP mit der systematischen Zerschlagung der demokratischen Systeme und föderalen Strukturen der Weimarer Republik. Gleichzeitig errichtete sie ihre eigene Herrschaftsorganisation. Dieser Prozeß der Formierung (und der ihr folgenden Konsolidierung) beseitigte unabhängige und dezentralisierte Zuständigkeiten zugunsten einheitlicher und zentralisierter Strukturen. Im Gesundheitswesen vollzog sich die Neuorganisation sowohl auf staatlicher Ebene als auch bei den ärztlichen Standesorganisationen, der Regionalorganisation der Kassenärztlichen Vereinigung Deutschlands / Land Thüringen (KVD Thüringen) und der Landesärztekammer (LÄK). Auf staatlicher Ebene wurden von diesem Prozeß zunächst die Bereiche Forschung, Lehre und Weiterbildung, die Staatlichen Gesundheitsämter sowie die ihnen unterstellten Kliniken, Anstalten, Heime und die halbstaatlichen Standesorganisationen (Körperschaften) der Ärzteschaft erfaßt; später erfolgte auch die Einbeziehung nichtstaatlicher Gesundheitseinrichtungen. Flankierend beteiligt an der Neuorganisation des Gesundheitswesens waren zudem Bereiche der Justiz (Erbgesundheitsgerichte), Teile des Terrorsystems für politische Gefangene (kriminalbiologische Erfassung) und rassenpolitische Maßnahmen (Entrechtung, Vertreibung und Vernichtung von Juden, Sinti und Roma, Medizinversuche an sogenannten Schutzhäftlingen und Strafgefangenen). Beteiligt waren außerdem zahlreiche Ämter der Gauorganisation, die rassenpolitische Fragen bearbeiteten (Abstammungsnachweise, Ehezeugnisse, Bildungspolitik). Dieses Netzwerk von Strukturen und Zuständigkeiten, das hier nur angerissen werden kann, entwickelte sich zu einem komplex aufgebauten, eng verflochtenen und hoch wirksamen System. Dabei vollzog sich die Entwicklung selbst bis 1944 in zahlreichen Stufen und Einzelschritten.

Im Land bzw. Gau Thüringen gehörte der Mediziner Prof. Dr. Karl Astel zu den Schlüsselfiguren, die in bedingungsloser Anerkennung die NS-Rassentheorie „wissenschaftlich" entwickelten, organisierten und vermittelten. Astel, der 1933 von München nach Jena umsiedelte, vereinigte schon während seiner Münchner Jahre staatliche Autorität und den politischen Geist der NS-Bewegung (Partei) auf exemplarische Weise in seiner Person. Als Arzt an der Münchner Universität mit amtlichen Vollmachten ausgestattet, repräsentierte er staatliche Zuständigkeiten. Als Mitglied der NSDAP und seit 1931 als ehrenamtlicher Mitarbeiter des neu geschaffenen SS-Rasse- und Siedlungsamtes legte er die Grundlagen für seine Karriere im NS-Staat und empfahl sich so schon früh als fachlich kompetenter Exponent des NS-Regimes.

Der strukturelle und personelle Umbruch in Thüringen begann mit der Einschwörung der Dozentenschaft, Assistenten, Beamten, Angestellten und Studenten an der Jenaer Universität, also auch der dort beschäftigten Ärzte und des medizinischen Personals, und mit der Gründung des Thüringischen Landesamtes für Rassewesen in Weimar im Frühsommer 1933. Dem vorausgegangen waren die sogenannte Gleichschaltung der berufsständischen Organisationen und deren Ankopplung an die NSDAP. Im Verlauf dieses Prozesses wurden aber nicht nur Strukturen vereinheitlicht, sondern vor allem die Aufgaben auf die weltanschaulichen Ziele des Nationalsozialismus ausgerichtet. Die entscheidenden Weichenstellungen gingen freilich vom Reich und der Reichsleitung der NSDAP aus, obwohl den Ländern und Gauleitungen Spielräume zur Mitgestaltung verblieben.

Für die Ärzteschaft brachte diese Entwicklung grundlegende Veränderungen mit sich. Praktisch konnte sich kein zugelassener Arzt dem Zugriff des NS-Regimes vollständig entziehen. Die einzige Möglichkeit, Distanz zu wahren, bestand darin, sich im System passiv und unauffällig zu verhalten. Aktive Ablehnung bedeutete Repression bis zum Berufsverbot oder löste sogar terroristische Gewalt aus. Was von den deutschen Ärzten erwartet wurde, faßte der Führer des Nationalsozialistischen Deutschen Ärztebundes (NSDÄB) und erster Reichsärzteführer, Dr. med. Gerhard Wagner, bereits Ende März 1933 so zusammen: „In allen Ländern und Stämmen, in allen Ständen und Berufen sehen wir das völkische Erwachen und die Abkehr von artfremden, liberalistischen Irrwegen. ... Jüdische Dozenten beherrschten die Lehrstühle der Medizin, entseelten die Heilkunst und haben Generation um Generation der jungen Ärzte mit mechanischem Geist durchtränkt. Jüdische ‚Kollegen' setzten sich an die Spitze der Standesvereine und der Ärztekammern; sie verfälschten den ärztlichen Ehrbegriff und untergruben arteigene Ethik und Moral. ... Deshalb rufen wir heute die gesamte deutsche Ärzteschaft auf: Säubert die Führung unserer Organisation, fegt alle hinweg, die die Zeichen der Zeit nicht verstehen wollen, macht unseren Stand in Leitung und Geist wieder deutsch, so wie es Reich und Volk in diesen Wochen geworden sind."[10] – Klarer konnten die Ziele nicht ausgedrückt werden. Es war bereits ein Vorgriff auf eine *deutsche* Ethik im Sinne der nationalsozialistischen Rassentheorie.

Mit der Entlassung jüdischer Ärzte aus leitenden Funktionen in staatlichen Einrichtungen, beispielsweise von Prof. Dr. med. Hans Simmel, Direktor des Städtischen Krankenhauses Gera, Anfang Mai 1933, wurde umgehend begonnen.[11] Bereits im März berief die von Thüringens Gauleiter Fritz Sauckel (NSDAP) geführte Landesregierung den Mediziner und Gefängnisarzt Dr. med. Carl Oskar Klipp (NSDAP) zum (ehrenamtlichen) Staatsbeauftragten und ermächtigte ihn zur Kontrolle des gesamten Gesundheitswesens im Lande. Klipps erste Amtshandlung als Vertreter der NSDAP in diesem Amt umfaßte die Anregung an die zuständigen Ministerialbeamten, zu prüfen, „ob es nicht möglich wäre, die bisher in Stadtroda bestandene und aus Reichsmitteln unterhaltene Stelle zur wissenschaftlichen Erforschung des Schwachsinns im Interesse der Weiterführung erbbiologischer Forschungen ohne große Kosten weiterzuführen."[12] Auf Anordnung Sauckels wurden Anfang April die Zuständigkeiten Klipps erweitert, worauf dieser am 11. April 1933 die Auflösung der Ärztekammer Thüringens mit allen Untergliederungen und deren Neubildung „im Einvernehmen mit den Thüringischen ärztlichen Spitzenorganisationen" und der Staatsregierung verfügte.[13] Klipp selbst übernahm noch 1933 die Leitung der Kammer und zog darüber hinaus bis 1936 faktisch alle regionalen Zuständigkeiten für das Gesundheitswesen an sich.[14]

Tatkräftige Unterstützung erfuhr Klipp durch den in Oberweimar beheimateten Arzt Dr. med. Richard Rohde (NSDAP). Rohde fungierte zunächst als Klipps ständiger Vertreter an der Spitze der LÄK und der Landesstelle Thüringen der KVD. Außerdem gehörte er der Gauleitung an und stand als Landesärzteführer dem NSDÄB im Gau vor.[15]

Rohde war es dann auch, der Klipp nach dem Inkrafttreten der neu errichteten Reichsärzteordnung (1935) in seinen Ämtern beerbte, nachdem dieser nicht ganz freiwillig im Mai 1936 nach München wechselte, um einen Sonderauftrag des Reichsärzteführers Gerhard Wagner zu erfüllen.[16] Mit seinem Wechsel erledigte sich seine Funktion als Staatskommissar für das Gesundheitswesen in Thüringen. Seine Abberufung erfolgte am 10. Juni 1936 mit der Begründung, daß „der wesentliche Teil der Aufgaben des Staatskommissars weggefallen ist …"[17]

Mit Klipps Abgang rückte Rohde – neben Karl Astel – an die Spitze des regionalen Gesundheitswesens im Gau / Land Thüringen. Er blieb in den folgenden Jahren im Amt und damit an verantwortlicher Stelle auch für die organisatorische Umsetzung der „T4"-Maßnahmen, denn die Reichsärztekammer und die ihr unterstellte Landesärztekammer Thüringen fungierten künftig „vor allem als ein Mittel zur dirigistischen Leitung und Disziplinierung der Ärzteschaft, als ein Instrument, mit dessen Hilfe dem Arzt strenge Reglementierungen seiner beruflichen Entwicklung und Tätigkeit oktroyiert werden konnten."[18]

Durch seinen Aufstieg an die Spitze der Landesärztekammer und der Landesstelle Thüringen der KVD führte Rohde ab 1936 in Personalunion die beiden verbliebenen berufsständischen, mit staatlichen und politischen Funktionen verbundenen Ärzteorganisationen, die neben der staatlichen Gesundheitsbehörde (zugehörig zum Reichs- bzw. Länderinnenministerium) und den rein politischen Ämtern im Gefüge der NSDAP-Reichsorganisation (Reichs-, Gau- und Kreisämter für Volksgesundheit; NSDÄB) bestanden und die Gesamtheit der einheitlich ausgerichteten Gesundheitsorganisationen umfaßten. Damit ergab sich eine nahezu *totale* Instrumentalisierung der vorhandenen Ärzteorganisationen mit der Ärztekammer als Pflichtorganisation aller zugelassenen Mediziner mit Wohnsitz im Kammerbezirk, mit den staatlichen Stellen, anderen Standesorganisationen und Gliederungen der NSDAP im Gesamtgefüge des Reiches.

Diese komplex vereinheitlichte Struktur ermöglichte ein besonderes Zugriffsrecht auf die Ärzteschaft. Deutlich wird dies u. a. durch die rassenpolitische und rassenbiologische Weiterbildung der Mediziner. Bereits 1932 hatte die NSDAP mit sogenannten rassenhygienischen Schulungen begonnen, zunächst getragen vom

NSDÄB. Im Land Thüringen wurden diese Schulungen der Ärzteschaft durch „staatsbürgerliche" und „rassenpolitische" Weiterbildungen vor allem an der im Mai 1933 eröffneten Thüringischen Staatsschule für Führertum und Politik (Landesführerschule) in Egendorf, heute Ortsteil von Blankenhain bei Weimar, aufgegriffen und fortgesetzt. Die Lehrgänge bildeten eine Mischform von institutionalisierten und politischen Schulungen und gehörten praktisch mit ihrer Einführung zu den obligatorischen Voraussetzungen für den beruflichen Aufstieg.

Ab 1935/36 intensivierte sich dieses System durch speziell ausgerichtete fachliche Schulungen der neu ernannten Amtsärzte, die zur Pflicht gemacht wurden. Eine dieser zyklischen Weiterbildungen fand am Rassenbiologischen Institut der Universität Königsberg vom 24. bis 26. Februar 1937 statt und beschäftigte sich thematisch mit der Erb- und Rassenpflege, klinisch-differentialdiagnostischen und anthropologischen Fragen. Gesteuert wurde die Teilnahme über das zuständige Ministerium in Abstimmung mit dem von Karl Astel in Jena geleiteten „Institut für menschliche Erbforschung und Rassenpolitik" in der Kahlaischen Straße 1. Belegt ist diese Mitwirkung unter anderem durch eine Mitteilung von Astels Stellvertreter am Institut, Dr. med. Lothar Stengel-von Rutkowski, die auch inhaltlich für sich selbst spricht: „Wenn außer den Fachkräften des Thüringischen Landesamtes für Rassewesen für psychiatrisch-klinisch-differentialdiagnostische Fragen noch Prof. Kihn, Stadtroda, und Dr. Schottky, Hildburghausen, Prof. Frosch, Arnstadt, und andere herangezogen werden, wäre die notwendige Weiterbildung der Amtsärzte auch zeitlich-technisch durchaus zu bewältigen."[19] Und das Landesamt informierte seinerseits das Ministerium über den Stand der Weiterbildung der Kreisärzte und stellte fest: „Die Thüringischen Amtsärzte sind, soweit sie schon im Jahre 1935 als Kreisärzte tätig waren, durch die rassenhygienischen Ärztekurse in Egendorf in der praktischen Erb- und Rassenpflege geschult. Im Fortbildungslehrgang der wissenschaftlichen Gesellschaft der deutschen Ärzte des öffentlichen Gesundheitsdienstes, Untergruppe Mitteldeutschland, in Jena vom 26. bis 28. 4. 1936 wurde diese Ausbildung auch für die inzwischen erlassenen Gesetze und Maßnahmen weitergeführt. Dabei war auch Gelegenheit zur Klärung klinisch-differentialdiagnostischer Fragen in Aussprachen gegeben. An diesem Fortbildungslehrgang nahmen fast sämtliche Thüringischen Amtsärzte, stellvertretenden Amtsärzte und Hilfsärzte teil."[20]

Übersicht 1
Teilnehmer an Lehrgängen über Erb- und Rassenpflege in Königsberg 1937–1939

1. Lehrgang vom 24.–26. 2. 1937	MR Dr. Winkler (Gotha); Dr. Stengel-von Rutkowski
2. Lehrgang	MR Dr. Regis (Hildburghausen); Dr. Hangen
3. Lehrgang vom 28.–30. 6. 1937	MR Dr. Krüger (Meiningen); Dr. Neuert
4. Lehrgang	MR Dr. Feuerstein (Weimar); OMR Dr. Menche
5. Lehrgang	MR Dr. Köhler (Saalfeld); MR Dr. Dracklé (Gotha)
6. Lehrgang	MR Dr. Köhler (Rudolstadt); MR Dr. Leonhardt (Arnstadt)
7. Lehrgang	MR Dr. Walter (Greiz); Dr. Niederehe (Weimar)
8. Lehrgang	MR Dr. Grobe (Weimar); MR Dr. Hille (Sonneberg)
9. Lehrgang vom 19.–21. 1. 1938	MR Dr. Hummel (Stadtroda); Dr. Harreß (Apolda)
10. Lehrgang	MR Dr. Pauksch (Eisenach); MR Dr. Forstmann (Schleiz)
11. Lehrgang	MR Dr. Jung (Jena)
12. Lehrgang	Dr. Obst (Altenburg)
13. Lehrgang	MR Grefe (Altenburg); Dr. Andrack (Greiz)
14. Lehrgang	Dr. Ost (Stadtroda); Dr. Satorius (Arnstadt)
15. Lehrgang	Dr. Schrodow ? (Apolda)
16. Lehrgang	Dr. Völler (Meiningen)

Die hier skizzierte Neustrukturierung und rassenpolitische Ausrichtung im Gesundheitswesen band die Ärzte durch Zwangsmitgliedschaft fest an die staatlichen und gesundheitspolitischen Vorgaben. Die Existenz des Arztes hing weitgehend von seiner notwendigen Bereitschaft ab, sich dem System anzupassen. Wer aber aufsteigen und Karriere machen wollte, mußte sich über den Rahmen der objektiv erforderlichen Anpassung hinaus politisch einbringen. Das betraf vor allem junge Ärzte, die nach Aufstiegschancen suchten. Aber es konnte bis zu einem gewissen Grad auch Ärzte betreffen, die bereits vor 1933 aufgestiegen waren.

Zur Gruppe der führenden nationalsozialistischen Mediziner, die im Gau Thüringen in exponierten Funktionen tätig waren, gehörten Karl Astel, Lothar Stengel-von Rutkowski, Heinrich Jörg, Richard Rohde und Berthold Kihn. Weiterhin müssen dieser Gruppe auf Grund ihrer Funktionen die ärztlichen Leiter der Heilanstalten Blankenhain, Stadtroda, Hildburghausen und Pfafferode-Mühlhausen, bedingt auch ihre Stellvertreter und besonders autorisierte Mitarbeiter sowie die Amtsärzte und deren Stellvertreter hinzugerechnet werden. Diese trugen das System und sicherten dessen Funktion. Dazu kommen weitere Ärzte, die mit speziellen Aufgaben zur Tropenforschung oder anderen Experimenten im Rahmen von Forschungsvorhaben des Kaiser-Wilhelm-Instituts mit Kranken der Heil- und Pflegeeinrichtungen, insbesondere in der Heilanstalt Pfafferode, experimentierten, und die Gefängnisärzte in den Haftanstalten Thüringens. Die geltend zu machenden Schuldvorwürfe müssen allerdings stets am Einzelfall dokumentiert, gegebenenfalls gerichtsverwertbar bewiesen werden können. Und darin besteht eine der großen Schwierigkeiten bei der Aufarbeitung der „Euthanasie"-Verbrechen, denn der Patientenmord wurde als solcher nicht ausreichend dokumentiert und die vorhandenen Dokumente, insbesondere die klinischen, unterlagen bestimmten Sprachregelungen und individuellen Formen der Ausfertigung.

Eine zweite, weit größere Gruppe verfügte über Kenntnisse und war auf einer Vorstufe in einzelne „Euthanasie"-Verfahren involviert, ohne zu den autorisierten Ärzten und Entscheidungsträgern des „Euthanasie"-Programms zu gehören. Zu dieser Gruppe zählten zahlreiche Klinikärzte und Hausärzte, u. a. auch Ibrahim, sein Oberarzt Hans Rudolf Wiedemann und weitere Ärzte der KKJ, ebenso Ärzte der Nervenklinik Jena.[21]

Die Organisation und Umsetzung der nationalsozialistischen Euthanasie in Thüringen ist eng mit der Person Astels verbunden. Sein Aufstieg als Rassenhygieniker und maßgeblicher nationalsozialistischer Gesundheitspolitiker begann mit seiner Ernennung zum Präsidenten des neu gegründeten Thüringischen Landesamtes für Rassewesen in Weimar am 15. Juli 1933. Das Amt entstand als selbständige, jedoch nicht rechtsfähige und an das Landesinnenministerium angekoppelte regionale Institution.[22] Im Jahr 1934 erhielt Astel zudem eine Professur für Erbforschung, Rassenhygiene und Rassenpolitik an der Landesuniversität Jena in Verbindung mit einem neu eingerichteten Institut, welches später dem Landesamt für Rassewesen angegliedert wurde. Über seine Eignung vermerkte Astel selbst auf einem Fragebogen, daß er sich auf dem Gebiet der Vererbungslehre, Rassenkunde und Rassenpflege „seit frühester Jugend" und durch Arbeiten von „Rüdin, Ploetz, Lenz, Darré, Günther und vor allem durch eigene vielseitige Tierzüchtungen" umfassend gebildet habe.[23] Der NSDAP und SS war Astel 1930 in München beigetreten. Zu den ersten Maßnahmen, die er als Präsident des Landesamtes für Rassewesen organisierte, gehörte der Aufbau einer „Erbbiologischen Kartei" für den Gau Thüringen und die breit angelegte Organisation rassepolitischer Schulungen für Staatsbedienstete. Darüber hinaus wurden medizinische Gutachten im Zusammenhang mit Erbkrankheiten und vorgesehenen Zwangssterilisationen, auch „kriminalbiologische Typisierungen" und erbbiologische Studien, von ihm und seinem Amt erstellt. Die Erbbiologische Kartei des Gaues Thüringen verzeichnete 1935 bereits rund 466 000 registrierte Personen[24] und galt nach einer Einschätzung Heinrich Himmlers als vorbildlich für das gesamte Reich. In einer Anordnung zur Erbbiologischen Kartei, die ab 1936 zu einer Reichskartei ausgebaut wurde, heißt es u. a. zur Vorgehensweise: „Die erbbiologische Bestandsaufnahme der Landesheilanstalten, die die überwiegende Mehrzahl der erbkranken Sippen erfassen wird, muß sich unbedingt auf diese fachärztlichen Untersuchungen und Begutachtungen gründen, wenn sie ein zuverlässiges Fundament für die Aufartung des deutschen Volkes sein will."[25] Verbunden mit dieser „Erbbestandsaufnahme" war ein Meldedienst an das Landesamt für Rassewesen über jeden Insassen einer Landesheil- und Pflegeanstalt und der Psychiatrischen Klinik Jena (Universitätsklinik), quittiert durch einen Stempel auf der Krankenakte: „erbbiologisch erfaßt"!

An den vom Landesamt allein bis November 1933 getragenen vier Ärzteschulungen in Egendorf nahmen von den knapp 2000 Medizinern Thüringens bereits 375 Ärzte, „darunter sämtliche beamteten Ärzte Thüringens", teil. Diese teilten sich auf in 125 Stadtärzte, 44 Ärzte an Krankenhäusern, davon 21 leitende Ärzte, die drei Direktoren der Landesheilanstalten, zwei Universitätsprofessoren, sechs Privatdozenten, zwei Institutsdirektoren, 55 Assistenzärzte an Universitätskliniken, darunter fünf leitende Oberärzte, 15 leitende Ärzte an Tuberkulosefürsorgestellen, zwei FAD-Ärzte, 17 Ärztinnen, 18 Vertrauensärzte der AOK und 40 Ärzte anderer Kategorien. Ziel und Ergebnis der Schulungen faßte Astel in dem Satz zusammen: „Die Kursteilnehmer sind derart geschult, daß sie imstande sind, die rassenhygienisch-ärztlichen Aufgaben in Angriff zu nehmen."[26]

Allein diese organisatorischen Leistungen und die damit verbundene Hingabe Astels für die Gesundheitspolitik des NS-Regimes empfahlen ihn für höhere Aufgaben. Das erkannte neben Heinrich Himmler, in dessen Münchner Rasse- und Siedlungsamt Astel fortgesetzt wirkte, auch Thüringens Gauleiter Fritz Sauckel. Er nahm Astel zunächst in die NSDAP-Gauleitung auf und machte ihn zu seinem gesundheitspolitischen Vertrauten. Astel selbst fühlte sich dem *Elitegedanken* der SS und dem NS-Regime als Weltanschauungsstaat in mehrfacher Hinsicht tief verbunden. Zunächst bekannte er sich uneingeschränkt zum Nationalsozialismus mit all seinen Konsequenzen. An Heinrich Himmler schrieb er am 18. April 1936: „Mein Reichsführer! Ich habe Ihnen 2 Angelegenheiten mitzuteilen. Zunächst die freudige Nachricht, daß ich mit der Leitung des staatlichen Gesundheitswesens in Thüringen beauftragt worden bin. Die diesbezüglichen Geschäfte habe ich bereits übernommen. Damit ist eine sehr wichtige staatliche Position in die Hand eines SS-Angehörigen gekommen. Sie haben der Verwirklichung dieses Planes im höchsten Maße genützt. Mein Dank soll vor allem in der persönlichen Treue zu Ihnen und in bedingungsloser hingebungsvoller Arbeit für unsere großen und größten Ziele bestehen. Außer Sauckel hat vor allem auch Ortlepp bei dem Zustandekommen der gegenwärtigen Lage mitgewirkt."[27] Bereits am 5. Juli 1935 hatte Astel an Himmler, den er auch privat erlebte, erklärt: „Wie Sie bereits wissen, liegt mir der Ausbau Thüringens zu einem Vorort praktischer rassischer Erneuerungsarbeit und die Schaffung eines Bollwerks rassenbewußter Forschungen, weltanschaulich eindeutiger Wissenschaft und einer entsprechenden Hochschulpolitik in Jena sehr am Herzen."[28] Und er nahm in diesem Schreiben Bezug auf einen bereits im Mai versandten Brief, in dem er erklärt hatte: „Alle meine Bestrebungen in Thüringen haben das Ziel, Thüringen als Fort in vorderster Linie des SS-Kampfes gegen alle überstaatlichen Mächte einschließlich des Christentums und für die Durchdringung des Volkes mit lebensgesetzlichem Denken auszubauen. Daß keine Zeit mehr zu verlieren ist in diesem Kampfe, ist durch die Verschickung Ihrer Schriften an die SS-Führer oft dokumentiert. Die Universität Jena soll SS-Universität werden! Zu diesem Zwecke schicke ich Ihnen die nächsten Tage Unterlagen über hier einzusetzende Professoren mit der Bitte, sie gemäß der Besprechung zu behandeln."[29]

Karl Astel erfüllte alle seine Ankündigungen und die in ihn gesetzten Erwartungen. Himmler erstattete er interne Berichte über anstehende Personalfragen und damit verbundene Entscheidungen. Gemeinsam mit Sauckel und Ortlepp stimmte er die regionalen Interessen des Reichsstatthalters, der Landesregierung und der Gauleitung ab, kippte beispielsweise Klipp aus seinen hiesigen Funktionen und übernahm, gefördert von Himmler und der regionalen Führung, am 24. Juni 1939 das Rektorenamt der Jenaer Universität. Durch die Fülle seiner Ämter und Funktionen stand Astel an der Spitze der regionalen Gesundheits- und Wissenschaftspolitik im Gau Thüringen. Seine durch Hitler vollzogene Ernennung zum Thüringer Staatsrat am 20. April 1939 sowie seine Beförderung zum SS-Obersturmbannführer (vergleichbar einem Oberstleutnant) am 1. Dezember 1939 verdeutlichen seine gewachsene, sehr komplexe Bedeutung. Astel sagte einmal über sich selbst, sein (skrupelloses) Denken andeutend: „Auf mich wirkt z. B. das Gewöhnliche öfters befremdend als das Ungewöhnliche."[30]

Astel gehörte zu den frühen Befürwortern der Unfruchtbarmachung bestimmter Bevölkerungsgruppen. Als entschiedener Antisemit erarbeitete er unaufgefordert für Himmler eine Vorlage zu den Ausführungsbestimmungen der Nürnberger Gesetze, als „Rassemediziner" bekannte er sich zur „Reinhaltung des Blutes und der Rasse" mittels „Auslese" und „Euthanasie", als Mitglied des Senats und Rektor der Universität Jena bestimmte Astel wesentlich die Personalpolitik und die Ausrichtung von Forschung und Lehre an der Salana mit, und als Dienstherr der staatlich angestellten Ärzte verfügte er über administrative Rechte gegenüber den Kliniken, Pflegeheimen usw. In Astels Aufstieg und Wirken verkörperten sich augenfällig das *totalitäre* Prinzip des NS-Regimes im allgemeinen und der Transformationsprozeß (Radikalisierung) im Gesundheitswesen von 1933 bis zur Umsetzung des „Euthanasie"-Programms im besonderen.

3.
Zum nationalsozialistischen „Euthanasie"-Programm und seiner Umsetzung in Thüringen

Den Auftakt zur Organisation und Umsetzung des nationalsozialistischen Euthanasie-Programms bildeten zwei Ereignisse: die auf Initiative des Pädiaters Prof. Dr. Werner Catel mit Zustimmung Hitlers vollzogene „Euthanasie" eines „schwerstbehinderten" Kindes im Juli 1939 in der Leipziger Universitätskinderklinik sowie die auf den 1. September 1939 zurückdatierte persönliche Ermächtigung des Chefs der Kanzlei des Führers, Reichsleiter Philipp Bouhler, und Hitlers Begleitarztes Dr. Karl Brandt zur Organisation der Aktion „Gnadentod". Beide Vorgänge leiteten das „Euthanasie"-Programm ein. Bei den Erwachsenen umfaßte die systematische Tötung sogenannter Endzustände im Sinne „lebensunwerten Lebens" aus staatlichen und kirchlichen Heil- und Pflegeeinrichtungen, wobei auch Kinder und Jugendliche betroffen waren, die sich in den entsprechenden Einrichtungen befanden. Bei den Kindern erfolgten die Tötungen zunächst durch autorisierte Einzelfallentscheidungen. Gleichzeitig wurde die Meldung angeborener schwerer Leiden durch Geburtshelfer und Kinderärzte für Neugeborene und Kleinkinder bis zu drei Jahren zur Pflicht erhoben. Beide „Aktionen" waren Bestandteile des sich ausformenden „Euthansie"-Programms, das ursprünglich gesetzlich geregelt werden sollte. Die erforderlichen Vorarbeiten und die Fertigstellung eines Gesetzentwurfes erfolgten schließlich auch, doch das „Euthanasie"-Gesetz wurde nicht in Kraft gesetzt. Statt dessen verfügte Hitler, die Frage der Gesetzgebung werde erst nach Beendigung des Krieges entschieden.

Die Vergasung von Dauerpflegefällen (T4-Aktion) als Teil des „Euthanasie"-Programms begann 1939 und endete formal (nach der Aussage Brandts im Ärzteprozeß aufgrund einer mündlichen Anordnung Hitlers an die Sonderbevollmächtigten) im August 1941. Mit einem Runderlaß des Reichsministeriums des Innern (RMdI) vom 21. September 1939 begann die Erfassung aller Heil- und Pflegeanstalten im Großdeutschen Reich mittels Meldebogen (Meldebogen II). Am 9. Oktober folgte die „planwirtschaftliche Erfassung" der Patienten in den Anstalten mittels eines weiteren amtlichen Meldebogens (Meldebogen I), der zusammen mit entsprechenden Hinweisen vom RMdI an alle erfaßten Anstalten im Reich verschickt wurde. Die Rücksendung der ausgefüllten Meldebögen an die Abteilung „Erb- und Rassenpflege" beim RMdI, die von Ministerialrat Dr. Herbert Linden geleitet wurde, bildete eine Pflichtaufgabe. Die Abteilung Erb- und Rassenpflege diente jedoch nur als administrative Briefkastenadresse. Per Kurier wurden die Meldebögen zunächst in das Columbushaus am Potsdamer Platz in Berlin gebracht, wo die eigentlich zuständige Abteilung II der Kanzlei des Führers, die von Viktor Brack geleitet wurde, ihre Diensträume hatte. Auf diese Weise trat die Kanzlei des Führers, was der Öffentlichkeit verborgen bleiben sollte, als offiziell verantwortliche Stelle nicht in Erscheinung. Im April 1940 zog die im Ausbau befindliche Abteilung II in eine Stadtvilla nach Berlin-Charlottenburg, Tiergartenstraße 4, um. Durch diesen Umzug erhielt die angelaufene „Euthanasie"-Aktion die Kurz- und Tarnbezeichnung „T4" oder „Aktion T4", und die Organisation selbst wurde intern als „Zentraldienststelle" oder „Zentraldienststelle T4" bezeichnet. Hinter der Einrichtung verbarg sich ein „wandelndes Konglomerat staatlicher und quasistaatlicher Institutionen",[31] dessen bürokratische Klammer das von Viktor Brack geleitete Amt II mit den entsprechenden Referaten und angeschlossenen Abteilungen war. Die interne Verwaltung gliederte sich in vier (scheinbar selbstständige) Organisationen, die zu Tarnzwecken gebildet worden waren und zum Teil nur als Briefkopfadressen dienten, um die „T4"-Organisation zu verschleiern. Die eigentliche, für die Auswahl der zur Tötung bestimmten erwachsenen Patienten zuständige Abteilung firmierte als „Reichsarbeitsgemeinschaft Heil- und Pflegeanstalten". In dieser Abteilung, geleitet von Ministerialrat Linden, wurden die Meldebögen registriert und fotokopiert, an je drei ausgewählte medizinische Gutachter weitergeleitet und nach Rückgabe einem Obergutachter zur Abschlußbewertung vorgelegt. Dessen Votum entschied über Tod oder Leben. Die weiteren Aufgaben verteilten sich auf die „Gemeinnützige Krankentransport GmbH", die „Gemeinnützige Stiftung für Anstaltspflege", verantwortlich für die Besoldung der Mitarbeiter im Rahmen der „Euthanasiemaßnahmen",[32] und auf die 1941 eingerichtete „Zentralverrechnungsstelle Heil- und Pflegeanstalten", die den Schriftverkehr mit den Kostenträgern abwickelte.[33] Unabhängig von kleineren Veränderungen bildete dieses Konstrukt die Zentralbürokratie für das gesamte „Euthanasie"-Programm.

Übersicht 2
Schema der T4-Administration zur Tötung von Geiseskranken[34]

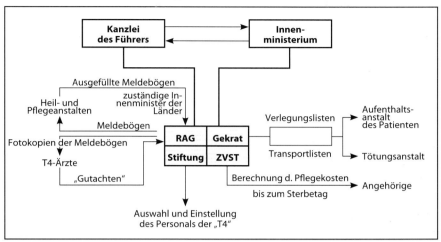

Die Arbeitsweise in der „Zentraldienststelle T4" verlief nach folgendem Schema: Hatte der Obergutachter sich für die Tötung entschieden – er konnte, was selten passierte, auch abweichend von den Vorgutachtern votieren –, wurde die Verlegung der Kranken über Brack und Bouhler, denen die Obergutachten zur abschließenden Bestätigung vorlagen, angeordnet. Der Terminus „Verlegung" bedeutete dabei in der Tätersprache die Tötung in einer der sechs eingerichteten Tötungsanstalten durch Giftgas. Die Transporte in die Tötungsanstalten übernahm die Gekrat, die zuvor, ebenso wie die jeweiligen Aufenthaltsanstalten, die Transportlisten zugestellt bekam.

Übersicht 3
Die in die „T4-Gasaktion" einbezogenen Anstalten in Deutschland[35]

Ort	Zeitraum der Vergasungen	Zahl der Toten
Grafeneck b. Reutlingen	Januar 1940–Dezember 1940	9839
Brandenburg	Februar 1940–September 1940	9772
Bernburg / Saale	September 1940–August 1941	8601
Hadamar	Januar 1941–August 1941	10072
Hartheim b. Linz	Mai 1941–August 1941	18269
Pirna / Sonnenstein	Juni 1940–August 1941	13720

Zur Beschleunigung der „Aktion T4" wurden von der Zentraldienststelle ehrenamtliche (stille) und hauptamtliche Mitarbeiter eingesetzt. Auf diese Weise sollte die von der Zentrale vorgegebene Kennziffer von zirka 65 000–70 000 Patienten, die zur Tötung „eingeplant" waren, möglichst schnell erreicht werden. Die Inspektoren, durchweg ausgebildete Mediziner, vervollständigten und ergänzten auf ihren zahlreichen Dienstreisen durch ganz Deutschland die Meldeunterlagen. In das Kontrollsystem einbezogen wurden über die staatlichen Einrichtungen hinaus auch konfessionelle, private und kommunale Anstalten. Zur Verschleierung der Aktion, deren eigentlicher Zweck der Öffentlichkeit nicht lange verborgen blieb und zunehmende Kritik im Umfeld der Betroffenen auslöste, wurden die Verlegungen in die Tötungsanstalten nicht mehr direkt, sondern über sogenannte Zwischenanstalten durchgeführt. In diesen Zwischenanstalten verblieben die Patienten für Tage oder Wochen, häufig ohne Information der Angehörigen, bevor sie endgültig in die Tötungsanstalten transportiert und umgehend nach einer oberflächlichen Aufnahmeprozedur in einem als Dusche getarnten Raum mit Kohlenmonoxid-Gas getötet wurden. Um den vollzogenen Patientenmord zu kaschieren, wurden abschließend von einem „T4"-Arzt die Totenscheine manipuliert. Je nach Vorerkrankung, oft aber auch ohne Rücksicht darauf, wurde aus einer Aufstellung möglicher Todesursachen eine passend erscheinende ausgewählt und attestiert.

Das System zur „planmäßigen" Anwendung der „Vergasungsaktion T4" (Terminus Paul Nitsche), hier nur in einigen wesentlichen Zusammenhängen skizziert,[36] fand auch in Thüringen seine Umsetzung. Noch aber fehlt für das Gebiet des heutigen Freistaates eine Gesamtdarstellung, die das Geschehen umfassend und in den Zahlen kohärent dokumentiert. Erste Einzeluntersuchungen zur „Erwachsenen- und Kindereuthanasie" liegen seit den 1980er Jahren vor.[37] Daran anknüpfend soll nachfolgend versucht werden, das nationalsozialistische „Euthanasie"-Geschehen an Erwachsenen und Kindern in Krankenhäusern und Pflegeeinrichtungen Thüringens mit Hilfe bekannter und weniger bekannter Fakten, Aussagen und vorliegenden Dokumenten weiter zu vertiefen.

Bei der „Erwachseneneuthanasie" wurde von vornherein das Ziel verfolgt, „möglichst viele Personen der Vergasung" zuzuführen.[38] Diese Zielsetzung basierte auf rassenpolitischen Anschauungen des Nationalsozialismus, aber auch auf sozialpolitischen und wirtschaftlichen Interessen zur systematischen Kostensenkung in den gesellschaftlichen Systemen. Die entsprechende Anweisung erteilte Prof. Dr. Paul Nitsche, zusammen mit Prof. Dr. Werner Heyde einer der Obergutachter und dessen Nachfolger als medizinischer Leiter der „T4"-Zentrale, sowohl den Tötungsärz-

— *Ärzte und das System nationalsozialistischer Euthanasie in Thüringen* —

ten selbst als auch den Inspektoren, die mit der medizinischen Begutachtung und Auswahl der betreffenden Patienten befaßt waren.

Zu den Inspektoren, die von Nitsche in dieser Form eingewiesen wurden, gehörte auch Dr. med. Otto Hebold, zunächst als „stiller Gutachter", ab 1. April 1941 als hauptamtlicher Mitarbeiter von „T4". Sein unmittelbarer Auftrag lautete, das Gebiet des Reichsgaues Thüringen zu bereisen und die entsprechenden Kranken- und Pflegeeinrichtungen aufzusuchen. Dort galt es, die Meldebögen I (Diagnosen und Prognosen) im Sinne der Anordnung Nitsches „großzügig" zu überprüfen und gegebenenfalls neue Fälle aufzunehmen. Bei dieser Aufgabe wurde Hebold, je nach Arbeitsumfang, von anderen „Euthanasie"-Ärzten unterstützt. Namentlich bekannt sind als wechselnde Reisebegleiter Hebolds die promovierten Mediziner Straub, Müller, Gustav Schneider und Viktor Ratka. Die nachfolgende Übersicht verdeutlicht das von der „T4"-Zentrale entwickelte und angewandte System der Erfassung von Anstalten und Patienten für das Gebiet des damaligen Gaues Thüringen.

Übersicht 4
Kliniken, Heilanstalten und Pflegeeinrichtungen im Gau Thüringen, die ins „Euthanasie"-Programm einbezogen waren (Stand der Erfassung: 31. August 1941)

Ort	Einrichtung	Träger	Betten	Meldebögen	T4-Inspektion
Altenburg	Hospital zum hl. Geist	Hospital-Stiftung	95	11	
	Reichenbach-Hospital	Hospital-Stiftung	130	79	
Altengesees	Erziehungsheim	Innere Mission	30	–	
Apolda	Carolinenheim (+ Alten- u. Pflegeheim?)	Stiftung, angeschlossen Innere Mission	235	72 207	ja
Arnstadt	Städtisches Versorgungsheim	Stadtverwaltung	44	19	
Aue am Berg	Alters- u. Versorgungsheim Sonnenschein	Landrat Kreis Saalfeld	30	18	
Bad Berka					
Bad Blankenburg	Anna-Luisen-Stift	Stiftung, angeschlossen Innere Mission	62	67	
Bad Frankenhausen	Erziehungsheim Wilhelmstift	Stiftung; Innere Mission	110	17	
	Städtisches Altersheim Marienstift	Stadtverwaltung	20	–	
Bad Sulza					

Ort	Einrichtung	Träger	Betten	Meldebögen	T4-Inspektion
Blankenhain	LHA (Landeserziehungsheim) (1940 geschl.)	Land Thüringen	500	440	ja
Eisenach	Clemensstift	Stiftungsverwaltung bei der Stadt	18	1	ja
	Städtisches Versorgungsheim	Stadtverwaltung	44	-	
	Jüdisches Familienheim f. Schwachsinnige	Dr. Wiesen, Josef (Israel)	10	5	
Elgersburg b. Ilmenau	Haus Berolina	Landrat Kreis Arnstadt; Bezirksfürsorgeverband	38	40	
Ershausen Kr. Heiligenstadt	St. Johannesstift	Caritative Stiftung mit den Rechten einer jur. Person	225	185	
Erfurt	Städtisches Siechenheim Wilhelm u. Auguste Stiftung	Stadtverwaltung	105	41	ja
	Städtisches Hospital (vier Häuser)	Evang. Milde Stiftung, Obmann und Oberbürgermeister der Stadt	40 70 60 50	4	
Finneck	Männer- u. Burschenheim Sonnenhof	Stiftung; Innere Mission	25	25	
Friedrichsanfang	Kreisversorgungsheim	Landrat Kreis Hildburghausen	42	27	
Friedrichshall	Kreisversorgungsheim	Landrat Kreis Hildburghausen	55	54	
Geisa / Rhön	Kreiskrankenhaus Josephinum	Orden St. Vincens von Paul	10	1	
Georgenthal	Kreispflegeheim	Landrat Kreis Gotha	100	102	
Gera	Kreispflegeanstalt Tinz	Landrat Kreis Gera	220	225	ja
	Städtisches Fürsorgeheim	Stadtverwaltung	200	155	
	Wagners Gartenheim	Joseph Wagner	12	5	
Gotha	Ostertag-Pflegeheim	Stadtverwaltung	94	48	
Greiz	Städtisches Altersheim	Stadtverwaltung	24	12	ja

Ort	Einrichtung	Träger	Betten	Meldebögen	T4-Inspektion
Harpersdorf	Kreisaltersheim	Landrat Kreis Gera	25	29	
Hildburghausen	Landes-Heil- und Pflegeanstalt	Land Thüringen	840	437	ja
Hohenleuben	Erziehungsheim Heinrichstift	Stiftung; Innere Mission	80	11	
Ilmenau					ja
Jena	Städtisches Versorgungs- u. Altersheim	Stadtverwaltung	100	27	
Kloster Vessra					ja
Küllstedt	St. Vinzenz-Hospital				
	St. Josef-Stift (Krankenhaus)				
Langenhain bei Waltershausen	Landespflegeheim	Land Thüringen	180	134	
Langensalza					ja
Lehmannsbrück	Kreisaltersheim	Landrat Kreis Arnstadt	39	39	
Lindenau	Kreisversorgungsheim	Landrat Kreis Hildburghausen	70 ?	54	
Meiningen	Städtisches Versorgungsheim	Stadtverwaltung	57	3	ja
Mupperg	Kreisversorgungsheim	Landrat Kreis Sonneberg	150	134	
Niederndorf	Kreisaltersheim	Landrat Kreis Gera	35	10	
Nordhausen	Jugendsanatorium Isemann	Jugendsanatorium Dr. Isemann e. V.	100	22	
Pfafferode (Mühlhausen)	Landesheilanstalt	Land Thüringen	1460	1062	ja
Rudolstadt	Städtisches Versorgungsheim	Stadtverwaltung	200	174	
Sangerhausen					ja
Schleiz	Kreisversorgungsheim	Landrat Kreis Schleiz	45	24	ja

Ort	Einrichtung	Träger	Betten	Meldebögen	T4-Inspektion
Schleusingen					ja
Schmalkalden	Kreiskrankenhaus				
	Christliche Pflegeanstalt				
Sömmerda					ja
Sondershausen	Landeskrankenhaus	Land Thüringen	70	-	ja
Stadtroda	Thüringische Landesheilanstalt	Land Thüringen, MdI	840	603	ja
Stelzen	Kreispflegeheim	Landrat Kreis Greiz	85	103 ?	
Suhl	Städtisches Krankenhaus				
Tannenfeld	Sanatorium	Private Anstalt Dr. Tecklenburg	55	33	
Treffurt	Sanatorium Rausch	Gärtnereibesitzer Hermann Rausch	12	14	
Waltershausen					ja
Weimar	Versorgungsheim	Stadtverwaltung	88	31	
Zeulenroda	Kreisversorgungsheim	Landrat Kreis Greiz	156	124	

Aus den umfangreichen Aussagen Hebolds entsteht ein durchaus differenziertes Bild der internen Organisation und Motivation der „T4"-Mitarbeiter und des gesamten Netzwerkes der nationalsozialistischen Euthanasie. Die unterschiedlichen Stufen der organisatorischen und individuellen Einbindung in das Netzwerk zur Vernichtung „lebensunwerten Lebens" erlauben aber nur begrenzt eine Abstraktion in Täter und Helfer. Konkret weist jedes Täter- oder Helferprofil neben Gemeinsamkeiten auch Unterschiede auf, die im Sinne von Schuld oder Mitschuld von einiger Bedeutung sein können und deshalb genauer bestimmt werden müssen. Schließlich kann der überzeugte nationalsozialistische Tötungsarzt oder Organisator nicht mit den Hausärzten oder Klinikärzten als Mittäter gleichgestellt werden, die aus Unkenntnis oder einer völlig anderen Motivation oder Sachkenntnis heraus einen im System strukturierten

Verfahrensschritt vollzogen, an dessen Ende der Patientenmord (Vergasung) oder der Vollzug der Tötung durch „Euthanasie" ohne Kenntnis und Zustimmung des Patienten bzw. seiner Angehörigen stand. Die nachfolgend aufgeführten Auszüge aus den Vernehmungsprotokollen Hebolds sind Wahrnehmungen und Positionen eines „Euthanasie"-Arztes, der nicht nur zu den Befürwortern, sondern auch zu den Vollziehern des „Euthanasie"-Programms gehörte.

Otto Hebold, seit 1928 als Arzt in der Psychiatrie tätig, trat der NSDAP im April 1933 bei. Ab 1934 führte er (auf der Grundlage eines gültigen Reichsgesetzes) Zwangssterilisationen durch. Ab 1. April 1936 als Oberarzt in der Landesheilanstalt Eberswalde tätig, umfaßte sein Arbeitsgebiet Aufgaben im Bereich der Psychiatrie (Fürsorge, Familienpflege, Gutachten) und der Sterilisation, Aufgaben, die er bereits zuvor in der Landesheilanstalt Teupitz erfüllte. Anfang 1940 praktizierte er als Militärarzt im Lazarett für Hirn- und Nervenverletzungen Berlin-Buch. „In dieser Zeit", so äußerte sich Hebold während einer Vernehmung im März 1964, „erhielt ich eine Einladung zur damaligen ‚Reichskanzlei des Führers' in Berlin, Wilhelmplatz, und nahm hier an einer außerordentlichen Besprechung von Fachärzten für Psychiatrie teil. Diese Besprechung wurde von Prof. Brack geleitet und mir ist noch erinnerlich, daß auch ein Dr. Hefelmann als Verbindungsmann der Reichskanzlei zur gegründeten ‚Reichsarbeitsgemeinschaft Heil- und Pflegeanstalten' anwesend war. An einem großen Konferenztisch hatten ca. 16 bis 20 Ärzte Platz genommen, die mir nicht namentlich bekannt waren. Als profiliertesten Teilnehmer erkannte ich lediglich Prof. Dr. Nitsche, den ich von früher kannte und der aus der Landesheilanstalt Leipzig-Dösen kam. Bei dieser Besprechung, die nur ca. 20 Minuten dauerte, teilte Prof. Dr. Brack mit, daß die ‚Reichsarbeitsgemeinschaft Heil- und Pflegeanstalten' ... gegründet worden sei und vor den anwesenden Ärzten die Aufgabe stehe, alle Insassen der in Deutschland existierenden Heil- und Pflegeanstalten zu erfassen." In einer nachfolgenden Besprechung informierte Nitsche ausgewählte Ärzte über das Verfahren zur Auswertung der Meldebögen und deren medizinische Begutachtung. „An Hand dieser Meldebogen, die gleichlautend auch an zwei andere Ärzte verschickt wurden, hatte ich zu entscheiden, ob die betreffenden Insassen der Anstalt auf Grund des Krankheitsbefundes noch als arbeits- oder einsatzfähig gelten oder entsprechend der desolaten Verfassung reine Pflegeobjekte waren, die als sogenanntes lebensunwertes Leben aufzufassen sind. Diese so bearbeiteten Meldebogen gingen an die ‚RAG' zurück, wo ein Gutachtergremium zur Oberbegutachtung dieselben bearbeitete und endgültig festlegte, was mit den betreffenden Insassen der Anstalten erfolgen sollte."[39]

Diese Form der Gutachtertätigkeit Hebolds endete im Mai/Juni 1941. Er selbst schied aus dem Militärdienst aus und wechselte als hauptamtlicher Mitarbeiter in die Berliner „T4"-Zentrale. Neben seiner fortgesetzten Tätigkeit als Gutachter gehörten ausgedehnte Inspektionsreisen zu seinen neuen und erweiterten Aufgaben. Außerdem nahm er an Massentötungen teil und stellte dabei Totenscheine mit fingierten Sterbeursachen aus.

Zur Vervollständigung und Kontrolle der Meldeunterlagen reiste Hebold nach eigenen Aussagen im Jahr 1941 mehrfach in die preußische Provinz Sachsen und nach Thüringen. Besucht wurden von den beauftragten „T4"-Ärzten unter anderem Heime mit bis zu 30 Insassen in Oschersleben, Sangerhausen, Sondershausen, Bad Frankenhausen, Hasselfelde, Thale, Blankenburg/Harz, Elbingerode, Harzgerode und Wernigerode. Im Herbst 1941 erfolgte eine Dienstfahrt zur Erfassung der Landesanstalten und anderer Heime in Thüringen. An dieser Inspektionsreise waren neben Hebold die „T4"-Ärzte Viktor Ratka und Gustav Schneider beteiligt. „Im einzelnen überprüften wir Anstalten und Heime in Apolda, Weimar, Erfurt, Sömmerda, Mühlhausen-Pfafferode, Langensalza, Gotha, Waltershausen, Eisenach, Hildburghausen, Blankenhain und Stadtroda. ... Eine wichtige Station dieser Reise war die Überprüfung der Landesheilanstalt Mühlhausen-Pfafferode. In dieser Anstalt waren über 2000 Kranke untergebracht, so daß wir hier über 8 Tage arbeiten mußten. Von der Zentrale T4 waren uns große Mengen von Meldebögen mitgegeben worden, die alle zu vervollständigen waren. Nach unserer Ankunft meldeten wir uns bei dem Direktor Dr. Steinmeyer, der uns freundlich aufnahm. Bei unserer Arbeit ersahen wir, daß der Direktor dem Euthanasie-Programm gegenüber recht positiv eingestellt war, seine Mitarbeiter, Ärzte und Oberpfleger sowie auch das gesamte Pflegepersonal in diesem Sinne geschult und vorbereitet hatte."[40]

Nach Abschluß der Überprüfung in Pfafferode führte die Reise über Sömmerda, wo ein kleines Pflegeheim überprüft wurde, weiter nach Gotha und Eisenach. In Gotha wurden zwei, drei kleine Pflegestationen überprüft. „In Eisenach trafen wir in einem etwas größeren caritativen Pflegeheim wohl 30-40 Insassen, die auf Meldebögen bereits erfaßt waren, die wir dort überprüften und vervollständigten. ... Von Eisenach aus fuhren wir nach Meiningen, um auch hier zu überprüfen, ob es Heime oder Pflegestellen gab, in denen Insassen untergebracht waren, die von uns zu erfassen sind." In Meiningen traf die Gruppe zu Gesprächen mit dem Kreisarzt und dem Kreisleiter der NSDAP zusammen. Anschließend ging die Reise weiter in die Heil- und Pflegeanstalt Hildburghausen. „In dieser Anstalt waren zirka 1500

Kranke untergebracht. Bei ihnen handelte es sich zumeist um Schizophrene, vereinzelt auch um Epileptiker und Schwachsinnige."

Über den Sinn ihrer Aufgabe waren sich die Gutachter vollständig im klaren. „Ausgehend von den gemachten Erfahrungen bei der Erfassung im Rahmen des Euthanasie-Programms", bekannte Hebold, „war mir klar, daß ein großer Teil der in der Anstalt Hildburghausen untergebrachten Insassen für die ‚Verlegung' in Frage kam und sicher später auch entsprechend der Arbeitsweise der T4 ‚verlegt', d. h. getötet wurde." Nach eigenen Angaben nahm er selbst insgesamt zirka 25 000 Begutachtungen vor. Auf Grund seiner Aussagen wurde Otto Hebold 1964 in der ehemaligen DDR angeklagt, in der Zeit von 1940 bis 1943 „fortgesetzt und gemeinschaftlich mit anderen handelnd als zunächst ‚stiller' und danach als hauptamtlicher Mitarbeiter der Mordorganisation ‚T4' an der Erfassung und Aussonderung von etwa 31 000 Insassen von Heil- und Pflegeanstalten in Durchführung des sogenannten ‚Euthanasie'-Programms mitgewirkt und damit aktiv dazu beigetragen (zu haben – W. S.), daß die Mehrzahl der Opfer in den eigens hierfür eingerichteten Vergasungsanstalten getötet wurden."

Otto Hebold wurde am 1. September 1964 zu „lebenslangem Zuchthaus" verurteilt, wobei das Gericht zu der Auffassung kam, daß er im Sinne der Grundsätze des Internationalen Militärgerichtshofes in Nürnberg trotz des Ausmaßes der von ihm begangenen Verbrechen oder der ungeheuren Folgen seiner Taten nicht in die Kategorie der *Hauptschuldigen* einzureihen sei.[41]

Das „Euthanasie"-Programm erfaßte in einem eigenen administrativen Verfahren auch Kinder und Jugendliche. Den systematischen Auftakt bildete Hitlers mündliche Ermächtigung vom Juli 1939 an Bouhler und Brandt, in ähnlichen Fällen wie dem des Leipziger Kindes K. zu verfahren und „Euthanasie" durch zwei bis drei kurz hintereinander vorgenommene Luminal-Einspritzungen von 0,05 bis 0,1 g vorzunehmen.[42] Am 18. August 1939 folgte ein Runderlaß des RMdI mit der amtlichen Verpflichtung von Hebammen und Ärzten, „mißgestaltete u. s. w. Neugeborene" an das zuständige Gesundheitsamt zu melden. In den Gesundheitsämtern wurden die Meldungen gesammelt und monatlich durch den Amtsarzt oder seinen Stellvertreter an die Berliner Postfachadresse des „Reichsausschuss(es) zur wissenschaftlichen Erfassung erb- und anlagebedingter schwerer Leiden"[43] weitergeleitet. Jede Meldung enthielt eine vorläufige Diagnose. Hinter der Adresse des „Reichsausschusses" verbarg sich wiederum das für das „Euthanasie"-Programm zuständige „Amt II. Referat II b" der Kanzlei des Führers. Das Referat leitete Dr. Hans Hefelmann, sein Stellvertreter war Richard von

Hegener. Obwohl beide keine Mediziner waren, bearbeiteten sie den Posteingang, sortierten „die für die ‚Euthanasie' in Frage kommenden Fälle" vor und veranlaßten deren Einweisung in ausgewählte Kliniken und Heilanstalten. Das weitere Vorgehen schilderte 1948 Ursula Körner, die ab 1. April 1941 als Schreibkraft im Referat II b beschäftigt war, während einer Vernehmung so: „Wenn die erkrankten Kinder in eine Heilanstalt eingewiesen waren, kam nach einiger Zeit ein Bericht der Anstalt über den bei dem Kinde festgestellten krankhaften Befund. Solche Berichte habe ich hin und wieder gelesen. Diese Berichte leitete ich an von Hegener weiter. Dem Bericht schloß von Hegener ein Formular an und beide Schriftstücke wurden nun an die eigentlichen Mitglieder des Reichsausschusses zur Stellungnahme übersandt. In dem Formular war für jedes Mitglied des Reichsausschusses eine Rubrik, in die das betr. Mitglied des Reichsausschusses sein Votum einzutragen hatte. ... Das Mitglied, das als letztes sein Votum abgab, schickte die Vorgänge nunmehr an den Reichsausschuß (Postschließfach) zurück. Auf diese Weise habe ich die Gutachten der Ärzte zu Gesicht bekommen. Die Vorgänge gab ich nunmehr von Hegener, dieser leitete sie weiter an Dr. Hefelmann, Hefelmann legte sie dem Amtschef vor und der Amtschef gab den Vorgang an den Leiter der Kanzlei Bouhler zur Unterschrift. Bouhler unterschrieb dann die Ermächtigung an die betr. Ärzte der Anstalt, Sterbehilfe zu gewähren. Die Anstalten meldeten dem Reichsausschuß listenmäßig und namentlich bezeichnet: den Bestand ihrer Erbkranken-Abteilung, die Neuaufnahmen und die Fälle, mit Datum des Todestages der Kinder, denen sie Sterbehilfe gewährt hatten." Daraufhin wurde in der entsprechenden Registratur die ursprünglich gelbe Karteikartei mit der Meldung gegen eine graue, die mit dem Sterbedatum versehen war, ausgetauscht.[44]

Die drei Gutachter des Reichsausschusses waren die Mediziner Prof. Dr. Werner Catel (Leipzig), Dr. Hans Heinze (Brandenburg-Görden) und Dr. Ernst Wentzler (Berlin-Frohnau). Sie entschieden im Umlaufverfahren über Leben und Tod der betroffenen Kinder zunächst bis zum Alter von drei, spätestens ab 1942 bis zu 16 Jahren.[45] Im Verfahren selbst wurden die jeweilige Patientenakten mit „ + " oder „ - " oder einem Zusatzvermerk über Prognose, Therapie oder einer sonstigen Anmerkung in der jeweiligen Rubrik versehen. Drei Kreuze, eines von jedem Gutachter, bedeutete „Behandlung" durch „Euthanasie" und damit die Freigabe zur Tötung der sogenannten Reichsausschußkinder in den dafür vorgesehenen Kliniken mit einer angeschlossenen „Kinderfachabteilung".

Die erste „Kinderfachabteilung", die als „Jugendpsychiatrische Fachabteilung" eingerichtet wurde, entstand nach dem Erlaß vom 1. Juli 1940 in der Landesanstalt Brandenburg-Görden. Sie unterstand Hans Heinze, der „als eine besondere Kapazität auf dem Gebiet der Jugendpsychiatrie galt, weil diese Fachabteilung zur Aufnahme besonders schwieriger psychiatrischer Fälle bestimmt war. Der Ausdruck Kinderfachabteilung ist in den übrigen Fällen nur geprägt worden, »um dem Kind einen Namen zu geben« und um den Amtsärzten etwas an die Hand zu geben, um die Eltern der einzuweisenden Kinder von dem Vorteil, der Wichtigkeit und der Notwendigkeit der Einweisung ihrer Kinder zu überzeugen."[46] Insgesamt entstanden mehr als 30 solche „Kinderfachabteilungen", die bis auf wenige Ausnahmen (u. a. Görden, möglicherweise auch Stadtroda) keine separaten Stationen aufbauten, sondern die „Reichsausschußkinder" mit „normalen" Fällen zusammenlegten.[47] Bei der Auswahl der in Frage kommenden Anstalten und Kliniken spielte das Bekenntnis der Direktoren zur nationalsozialistischen Rassentheorie und -ideologie und ihre grundsätzliche Befürwortung der „Euthanasie" die entscheidende Rolle.[48] 1944 wurden die in Verruf geratenen „Kinderfachabteilungen" zum Teil noch in „Heilerziehungsanstalten" umbenannt.

Übersicht 5
Nachgewiesene „Kinderfachabteilungen" im Deutschen Reich[49] *(1942–1945)*

Heutiges Bundesland „T4"-Ärzte: Zuständiger Anstaltsleiter (Dir.); Stationsärzte	„Kinderfachabteilung" seit
Baden-Württemberg	
Städtische Kinderheime Stuttgart Dr. Karl Lempp (Dir.); Dr. Magdalene Schütte	Ende 1942 od. Anfang 1943
Heil- und Pflegeanstalt Wiesloch bei Heidelberg Dr. Arthur Schreck (Stellv. Dir.); Dr. Kühnke	Ende 1940 od. Anfang 1941 bis April 1943
Bayern	
Heil- und Pflegeanstalt Ansbach Dr. Schuch (Dir.); Dr. Asam-Bruckmüller	1941 od. 1942
Heil- und Pflegeanstalt Eglfing-Haar Dr. Pfannmüller (Dir.); Prof. Dr. von Braumühl	Oktober 1940
Heil- und Pflegeanstalt Kaufbeuren Dr. Faltlhauser (Dir.)	Dezember 1941
Berlin	
Städtische Nervenklinik für Kinder und Jugendliche Berlin-Wittenau Dr. Dr. Hefter	Februar 1942
Kinderklinik Berlin-Frohnau Dr. Wentzler (Dir.)	?
Brandenburg	
Landesanstalt Görden bei Brandenburg (Brandenburg-Görden) Prof. Dr. Heinze (Dir.)	Ende 1939 od. Anfang 1940

Heutiges Bundesland „T4"-Ärzte: Zuständiger Anstaltsleiter (Dir.); Stationsärzte	„Kinderfachabteilung" seit
Hamburg	
Heil- und Pflegeanstalt Langenhorn Dr. Knigge (Dir.)	1941 od. 1942
Privates Kinderkrankenhaus Rothenburgsort Dr. Bayer (Dir.)	1941 od. 1942
Hessen	
Landesheilanstalt Eichberg Dr. Mennecke (Dir.); Dr. Walther Schmidt	1. Halbjahr 1941
Heilerziehungsanstalt Kalmenhof (Idstein im Taunus) Fr. Dr. Weber (später verheiratete Vogtmann); Dr. Wesse	spätestens 1941
Spezialkinderfachabteilung Hadamar für minderjährige Mischlinge	1943
Mecklenburg-Vorpommern	
Heil- und Pflegeanstalt Sachsenberg (bei Schwerin) Dr. Alfred Leu	1941
Heil- und Pflegeanstalt Ueckermünde Dr. Hans-Dietrich Hilweg (Dir.)	eventuell 1941 ?, spätestens ab April 1943
Niedersachsen	
Heil- und Pflegeanstalt Lüneburg Dr. Baumert (Dir.)	Oktober 1941
Oldenburg oder Umgebung	
Im Braunschweigischen	
Nordrhein-Westfalen	
Heil- und Pflegeanstalt Dortmund-Aplerbeck	2. Halbjahr 1941 (für Marsberg)
Heilanstalt Marsberg	Ende 1940–Ende 1941 (für Dortmund-Aplerbeck)
Heil- und Pflegeanstalt Waldniel / Süchteln Dr. Georg Renno; Dr. Wesse	Dezember 1941
Niedermarsberg Dr. Steinmeyer (Dir.); Dr. Sengenhoff	?
Sachsen	
Universitäts-Kinderklinik Leipzig Prof. Dr. Catel (Dir.)	spätestens 1941
Heil-und Pflegeanstalt Leipzig-Dösen Prof. Dr. Nitsche (Dir.); Dr. Mittag (Dir.)	November 1940–Dezember 1943 (s. Großschweidnitz)
Landesheilanstalt Großschweidnitz bei Löbau	Dezember 1943 (für Leipzig-Dösen)

– Ärzte und das System nationalsozialistischer Euthanasie in Thüringen –

Heutiges Bundesland „T4"-Ärzte: Zuständiger Anstaltsleiter (Dir.); Stationsärzte	„Kinderfachabteilung" seit
Sachsen-Anhalt	
Landesheilanstalt Uchtspringe Dr. E. Beese (Dir.); Dr. Hildegard Wesse geb. Irmen	1941
Schleswig-Holstein	
Heil- und Pflegeanstalt Schleswig Dr. Curt Grabow (Dir.); Dr. Erna Pauselius; Dr. Hans Burkhardt	(Herbst 1941 Hesterberg, ab Februar 1942 Stadtfeld)
Thüringen	
Heil- und Pflegeanstalt Stadtroda Prof. Dr. Dr. Gerhard Kloos (Dir.); Dr. Margarete Hielscher	Januar 1943 (Oktober 1942 ?)
„Kinderfachabteilungen" auf ehemals deutschem Territorium oder Besatzungsgebiet	
Österreich	
Heil- und Pflegeanstalt Graz, Außenabteilung Pertelstein	?
Städtische Jugendfürsorgeanstalt „Am Spiegelgrund" Wien Dr. Heinrich Groß (Dir.); Dr. Illing	Sommer 1940
In Oberösterreich (Salzburger Land/Österreich)	
Polen	
Krankenhaus Nord Breslau (heute: Wroclaw), Institut für praktische Psychiatrie und psychiatrische Erbforschung	1942 oder spätestens seit 1943
Heil- und Pflegeanstalt Konradstein bei Danzig	1940 (?), spätestens seit 1942
Landesheilanstalt Tiegenhof (bei Gnesen/Gniezno)	spätestens 1943
Rußland	
Universitätskinderklinik oder Kinderklinik Königsberg (heute: Kaliningrad)	?
Tschechien	
Heil- und Pflegeanstalt Wiesengrund, Kreis Mies Dr. Hever	spätestens 1942
Heil- und Pflegeanstalt Loben	1942

Ein differenziertes Bild, wie beim Aufbau der „Kinderfachabteilungen" von Hefelmann und Hegener vorgegangen wurde, vermitteln Auszüge aus Protokollen, entstanden bei verschiedenen Befragungen des „Euthanasie"-Arztes Dr. Georg Renno, der nach seiner Tätigkeit unter Rudolf Lonauer in der „Euthanasie"-Anstalt Schloß Hartheim bei Linz von Oktober 1941 bis Januar 1942 den Aufbau der „Kinderfachabteilung" Waldniel, einer Zweigstelle der Anstalt Süchteln, leitete. Renno äußerte sich 1965 zu den Geschehnissen. Seine Instruktionen erhielt er auf dem Hauptbahnhof Düsseldorf. Danach waren die Kinder „zunächst zu beobachten" und die Ergebnisse in einem Bericht abzufassen. Als nächste Stufe sollte ein medizinisches Gutachten folgen. Zu den vorgesehenen Möglichkeiten der „Euthanasie" sagte er: „Es gab zwei Methoden der Tötung, entweder Luminal oder Spritzen. Ich weiß nicht mehr, welche Mittel zum Spritzen benutzt wurden, vielleicht Evipan oder Morphium."[50] Renno schloß den Aufbau der Abteilung im Dezember 1941 ab. Im Januar 1942 kamen die ersten Kinder und am 27. Januar verstarben zwei sechsjährige Mädchen, für die Renno als Todesursache Durchfall und Epilepsie auf dem Totenschein vermerkte. Ob diese durch „Euthanasie" oder aufgrund ihrer Erkrankung starben, konnte bisher nicht geklärt werden. Renno jedenfalls bestritt vehement den „Euthanasie"-Vorwurf. Bereits im Februar verließ jedenfalls Renno Waldniel aufgrund einer TBC-Erkrankung. Seine Nachfolge trat der berüchtigte „Euthanasie"-Arzt Dr. Hermann Wesse an, was zum überproportionalen Anstieg der Mortalität führte.

Auf dem Territorium des heutigen Freistaates Thüringen entstand nach gesicherten Erkenntnissen eine „Kinderfachabteilung" in den Thüringischen Landesheilanstalten bzw. dem Landeskrankenhaus Stadtroda. Eine weitere Abteilung, deren Status als „Kinderfachabteilung" aber nicht belegt werden kann, soll in Pfafferode bestanden haben. In beiden Einrichtungen erfolgte nach dem Stand der bisherigen Forschung in einer noch unklaren Zahl von Fällen „Euthanasie" an geistig und körperlich schwerstbehinderten Kindern und Jugendlichen.[51] Beide Landesheilanstalten fungierten darüber hinaus als Zwischenstationen für Jugendliche und Erwachsene auf dem Weg in die „Euthanasie"-Tötungsanstalten. Zudem kam es in beiden Anstalten zu zahlreichen bisher unklaren Todesfällen an politischen und anderen Gefangenen sowie an Zwangsarbeitern, die als Patienten eingeliefert wurden und mit „Euthanasie"-Maßnahmen durch zum Teil widersprüchliche Zeugenaussagen in Verbindung gebracht werden. Als zuständige Tötungsanstalt für Thüringen fungierte die Heil- und Pflegeanstalt Sonnenstein im sächsischen Pirna; zudem wurden Kinder wie Erwachsene auch in andere „Kinderfachabteilungen" oder Kliniken überstellt oder in Zwischenanstalten wie Zschadraß verlegt, bevor sie nach Pirna (verschiedentlich auch nach Bernburg) ins „Gas" kamen. Einzelverlegungen von Patienten oder kleinen Gruppen in andere Anstalten, angeordnet vom Reichsausschuß, wurden außerdem vorgenommen, um anatomisch oder pathologisch „interessante" Fälle nach individueller Tötung für Lehr- und Forschungszwecke zu sezieren und Besonderheiten zu präparieren. Derartige „Sammlungen" entstanden unter anderem in Wien (Heinrich Gross), Würzburg (Werner Heyde) und Heidelberg (Carl Schneider).

Unabhängig von der historischen Bewertung der nationalsozialistischen Euthanasie als Instrument des Rassenwahns, wurde den Gutachtern des Reichsausschusses zugestanden, daß ihre Gutachten „im Gegensatz zu den Gutachten bei der ‚Aktion T4'" „naturwissenschaftlich und differentialdiagnostisch" angelegt waren.[52] Das gilt auch für die Gutachten der „Kinderfachabteilung" in Stadtroda, die in ihrer überwiegenden Zahl von der zuständigen Stationsärztin Dr. Margarete Hielscher erstellt und vom Klinikchef Prof. Dr. Dr. Gerhard Kloos gegengezeichnet wurden. Dagegen besaßen Überweisungen und andere Schriftsätze mit Kurzdiagnosen und zusätzlichen Vermerken, etwa von Klinik- oder Hausärzten, *keine* gutachterliche Bedeutung und müssen demzufolge anders bewertet werden. Diese Ärzte verfügten über keine administrative Legitimation, Gutachten zu erstellen oder Entscheidungen über Leben und Tod im Sinne der nationalsozialistischen „Euthanasie" zu fällen. Sie erfüllten lediglich die vom Gesetzgeber angeordnete Meldepflicht oder vollzogen auf Anordnung bzw. aus anderen Gründen Überweisungen in die Jugendpsychiatrie.[53] Sofern eine amtsärztliche Anordnung nicht vorlag, ist der Einzelfall nach der damaligen Rechtslage, den ärztlichen Vorschriften und üblichen Verfahrensweisen bei austherapierten oder Langzeitpatienten zu prüfen. Eine direkte Einweisung in die „Kinderfachabteilungen" erfolgte nach dem bisherigen Kenntnisstand nur über den Amtsarzt oder direkt durch den Reichsausschuß. Eine Aufnahme konnte auch durch den ärztlichen Direktor in Absprache mit dem zuständigen Stationsarzt vorgenommen werden. Stets war diese jedoch an das amtliche Verfahren über den Reichsausschuß in Berlin gebunden.

In das weit gefaßte „Euthanasie"-Programm der Nazis waren zahlreiche thüringische Einrichtungen und Personen des Gesundheitswesens einbezogen. Im Zusammenhang mit der Ermächtigung zum Vollzug sind die Einrichtungen in Blankenhain, Pfafferode und Stadtroda von besonderer Bedeutung. Einen Sonderfall stellt das Anna-Luisen-Stift in Bad Blankenburg dar. Diese Einrichtungen werden nachfolgend einzeln betrachtet. Alle anderen Krankenhäuser und Pflegeheime gehörten – administrativ bewertet – nicht zu den von der „T4"-Zentrale zur Tötung autorisierten Einrichtungen. Gleiches gilt auch für Blankenhain und das Anna-Luisen-Stift. Sie wirkten lediglich im Rahmen der organisatorischen Vorgaben bei der Erfassung und Überführung der betroffenen Patienten und Personen mit. Inwieweit es individuelle Eingriffe gab, bleibt dabei offen.

3.1. Thüringische Landesheilanstalten Stadtroda

Die Thüringischen Landesheilanstalten Stadtroda bestanden 1926 aus einer Irrenanstalt, dem Krankenhaus, dem Martinshaus für schwachsinnige Kinder und einem angegliederten Erziehungsheim für Kleinkinder, Schulkinder und schulentlassene weibliche Fürsorgezöglinge. Bis 1943 strukturierte sich dieser Grundbestand in fünf Abteilungen (A bis E). Diese blieben auch nach der Umbenennung in Thüringisches Landeskrankenhaus am 5. Februar 1943 erhalten, wurden aber in sich moderner gegliedert. An diese Grundstruktur angeschlossen waren weitere Abteilungen, die selbständige Fachgebiete umfaßten. So gehörte die Jugendpsychiatrische Abteilung bis 1943 zur Abteilung B und die „Kinderfachabteilung" wurde 1943 der III. Jugendpsychiatrischen Abteilung zugeordnet. Es gab außerdem für jugendliche Straftäter und Häftlinge eigene Abteilungen, unterteilt für Männer und Frauen.

Übersicht 6
Grundstruktur der Heil- und Pflegeanstalten und des Landeskrankenhauses in Stadtroda 1941 und 1943

Struktur 1941	Struktur 1943
A Psychiatrische und Nervenabteilung	I Medizinisch-chirurgische Abteilung
B Abteilung für chronisch-neurologische Kranke	II Psychiatrisch-neurologische Abteilung
C Körperkrankenhaus	III Jugendpsychologische Abteilung
D Beobachtungsheime	IV Tuberkulose-Abteilung
E Asoziale Abteilung	V Abteilung für geschlechtskranke Frauen

Bereits in den dreißiger Jahren wurden die Landesheilanstalten Stadtroda autorisiert, Zwangssterilisationen an männlichen Patienten durchzuführen.[54] Frauen, die unfruchtbar gemacht werden sollten, wurden überwiegend in der Universitätsfrauenklinik Jena operiert. In Stadtroda erfolgten nach einer Aussage des verantwortlichen Mediziners Dr. Schenk aus dem Jahr 1947 keine Sterilisationen an Frauen und Mädchen. Spätestens mit der ersten Verlegung von mindestens 60 Patienten in die Zwischenanstalt Zschadraß bei Leipzig am 4. September 1940 begann die Einbeziehung der Landesheilanstalten in das „Euthanasie"-Programm („Gasaktion"). Das Ziel dieser Aktion bestand in der „planwirtschaftlichen" Vernichtung „lebensunwerten Lebens". Der Verlegung voraus ging die Erfassung und Registrierung der unheilbar Geisteskranken mit Hilfe des ausgegebenen Meldebogens I, teils durch die Anstaltsärzte, teils durch anreisende „T4"-Inspektoren, die die Anstalten besuchten und vor Ort die vorhandenen Meldeunterlagen prüften und ergänzten. In der Zeit vom 28. März 1940 bis zum 10. März 1941 wurden von

Stadtroda nach eigenen Angaben 432 solcher Meldebögen ausgestellt. Diese gelangten per Post an das zuständige Referat im Reichsinnenministerium und von dessen Leiter, Dr. Herbert Linden, der zugleich für die Reichsarbeitsgemeinschaft Heil- und Pflegeanstalten (RAG) zuständig war, in die „T4"-Zentrale. Eine Kopie der Meldebögen erhielt zudem das Amt des Reichsstatthalters für die Registratur des Landesamtes für Rassewesen in Weimar.[55] In den folgenden Jahren wurde entsprechend den Vorgaben des Reichsinnenministeriums und der RAG die Erfassung intensiviert. Am 31. Juli 1941 schrieb Kloos beispielsweise direkt an die Postfachadresse der RAG: „Anbei übersende ich die auf Veranlassung von Herrn Med. Rat Dr. Hebold vom Reichsministerium des Innern in Berlin neu aufgestellten Fragebogen über die zur Zeit in den hiesigen Anstalten vorhandenen Psychischkranken. Die Fragebogen tragen die Nr. 1–301. ... Weitere Fragebogen werden terminmäßig nach dem Stichtag vom 1.1. übersandt. Bis dahin bitten wir, uns wieder eine größere Anzahl Vordrucke zu übersenden."[56] Und am 13. August 1943 übergab in Vertretung von Kloos sein Stellvertreter, Dr. Johannes Schenk, dem Reichsinnenministerium erneut 62 Meldebögen für den Zeitraum vom 1. Januar bis 30. Juni 1943. Anhand der fortlaufenden Nummerierung der Meldebögen handelte es sich bei den neu ausgefertigten um die Meldungen 602 bis 663.[57] Daß die zuständigen Ärzte in Stadtroda von der Funktion der Meldebögen Kenntnis besaßen und zunehmend in die „NS-Euthanasie" verstrickt wurden, offenbart unter anderem ein Schreiben von Kloos vom 22. September 1941, gerichtet an das von Walter Ortlepp geführte Innenministerium in Weimar. Darin heißt es: „Vor kurzem sind 53 Insassen des aufgelösten Anna-Luisenstiftes aus Bad Blankenburg in unsere Anstalt verlegt worden. Es handelt sich fast ausnahmslos um tiefstehende Schwachsinnige und Idioten, also um Fälle, die für die Dauer nicht lebensfähig und hier zum großen Teil auch schon gestorben sind. Bereits die erhöhte Sterblichkeitsziffer unserer eigenen unheilbar Geisteskranken hat jedoch die Aufmerksamkeit der Pfarrämter und der Bevölkerung erregt und zu unerwünschten Gerüchten und Vermutungen Anlaß gegeben. Im Interesse des Rufes der hiesigen Anstalten muß ich daher dringend bitten, von einer weiteren Massenzuverlegung unheilbarer Fälle in unsere Anstalt absehen zu wollen."[58]

Der Kindertransport von Bad Blankenburg gehörte noch nicht zu den systematischen Maßnahmen der „T4-Kinderaktion", sondern zu den fortlaufenden dezentralisiert vollzogenen Aktionen, bei denen der Tod betroffener Patienten durch die bestehende Erkrankung, eintretende Belastungen oder andere, nicht näher erklärbare Faktoren abzusehen war. Zu den Fakten gehört die Tatsache, daß von den insgesamt verlegten 54 Kindern aus Bad Blankenburg innerhalb von drei Monaten 15 in Stadtroda verstarben.

Über die Erfassung und nachfolgende Verlegung von unheilbaren Geisteskranken wurde in der Landesheilanstalt verbreitet, daß es sich um Fälle handele, die „in abgelegenen Pflegeanstalten preisgünstiger und mit geringerem Personalaufwand" versorgt werden können.[59] Unerklärt blieb dagegen der sichtbare Anstieg bzw. die Zunahme der Sterblichkeit bei psychisch unheilbar Kranken, bei sogenannten Asozialen (offene TBC; Syphilis) und unter den eingewiesenen (politischen) Häftlingen, soweit sich dieser Anstieg nicht durch höhere Patientenzahlen erklärt. Zeitlich fiel das Anwachsen der Sterbefälle mit der ersten Inspektion 1940 durch „T4"-Ärzte zusammen. Ein in der Einrichtung beschäftigter Oberpfleger gab 1947 zu diesen Vorgängen zu Protokoll: „Nach geraumer Zeit fanden verschiedene Veränderungen im Landeskrankenhaus statt, die sich wie folgt auswirkten: es wurden Transporte zusammengestellt und zwar ungefähr 2 Stück, auf diese(n) wurden ungefähr 20 % der Patienten an einen unbekannten Ort transportiert. Auch fiel mir auf, daß die Sterbeziffer stieg. Ich erklärte mir das wie folgt: Bis zum Besuch der Herren aus Berlin wurden an die Patienten Herzmittel verabreicht, die zur Stärkung des Herzens dienten, nach dem Besuch fiel die Herausgabe von Herzmitteln weg."[60]

Ein weiterer Oberpfleger, der in den Jahren 1941/42 in der Klinikapotheke beschäftigt war, beobachtete nach eigener Aussage während dieser Zeit eine verstärkte Ausgabe der Medikamente Veronal und Luminal. Seiner Einschätzung nach genügte diese Menge, um monatlich bis zu 15 Patienten (unauffällig) zu töten. Beide Aussagen stimmen inhaltlich mit Wahrnehmungen anderer Pfleger überein, die wiederholt bei Dienstantritt über *plötzliche* – also unerwartete – Todesfälle informiert wurden, deren Ursachen aber unbekannt blieben.[61]

Übersicht 7
Anzahl der Sterbefälle 1933 bis 1945 im Landeskrankenhaus Stadtroda[62]

Jahr	Stichtag	Belegung am Stichtag	Zugänge pro Jahr	Abgänge pro Jahr	Sterbefälle pro Jahr	Sterberate[1] in %
1933					48	
1934					46	
1935					113	
1936					146	
1936*	1.1.	604	1457	1514	155	10,6
1937	1.1.	547*			131	
1938			1380+		147	10,7
1939	31.3.	646				
	31.8.	597	1383+		159	11,5
1940	31.8.	640	1655+		306	18,6
1941	8.9.	610	1807+		307	17,0
1942			1796+		226	12,6
1943			2115+		271	12,8
1944			2004+		241	12,0
1945			1853+		223	12,0

1 Relative Sterberate (gerundet): Verhältnis der Sterbefälle zu den Zugängen
* Angaben nach Heinz Faulstich.
+ Angaben nach Gerhard Buchda.

Die in der obigen Tabelle aufgeführten Zahlen belegen mit Ausnahme der Jahre 1940/41 keinen signifikanten Anstieg der Todesfälle im Verhältnis zu den Aufnahmen pro Jahr. Ersichtlich wird, daß die Sterberate in Stadtroda bereits 1936 deutlich höher lag als beispielsweise die in Hildburghausen, die im gleichen Jahr 4,6 Prozent betrug. Dies läßt sich damit begründen, daß in Stadtroda besonders schwere Fälle aufgenommen wurden. Ansonsten erlauben die vorhandenen Zahlen keine weiteren exakten Ableitungen, außer der Tatsache, daß in dieser Statistik Verlegungen keine Berücksichtigung gefunden haben.

Bei stationärer Aufnahme eines jeden Patienten in die Landesheilanstalten wurde fortlaufend und unabhängig von der Grunderkrankung im Aufnahmebuch eine Registriernummer für das laufende Jahr (oder Geschäftsjahr) vergeben. Ein systematischer Vergleich dieser fortlaufenden Aufnahmen anhand der Aufnahmebücher unter Berücksichtigung der Verlegungen im Rahmen der „T4"-Aktionen wurde bisher noch nicht vorgenommen.[63]

Ein besonderes Kapitel in der Krankenhausgeschichte Stadtrodas umfaßt die „Kindereuthanasie". Im September 1942 begannen die Gespräche mit den zuständigen Referenten im Thüringer Innenministerium über die Einrichtung einer solchen „Sonderabteilung". Das erste Gespräch führten Karl Astel und Regierungsrat Reichenbächer vom Landesinnenministerium mit Kloos am 19. September. Gemeinsam stellten sie fest, daß eine solche Sonderabteilung „zur Unterbringung von Kindern mit schweren Mißbildungen oder schweren geistigen Schädigungen" errichtet werden kann. „Die fachärztliche Leitung übernimmt der Direktor Dr. Kloos. Als Abteilungsärztin soll die Medizinalrätin Dr. Hielscher herangezogen werden. Außerdem soll versucht werden, für eine orthopädisch-fachärztliche Begutachtung der Fälle Herrn Prof. Dr. Frosch, Arnstadt, zu gewinnen."[64] Weiter wurde festgelegt, daß die „Sonderabteilung, die hinsichtlich der Einrichtung, der pflegerischen und ärztlichen Betreuung einen ausgesprochen klinischen Charakter erhalten soll, in der Belegung erst allmählich anlaufen wird..." Und: „Der Direktor Dr. Kloos wurde beauftragt, sich mit Herrn Dr. Hefelmann und Herrn von Hegener vom Reichsausschuß zur wissenschaftlichen Erfassung von erb- und anlagebedingter schwerer Leiden persönlich in Verbindung zu setzen und sich dabei über die Einrichtung und Betriebsführung solcher Sonderabteilungen zu unterrichten."

Über die Fortschritte bei der Einrichtung berichtete Kloos am 20. Februar 1943 nach Weimar, daß die „Kinderfachabteilung ... allmählich anzulaufen" beginnt.[65] In diesem Schreiben informierte Kloos auch darüber, daß Hielscher im Einverständnis mit dem Reichsausschuß „im Laufe der kommenden Woche die Kinderfachabteilungen in Berlin, in Brandenburg a. d. Havel, in Leipzig (Kinderklinik) und in Dösen (Heil- und Pflegeanstalt) besichtigen und sich zugleich mit den Stationsärzten aussprechen" wird. Wenige Tage später, am 25. Februar, richtete der Weimarer Regierungsrat Döpel ein Schreiben an Astel und empfahl, einer Vorlage von Kloos folgend, mit Hilfe freigewordener Stiftungsmittel die Jugendpsychiatrische Abteilung in Stadtroda durch einen Neubau räumlich zu erweitern. Zur Begründung führte er u. a. an: „Wenn auch diese Ausgabe für eine negative Auslese von Kindern hoch erscheint, so gebe ich zu bedenken, daß ich eine positive Auswertung dieser minderwertigen Jugendbilder erstrebe durch die Verbindung der jugendpsychiatrischen Abteilung mit der medizinischen, philosophischen und juristischen Fakultät der Friedrich-Schiller-Universität in Jena, des Landesamtes für Rassewesen, des Volksbildungsministeriums und der Wohlfahrtsschule in Jena."[66]

In diesem Schreiben offenbart sich der eigentliche gesellschaftliche Zweck der „Kinderfachabteilung", nämlich eine Einrichtung zur Auslese noch als Arbeitskraft verwertbarer Menschen oder „lebensunwerten Lebens", letzteres mit den entsprechenden Konsequenzen, zu sein. Das Schreiben zeigt aber auch, wie breit gefächert der Kreis derer war, die in die Organisation der „Euthanasie" einbezogen waren. Zugleich verdeutlicht ein Schreiben Hegeners an Reichenbächer vom 18. Mai 1943, wie von administrativer Seite die „Euthanasie" getarnt wurde. „Im übrigen bitte ich," so heißt es dort, „die Verlegung der weiteren Kinder nach Stadtroda o h n e Bezugnahme auf den Reichsausschuß zu veranlassen."[67]

In welchem Umfang Kinder ab 1939 zunehmend zur Beobachtung nach Stadtroda verlegt wurden, dokumentiert die nachfolgende Übersicht. In diesem Zusammenhang vermerkte Kloos in einem Schreiben ausdrücklich, daß die Zahl der zurückgestellten Fälle bereits auf 70 angestiegen sei und schlägt aus diesem Grunde eine umfassende räumliche und personelle Erweiterung des Beobachtungsheimes vor.

Übersicht 8
Aufnahmen und Todesfälle auf der Jugendpsychiatrischen Abteilung[68]

Jahr	1938	1939	1940	1941	1942	1943	1944	1945
Zugänge	149	174	219	280	293	395	321	170
Todesfälle			9	38	21	45	57	26*
Sterberate+			4,1	13,6	7,2	11,4	17,6	15,3

* Bis April 1945 verstarben bereits 21 Kinder.
+ Verhältnis der Todesfälle zu den Zugängen in Prozent (gerundet).

Die Übersicht 8 zeigt das deutliche Anwachsen der Belegung der Jugendpsychiatrischen Abteilung ab 1940/41 bis 1943 sowie das immer noch hohe Niveau 1944. Dieser Anstieg spiegelt sich auch in der Gesamtbilanz wieder. In den Jahren vom 1. Januar 1938 bis zum 30. Juni 1948 wurden im Krankenhaus nach Buchda[69] 2671 Kinder und Jugendliche stationär aufgenommen und behandelt. Im Vergleichszeitraum vom April 1925 bis 31. Dezember 1937 waren es 2252. Anhand dieser Zahlen läßt sich eine Verschiebung innerhalb der aufgenommenen Patientengruppen erkennen, die sich auch in den Zugängen für die Jahre 1943/44 manifestiert. Genau zu diesem Zeitpunkt erlangte die „Kinderfachabteilung" ihre Arbeitsfähigkeit.

An dieser Stelle nochmals zurück zum Aufnahmeverfahren für Kinder mit schweren geistigen und körperlichen Mißbildungen. Aus dem vorhandenen Schriftverkehr kann ersehen werden, daß Aufnahmen für die „Kinderfachabteilung" in der Regel über die zuständigen Amtsärzte oder den Reichsausschuß vorbereitet wurden. Wurden Kinder direkt und ohne administrativen Vorlauf von Haus- oder anderen Ärzten eingewiesen, was bei schweren Anfällen durchaus üblich war, so erfolgte ihre Unterbringung, soweit möglich, in der Jugendpsychiatrischen Abteilung. Es konnte aber auch sein, daß Patienten aus Platzmangel bei den Erwachsenen oder provisorisch untergebracht wurden. Unabhängig davon schloß sich an die Aufnahme stets eine Aufnahmeuntersuchung an, die je nach Schwere des Falles in der Regel eine Beobachtungszeit von vier bis sechs Wochen nach sich zog. Während der Beobachtungszeit fiel die Entscheidung über die Meldung und Begutachtung gemäß den Vorgaben des Reichsausschusses. Das war die eigentliche Weichenstellung, die das administrative Verfahren im Sinne einer möglichen „Euthanasie" einleitete. Generell, und dies schon seit 1922, wurde nach der Beobachtungszeit ein fachärztliches Gutachten erstellt, das mit einer Prognose und abschließenden Empfehlung über Bildungs- und Pflegemaßnahmen endete und in der Krankenakte verblieb. Bei den „Reichsausschußkindern" wurde das Gutachten dagegen an die Berliner Gutachter überstellt und diese entschieden über Leben und Tod, wobei die Empfehlung der Gutachter nicht in die Krankenakte aufgenommen wurde. Sofern eine Freigabe zur „Euthanasie" vorlag, entschieden nun die autorisierten Klinikärzte, ob und wie auf der „Kinderfachabteilung" – aktiv oder passiv, durch kritische Dosierungen von Medikamenten (Luminal, Morphium u. a. m.), durch Unterlassung notwendiger Behandlungen oder durch Nahrungsentzug und Austrocknung – zu töten sei. Kinder, auf die dieses Verfahren nicht zutraf, wurden nach Hause entlassen oder in entsprechende Pflegeeinrichtungen verlegt. Eine von anderen Ärzten (Hausärzten, Klinikärzten) ohne Absprache mit den Amtsärzten direkt bewirkte Aufnahme, die keinen amtlichen Vorlauf gemäß dem vorgegebenen Meldeverfahren besaß, führte demzufolge nicht zwangsläufig in die „Kinderfachabteilung", sondern ins Beobachtungsheim oder auf die (allgemeine) Jugendpsychiatrische Abteilung. Mit der Errichtung der „Kinderfachabteilung" als „Sonderabteilung" der Jugendpsychiatrie verlor das Beobachtungsheim seinen selbständigen Status als Sondereinrichtung neben der Jugendpsychiatrie.

Aus den bisherigen Feststellungen lassen sich folgende Schlüsse ziehen. Alle administrativen Abläufe verweisen darauf, daß in den Landesheilanstalten Stadtroda der Aufbau einer „Kinderfachabteilung" im Einklang mit den Vorgaben der Berliner „T4"-Zentrale im Sinne des „Euthanasie"-Programms erfolgte. In welchem Umfang und mit welchen Methoden – z. B. mittels Luminal-Schema oder durch Unterlassung notwendiger medizinischer Maßnahmen bei Krämpfen, akuten Herz- und Kreislaufstörungen, fiebrigen oder anderen lebensbedrohlichen Erkrankungen – „Euthanasie" vollzogen oder wahrscheinlich vollzogen wurde, läßt sich anhand

– Ärzte und das System nationalsozialistischer Euthanasie in Thüringen –

der überlieferten Krankenakten nur schwer bestimmen.[70] Fest steht jedoch, daß von den insgesamt für die Jahre von Januar 1940 bis April 1945 nachgewiesenen 196 verstorbenen Patienten im Alter bis zu 18 Jahren 103 in der „Kinderfachabteilung" verstarben und daß es sich bei diesen Kindern und Jugendlichen nahezu ausnahmslos um sogenannte Reichsausschußkinder handelte, die entsprechend den Verfahrensvorgaben des „Reichsausschusses" behandelt wurden.[71] Als Tatsache steht weiterhin fest, daß die autorisierten Mitarbeiter in den „T4-Bereichen" mehrfach vom Reichsausschuß mit Prämien bedacht wurden.

Ohne an dieser Stelle eine abschließende Bewertung vornehmen zu wollen, bleibt mehr als ein begründeter Verdacht, daß im Thüringischen Landeskrankenhaus Stadtroda „Euthanasie" im Rahmen des nationalsozialistischen Euthanasie-Programms, verantwortet von den Medizinern Kloos und Hielscher, vollzogen wurde. Damit gehörte das Landeskrankenhaus Stadtroda zum organisatorischen System der „Vernichtung lebensunwerten Lebens" für Erwachsene, Jugendliche und Kinder. Unklar bleiben die Methoden sowie der Umfang des Geschehens.[72]

In den Jahren von 1945 bis 1947 wurden polizeiliche Ermittlungen mit dem Verdacht auf vollzogene „Euthanasie" im Landeskrankenhaus Stadtroda durchgeführt. Zehn Mitarbeiter des Pflegepersonals, zwei Ärzte und drei andere Krankenhausmitarbeiter wurden während der Ermittlungen zum Teil mehrfach verhört. Danach erfolgte trotz zahlreicher, zum Teil massiver Hinweise auf begangene Medizinverbrechen die Einstellung der Untersuchungen. In den 1960er Jahren wurde Gerhard Kloos mehrfach in der damaligen Bundesrepublik Deutschland aufgrund seiner Tätigkeit als Ärztlicher Direktor im Zusammenhang mit laufenden Verfahren gegen Dritte staatsanwaltschaftlich befragt. In seinen Aussagen bestritt er, im Sinne der NS-Euthanasie Handlungen vollzogen zu haben. Er räumte jedoch ein, in besonders hoffnungslosen Fällen Abwägungen im Sinne des Patienten und seiner ärztlichen Ethik vorgenommen zu haben. Auch die Abteilungsärztin Margarete Hielscher, die nach 1945 weiterhin in Stadtroda lebte und im Krankenhaus verantwortlich arbeitete, bestritt bei mehreren Befragungen entschieden den Vorhalt, an „Euthanasie"-Verbrechen beteiligt gewesen zu sein oder von solchen Kenntnis gehabt zu haben.

3.2. Landesheilanstalt Pfafferode

Sowohl unter der Leitung des Mediziners Dr. Rust (bis 1943) als auch seines Nachfolgers, dem „T4"-Arzt Dr. Theodor Steinmeyer (bis 1945), beteiligte sich die Landesheilanstalt Pfafferode-Mühlhausen nach dem bisherigen Kenntnisstand auf der Grundlage polizeilicher Untersuchungen und zahlreicher Aussagen am „Euthanasie"-Programm der Nazis. In der Folge sollen zwischen 1939 und 1945 geschätzt durch verschiedene Methoden zirka 3000 Patienten der Heilanstalt ums Leben gekommen sein. Bereits am 21. Juni 1938, also noch vor Beginn des offiziellen „Euthanasie"-Programms, wurden 93 behinderte Kinder aus dem Sankt-Johannes-Stift Ershausen in die Heilanstalten Uchtspringe (Sachsen-Anhalt) und Pfafferode verlegt. Nach kurzer Zeit erhielten 86 Familien die Mitteilung, daß ihre Kinder verstorben seien. Als Todesursachen wurden verschiedene Erkrankungen aufgeführt. Der „Vorlauf" bei dieser „Kinderaktion" erklärt sich möglicherweise aus Aktivitäten des Reichsärzteführers Gerhard Wagner, derartige „rassenhygienische" Maßnahmen umzusetzen.

Noch fehlen exakte, wissenschaftlich fundierte und differenzierte Untersuchungen zu den „Euthanasie"-Geschehnissen in der Landesheilanstalt Pfafferode für die entsprechende Zeit. Es kann aber anhand der nachfolgend aufgeführten Fakten davon ausgegangen werden, daß die Einrichtung in jenen Jahren an zahlreichen Verlegungsaktionen von Erwachsenen, Jugendlichen und Kindern im Rahmen der „Aktion T4" beteiligt war und selbst in dezentralisierter Form „Euthanasie" und Medizinversuche vollzog.

Am 1. April 1943 übernahm Dr. Theodor Steinmeyer die Leitung der Landesheilanstalt. Unter seiner Verantwortung stieg die Sterblichkeit bei allen Altersgruppen von Pflegefällen signifikant an. In diesem Zusammenhang fallen zudem die zahlreichen und zum Teil recht umfangreichen Patientenverlegungen nach Pfafferode auf, die 1942, also nach dem formalen Stopp der „Gasaktion", einsetzten. Von den in der Zeit vom 9. Januar 1942 bis zum 11. Februar 1945 insgesamt 19 dokumentierten Transporten mit 1642 geisteskranken Patienten im Alter von zwei bis 70 Jahren, verstarben 1038 in einer Zeitspanne von zwei Tagen bis zu zwei Jahren in der Landesheilanstalt. Insgesamt gab der für die Registratur (Krankenzu- und -abgänge) verantwortliche Angestellte in einer Befragung nach Kriegsende an, daß er vom 1. Mai 1941 bis (Mai) 1945 zirka 4580 Kranke registriert habe.[73]

Übersicht 9
Verlegung von Kranken aus auswärtigen Heil- und Pflegeanstalten nach Pfafferode[74] (1942 bis 1945)

Datum der Verlegung		Verlegende Einrichtung	Anzahl der Kranken	Anzahl der davon hier Verstorbenen
1942	9.1.	Heilanstalt Arnsdorf	45	37
	12.1.	Mädchenheim Bernburg	58	41
	13.1.	Heilanstalt Arnsdorf	44	42
	14.1.	Neinstedter Anstalten	38	10
	10.2.	Anstalt Teupitz	40	35
	29.2.	Heilanstalt Merxhausen	27	21
	14.3.	Anstalt Kropp	65	52
	18.3.	Anstalt Kropp	58	35
	21.3.	Anstalt Kropp	60	44
	25.9.	Heilanstalt Kortau	18	13
	25.9.	Heilanstalt Tapiau	82	62
1943	20.2.	LHA Düsseldorf-Grafenberg	297	188
	27.7.	Heilanstalt Warstein	88	51
	8.9.	LHuPA Lüneburg	301	213
	21.9.	Heilanstalt Neuruppin	105	74
1944	16.9.	Heilanstalt Düren	77	28
1945	16.1.	Heilanstalt Altscherbitz	97	35
	1.2.	Heilanstalt Stadtroda*	42	23
	11.2.	Heilanstalt Regensburg	100	34

* Es ist unklar, weshalb auf der Liste das Landeskrankenhaus Stadtroda als Thüringer Einrichtung aufgeführt wurde, während ein Transport von Hildburghausen, der 1944 erfolgte, nicht erscheint.

Über den Ärztlichen Direktor Dr. Rust liegen bisher nur spärliche Erkenntnisse vor. Klar ist aber, daß die von ihm geleitete Anstalt ab 1938/39 in das „Euthanasie"-Programm einbezogen war. Über seinen Nachfolger Steinmeyer ist mehr bekannt. Er begann seine „rassenpolitische" Laufbahn 1934 als Mitglied am Erbgesundheitsgericht Oldenburg und bekleidete ab 1938 an den Anstalten Bernburg, Niedermarsberg und Warstein leitende ärztliche Funktionen. Ab 1939 gehörte er zu den ersten Mitarbeitern der „T4"-Zentrale. Von 1941 bis 1943 fungierte Steinmeyer hauptamtlich als Gutachter für die „Gasaktion" und die Aktion „14 f 13", der Auslese und Zuführung arbeitsunfähiger, psychisch erkrankter oder gebrochener KZ-Häftlinge (und Zwangsarbeiter) zur „Euthanasie". Vornehmlich unter seiner Verantwortung verstarben in den Jahren von Januar 1942 bis April 1945 mindestens 2420 Patienten durch verschiedene medizinische Maßnahmen, die der NS-Euthanasie durch Zeugen und begründete Annahmen zuzurechnen sind. Zu den größeren Aktionen gehörte die Verlegung von 268 Patienten am 26. Juli 1944 aus Hildburghausen nach Pfafferode mit der Folge, daß schon nach sehr kurzer Zeit mehr als die Hälfte dieser Kranken nicht mehr am Leben war.

Die Landesheilanstalt Pfafferode galt ab 1943 als eine von elf „zuverlässigen Anstalten im Reich" zur Einweisung geisteskranker „Ostarbeiter" und Polen für die Gaue Thüringen und Anhalt. Der entsprechende Erlaß des Reichsführers SS sah vor, daß die eingewiesenen „Fremdarbeiter" maximal sechs Wochen zu behandeln sind. Nach Überschreitung dieser Frist – möglicherweise aber auch bei entsprechender Prognose früher – fielen sie unter „Euthanasie". Diesbezüglich schwärmte Steinmeyer in einem Brief an seinen Freund, den berüchtigten „Euthanasie"-Arzt Friedrich Mennecke: „Die Mortalität ist hier phantastisch." Die Tötungen erfolgten durch Medikamente, Hungerkost und Kältebehandlungen.[75]

Übersicht 10
In der Landesheilanstalt Pfafferode verstorbene Geisteskranke in der Zeit von Januar 1942 bis Mai 1945[76]

Jahr	Aufgenommen		Verstorben		Verstorbene insgesamt
1942	Männer	281	Männer	176	
	Frauen	522	Frauen	345	
Gesamt		803		521	521
1943	Männer	525	Männer	355	
	Frauen	583	Frauen	322	
Gesamt		1108		677	677
1944	Männer	519	Männer	292	
	Frauen	634	Frauen	298	
Gesamt		1153		590	590
1945	Männer	197	Männer	95	
	Frauen	440	Frauen	141	
Gesamt		637		236	236
Summe		3701		2024	2024
Sterberate					54,7 %

Mit Beginn des Jahres 1944 erhielt die Landesheilanstalt eine zusätzliche medizinische Aufgabe. Eingerichtet wurde, in Zusammenarbeit mit der Luftwaffe, eine

Abteilung zur Erforschung von Tropenkrankheiten (u. a. Malaria) und den Folgen bei Unterkühlung des Menschen. Zwei Abteilungen des Instituts für Wehrhygiene, das aus der 1938 von der Luftwaffe übernommenen Tropenmedizinischen Abteilung des Robert-Koch-Instituts Berlin entstanden war, wurden nach Pfafferode verlegt, um entsprechende Experimente und Laborforschungen zu betreiben. In Pfafferode leitete Dr. Günter Blaurock die Versuche an vorwiegend schizophrenen Geisteskranken. Dafür standen ihm 23 gut ausgestattete Labors zur Verfügung. Außerdem wurde mit anderen Versuchseinrichtungen, so mit dem KZ Dachau und den entsprechenden Abteilungen der IG-Farben-Werke in Leverkusen und Wuppertal-Elberfelde zusammengearbeitet. Diese Laboratorien erhielten für die jeweiligen Experimente gezüchtete Malaria-Erreger. Im Berliner Robert-Koch-Institut begleitete der Tropenmediziner und Luftwaffenarzt Prof. Dr. Gerhard Rose diese Versuchsreihen am lebenden Objekt. Über die unmittelbaren Todesfolgen liegen bisher keine Angaben vor. Es kann aber aufgrund vergleichbarer Experimente an KZ-Häftlingen davon ausgegangen werden, daß es zahlreiche Opfer gab. Für die „Fieberexperimente" stand das Haus 19 zur Verfügung. In die Experimente wurden etwa 500 vorwiegend geisteskranke Patienten einbezogen, ausgesucht von den Medizinern Blaurock und Eysel.[77]

Unmittelbar nach Kriegsende, noch unter der amerikanischen Besatzungsmacht, wurden erste Untersuchungen über die „Euthanasie"-Vorwürfe durch die Polizei aufgenommen, die bis 1947 andauerten. Die vorliegenden Vernehmungsprotokolle von zwei Ärzten, zehn Pflegekräften und zwei Verwaltungsangestellten weisen trotz deutlich erkennbarer Schutzbehauptungen signifikante Gemeinsamkeiten auf, die für sich selbst sprechen und nachfolgend in ihren Kernaussagen wiedergegeben werden.

Durch eine Meldung vom 17. Mai 1945 wurde bei der Polizei bekannt, daß unmittelbar vor und nach der Besetzung Mühlhausens durch US-Truppen „größere Aktenmengen im Kesselhaus des Verwaltungsgebäudes" im Beisein Steinmeyers verbrannt wurden. Steinmeyer räumte bei seiner Befragung diese Verbrennungen ein, behauptete aber, keine Akten der Heilanstalt, sondern lediglich einige überflüssige Bücher der hier kurz vorhandenen Zentralverrechnungsstelle für die Heil- und Pflegeanstalten vorsorglich ihrer Beanstandung vernichtet zu haben.[78] Die Meldung enthielt aber nicht nur den Vorwurf der Aktenvernichtung, sondern auch Anschuldigungen gegen Steinmeyer, in der Anstalt „Euthanasie" betrieben zu haben. Dazu befragte die Polizei am 19. Mai den Anstaltsarzt Dr. Willibald Haeuptner, der seit Oktober 1941 in Pfafferode beschäftigt war. Haeuptner belastete Steinmeyer und seinen Stellvertreter Dr. Hermann Eysel – einen von den Alliierten 1945 gesuchten SS-Arzt, der seit 1944 in der Heilanstalt arbeitete – schwer. Insbesondere verwies er auf die Verlegungspraxis von zum Teil sehr hinfälligen, nicht arbeitsfähigen Patienten innerhalb der Heilanstalt in das Haus 18. Diese Verlegungen aus anderen Pflegebereichen nahm Steinmeyer ohne Absprache mit den Ärzten vor. Der übliche Vermerk in den Krankenakten über den Verbleib beschränkte sich bei diesen Patienten auf den verkürzten Hinweis „verlegt". Von den Betroffenen verstarben innerhalb weniger Tage bis zu drei Wochen auffällig viele. „Direktor Steinmeyer", so Haeuptner weiter, suchte sich zudem „besonderes Pflegepersonal für dieses Haus aus, das er zum Schweigen verpflichtet haben soll."

Was die hohe Mortalität in den zwei von Steinmeyer und Eysel persönlich betreuten Häusern 17 und 18 der Landesheilanstalt betraf, so bestätigten sowohl das vernommene Pflegepersonal als auch die mit der Registratur befaßten Mitarbeiter diese Auffälligkeiten. Der Abteilungspfleger Otto Sch. gab zu Protokoll: „Ich nehme aber an, daß durch Verabreichung von Schlafmitteln an den an und für sich geschwächten Körper dieser Kranken ein früherer Tod herbeigeführt wurde. Ich habe mir wohl selbst hierüber Gedanken gemacht und mir innerlich gesagt, daß wahrscheinlich nach nationalsozialistischen Grundsätzen verfahren wird und diese Menschen, die dem Staate nichts nützen, von der Welt verschwinden müssen."[79] Auch der zuständige Oberpfleger, der der Mittäterschaft verdächtigt wurde, bestätigte den Sachverhalt im Kern. Gustav V. sagte aus: „Es war auffallend, daß von dieser Station sehr viele Kranke nach kurzer Zeit verstarben. Ob außer den verordneten Schlafmitteln von Dr. Steinmeyer besondere Behandlungsmethoden an diesen Kranken vorgenommen worden sind, kann ich nicht angeben."[80] Ursprünglich lagen die besonders unruhigen Kranken im Wachhaus und die besonders hinfälligen und pflegebedürftigen im Haus 24. Für die Geisteskranken standen 1944 insgesamt 9 von 24 Häusern der Pavillonanlage zur Verfügung. Die restlichen Gebäude wurden als Lazarett für Umsiedler und Rüstungsarbeiter genutzt.

Weitere vier besonders verdächtigte Pflegekräfte, die im Mai vernommen wurden, äußerten sich in gleicher Weise. Die Sterberate in den Häusern 17 und 18 sei deutlich erhöht gewesen, sie lag 1944 durchschnittlich bei 5 bis 10 pro Woche. „Zur Beruhigung erhielten die Kranken nur vom Arzt vorgeschriebene Medizin als Schlafmittel wie: Veronal, Paral(de)hyd, Chloralhydrat, Brom, Natr. und Luminal, ebenso erhielten die Kranken auch Herzmittel wie: Pendigal und Cardiazol." Diese verabreichten die Pfleger(innen) ausschließlich auf ärztliche Anordnung, wobei auffällig gewesen sei, daß Steinmeyer „von allen anderen Häusern die hinfälligsten

Kranken nach Haus 17 und 18 verlegen ließ, die von ihm persönlich geleitet wurden."[81]

Abweichend zu den insgesamt nahezu gleichlautenden Aussagen der im Mai vernommenen Pflegekräfte, die persönlich von Steinmeyer als Abteilungspfleger oder -pflegerinnen für die Häuser 17 (Frauen) und 18 (Männer) ausgewählt worden waren, führte die Oberpflegerin Charlotte L. zwei Besonderheiten an, die von den betroffenen Pflegekräften mehrheitlich nicht bestätigt wurden. Sie sagte, daß Steinmeyer die „Visite stets allein durchgeführt" habe. Und sie gab weiter zu Protokoll, die von Steinmeyer ausgewählten Pflegerinnen wurden ausschließlich im Haus 17, einige zeitweise auch im Haus 18 beschäftigt. „Der Grund zur Berufung in diese Vertrauensstellung besteht darin, daß es sich meistens um Parteigenossinnen der NSDAP handelt und es durchweg älteres Pflegepersonal ist. Sie sind von Dr. Steinmeyer auch alle zum Stillschweigen verpflichtet worden."[82]

Im November 1945 wurden die Untersuchungen zu den Geschehnissen in der Landesheilanstalt während des Dritten Reiches fortgesetzt. Inzwischen lagen zahlreiche weitere Anzeigen, Erklärungen und Aussagen vor, die den Verdacht vollzogener NS-Euthanasie-Verbrechen erhärteten. Steinmeyer selbst lebte nicht mehr. Er verstarb den äußeren Umständen nach durch Suizid in seiner Zelle im Gerichtsgefängnis Mühlhausen. Die eigentliche Todesursache ist allerdings umstritten.[83] Insbesondere die Aussage der Aushilfspflegerin Martha K. vom 17. November 1945 belastete Steinmeyer und die von ihm ausgewählten Pflegekräfte schwer. Sie gab unter anderem zu Protokoll: „Daß Versuche irgendwelcher Art mit den Kranken vorgenommen wurden, war uns allen bekannt. Auch den Patienten selbst war dies nicht unbekannt. ... In der Fieberstation hatte ich keinen Zutritt, obwohl ich gern einmal diese Station kennengelernt hätte. Es war bekannt, daß auch hier mit den Kranken Versuche gemacht wurden. Diese hierfür ausgesuchten Kranken erhielten sehr gutes Essen. Wenn sie in dieser Station kränker wurden, kamen sie in das Siechenhaus zwecks Pflege zurück. Die Kranken für diese Station hat der Oberpfleger V. ausgesucht."[84]

Am 15. November 1945 erfolgte die polizeiliche Vernehmung von OMR Dr. Kurt Schröder. Der Mediziner bekleidete vom 1. November 1933 bis Anfang 1945 das Amt des stellvertretenden Direktors der Landesheilanstalt. Schröder äußerte sich zu den „Euthanasie"-Vorwürfen folgendermaßen: „Nach einiger Zeit der Anwesenheit des Dr. Steinmeyer wurden auf seine Veranlassung zwei Sonderabteilungen eingerichtet. Zu diesen Abteilungen hatte ich nicht Zutritt. Es wurde mir von Dr. Steinmeyer streng untersagt, diese Abteilungen jemals zu betreten. – Die Auswahl der Kranken für diese Abteilungen traf Dr. Steinmeyer persönlich. Mir ist diese Auswahl der Kranken zwecks Verlegung zu Dr. Steinmeyer nie klar geworden. – Bei den ausgesuchten Kranken handelte es sich stets zum größten Teil um hoffnungslose Fälle; insbesondere wurden Ostarbeiterinnen hierzu ausgesucht. – Es fiel mir auf, daß viele Kranke, die nach dort verlegt wurden, nicht mehr lange Zeit lebten. Oft kam es vor, daß sie schon nach einigen Tagen starben, obwohl bei vielen Kranken die körperliche Konstitution recht gut war. ... Dr. Eysel wurde Anfang 1945 von Dr. Steinmeyer als stellvertr. Direktor ernannt. Es fiel auf, daß nach den allgemeinen Ärztesitzungen oft noch eine Geheimkonferenz zwischen diesen beiden stattfand. – Mir ist nicht aufgefallen, daß Spritzen gegeben worden sind."[85]

Von der zuständigen Kriminalpolizei-Dienststelle Mühlhausen wurde am 13. November 1946 der Schlußbericht ausgefertigt und dem zuständigen Oberstaatsanwalt in Erfurt mit dem Ersuchen zugestellt, vorhandene Massen- und Einzelgräber Verstorbener aus der Landesheilanstalt öffnen zu dürfen.[86] Im Schlußbericht wird auf Widersprüche in den Vernehmungen und Indizien mit Blick auf eine eingestandene hohe Sterberate bei Patienten, Ausländern, Kriegsgefangenen und Zwangsarbeitern in der Landesheilanstalt hingewiesen. Die Feststellung einer Verbindung zum „Euthanasie-Programm" des NS-Regimes wurde dagegen expressis verbis vermieden. Ausdrücklich bestätigt wurde dagegen die Durchführung medizinischer Experimente an Kranken mit Todesfolge seitens der verantwortlichen Ärzte Steinmeyer, Eysel und Blaurock. Da Steinmeyer nicht mehr lebte und Eysel inzwischen von den US-Behörden inhaftiert worden war, unterblieben weitergehende Vorschläge zur Sache. Hinsichtlich der Pflegekräfte blieb es bei der Feststellung, daß Teile der Aussagen unglaubwürdig erscheinen. Ein Schuldvorwurf wurde auch hier nicht erwogen. Letztlich dienten die Unterlagen noch für verschiedene Entnazifizierungsverfahren (u. a. Dr. Blaurock 1949), die in aller Regel positiv entschieden wurden. Damit endeten diese Untersuchungen.

Aus heutiger Sicht muß dieses Ergebnis als unbefriedigend eingeschätzt werden. Weshalb wurden die Vorgänge nicht konsequenter und entschiedener untersucht? Immerhin begann zur gleichen Zeit der Nürnberger Ärzteprozeß nach dem bereits abgeschlossenen Hadamar-Verfahren. Einer der Hauptangeklagten dieses Prozesses hieß Gerhard Rose, Chef der Abteilung für tropische Medizin am Robert-Koch-Institut, Beratender Hygieniker und Tropenmediziner beim Chef des Sanitätswesens der Luftwaffe und der direkte Vorgesetzte von Blaurock, der in seinem Auftrag in Pfafferode (zusammen mit Eysel und Steinmeyer) an Geisteskranken Malaria- und Fleckfieberexperimente ausführte.[87] Doch diese Vorgänge blieben wie auch die der dezentralisierten „Euthanasie" ohne juristische Folgen und wurden bis heue noch nicht umfassend untersucht und aufgeklärt. Diese Mediziner, sofern sie keine überzeugten Anhänger des Nationalsozialismus und seiner Rassentheorie waren, beruhigten ihr ethisches Gewissen, indem sie den kalkulierten Tod einiger weniger „sozialer Ballastexistenzen" den Nutzen eines wirksamen Serums gegen Typhus exanthematicus oder Malaria für die Menschheit gegenüberstellten.

3.3. Landesheilanstalt Hildburghausen

Im Jahr 1936 übernahm mit Dr. med. Johannes Schottky ein entschiedener Anhänger der nationalsozialistischen Rassentheorie die Leitung der Landesheilanstalt in Hildburghausen. Schottky, ausgewiesen als SS-Arzt, bekleidete zudem am Erbgesundheitsgericht des Kreises die ehrenamtliche Funktion eines Obergutachters. In dieser Funktion fällte er letztlich Entscheidungen zur Durchführung von Zwangssterilisationen, von denen zwischen 1934 und 1940 mehr als 950 an Frauen und Männern, darunter zahlreiche Insassen der Landesheilanstalt, durchgeführt wurden. Unmittelbar mit dem Anlaufen der „Aktion T4" begann auch das Zusammenwirken von Landesheilanstalt und Berliner Zentrale. Die Anstalt verfügte zu diesem Zeitpunkt über 840 Betten. In einer ersten Bestandsaufnahme wurden im Februar 1940 die Meldebögen zur Erfassung und Auswahl der für die „Euthanasie" in Frage kommenden Patienten versandt. Gemeldet wurden bei dieser ersten Erfassung an die Reichsarbeitsgemeinschaft (Linden) 437 Patienten. Danach begann entsprechend den Vorgaben von Berlin deren Verlegung in eine Tötungsanstalt, eine Zwischenanstalt (Zschadraß) oder in eine andere Heil- und Pflegeeinrichtung. Einige dieser Transporte sind anhand der „Verlegungseinträge" im Abgangsbuch der Anstalt dokumentiert. Bis auf wenige Ausnahmen fehlen jedoch Angaben zum Zielort.

Über den Stand der „erbbiologischen" Aktivitäten in Hildburghausen informierte Schottky Karl Astel als zuständigen staatlichen Beamten im Landesinnenministerium (Abt. Gesundheitswesen) in Weimar. „Die erbbiologische Aufarbeitung", so schrieb er, „ist weitgehend vorangetrieben und diagnostisch einwandfrei gestaltet worden, und auch rassenhygienisch glaube ich die Anstalt in großem Umfang Ihren Wünschen und Zwecken dienstbar gemacht zu haben."[88]

Übersicht 11
Belegung der Landesheilanstalt Hildburghausen 1936/37[89]

Jahr	Bettenzahl	Belegung zum 1.1.	Zugänge	Abgänge	Sterbefälle	Sterberate
1928	850					
1936	850	607	160	103	35	4,6%
1937	850	664				

Im Rahmen der Dienstbarmachung von Krankenhäusern für Kriegszwecke erfolgte ab 1940 die Teilräumung von Hildburghausen; 250 (oder 220?) Betten wurden bis 1942 für ein Lazarett (für englische Kriegsgefangene) in der Landesheilanstalt bereitgestellt, das wahrscheinlich für das Kriegsgefangenenstraflager IX C Bad Sulza zuständig war. Außerdem wurden ein oder zwei Gebäude als Dienststelle für die Hitler-Jugend freigelenkt. Im Jahr 1944 erfolgte die Aufstockung des Kriegsgefangenenlazaretts um 200 Betten und damit verbunden die Verlegung weiterer Patienten der Anstalt. Bis 1943 stieg die Zahl der Patienten (Betten) jedoch wieder auf 438 an. Es folgten erneut Verlegungen. Ein Transport mit 268 Insassen ging nach Pfafferode. Weitere Verlegungen von arbeitsunfähigen Männern erfolgten nach Stadtroda, wohin auch früher schon Männer, Frauen und Kinder verbracht worden waren. In der Landesanstalt Hildburghausen verblieben lediglich 146 Patienten.[90]

Da auch in diesem Fall vergleichende Forschungen zur Geschichte der Heilanstalt Hildburghausen fehlen, kann das wirkliche Ausmaß der Beteiligung am „Euthanasie"-Programm noch nicht hinreichend beurteilt werden. Es steht aber außer Frage, auch auf Grund von Aussagen Schottkys nach 1945 vor Gericht, daß Hildburghausen nicht nur in die Meldebogen- und Verlegeaktionen eingebunden war, sondern auch in die dezentralisierte „Euthanasie".[91] Ohne das Wort „Euthanasie" selbst zu verwenden, so äußerte sich Schottky während einer Vernehmung zu den Gegebenheiten, forderte Karl Astel „uns Ärzte" auf und sprach die Erwartung aus, im Sinne der „Aktion T4" weiterhin zu arbeiten.[92]

3.4. Landesheilanstalt Blankenhain

Die Landesheilanstalt Blankenhain wurde bereits im Oktober 1940 vollständig beräumt und als Pflegeanstalt aufgegeben. In das Gebäude zog eine Adolf-Hitler-Schule ein. Die Landesheilanstalt, ursprünglich für den Stadt- und Landkreis Weimar zuständig, hatte sich in der Praxis vor allem zu einer Pflegeanstalt „austherapierter" Patienten entwickelt, die vor allem Kranke von der Psychiatrischen und Nerven-Klinik der Universität Jena zugewiesen bekam. Geleitet wurde die Einrichtung bis zu ihrer Schließung von OMR Dr. Hellbach, der schon seit den zwanziger Jahren in dieser Funktion tätig war.

Übersicht 12
Belegung der Landesheilanstalt Blankenhain 1936/37[93]

Jahr	Bettenzahl	Belegung zum 1.1.	Zugänge	Abgänge	Sterbefälle	Sterberate
1928	530					
1936	510	455	45	55	12	2,4 %
1937	510	445				2,4 %

In der Landesheilanstalt befanden sich vor der Schließung 1940 noch 445 Patienten. Ein Teil dieser Patienten wurde mittels Meldebogen an die „T4"-Zentrale gemeldet. Darüber hinaus inspizierte ein „T4"-Arzt die Anstalt. Unmittelbar danach, im Herbst 1940, begannen die Verlegungen mit mehreren Transporten, u. a. nach Zschadraß, bis zur vollständigen Auflösung. Ein Transport mit 33 Patienten erfolgte am 2. September; ein weiterer mit 57 Pflegebedürftigen am 23. des Monats. Am 17. Oktober wurden 80 Patienten in die Landesheilanstalten Stadtroda verlegt und weitere nach Zschadraß überführt. Das Gros der Patienten, die nach Zschadraß gelenkt wurden, kam in Pirna-Sonnenstein ums Leben.[94]

3.5. Anna-Luisen-Stift Bad Blankenburg

Obwohl insgesamt als Sonderfall einzustufen, weil das Töten bereits vor 1933 begann und eine andere Wurzel besaß, soll abschließend das Sterben von Kindern und Jugendlichen im Anna-Luisen-Stift Bad Blankenburg während der NS-Zeit betrachtet werden. In der Einrichtung selbst kamen nach neuesten Forschungen in den Jahren von 1922 bis 1945 etwa 200 Kinder, davon deutlich mehr als 100 in den Jahren 1939 bis 1945, ums Leben. Verantwortlich für dieses (früh begonnene) „Hungersterben" waren die Leiterin des Stiftes, Schwester Ida Cyliax, die seit 1903 das Heim leitete, und Schwester Frieda Lätzsch, die 1921 vom Diakonissenmutterhaus Eisenach ins Stift versetzt wurde. Sowohl in den zwanziger als auch in den dreißiger Jahren gab es mehrere Untersuchungen zur Klärung der hohen Kindersterblichkeit in dieser kirchlichen Einrichtung. Letztlich aber wurden alle Verdachtsmomente von der kirchlichen und staatlichen Aufsichtsbehörde als unbegründet zurückgewiesen.

Im Rahmen des „Euthanasie"-Programms ordnete das zuständige Landesministerium in Weimar im September 1941 die vollständige Räumung der Einrichtung an. Alle 54 geistig und körperlich behinderten Pfleglinge des Anna-Luisen-Stifts wurden – offensichtlich ohne oder mit nur einer ad-hoc-Information – in die Landesheilanstalten Stadtroda überführt und dort nur provisorisch untergebracht. Hier verstarben innerhalb kurzer Zeit 24 als „lebensunwert" eingestufte Kinder. 22 Kinder wurden nach einer längeren Beobachtungszeit – letztlich auch aus Platzmangel – in die Einrichtung zurückgeführt.

Eine Untersuchung der Zustände im Anna-Luisen-Stift, die überraschenderweise Kloos auf Grund des hohen Verwahrlosungsgrades der ihm zugeführten Kinder beim Reichsstatthalter Thüringens, Fritz Sauckel, veranlaßte, unterlief der zuständige Amtsarzt für den Kreis Rudolstadt, Dr. Herbert Köhler. Er verwies in seinen Stellungnahmen sowohl als Haus- als auch als Amtsarzt ausdrücklich darauf, daß beide Schwestern „völlig frei von falscher Humanitätsduselei" seien und es sich bei den Pfleglingen um „lebensuntaugliche Ballastexistenzen" handle.[95]

Die Vorfälle im Anna-Luisen-Stift bilden insofern einen Sonderfall, weil die beiden genannten Schwestern bereits seit 1922 mehrfach durch erhöhte Sterberaten und rätselhafte Vorgänge bei der Leitung des Heimes aufgefallen waren. Während des Dritten Reiches setzten sie verstärkt, und das ist das Besondere, gedeckt vom zuständigen Amtsarzt, das „Hungersterben" fort. Die Kirchenleitung ignorierte trotz starker Verdachtsmomente und hinreichender Kenntnisse die Vorgänge bis 1945. Einer der letzten Todesfälle betraf eine junge Frau, die über viele Jahre im Stift lebte und mit dem Ende des Krieges angekündigt hatte, die Zustände aufklären zu wollen. Sie „verstarb" völlig unerwartet – weil körperlich und geistig gesund – im Mai 1945, kurz vor der Ablösung der Schwestern. Die Geschehnisse blieben Jahrzehnte unaufgeklärt und werfen auch heute noch zahlreiche Fragen auf, die bisher nicht oder nicht ausreichend beantwortet werden konnten. Ein Grund ist sicher durch die schwierige Quellenlage gegeben. Ein weiterer besteht im Fehlen von Zeitzeugen.

4.
Kurze Schlußbemerkungen

Es kann überhaupt keinen Zweifel daran geben, daß es auf dem Gebiet des heutigen Freistaates Thüringen nicht nur im Rahmen administrativer Vorgaben, sondern auch in direkter Verantwortung von Ärzten, Pflegern, Juristen, Beamten, Verwaltungsangestellten und anderen Helfern zur Täter- und Mittäterschaft an „Euthanasie"-Verbrechen kam. In das Netzwerk dieser Medizin-Verbrechen war ein großer Kreis der Ärzteschaft in unterschiedlichen Graden eingebunden oder verstrickt. In welcher Form das System Schuld organisierte und in welcher Breite sich einzelne Personen – und nicht nur Ärzte – Schuld oder Mitschuld aufluden, skizziert dieser Beitrag. Dabei geht es nicht um eine vollständige Erfassung oder Darstellung aller Facetten und Details, sondern vor allem um einen Überblick über wichtige Geschehnisse und Zusammenhänge, bestehende Desiderata der bisherigen Forschungen sowie um eine Sensibilisierung für die Komplexität des Geschehens. Selbst für ein scheinbar so eindeutiges und gleichermaßen schwieriges Thema gibt es keine einfachen Antworten, die sich undifferenziert in „schuldig" oder „unschuldig" fassen lassen. Es muß im Grunde für jeden Vorgang herausgefunden werden, wie viel Nähe zum System und innerhalb eines Systems zu Schuld oder Mitschuld führte.

Anmerkungen

1 Zu den ideengeschichtlichen Grundlagen des Nationalsozialismus, insbesondere den Wurzeln des Rassismus, Sozialdarwinismus und Antisemitismus, siehe Hans Fenske / Dieter Mertens / Wolfgang Reinhard / Klaus Rosen: Geschichte der politischen Ideen. Von der Antike bis zur Gegenwart. Frankfurt am Main 1996, S. 482–491. Zur Beurteilung des NS-Staates siehe Ian Kershaw: Der NS-Staat. Geschichtsinterpretationen und Kontroversen im Überblick. 2. Aufl. Hamburg 2001 u. Rafael Seligmann: Hitler – Die Deutschen und ihr Führer. Berlin 2004.
2 Zum Parteiprogramm der NSDAP siehe Kurt Pätzold / Manfred Weißbecker: Geschichte der NSDAP 1920–1945. Köln 2002 (Sonderausgabe), S. 31–52, insbesondere S. 34–37.
3 In der juristischen Aufarbeitung der NS-Euthanasie wurde bereits dieses Gesetz aus medizinischer Sicht als Unrecht und unvereinbar mit der ärztlichen Ethik klassifiziert. Vgl. dazu die Darlegungen des medizinischen Sachverständigen Prof. Dr. Quandt, in: Joachim S. Hohmann / Günther Wieland: MfS-Operativvorgang „Teufel". „Euthanasie"-Arzt Otto Hebold vor Gericht. Berlin 1996, S. 33.
4 Gustav Radbruch analysierte mit Hilfe dieser Begriffe bereits 1946 bedeutende Transformationen bei der Radikalisierung und Legitimation des NS-Terrors als gesetzliches Unrecht. Vgl. dazu ders.: Gesetzliches Unrecht und übergesetzliches Recht. – In: Süddeutsche Juristenzeitung, 1/1946, S. 105–108. – Hans Mommsen prägte später, abgestellt auf die Mittäterschaft der Beamten und Eliten, den Begriff der „organisierten Schuld" als ein Instrument und Merkmal der funktionierenden Herrschaftsorganisation im Dritten Reich.
5 Entsprechende Diskussionen, die zum Teil gesetzliche Regelungen nach sich zogen, fanden u. a. in der Schweiz, England und in den USA statt.

6 Ein kausaler Zusammenhang von Sterilisation und „Euthanasie" läßt sich auch im Rahmen der NS-Gesundheitspolitik nur bedingt ableiten. Die Sterilisation zielte nicht auf die Vernichtung „lebensunwerten Lebens". Für diesen Fall hätte es der Sterilisation nicht bedurft. Sterilisation hat in erster Linie (auch heute) mit Prävention unter bestimmten Voraussetzungen zu tun. Die Verknüpfung von Sterilisation und NS-Euthanasie ergibt sich demzufolge nicht aus dem Wesen der Methode, sondern auf der Ebene gleichgerichteter Ziele in den politischen Auslegungen zur Elimination des „Minderwertigen". Die Neukommentierung des Sterilisationsgesetzes läßt genau diese Entwicklung im Zuge der Festigung des NS-Regimes erkennen. Unterschiede bleiben dennoch, auch und vor allem im juristischen Sinn.

7 Gesetz zur Verhütung erbkranken Nachwuchses vom 14. Juli 1933 nebst Ausführungsverordnungen, bearb. u. erl. von Dr. med. Arthur Gütt, Dr. med. Ernst Rüdin, Dr. jur. Falk Ruttke. 2., neub. Aufl. München 1936, S. 9.

8 Karl Binding/Alfred Hoche: Die Freigabe der Vernichtung lebensunwerten Lebens. Ihr Maß und ihre Form. Leipzig 1920. Vgl. außerdem: Medizin ohne Menschlichkeit. Dokumente des Nürnberger Ärzteprozesses. Hg. u. kommentiert von Alexander Mitscherlich und Fred Mielke. 15. Aufl. Frankfurt a. M. 2001, S. 297.

9 Der Nationalsozialismus vor Gericht. Die alliierten Prozesse gegen Kriegsverbrecher und Soldaten 1943–1952. Hg. von Gerd R. Ueberschär. 2. Aufl. Frankfurt a. M. 2000.

10 Zit. nach dem Abdruck in der Tageszeitung „Der Nationalsozialist" vom 30. März 1933.

11 Insgesamt verloren im Land Thüringen über 80 jüdische Ärzte ihre Existenz. Die Gesamtzahl der Ärzte im Land Thüringen lag knapp unter 2000. Zum Fall Simmel vgl. Heimatgeschichtlicher Wegweiser zu Stätten des Widerstandes und der Verfolgung 1933–1945, Bd. 8: Thüringen, hg. vom Thüringer Verband der Verfolgten des Naziregimes – Bund der Antifaschisten und Studienkreis deutscher Widerstand 1933–1945. Frankfurt a. M. 2003, S. 76 f.

12 ThHStAW, ThMdI, E 648, Bl. 3 f.

13 Ebenda, Bl. 7.

14 Zu diesen Vorgängen, die hier nicht im Einzelnen dargestellt werden können, vgl. Reyk Seela: Die Ärzteschaft in Thüringen. Eine Vereins- und Standesgeschichte. (Schriftenreihe der Landesärztekammer Thüringen, Bd. 2). Rudolstadt 2000, S. 186.

15 Vgl. Willy Schilling: Die Entwicklung des faschistischen Herrschaftssystems in Thüringen 1933 bis 1939. Berlin 2001, Übersicht 12, S. 190 ff.

16 Im Rahmen dieser Darstellung sind diese Vorgänge ohne weitere Bedeutung. Es soll lediglich darauf verwiesen werden, daß es hartnäckige Verdächtigungen und Anzeigen bei den zuständigen Parteiinstanzen gegen Klipp gab, um seine Stellung systematisch zu untergraben. Klipp schied durch Schreiben des ThMdI vom 22. Juli bzw. 18. September 1937 aus dem Thüringischen Staatsdienst aus. Er wirkte künftig als Hauptstellenleiter der Reichsleitung der NSDAP und Landesärzteführer von Bayern. Ein von Astel beim Obersten Parteigericht angestrengtes Verfahren gegen Klipp wurde eingestellt.

17 ThHStAW, ThMdI, E 648, Bl. 64.

18 Reyk Seela: Die Ärzteschaft in Thüringen …, a. a. O., S. 192.

19 ThHStAW, ThMdI, E 719 (Schr. vom 12. 2. 1937) unpag.

20 Ebenda (Schreiben vom 11. 2. 1937).

– Ärzte und das System nationalsozialistischer Euthanasie in Thüringen –

21 Vgl. dazu den Beitrag „Der ‚Fall' Ibrahim" in diesem Band, S. 143 ff.
22 Siehe Antonio Peter: Das Thüringische Landesamt für Rassewesen. – In: Nationalsozialismus in Thüringen. Hg. von Detlev Heiden u. Gunther Mai. Weimar 1995, S. 314.
23 BundesA Berlin, Akte RS (ehem. BDC), Astel, Karl 26. 2. 1896.
24 Willy Schilling: Die Entwicklung des faschistischen Herrschaftssystems in Thüringen 1933 bis 1939, a. a. O., S. 118.
25 BundesA Berlin, Bestand EVZ I/7, 15, Bl. 4.
26 BundesA Berlin, Akte RS (ehem. BDC), Astel, Karl 26. 2. 1996.
27 Ebenda, Akte WI (ehem. BDC), Astel, Karl 26. 2. 1896.
28 Ebenda.
29 Ebenda (Schreiben vom 8. 5. 1935).
30 Ebenda (Schreiben vom 10. 8. 1937). – Zu Klipp vgl. auch Willy Schilling / Rüdiger Stutz: NS-Gau Thüringen: der Sauckel-Wächtler-Konflikt. – In: Kurt Pätzold / Erika Schwarz (Hg.): Europa vor dem Abgrund. Köln 2005, S. 164–174.
31 Götz Aly (Hg.): Aktion T4 1939–1945. Die „Euthanasie"-Zentrale in der Tiergartenstraße 4. Berlin 1989, S. 12.
32 Nach den Angaben Otto Hebolds erhielt er sein Gehalt auch während der Zeit als hauptamtlicher Mitarbeiter bei „T4" weiterhin von seiner ursprünglichen Arbeitsstelle, der Heil- und Pflegeanstalt Eberswalde. Dazu kam eine zusätzliche Gratifikation von monatlich 500,00 RM. Diese Gratifikation kam von „T 4". Die Zahlungsmodalitäten selbst blieben unklar.
33 Vgl. dazu Ernst Klee (Hg.): Dokumente zur „Euthanasie". Frankfurt a. M. 2001, S. 93.
34 Übernommen von Götz Aly (Hg.): Aktion T4 1939–1945. ..., a. a. O.
35 Ebenda, S. 13.
36 In der aufgeführten Quellenliteratur finden sich detailliertere Darstellungen zur Organisation. Deshalb wird an dieser Stelle auf eine Wiederholung verzichtet.
37 Einen auf den heutigen Freistaat Thüringen abgestellten ortsbezogenen Überblick zur NS-Euthanasie sowie die Erfassung zahlreicher Einzelfälle enthält der Heimatgeschichtliche Wegweiser Thüringen ..., a. a. O. Bei den Einzeluntersuchungen sei auf die hier belegten Beiträge von Götz Aly, Ernst Klee, Renate Renner und Susanne Zimmermann hingewiesen. Neueste Erkenntnisse enthält der Sammelband „Kämpferische Wissenschaft". Studien zur Universität Jena im Nationalsozialismus, hg. von Jürgen John u. a. Weimar 2003 sowie zwei Bände in der von der Landeszentrale für politische Bildung Thüringen herausgegebenen Reihe „Quellen zur Geschichte Thüringens", beide erschienen 2005.
38 Joachim S. Hohmann / Günther Wieland: MfS-Operativvorgang „Teufel" ..., a. a. O., S. 39.
39 Ebenda, S. 176 f.
40 Nach Hebolds Angaben lagen von Pfafferode 800 Meldebögen in Berlin vor. Diese wurden während der Kontrolle überprüft und auf neue Fragebögen übertragen. Insgesamt wurden 1200 Fragebögen (einschließlich der übertragenen) erstellt. – Diese Angaben, auch was den ärztlichen Direktor betraf, können nur als allgemeine Orientierung angesehen werden.
41 Joachim S. Hohmann / Günther Wieland: MfS-Operativvorgang „Teufel" ..., S. 63.
42 Der Vorgang wurde von W. Catel ausführlich beschrieben, ebenso die Tatsache, daß der verantwortliche Kinderarzt ein Jahr später durch Suizid aus dem Leben schied. Siehe Bun-

desA Berlin, EVZ I/25, 2, S. 20. – Was die Anwendung des Luminal-Schemas zur Tötung betraf, so stellt sich der Sachverhalt als außerordentlich kompliziert dar. Die angegebenen Mengen liegen eigentlich im therapeutischen Bereich, so daß die Dosierung selbst zunächst nicht als „Giftspritze" bewertet werden kann. Juristisch wäre jeweils der Vorsatz zu beweisen, medizinisch die auf den Tod ausgerichtete Therapie. Für beide Ansätze liegen Beispiele vor.

43 Der Ausschuß war 1939 gebildet worden und verdeckte die eigentliche Absicht der Organisation.
44 Götz Aly (Hg.): Aktion T4 1939–1945. ..., a. a. O., S. 123–127.
45 Ebenda, S. 121.
46 Ebenda, S. 129.
47 Udo Benzenhöfer: Genese und Struktur der „NS-Kinder- und Jugendlicheneuthanasie". – In: Monatsschrift Kinderheilkunde 10/2003, S. 1017.
48 Siehe Medizin ohne Menschlichkeit. Dokumente des Nürnberger Ärzteprozesses. Hg. u. kommentiert von Alexander Mitscherlich und Fred Mielke, a. a. O., S. 242.
49 Diese Übersicht, versehen mit wenigen Ergänzungen, basiert auf den Forschungsergebnissen von Udo Benzenhöfer: „Kinderfachabteilungen" und „NS-Kindereuthanasie". Wetzlar 2000, S. 60–84. Der Autor belegt in dieser Schrift dezidiert die Existenz von 25 „Kinderfachabteilungen" durch die Auswertung des Bestandes NS 11/94 im BundesA Berlin sowie die sichere Existenz weiterer fünf Einrichtungen durch die Auswertung der Vernehmungsprotokolle von Hans Hefelmann aus dem Jahr 1961, weiterer Dokumente aus „T4"-Verfahren und entsprechender Forschungen. Insgesamt sind bisher 37 Standorte möglicher „Kinderfachabteilungen" ermittelt worden.
50 Walter Kohl: „Ich fühle mich nicht schuldig". Georg Renno, Euthanasiearzt. Wien 2000, S. 227.
51 Der Status „Kind" ist nicht eindeutig definiert. Allgemein wurde er bis zum Alter von 17 oder 18 Jahren angewandt. Als Jugendliche wurde die Gruppe bis zum 21. Lebensjahr, häufig auch bis zum 23. Lebensjahr bezeichnet.
52 Götz Aly (Hg.): Aktion T4 1939–1945 ..., a. a. O., S. 133.
53 Diese Form der Mitwirkung von Ärzten am „Euthanasie"-Programm ist eines der umstrittensten Probleme bei der Beurteilung von Schuld und Mitschuld im Sinne von Täterschaft. Die Problematik ist vielschichtig, weil sie nicht nur eindimensional im historischen Kontext ihrer eigenen Entwicklungsabläufe betrachtet werden kann, sondern interdisziplinär analysiert werden muß. In die Analyse einzubeziehen sind der Zeitgeist, der mehr als die „reine Lehre" des Nazisystems umfaßte, Medizingeschichte, Rechtsgeschichte einschließlich der völkerrechtlichen Bewertung durch den Internationalen Militärgerichtshof, soziale, psychologische, wirtschaftliche, wissenschaftstheoretische und moralisch-ethische Kategorien. Ein in dieser Hinsicht bisher unzureichend analysierter, aber im Freistaat Thüringen öffentlich kontrovers diskutierter Fall, ist der des einst weltweit bekannten Kinderarztes Jussuf Ibrahim. Dazu mehr an anderer Stelle.
54 Während seiner polizeilichen Vernehmung am 14. November 1947 räumte der langjährige Stellvertreter von Kloos, Dr. Johannes Schenk, ein, seit 1940 gemäß den Bestimmungen des „Erbgesundheitsgesetzes" Zwangssterilisationen an Männern durchgeführt zu haben. Eine

– Ärzte und das System nationalsozialistischer Euthanasie in Thüringen –

Ermächtigung für derartige Eingriffe lag aber bereits seit 1934 vor. Bis zum Jahr 1943 meldete das Gesundheitsamt Stadtroda insgesamt 1272 vollzogene Sterilisationen, davon 758 an Frauen. Vgl. BundesA Berlin, EVZ I/7, 16 (Vernehmung Schenk) u. Heimatgeschichtlicher Wegweiser Thüringen ..., a.a.O., S. 216.
55 BStU, Operativvorgang „Ausmerzer", Beweismittelakte, Bl. 217. (Die Akte ist eine Zusammenstellung von Originaldokumenten. Alle aus dem Bestand des BStU übernommenen Quellen sind Dokumente aus der Zeit von 1933 bis 1947. Von der Staatssicherheit angelegte Unterlagen fanden in diesem Beitrag keine Aufnahme.)
56 Ebenda, Bl. 216.
57 Ebenda, Bl. 218.
58 Ebenda, Bl. 242.
59 Renate Renner. – In: Herbsttagung 1997 des Arbeitskreises zur Erforschung der Geschichte der „Euthanasie" und Zwangssterilisation vom 7.11. bis 9.11.1997 in Stadtroda. Hg. im Auftrag des Arbeitskreises. Tagungsdokumente mit Beiträgen von Klara Nowak u.a., S. 35.
60 Ebenda, S. 35.
61 Ebenda, S. 34.
62 Ebenda, S. 38. Zu den abweichenden Angaben in der Tabelle vgl. Heinz Faulstich: Hungersterben in der Psychiatrie 1914–1949. Mit einer Topographie der NS-Psychiatrie. Freiburg im Breisgau 1998, S. 210 u. Gerhard Buchda: Das Landeskrankenhaus in Stadtroda 1848–1948. Festschrift zur Erinnerung an das hundertjährige Bestehen der Anstalt. Stadtroda 1948, S. 49. – Die Erhebung der Sterbefälle wurde anhand einer vorhandenen Patientenkartei im Klinikarchiv der heutigen Asklepios Fachklinik Stadtroda von Renate Renner vorgenommen. Die überlieferten Angaben erlauben jedoch keine endgültigen Feststellungen über die genaue Zahl der „Euthanasie"-Opfer in der Einrichtung. Vgl. dazu Renate Renner: Zur Geschichte der Thüringer Landesheilanstalten / des Thüringer Landeskrankenhauses Stadtroda 1933 bis 1945 unter besonderer Berücksichtigung der nationalsozialistischen „Euthanasie". Diss. an der Med. Fakultät der FSU Jena, Jena 2004, S. 2. Allerdings, im Gegensatz zu den häufig gemachten Aussagen, läßt sich eine relative Sterberate anhand der vorliegenden Zahlen als Vergleichsgröße bestimmen.
63 Leider wurde mir die Einsicht in diesen Teil der überlieferten Krankenhausakten von der zuständigen Verwaltung der Klinik versagt.
64 BStU, Operativvorgang Ausmerzer, Beiakte I, Bl. 103.
65 Ebenda, Beweismittelakte, Bl. 223.
66 Ebenda, Beiakte II, Bl. 121. – Hervorhebung im Original.
67 Ebenda, Beweismittelakte, Bl. 243.
68 Vgl. zu den Aufnahmen Gerhard Buchda: Das Landeskrankenhaus in Stadtroda 1848–1948 ..., a.a.O., S. 49. Geringfügig nach unten abweichende Zahlen finden sich in BStU, Operativvorgang Ausmerzer, Beiakte II, Bl. 116. Zu den Todesfällen vgl. Renate Renner. – In: Herbsttagung 1997 ..., a.a.O., S. 41 (hier zitiert nach S. Zimmermann).
69 Gerhard Buchda: Das Landeskrankenhaus in Stadtroda 1848–1948 ..., a.a.O., S. 49.
70 Vgl. dazu die entsprechenden Beiträge von J.-M. Kasper und S. Lemke in diesem Band, S. 175 ff.

71 Vgl. Renate Renner. – In: Herbsttagung 1997 ..., a. a. O., S. 40–42.
72 Bei der Beurteilung der Todesursachen zeigen sich in der Forschung zwei divergente Ansätze. Der eine Ansatz unterstellt „Euthanasie" aufgrund zahlreicher Indizien und administrativer Belege (u. a. R. Renner, S. Zimmermann, G. Aly, E. Klee) und leitet davon die Beurteilung der in der Krankenakte überlieferten Sterbevorgänge mit entsprechenden Schlußfolgerungen ab. Der zweite Ansatz beurteilt die Sterbevorgänge ohne diese Voraussetzung allein aus der vorliegenden medizinischen Dokumentation heraus (u. a. S. Lemke, J.-M. Kasper) und setzt sie anschließend in Relation zu dem vorhandenen Kontext möglicher oder tatsächlicher „Euthanasie".
73 BundesA Berlin, R 178/6, 11, Bl. 67. (= EVZ I/6, 11)
74 BundesA Berlin, R 178/6, Akte 11, Bl. 94.
75 Heimatgeschichtlicher Wegweiser Thüringen ..., a. a. O., S. 310.
76 BundesA Berlin, R 178/6, Akte 11, Bl. 95.
77 Ebenda, Bl. 71.
78 Ebenda, Meldung vom 17. 5. 1945 u. Antwort Steinmeyers vom gleichen Tag.
79 Ebenda, Bl. 55. Vgl. außerdem Bl. 73.
80 Ebenda, Bl. 57. Vgl. außerdem Bl. 70 f.
81 Ebenda, Bl. 59–62.
82 Ebenda, B. 58. – Diese Aussage bestätigte auch die Oberpflegerin Alwine E., die als Vertretung für L. eingesetzt war. Vgl. dazu Bl. 72.
83 Er hatte sich durch einen Polizeihelfer Schlafmittel besorgt und eingenommen, einen Abschiedsbrief geschrieben und sich zusätzlich eine Schlinge um den Hals gelegt, möglicherweise symbolisch oder in der Absicht, sich zu strangulieren. Als er aufgefunden wurde, lag Steinmeyer tot auf der Liege. Der herbeigerufene Arzt stellte nach einer ersten Untersuchung eine Schlaf- oder Beruhigungsmittelvergiftung fest, verwarf diese Feststellung jedoch nach Einsicht in die Krankenvorgeschichte und diagnostizierte stattdessen plötzlichen Herztod im dauerhaften Erregungszustand. Eine gerichtsmedizinische Untersuchung wurde nicht vorgenommen.
84 BundesA Berlin, R 178/6, Akte 11, Bl. 74.
85 Ebenda, Bl. 69.
86 Ebenda, 91 f.
87 Zur Fleckfieberforschung vgl. Thomas Werther: Menschenversuche in der Fleckfieberforschung. – In: Angelika Ebbinghaus/Klaus Dörner (Hg.): Vernichten und Heilen. Der Nürnberger Ärzteprozeß und seine Folgen. Berlin 2001, S. 152–173.
88 Heimatgeschichtlicher Wegweiser Thüringen ..., a. a. O., S. 126.
89 Heinz Faulstich: Hungersterben ..., a. a. O., S. 132 u. 210. – Beide Angaben für Zugänge finden sich in den zwei Tabellen für das Jahr 1936.
90 Ebenda, S. 528 f. – Die Zahlen sind in sich nicht immer stimmig, wobei die Differenzen geringfügig sind. Eine der Ursachen kann in den Tagesunterschieden der Erhebung und in den jeweils verwendeten Quellen (Schriftwechsel mit Linden; Krankenhausstatistik; Abgangsbücher) gesehen werden. Zukünftige Forschungen sollten diese Schwäche überwinden.
91 Vgl. Thomas Schilter: Unmenschliches Ermessen. Die nationalsozialistische „Euthanasie"-Tötungsanstalt Pirna-Sonnenstein 1940/41. Leipzig 1998.

92 Heinz Faulstich: Hungersterben ..., a.a.O., S. 529 (hier zitiert nach Klee).
93 Ebenda, S. 132 u. 210.
94 Heimatgeschichtlicher Wegweiser Thüringen ..., a.a.O., S. 357. Vgl. außerdem Heinz Faulstich: Hungersterben ..., a.a.O., S. 528.
95 Die Zahlenangaben und Zitate wurden einer Fernsehdokumentation des MDR 2002 entnommen, die auf jüngsten Forschungsergebnissen zur Geschichte des Stiftes basieren. Die Forschungsergebnisse liegen im Stift vor und können dort eingesehen werden.

III.
Im Streit um Ibrahim

Willy Schilling

Der „Fall" Ibrahim

Fakten, Probleme, Positionen

Viele deutsche Pädiater und Psychiater, unter ihnen auch zahlreiche international anerkannte Koryphäen, gehörten zu den Organisatoren der nationalsozialistischen Kindereuthanasie oder waren in das Geschehen verstrickt.[1] Im Verdacht, zum Kreis dieser Ärzte gehört zu haben, steht nach Erkenntnissen neuerer Forschungen auch der Gründungsdirektor der Jenaer Kinderklinik und langjährige Ordinarius für Kinderheilkunde der Friedrich-Schiller-Universität Jena, Prof. Dr. Jussuf Ibrahim.[2] Diese Erkenntnis führte zu einer noch nicht abgeschlossenen Neubewertung der Persönlichkeit und des Lebenswerkes des Jenaer Kinderarztes.[3] Nolens volens kann und darf sich die Forschung aber nicht allein auf die Verstrickung einzelner Personen beschränken. Sie ist gehalten, das klinische und staatliche Umfeld, also die Verstrickung der Universität Jena, der Universitätskliniken und des Gesundheitswesens im Gau Thüringen in „Euthanasie"-Verbrechen während des Dritten Reiches weitergehend, als dies bisher geschah, aufzudecken. Der nachfolgende Beitrag will dazu erste Anstöße zur Problematisierung differenzierender Positionen und ihrer Ordnung am Beispiel Ibrahims geben.

Die bisher vorliegenden Erkenntnisse, sofern sie sich über eine bloße Dokumentation hinaus erstrecken, basieren auf wenigen Einzeldarstellungen, die sich nahezu erkenntnisneutral in leicht variierten Beiträgen der gleichen Autoren wiederholen.[4] In diesen Darstellungen werden die Geschehnisse, sofern es die Person Ibrahims betrifft, vor allem auf ihn belastende Fakten ausgerichtet und entsprechend interpretiert. An der Echtheit der zitierten Dokumente bestehen keinerlei Zweifel. Sie aber ohne ausreichende Würdigung der Gesamtzusammenhänge derart exponiert zur Grundlage weitgehender Schlüsse über eine Teilhabe an NS-Euthanasie-Verbrechen zu erheben, erscheint sowohl wissenschaftsmethodisch als auch interpretatorisch ausgesprochen problematisch. Bei einem solchen Vorgehen kommt es nach meiner Auffassung – ob beabsichtigt oder unbeabsichtigt – zu einer unangemessenen Gleichsetzung individueller Schuld oder Verstrickung mit der nationalsozialistischen Euthanasie und ihren „willigen Vollstreckern" als Ganzes.

Das führt zwangsläufig zu einer Verzerrung der historischen Abbildung, zumal die innere Ordnung des NS-Regimes nur bedingt als monolithisch bestimmt werden kann. Eine hinreichende Differenzierung der Fakten als inneres Band der Zusammenhänge bei der individuellen Bewertung und Einordnung von Personen und Vorgängen von moralischer bis zu juristisch belegter Schuld fehlt bei diesen Arbeiten vollständig.

Bei der Betrachtung der nationalsozialistischen Euthanasie – im Falle Ibrahims konkret der „Kindereuthanasie" – stellen sich allein schon über die in sich strukturierte individuelle Teilhabe hinaus grundlegende Fragen zum geistigen Impuls (Motiv, ethische Auffassungen, soziale Probleme), also vom Herkommen bis zum praktischen Vollzug, und damit der organisierten systematischen und individuellen Schuld bei den Organisatoren und Vollstreckern. Schließlich werden Auffassungen erworben, nicht angeboren.

Die NS-Euthanasie darf in ihrem Ursprung nicht von der um 1900 aufgekommenen Diskussion zur sozial- und medizinwissenschaftlich determinierten Problematik aktiver oder passiver Sterbehilfe und der Frage nach deren juristischer Einordnung losgelöst werden. Die Problematik selbst besitzt bis heute Aktualität und wird weiterhin national und international kontrovers diskutiert.[5] Die Fragestellung, wie mit geistig und körperlich Schwerstbehinderten, insbesondere mit denen, die ohne Wahrnehmung ihrer Umwelt existieren, gesellschaftlich umzugehen sei, wurde also nicht von der sich ausformenden NS-Weltanschauung formuliert, sondern von den Eliten der sich ausprägenden kapitalistischen Industriegesellschaft.[6] Hier liegen die geistigen Wurzeln, die zu ungeahnten Verbrechen führten. Hier liegt aber auch der Ausgangspunkt für Ibrahims Vita.

Jussuf Ibrahims geistige, wissenschaftliche und berufsethische Prägungen vollzogen sich noch vor der umstrittenen medizinisch-juristischen Ausdifferenzierung der Problematik „lebensunwerten Lebens" und des Umgangs der Gesellschaft mit sogenannten Ballastexistenzen durch Hoche und Binding als Element *staatlichen* Handelns.[7] Von dieser Strömung wurde er weder sozialisiert noch entwickelte er sich zu deren Wegbereiter. Ibrahim, Jahrgang 1877, beendete 1894 seine Schulbildung mit exzellent bestandener Reifeprüfung am Münchner Maximilians-Gymnasium und schloß am 20. Juli 1900 mit einer glanzvoll bestandenen Promotion sein Medizinstudium ab.[8] Die Thesen von Alfred Ploetz – 1895 erstmals veröffentlicht – knüpften an Francis Galtons Anthropologie und Eugenik an und beinhalteten Grundelemente einer naturwissenschaftlich-weltanschaulich verfälschten Rassenlehre. Bereits mit diesen Thesen wurde dazu aufgefordert, schwächliche und mißratene Kinder beispielsweise mit Morphium zu töten. In Ibrahims medizinischer Ausbildung spielten diese Ideen offenkundig keine Rolle. Als junger Arzt beschäftigte er sich vor allem mit Stoffwechselerkrankungen und Erkrankungen innerer Organe. Seine Dissertation verfaßte er über die Milz, seine Habilitation, die er mit einer Vorlesung zur Erlangung der Venia Legendi beendete, untersuchte lebensbedrohliche Störungen im Zusammenhang mit der Säuglingsernährung.[9] Während dieser Jahre spiegeln zahlreiche Briefe an Familienangehörige seine sich ausformende Berufsauffassung wider. In einem dieser Briefe aus dem Jahr 1900 zeigte sich Ibrahim tief betroffen, daß seine ärztliche Kunst sehr unvollkommen sei und er oft nicht wisse, wie er den erkrankten Kindern wirksam helfen könne. Weitere Briefe mit ähnlichen Reflexionen unterstreichen diese Grundlinie seiner ethischen Begriffe und Empfindungen. „Die letzten beiden Nächte", so schrieb er in einem dieser Briefe, „habe ich fast ganz durchgewacht bei einem armen Kind im Masernsaal, das dann doch, genau ein Jahr alt, starb. Ich habe ihm beigestanden mit allen Mitteln, habe gehofft und gebetet, es möge dem Leben erhalten bleiben. Alles umsonst. Das macht mir mehr zu schaffen als 30, denen ich helfen konnte."[10] Aus diesen und zahlreichen ähnlichen Erfahrungen zog er schon früh den Schluß, seine ganze Kraft für die Vervollkommnung seiner Bildung und praktischen Fähigkeiten aufzuwenden, um besser und umfassender als Mediziner helfen und bestehen zu können. Diese Haltung wurde zur Maxime seines Lebens.

Ibrahims klinische Laufbahn begann in Heidelberg als Kinderarzt in der dortigen Luisenheilanstalt. Neben dem Klinikalltag hielt er öffentliche Sprechstunden in der Ambulanz ab. Bei seiner täglichen Arbeit kam er häufig mit geistig und körperlich behinderten Kindern in Kontakt. So begann er – fortgesetzt über die nachfolgenden Jahre an der Münchner Universität (ab 1907) und in Würzburg (ab 1915) – sich theoretisch und praktisch mit endogenen und exogenen Erkrankungen des Nervensystems sowie mit angeborenen Defekten, vor allem mit unheilbaren Formen des Schwachsinns, auseinanderzusetzen. Immer deutlicher festigte sich während dieser Zeit seine Berufsauffassung. Bereits im Januar 1903 faßte er seine Erfahrungen zusammen und zog für sich daraus folgenden Schluß: „Wie klein ist der Kreis des Könnens, auf dem man es zu einer gewissen vollen Beherrschung bringen kann, und doch wie wichtig ist das Überschauen möglichst großer Kreise, wenn man nicht ganz ziel- und planlos im Kleinen herumtappen will. So suche ich mir jetzt das Feld des Wissens wenigstens etwas zu erweitern und muß eben der Zukunft überlassen, ob ich eigener Ideen fähig sein werde. Ich bin mehr als je entschlossen, die wissenschaftliche Laufbahn in Europa zu versuchen. Mein Vater ist auch mit allem einverstanden, wenn er nur ein wirkliches Ziel vor Augen sieht, und ich sehe ja ein Ziel – ein Kinderkrankenhaus zu leiten."[11]

Im Jahr 1917 erreichte Ibrahim sein selbst gewähltes Ziel. Er wechselte von Würzburg nach Jena und übernahm die Leitung der mit Mitteln der Carl-Zeiss-Stiftung im Entstehen befindlichen Kinderklinik. Bis zu diesem Zeitpunkt hatte er bereits zahlreiche wissenschaftliche Beiträge zur Kinderheilkunde veröffentlicht. Zunehmend setzte er sich darin auch tmit angeborenen oder erworbenen Erkrankungen des zentralen Nervensystems, Mißbildungen des Gehirns und Formen des Schwachsinns sowie den Möglichkeiten und Grenzen der aktuellen Medizin für derartige Erkrankungen auseinander.[12]

Im direkten proportionalen Verhältnis zu seinen vielfältigen neuen Aufgaben – als ärztlicher Direktor der KKJ, als ordentlicher Professor der Jenaer Universität mit Lehrstuhl für Kinderheilkunde und als Leiter einer Lehr- und Ausbildungsstätte für Kinderkrankenschwestern (Ibrahim-Schwestern), deren Ausbildung in den folgenden Jahren in der ganzen Welt hohe Anerkennung fand – nahm seine reine Forschungs- und die damit verbundene Publikationstätigkeit ab. Für das von ihm erstellte neuropädiatrische Schrifttum bis in die dreißiger Jahre hinein kann rückblickend eingeschätzt werden, daß er weder den allgemeinen, international diskutierten Vorstellungen von Euthanasie vorarbeitete noch den radikalen der nationalsozialistischen Rassentheorie.[13] Ibrahims Einzelforschungen zur Encephalitis epidemica und deren Varianten sowie der breite Ansatz zur Darstellung von Erkrankungen des Nervensystems bei Kindern fußten im wesentlichen auf Arbeiten aus den zwanziger und frühen dreißiger Jahren und knüpften an Forschungen von Emil Feer und anderen Gelehrten an. Ibrahim selbst „gilt spätestens ab Mitte der 20er Jahre als führender Hand- und Lehrbuchautor auf dem Gebiet der Neuropädiatrie."[14] Aus diesem Faktum erklären sich zwei Phänomene: Erstens, daß bei Neuauflagen seiner Lehr- und Handbuchbeiträge diese im Kern auf der Erstauflage basierten, also nicht völlig neu erarbeitet wurden, und zweitens, die in den Nachauflagen vollzogenen sprachlichen Änderungen mehr als eine Folge des gesellschaftlichen Wandels, quasi als Ausdruck des Zeitgeistes, aufzufassen sind. Eine solche „Transformation" läßt sich bei vielen langjährigen Handbuchautoren nachweisen. Entscheidend bei der Bewertung sind jedoch nicht die Verwendung weitläufigerer oder veränderter Termini in der Syntax, sofern es sich dabei um keine klar definierten Begriffe handelt, sondern der dahinter sichtbare Gedanke und die Folgen. Wenn Ibrahim von einer „Rassedisposition der Juden" für ein bestimmtes anlagebedingtes Leiden spricht, und die Wissenschaft weiß um diese Tatsache seit

1881, so ist dies per se kein Antisemitismus oder ein Element perverser Rassenideologie. Gleiches gilt für die Tatsache sorgsamen Sterbebeistands bei einem unumkehrbaren Krankheitsverlauf am Lebensende eines Schwerkranken. Hinter dieser Konstellation verbirgt sich ein weit gefächertes Problemfeld, zudem determiniert durch wirtschaftliche Verhältnisse und gesellschaftspolitische Auffassungen, die sich in Normen, Regelungen und Interessen unterschiedlichster Art ausdrücken. Aus dieser Perspektive betrachtet, problematisiert sich selbst der Begriff der *Euthanasie* in vielfältiger Weise. Das „Euthanasie"-Programm des NS-Regimes und der damit verbundene Gedanke der Vernichtung „lebensunwerten Lebens" muß stets als solcher in seiner konkreten Situation bestimmt werden, weil der Begriff der Euthanasie in seiner Ursprünglichkeit und mehrfachen Adaption nicht unerklärt für die gezielten Tötungsaktionen im Dritten Reich übernommen werden kann und sollte. Eine solche Position verkennt die Möglichkeit anderer Zugänge, individuell unterschiedlicher Abbildungen und Haltungen und reduziert sie methodisch auf eine Prämisse, was zu Fehldeutungen führen kann.

Die organisatorischen Vorarbeiten für die nationalsozialistische Kindereuthanasie begannen 1933. Zum Personenkreis derer, die diese Aufgabe im Land bzw. Gau Thüringen trugen, gehörten, neben den politischen Vertretern des Regimes mit Gauleiter Fritz Sauckel und seinem zuständigen Staatssekretär Walter Ortlepp, ab 1936 verantwortlich für Inneres und Gesundheit, an der Spitze, Ärzte wie Karl Astel, Lothar Stengel-von-Rutkowski, Carl Oskar Klipp und Richard Rohde. Der eigentliche Planungsstab saß aber in Berlin. Zu ihm gehörten Karl Brandt, Philipp Bouhler, Viktor Brack, Leonardo Conti, Helmuth Unger, Hans Hefelmann und Herbert Linden. Hinzu kamen weitere Ärzte und Kinderärzte, die in die Planung, Organisation und praktische Umsetzung einbezogen waren. Zu dieser Gruppe gehörten weithin anerkannte Mediziner der Kinderheilkunde wie Werner Catel, Hans Heinze und Ernst Wentzler. Eine weitere Gruppe der involvierten Mediziner bildeten jene, die einer sogenannten Kinderfachabteilung vorstanden oder auf einer solchen verantwortlich tätig waren. In Thüringen traf das auf den ärztlichen Direktor und zahlreiche Mitarbeiter der Thüringischen Landesheilanstalten bzw. des Landeskrankenhauses Stadtroda zu.

Ibrahim gehörte zu keiner Zeit zu diesem Kreis der Organisatoren und finalen Vollstrecker. Durch diesen Ausschluß stellt sich die Frage nach seiner Mitschuld, nach seinem Platz innerhalb des mehrfach strukturierten Systems der NS-Euthanasie und seiner individuellen Verstrickung neu. Zur Beantwortung dieser Frage soll zunächst kurz das System in seinen grundlegenden Wirkungsweisen skizziert werden. Die Separation und der Vollzug der Tötungen erfolgten in den eigens dafür eingerichteten sogenannten Kinderfachabteilungen sowie durch tolerierte individuelle (dezentralisierte) „Euthanasie" eifernder NS-Ärzte. Dieser eigentlichen Täterebene vorgeschaltet waren exekutive Regelungen, ausgeführt durch das zuständige Reichsinnenministerium, dem das Gesundheitswesen unterstand, in direkter und verdeckter Zusammenarbeit mit der zuständigen Abteilung der Kanzlei des Führers. Ein Arzt war nach den gültigen Bestimmungen der Reichsärzte- und Berufsordnung an diese staatlichen Vorgaben gebunden.[15] Der daran anknüpfende Runderlaß des Reichsinnenministers vom 18. August 1939 über die Meldepflicht von Neugeborenen und Kleinkindern bis zu drei Jahren mit ausgewiesenen Mißbildungen oder vermutetem Schwachsinn bildete das Bindeglied. Er regelte die Meldepflicht und stützte sich auf die Verordnung zur Ausführung des Gesetzes zur Verhütung erbkranken Nachwuchses vom Dezember 1933 und eine nachfolgende Anordnung des Reichsärzteführers vom 23. März 1940, veröffentlicht im Reichsärzteblatt 1940, Heft 12. Die Meldepflicht wurde in den folgenden Jahren, soweit es das Alter der Kinder als auch den Kreis der Patienten in Krankenhäusern und Pflegeeinrichtungen betraf, erweitert.[16] Die Regelung bestimmte, daß die Meldungen an den Amtsarzt des zuständigen Gesundheitsamtes abzugeben sind. Diese Meldungen entsprachen *nicht* dem Meldebogen I für die „T4"-Vergasungsaktion, sondern erfolgten mittels eigenen Vordrucks oder formlos. Allgemein dienten die Meldungen über angeborene Mißbildungen als bürokratisches Instrument zur Erfassung und Abwicklung der „Kindereuthanasie" über den 1939/40 gebildeten „Reichsausschuß zur wissenschaftlichen Erfassung erb- und anlagebedingter schwerer Leiden", bestehend aus den drei medizinischen Gutachtern Werner Catel, Hans Heinze und Ernst Wentzler. Der Reichsausschuß ersetzte eine ursprünglich angedachte gesetzliche Regelung über die Erbgesundheitsgerichte, weil Hitler, so seine Einlassung gegenüber Reichsminister Hans Heinrich Lammers (Reichskanzlei) und Staatssekretär Hans Pfundtner (Reichsinnenministerium), keine weitere Stärkung der Gerichte wünschte.

Zum Verfahren der „Kindereuthanasie" äußerte sich Richard von Hegener – neben Dr. agr. Hans Hefelmann einer der Administratoren in der Kanzlei des Führers – während seiner Vernehmung als Zeuge vor dem Landgericht Hannover am 25. Oktober 1963 in der Prozeßsache gegen Hans Heinze wegen Beihilfe zum Mord. Er führte aus, daß die „Kinderaktion" (Tätersprache – W. S.) nach der Erwachsenenaktion begann, weil die Logik des „Euthanasie"-Programms nicht darin bestehen konnte, die Erwachsenen in den Anstalten zu töten, um anschließend die gleichen

Einrichtungen mit nachwachsenden Patienten wieder zu füllen. Hegener, der von Anfang an in die „Kinderaktion" eingeschaltet war, entnahm dem Postfach die angeordneten Meldebögen und leitete den Geschäftsgang in der Kanzlei des Führers ein. „Ursprünglich waren nur Kinder bis zum 3. Lebensjahr vorgesehen. Wenn im Laufe der Zeit auch ältere Kinder mit entsprechend schweren Krankheitsbildern gemeldet wurden," so beschrieb Hegener den weiteren Ablauf, „habe ich diese auch an die Gutachter weitergeleitet, und zwar mit Namen und Geburtsdaten. Sie wurden nach meiner Ansicht genauso behandelt wie die Kinder bis zum dritten Lebensjahr. Allerdings waren diese Fälle seltener."[17]

Über das Auswahlverfahren durch die Mitglieder des Reichsausschusses machte von Hegener folgende Angaben: „Erst auf die Begutachtung durch die 3 Gutachter hin, kam eine Überweisung eines Kindes in die Fachabteilung überhaupt in Frage, und auch nur bei übereinstimmender Begutachtung, und zwar im positiven Sinne."[18] Mit dieser „positiven" Auswahl verbindet sich der Begriff des „Reichsausschußkindes", denn nur dieses in der Tätersprache ausgewiesene Kind wurde direkt in die „Kinderfachabteilungen" eingewiesen. Für den nachfolgenden Regelablauf trugen allein die jeweils autorisierten Ärzte gemeinsam mit dem ärztlichen Direktor der entsprechenden Einrichtung die Verantwortung. Damit war dieser Teil ein rein klinischer. Den Prüfungen der fachärztlichen Gutachten im Umlaufverfahren durch alle drei Gutachter des Reichsausschusses folgte als vorletzte Verfahrensstufe die Freigabe entsprechend der getroffenen Entscheidung durch den Reichsausschuß. Im Falle der Freigabe zur „Euthanasie", durfte diese auf den „Kinderfachabteilungen" durch die in das Programm einbezogenen Ärzte (und Pflegekräfte) in ganz unterschiedlichen Formen vollzogen werden. Das gesamte Verfahren unterlag der Geheimhaltung (vertraulich, streng geheim, geheime Reichssache) und wurde darüber hinaus sprachlich konsequent verschleiert. Nach dem Ableben eines „Reichsausschußkindes" auf einer der „Kinderfachabteilungen" wurde dem Reichsausschuß – in Thüringen auch dem Amt des Reichsstatthalters in Weimar als vorgeschaltete Behörde des Landesinnenministeriums und des Landesamtes für Rassewesen – eine Sterbemitteilung für die Registratur übersandt.

Verschiedentlich wurde von den Vorgaben des Verfahrens abgewichen. Über die Verfahrensweise in der Anstalt Görden (Brandenburg) äußerte sich deren ärztlicher Direktor Hans Heinze während seiner Vernehmung am 10. März 1958 in Hannover. „Die in Görden eingerichtete Kinderfachabteilung", so gab er zu Protokoll, „ging in der allgemeinen Organisation der Anstalt auf. Sie unterschied sich praktisch kaum von der Beobachtungs- und Forschungs-Abteilung... Sie umfaßte etwa 60–80 Betten. Sie unterstand auch nicht einem gesonderten Leiter, der direkt unter Umgehung des Anstaltsarztes mit den Berliner Dienststellen verkehrte, sondern der Schriftwechsel, der diese Abteilung betraf, ging innerhalb der Anstalt den gleichen Weg, wie auch der andere." Und über die Einweisungspraxis gab er am 14.4.1958 zu Protokoll: „Die Kinder zu der eingerichteten Kinderfachabteilung wurden entweder von Ärzten, seien es nun Privatärzte oder Amtsärzte gewesen, eingewiesen. Außerdem wurden uns auch Kinder von Angehörigen zugeführt." Und zum Abschluß des Verfahrens führte Heinze aus: „Ich hatte sie (die behandelnden Ärzte – W. S.) auch ausdrücklich darauf hingewiesen, daß auch bei Vorliegen einer solchen Ermächtigung ihnen die Möglichkeit gegeben sei, ein Kind zu entlassen oder den Angehörigen zu übergeben. Die Ermächtigung seitens des Reichsausschusses enthielt keine Verpflichtung des behandelnden Arztes auch die Behandlung, bei der mit einem negativen Ausgang gerechnet werden mußte, durchzuführen. Es war vielmehr nach wie vor einzig und allein dem behandelnden Arzt überlassen, ob er von der ihm erteilten Ermächtigung Gebrauch machen wollte oder ob ihm dies sein ärztliches Gewissen verbot."[19]

Die Aussagen Heinzes, obwohl sie Jahre später und kontrolliert gemacht wurden, sind insofern von Bedeutung, da sie Unterschiede in der Auffassung, Handhabung und im Vollzug der „Kindereuthanasie" verdeutlichen, ohne den Fakt vollzogener „Euthanasie" zu leugnen.

Das Gleiche trifft auf die Aussage von Werner Catel aus dem Jahr 1962 zu. Catel, als damaliger ärztlicher Direktor der Universitätskinderklinik Leipzig und der Heilanstalt Dösen, neben Heinze einer aus dem Kreis renommierter Kinderärzte im Dritten Reich, führte u.a. aus, daß er 1937 der NSDAP beigetreten sei, „da ich mich andernfalls in meiner Stellung als Direktor der Universitätskinderklinik nicht länger hätte halten können." Seine positive Einstellung zur „Euthanasie" begründete er mit folgendem Gedanken: „Es kristallisierte sich in mir immer mehr die Überzeugung heraus, daß es zwei Situationen am Krankenbett gibt, wo die Beendigung des Lebens ein ethisches Gebot des Arztes ist, sofern eine solche Maßnahme mit Einwilligung der Eltern und bei gültigem Recht geschieht." Als ein Beispiel führte Catel eine unheilbare Krankheit an, die nicht behandelt werden könne und durch die das Kind sich unter „entsetzlichen Qualen seinem Ende nähert." Eine weitere Situation sah er bei „völlig idiotischen Kindern" gegeben, auf welche bestimmte krankheitsbedingte Merkmale zutreffen. „Diese Wesen", so so sein Kernargument, „stehen tief unter der Stufe eines beseelten Tieres, sie sind völlig vernunftlos ..." In dieser seiner gereiften Auffassung bestärkt sah er sich durch anhaltende klinische Diskussionen am Krankenbett betroffener Kinder, durch die Ausführungen von Binding und Hoche und durch das Verhalten seiner beiden Amtsvorgänger, unter deren Verantwortung man besonders schwere Einzelfälle stillschweigend „einschlafen" ließ.[20] Sein Fazit lautete: „Ich habe es nie begreifen können, daß Ärzte es sich gewissermaßen allzu bequem und billig machen, wenn sie der Meinung sind, daß ein Leben, auch wenn es keinerlei erkennbaren Sinn mehr hat, unter allen Umständen erhalten wollen."[21] Seine Haltung untermauerte er anhand von Beispielen, die auch die unterschiedlichen sozialen Verhältnisse betroffener Eltern und Familien ansprachen.

Über den praktischen Vollzug der „Euthanasie" machte Catel folgende Angaben. Zunächst räumte er ein, daß ihm „in den letzten Kriegsjahren auch Beobachtungskinder aus dem Reichsausschuß zugewiesen" wurden, die auf der Station 11 der Universitätskinderklinik in 1 bis 2 Räumen vor deren Zerstörung durch Bomben untergebracht waren. Auf der gleichen Station lagen außerdem Kinder mit inneren Krankheiten. „Nach der Zerstörung wurden ebenfalls 1 bis 2 Räume in der Anstalt Dösen zur Verfügung gestellt, wo außerdem die infektionskranken Kinder untergebracht waren."[22] Zur Behandlung der „Reichsausschußkinder" gab er an: „In solchen Fällen war es m. E. Sache der Menschlichkeit und Sache der ärztlichen Pflicht, wenigstens eine Beruhigung dieser Kinder herbeizuführen. Hierzu wählte ich niemals Luminal, sondern Chloralhydrat, das zunächst in physiologischer Dosis durch den After verabfolgt wurde, im Falle der ausbleibenden Wirkung bis zur Beruhigung der Kinder gesteigert wurde. Stets wurde zuvor mit den Eltern oder Angehörigen des Kindes die Aussichtslosigkeit des Zustands besprochen, wobei die Eltern vielfach von sich aus antworteten, es wäre doch das beste, wenn ihr Kind von seinem hoffnungslosen Vegetieren befreit würde. Der Tod trat langsam innerhalb von 5 bis 8 bis 14 Tagen ein. Bei der Verabreichung dieses Mittels bleibt offen, ob der Tod des idiotischen Kindes unmittelbare Folge des Mittels war oder eine Folge der hochgradigen cerebralen Schädigung oder schließlich ob der Tod durch Verabreichung des Medikamentes beschleunigt wurde." Dazu kam, daß bei einer Erkrankung solcher Kinder an einer Infektion, das Leben nicht durch eine Behandlung geschützt wurde, sondern diese Kinder ließ man sterben. Einbezogen in diese Vorgänge waren Assistenzärzte, die in seinem Auftrag handelten.[23] Folgende Ergänzung fügte er seiner Aussage nachträglich hinzu: „Der Vollständigkeit halber erwähne ich noch, daß sich hierunter auch Kinder befunden haben, die nicht durch den Reichsausschuß in meine Klinik gekommen waren. Diese Kinder habe ich selbstverständlich dem Reichsausschuß gegenüber nicht gemeldet und nicht begutachtet. Mir ist bekannt gewesen, daß ich an sich zur Meldung an den Reichsausschuß verpflichtet gewesen wäre, soweit es sich um ein erb- oder anlagebedingtes Leiden gehandelt hatte."[24]

Die Aussagen von Heinze und Catel sollen an dieser Stelle nicht weiter bewertet werden. Sie sind aber in sich weitgehend glaubhaft, enthalten wichtige Aufschlüsse und liefern Kriterien zur Einordnung von Abläufen, Auffassungen und Methoden, die für die Beurteilung des „Falles" Ibrahim und der Geschehnisse in Thüringen insgesamt bedeutungsvoll sind. Dies gilt vor allem für die Ausdifferenzierung seiner Stellung und Mitwirkung innerhalb des Systems der organisierten „Kindereuthanasie", aber auch für moralisch-ethische und juristische Aspekte.

Die einzige offiziell eingerichtete „Kinderfachabteilung" auf dem Gebiet des Gaues Thüringen entstand nicht in der Kinderklinik Jena, sondern in den Thüringischen Landesheilanstalten bzw. dem LKH Stadtroda. Darüber hinaus sind Einrichtungen in Pfafferode, Bad Blankenburg, Blankenhain (bis 1940) und weiteren Orten des NS-Gaues zu beachten, in denen Kinder mit schweren und schwersten körperlichen und geistigen Behinderungen dauerhaft untergebracht waren und unter das „Euthanasie"-Verfahren fielen.[25] In einem Erlaß des Reichsinnenministeriums vom 1. Juli 1940 taucht der Begriff der „Kinderfachabteilung" erstmals als solcher auf. Der Text greift die Meldepflicht gemäß Runderlaß vom 18. August 1939 auf und informiert darüber, daß in Görden (Brandenburg / Land Preußen) eine „Jugend-Psychiatrische Fachabteilung" zur „Behandlung" der gemeldeten Kinder eingerichtet wurde und weitere „Fachabteilungen" zur besseren „Behandlung" der Kinder folgen werden.[26] Über den Sinn der Meldepflicht „angeborener Mißbildungen" an den Reichsausschuß und die Einrichtung von „Kinderfachabteilungen" wurden die Amtsärzte in einem amtlichen Schreiben dahingehend aufgeklärt, „dass, nach eingehender fachärztlicher Überprüfung des Falles das Kind zur Aufnahme in die benannte ‚Fachabteilung' bestimmt worden sei. Hier könne ‚auf Grund der durch den Reichsausschuß getroffenen Einrichtungen die beste Pflege und im Rahmen des Möglichen neuzeitliche Therapien durchgeführt werden'."[27]

Daß die „Kinderfachabteilungen" primär der Auslöschung „lebensunwerten Lebens" dienen sollten, war zu diesem Zeitpunkt nur einem sehr kleinen Kreis der Verantwortlichen bekannt. Zu diesem Kreis gehörten spätestens ab 1942 auch der ärztliche Direktor der Landesheilanstalt Stadtroda, Prof. Dr. med. et phil. Gerhard Kloos, und seine für die Kinder- und Jugendpsychiatrie zuständige Stationsärztin, die Medizinalrätin Dr. Margarete Hielscher. Kloos, so führte Hans Hefelmann während seiner Vernehmung durch das zuständige Oberlandesgericht Frankfurt/Main am 9. November 1960 aus, sei ihm, Hefelmann, von Linden empfohlen worden „und zwar deshalb, weil dieser auf dem Gebiete der Jugendpsychiatrie bzw. auf dem der Psychiatrie im allgemeinen einen besonders guten Ruf hatte. Dr. Linden hatte mir damals angeraten, den zuständigen Gesundheitsdezernenten in Weimar, Prof. Dr. Astel, zu umgehen, da dieser als besonders radikal galt."[28] Kloos erklärte seine Bereitschaft zur Mitarbeit und begründete seine Einstellung gegenüber der Kanzlei des Führers mit dem Bekenntnis: „Ich bin Anhänger der Todesstrafe und bereit, eine Kinderfachabteilung einzurichten und zu betreiben."[29] Was in dieser „Fachabteilung" geschehen sollte, die in der zweiten Hälfte des Jahres 1942 geplant wurde und ab Januar 1943 zu arbeiten begann, war Kloos von Anfang an bewußt. Die primäre Aufgabe bestand nach Abschluß des Meldeverfahrens darin, die zugeführten Kinder im Anschluß an eine vier- bis sechswöchige Beobachtungszeit abschließend zu begutachten und nach Freigabe durch den Reichsausschuß direkt oder indirekt „Euthanasie" zu vollziehen. Diese Bestimmung ist in der bisherigen Forschung ausreichend belegt. Nicht ausreichend belegt erscheint hingegen die Frage, ob in Stadtroda bereits vor der Errichtung der „Kinderfachabteilung" am 1. Januar 1943 „Kindereuthanasie" betrieben wurde. Gestützt auf schwache Indizien und Annahmen, wird von der bisherigen Forschung davon ausgegangen, daß es etwa ab 1941 solche Fälle gab. Überzeugende Beweise, etwa der exakte Nachweis der Sterberate, fehlen jedoch bis heute.[30]

Unabhängig von diesen Annahmen kann nach der bisherigen Quellenlage davon ausgegangen werden, daß Ibrahim frühestens ab dem Jahr 1943 über eine in Stadtroda bestehende Option zur „Kindereuthanasie" informiert war, ohne über Insiderwissen wie Astel, Kihn, Kloos oder Hielscher zu verfügen. Diese Feststellung wird durch die Tatsache gestützt, daß für Ibrahim keine Teilnahme an rassenpolitischen Schulungen, Weiterbildungen oder informellen Gesprächen in der Kanzlei des Führers nachgewiesen werden kann. Eine solche Schulung, Einweisung oder ein Bekenntnis bildete die generelle Voraussetzung für eine Beteiligung am „Euthanasie"-Programm. Im offiziellen Sprachgebrauch wurden die „Kinderfachabteilungen" als die modernsten medizinischen Einrichtungen für geistig behinderte Kinder propagiert. Und die Ärzteschaft, die nicht in das „Euthanasie"-Programm eingebunden war, wurde in diesem Sinne über die zuständigen amtlichen Stellen informiert. Das beschreibt den Informationsstand, über den Ibrahim sicher verfügte. Darauf verweisen unter anderem das Schreiben Lindens an Astel vom 12. November 1943 und das dazugehörige Antwortschreiben Astels vom 30. des Monats. Linden mahnte in seinem Schreiben an, „daß seitens amtlicher Stellen (hier der KKJ – W. S.) alles vermieden wird, was in der Bevölkerung die Ansicht erwecken könnte, als ob staatlicherseits derartige Maßnahmen betrieben würden. Personen, die mit derartigen Anliegen vorsprechen, sind zu veranlassen, ihr Kind in einer im Einvernehmen mit dem Reichsausschuß ausgewählten Anstalt beobachten zu lassen..."[31] Beide Schreiben belegen zweifelsfrei, daß die Ärzte der KKJ von der (für sie offensichtlich) *staatlich* administrierten Möglichkeit der „Euthanasie" nach einem entsprechenden Verfahren in Stadtroda Kenntnis besaßen. Deutlich wird aber auch, daß die Ärzte der KKJ in das Melde-, nicht aber in das autonome fachärztliche Gutachterverfahren eingebunden waren.

Diese Aspekte des Schreibens wurden von der bisherigen Forschung so noch nicht aufgegriffen. Dabei kommt diesen Feststellungen einige Bedeutung zu, da sie wichtige Ordnungskriterien umfassen. Überweisungen nach Stadtroda oder Vorbehandlungen von gefährdeten Patienten nach der Einführung der Meldepflicht, die vor dem Wissen um die „Kinderfachabteilung" in Stadtroda erfolgten, können allein aus logischen Gründen nicht als belastendes Argument und Votum für die „Kindereuthanasie" herangezogen werden. Das aber genau geschieht – direkt oder indirekt – in der bisherigen Aufarbeitung.[32] Aus dieser methodischen Sicht ergeben sich die entscheidenden Fragen und Antworten sowie eine klare zeitliche und inhaltliche Trennung relevanter und irrelevanter Zusammenhänge. Dem soll nachfolgend an einigen signifikanten Beispielen kritisch nachgegangen werden.

Von den hier zu betrachtenden 23 Ibrahim angelasteten Fällen, lassen sich allein 16 statistisch ausschließen.[33] Bei diesen Fällen handelt es sich um Patienten, die vor der Errichtung der „Kinderfachabteilung" dem LKH Stadtroda zugeführt (6), in der KKJ mit zum Teil deutlichem zeitlichen Abstand vorgestellt oder behandelt worden waren (8) oder ohne ausreichende Dokumentation einer Vorbehandlung (2) ausgewiesen werden. Es verbleiben sieben Fälle, die im entsprechenden Zeitraum (Januar 1943 bis April 1945) zeitnah oder unmittelbar durch Ibrahim oder Ärzte der Kinderklinik nach Stadtroda überwiesen wurden. Jede Krankenakte dieser Patienten weist Besonderheiten auf. In zwei Krankenakten fanden sich darüber hinaus handgeschriebene Begleitbriefe Ibrahims mit einem direkten Verweis auf die Möglichkeit einer eventuellen *Euthanasie*. Die offene Form der Sprache, die im Vergleich mit Nitsche, Catel oder anderen bekannten „Euthanasie"-Ärzten und deren Sprachregelungen keine verschlüsselte „Tätersprache" sein kann, wirft in der Tat Fragen auf. Welchen konkreten Inhalt verband Ibrahim mit dem historisch besetzten Begriff der Euthanasie, der spätestens seit Ploetz unter Medizinern kontrovers in der Diskussion stand? Verstand er Euthanasie zunehmend im Sinne der nationalsozialistischen Rassenideologie und Eugenik oder begriff er sie auf der Grundlage seines Handbuchartikels, wo die ärztliche Kunst überfordert und die Ethik das Gebot würdigen Sterbens im Sinne einer barmherzigen Sterbebegleitung sein sollte?

Um Klarheit in die sehr komplexen Zusammenhänge zu bringen, müssen zunächst die Fakten geordnet werden – und zwar nicht nur jene, die in ein vorgefertigtes Bild passen, sondern alle, die im Konnex des Gesamtgeschehens Bedeutung besaßen. Ohne Zweifel verfügte Ibrahim spätestens ab Oktober 1943 über hinreichende Kenntnisse zur Existenz einer im LKH Stadtroda auf Initiative oberster Reichsstellen errichteten und zur Euthanasie ermächtigten *Kinderfachabteilung*. Das belegen seine persönlichen Begleitschreiben vom 1. Oktober 1943 (S. Sch.) sowie vom 4. Januar 1944 (E. K.) mit dem Zusatz „Euthan." bzw. „Euth?" ebenso wie der bekannte Schriftverkehr zwischen Linden, Astel und Kihn über die KKJ und Ibrahim. Aus diesen Fakten leitet die bisherige Forschung die These ab, Ibrahim habe im vorgenannten Fall „die Tötung nicht fragend in den Raume" gestellt, sondern diese entsprechend seiner Prognose „als gerechtfertigt" angesehen. Der Wunsch beziehungsweise das „Einverständnis" der Mutter wird dagegen grundlegend bezweifelt.[34]

Eine solche Auslegung ist sicher möglich, aber kommt sie auch der Wahrheit nahe? Wenn ein Arzt *Euthanasie* schreibt, weiß er um die Konsequenzen. Aber welche Form der *Euthanasie* meinte Ibrahim konkret? Die des NS-Regimes oder jene, die seit der vorangegangenen Jahrhundertwende wiederholt diskutiert und in zahlreichen Kliniken als „passive Sterbehilfe" bei hoffnungslosen Fällen stillschweigend praktiziert wurde? Hinzu kommt, daß Ibrahim die Verantwortung über die weitere Behandlung einschließlich der Begutachtung und Entscheidung nicht trug, sondern nach Stadtroda an die entsprechend autorisierte Einrichtung abtrat. Damit besaß sein Urteil unter Berücksichtigung des vorgeschriebenen Verfahrens für die „Kinderfachabteilungen" lediglich im Sinne der Anamnese Bedeutung. Gerade das belegt doch der Fall S. Sch. exemplarisch durch das abweichende Gutachten der autorisierten Ärzte und die nachfolgende Entlassung der Patientin. Natürlich war es Ibrahim bewußt, daß sein Hinweis – und auch dies im Widerspruch zu der Behauptung, er habe direkt in die „Kinderfachabteilung" eingewiesen – keine verfahrensrelevante Verbindlichkeit besaß, wohl aber lenkende Wirkung. Darüber hinaus stellt sich grundlegend die Frage, ob er das Ausmaß und die intendierte Zielstellung der nationalsozialistischen Kindereuthanasie wirklich kannte und im rassenpolitischen Sinne trug?

Ibrahims Wirken als Kinderarzt und Klinikchef sowie seine dokumentierte Berufsauffassung unterscheiden ihn signifikant von Anhängern der NS-Rassenideologie und „Euthanasie"-Ärzten. Insofern sind Darstellungen, die Ibrahim als Anhänger der rassenpolitisch intendierten Euthanasie undifferenziert mit solchen Vertretern gleichstellen, nicht überzeugend.[35] Das gilt auch für den Vorwurf der Verkürzung des vorgeschriebenen Verfahrens durch eine Direkteinweisung unter Umgehung des Amtsarztes. Aus der gesamten Dokumentation der untersuchten Fälle einschließlich der administrativen Vorgaben erschließt sich ein anderes Bild. Stets wurde, selbst dann, wenn Patienten direkt nach Stadtroda eingewiesen wurden, von den autorisierten Ärzten das vorgeschriebene Verfahren – Aufnahmeuntersuchung, Festlegungen zum weiteren Verfahren in der Klinik, fachärztliches Gutachten, Meldung / Mitteilung an den Reichsausschuß – strikt eingehalten. Das eigentliche Reichsausschußverfahren erfuhr somit keine Verkürzung. Lediglich der Umstand der direkten Einweisung muß natürlich ursächlich berücksichtigt werden. Da im Fall S. Sch. – weitere ähnlich gelagerte Fälle finden sich in den überlieferten Akten – keine „Euthanasie" vollzogen wurde, kann auch nicht zwingend behauptet werden, daß es sich bei diesen Überweisungen grundsätzlich um „Überweisungen in den Tod" gehandelt habe. Überweisungen in Fachkliniken gehören – damals wie heute – zum ärztlichen Alltag. Dabei spielen neben medizinischen Gründen auch pekuniäre und verwaltungsrechtliche Regelungen eine Rolle. Im übrigen zeigen sich in dieser Arbeitsweise Parallelitäten zur Wiener Anstalt „Spiegelgrund". Für das Reichsausschußverfahren war nicht die Einweisung durch den Amtsarzt oder andere Ärzte entscheidend, was Matthias Dahl in seiner wissenschaftlich fundierten Untersuchung für das Wiener Krankenhaus nachweist, sondern die Entscheidungen der zuständigen Anstaltsärzte. Über eine Aufnahme auf die sogenannten Kinderfachabteilungen entschieden nach bisherigen Erkenntnissen entweder die in den Einrichtungen zuständigen Klinikärzte selbst oder der Reichsausschuß direkt in Verbindung mit den zuständigen Amtsärzten. Alle anderen Einweisungen nach Stadtroda durch Ärzte, ob Hausarzt, Facharzt oder Amtsarzt ohne Ermächtigung durch den Reichsausschuß, erfolgten primär mit dem Hinweis auf die akute Erkrankung und der Bitte zur fachärztlichen Behandlung. In diesem Zusammenhang sind die persönlichen Begleitschreiben Ibrahims auch zu deuten. Wenn er im Fall von S. Sch. „Euthanasie" als (eine) Möglichkeit rechtfertigt, so ist das noch keine endgültige Entscheidung. Der eigentliche Kernsatz seines

Begleitschreibens an Kloos erläutert den unmittelbaren Bezug so: „Vielleicht nehmen Sie sich des Falles an?" Ibrahim wußte demnach oder ging davon aus, daß er in der Sache über keinerlei Befugnis verfügte. Was bleibt, ist der völlig überflüssige konzessive Hinweis auf die Möglichkeit der „Euthanasie", der ihm zudem heftige Kritik eintrug. Für sich verweist er dabei auf den (begründeten) Wunsch der Mutter.

Eine solche Einordnung erlaubt auch der Fall des knapp zweijährigen E. K. Im Unterschied zum vorherigen Fall verstarb der Junge am 2. Juni 1944 auf der „Kinderfachabteilung" Stadtroda. Seine Aufnahme erfolgte auf persönlichen Wunsch des Vaters, vorgetragen in einem Handschreiben vom 12. Januar. Diesem Schreiben lag ein Begleitschreiben Ibrahims vom 5. Januar 1944 bei. Der Vater schrieb an Kloos: „Auf Veranlassung des Herrn Professor Ibrahim, Jena, bitte ich um Aufnahme meines 1 ¾ Jahre alten Zwillingskindes, E. K., in ihre Heilanstalt. Über den Krankheitszustand des Kindes dürfte der beiliegende Brief des Herrn Prof. Ibrahim nähere Auskunft geben." In der Tat informierte das Handschreiben Ibrahims über den Krankheitszustand und endete mit den Sätzen: „Offenbar aussichtslose Zukunft. Vielleicht könnte er bei Ihnen eine nähere Beobachtung und Beurteilung finden. Euth.?"

Am 14. März fertigte die zuständige Ärztin Margarete Hielscher ihr fachärztliches Gutachten aus, Kloos zeichnete es ab. Zu den Umständen der Aufnahme heißt es im Gutachten: „Die Eltern wurden mit dem Jungen zur näheren Beobachtung und Beurteilung zu uns verwiesen und brachten den Jungen am 9. 2. 44 hierher." Die Prognose aus der fachärztlichen Beurteilung lautet: „Intellektuell ist E. als schwer schwachsinnig (idiotisch) anzusehen. Nach ärztlichem Ermessen ist mit wesentlichen Entwicklungsfortschritten nicht zu rechnen. Der Junge wird niemals arbeitseinsatzfähig werden und immer ein Verwahrfall bleiben. Wir schlagen vor, E. K. auf der hiesigen Kinderfachabteilung zu belassen." Auf dem oberen Rand des handschriftlich ausgefertigten Gutachtens ist zudem vermerkt, daß zusammen mit dem Gutachten die Meldung nach dem Runderlaß vom 18. August 1939 an den Reichsausschuß versandt wurde.

Auch dieser Fall kann meines Erachtens nicht, wie in der nachfolgend aufgeführten These, monokausal interpretiert und abstrahiert werden. Die These lautet: „Prof. Ibrahim wählte auch in diesem Fall die direkte Überweisung in eine ‚Kinderfachabteilung', um somit das vom ‚Reichsausschuß' vorgegebene Verfahren (zu) verkürzen. Mit dem Fragezeichen nahm er wohl auf die ‚Befindlichkeiten' von Kloos als vollziehendes Organ des ‚Reichsausschusses' die gebotene Rücksicht."[36]

Eine genaue Bewertung des Schreibens und der Abläufe verdeutlichen doch erkennbar, daß der Vater bei der Konsultation Ibrahims schonungslose Aufklärung über die Schwere der Erkrankung seines Sohnes einforderte. Der Verlauf des Gespräches kann nicht rekonstruiert werden. Ohne Zweifel berührte das Gespräch alternative Fragen zu Prognose und Lebenserwartung. So dürfte es zu Ibrahims Hinweis auf die Möglichkeit von „Euthanasie" in Stadtroda gekommen sein. Und dies, nachdem klar war, daß ein solches Vorgehen in Jena ausgeschlossen wurde. Darauf gründet sich das „Euth.?". Im übrigen überwies Ibrahim den Knaben E. K. nicht nach Stadtroda, sondern er händigte dem Vater den Arztbrief aus. Dieser erhielt faktisch Zeit, sich in der Familie abzustimmen und dann zu handeln. Schließlich wandte er sich selbst Tage nach der Konsultation Ibrahims persönlich an Kloos und bat um Aufnahme seines Sohnes. Diesem Schreiben lag als Anlage (sic!) das Handschreiben Ibrahims bei. Kann in diesem Fall wirklich von einer „direkten Überweisung" und Mitschuld am Tod gesprochen werden? Und auch die unterstellte Beschleunigung des Verfahrens stellt, widerlegt durch die Praxis, eine unzulässige Behauptung dar.[37] Nicht die KKJ meldete den Fall nach Berlin, sondern das LKH Stadtroda. Die Beobachtung in der Kinder- und Jugendpsychiatrie gehörte, und auch das muß methodisch beachtet werden, bereits vor 1933 in Stadtroda zu den eingeführten diagnostischen Verfahren. Die Beobachtungszeit betrug in der Regel vier bis sechs Wochen. Und: Eine Einweisung in das Beobachtungsheim führte nicht zwangsläufig zu einem Reichsausschußverfahren.

Indizien, die für Ibrahim und gegen eine bewußte Mitarbeit an der nationalsozialistischen Euthanasie sprechen, finden sich auch bei den weiteren vier Fällen von Direkteinweisungen nach Stadtroda. Im Fall des Knaben D. H. kann der Krankenakte entnommen werden, daß die Aufnahme in Stadtroda auf Veranlassung des Reichsausschusses erfolgte, wobei dies nicht auf dem Formblatt des LKH vermerkt ist, sondern aus einem gesonderten Schreiben von Kloos an den Reichsausschuß vom 2. März 1943 hervorgeht. Wären nur Formblatt und Aufnahmebescheinigung überliefert, so läge der Schluß nahe, die Überweisung wäre von der KKJ vorgenommen worden. Dem ist aber nicht so. Zudem nahm der Vater telefonisch Kontakt zu Kloos auf und bekräftigte sein Ansinnen nochmals in einem Schreiben vom 24. April 1943. Darin heißt es: „Ich nehme Bezug auf mein Gespräch..., das ich in meinem letzten Urlaub mit Ihnen führte. Danach ist das Befinden meines Sohnes ... nach wie vor unverändert hoffnungslos. Meine Erklärung vom 11. März 1942 an die Universitätskinderklinik in Jena bleibt demnach aufrecht." Diese vollzog aber keine „Euthanasie"! Weiter bestimmt der Vater, daß sich Kloos in allen diesbezüglichen

Fragen nur an ihn zu wenden habe. Zur Begründung führte er an, seine Frau solle nach einer überstandenen (psychischen) Erkrankung, die offensichtlich mit dem Kind in Verbindung stand, keinerlei Belastungen ausgesetzt werden, zumal sie „das Kind für heilbar" halte.

Im Fall B. O. stellt die bisherige Forschung fest: „Nach den bekannten und belegten Fakten ist es zwingend, das Kind B. O. dem von Linden am 21.10.1943 beschriebenen Vorgang zuzuordnen." Neben anderen, zumindest in der zutreffenden Möglichkeitsform getroffenen Feststellungen, steht jedoch das Postulat „zwingend" vollständig in Frage. Der intendierte Brief Lindens, in dem er sich bei Astel über die praktizierte Art erteilter Elternauskünfte seitens der KKJ beschwert, diese als „Verbreitung solchen Unsinns" kritisiert und deren Unterlassung fordert, erlaubt mehrere Schlüsse. Die Krankenakte selbst enthält kein Überweisungsschreiben der KKJ. Die Einweisung ist in einem Brief des LKH Stadtroda als Verlegung ins Beobachtungsheim dokumentiert. Letzteres könnte noch als Verschleierung gedeutet werden, obwohl eine solche Sicht bedeuten würde, daß jede direkte Einweisung, durch wen und wie immer sie zustande gekommen wäre, als eine Option zur Tötung betrachtet werden könnte. Aber der Fakt, daß der Brief Lindens einige Monate nach der Einweisung des Kindes B. O., die am 27. Juli 1943 erfolgte, geschrieben wurde, negiert die vorgegebene Begründung ebenso wie die Tatsache, daß Ibrahim im Fall des Kindes E. K. noch 1944 die Frage „Euth.?" stellte. Die Zusammenhänge sind also offensichtlich nicht so klar und eindeutig, wie sie bisher dargestellt wurden. Im übrigen ist die vorliegende Akte recht dürftig und liefert nur wenige Anhaltspunkte für eine überzeugende Beweisführung.

Der Fall des Jungen P. M. weist als eine Besonderheit ein Anschreiben vom 13. Januar 1944 an das LKH Stadtroda auf, das nicht von Ibrahim, sondern von der Ärztin Dr. Marie-Luise Haas stammt. Sie fragte in Stadtroda an, ob das Krankenhaus das „schwergeschädige Kind" aufnehmen kann, da die Mutter die Pflege unter den gegebenen Bedingungen nicht übernehmen könne. Wörtlich heißt es: „Wir hier in der Kinderklinik sind andererseits dringend darauf angewiesen, Plätze für akut kranke Kinder freizumachen und möchten Sie daher fragen, ob Sie in der Lage sind, uns das Kind in Kürze abzunehmen. Die Eltern sind von der Aussichtslosigkeit des Falles genau unterrichtet. Wir sehen Ihrer hoffentlich baldigen Rückäußerung mit Interesse entgegen."

Zunächst fallen drei Abweichungen zu den üblichen Abläufen und Dokumentationen bei diesem Fall auf. Erstens fehlt jeder Hinweis auf den Reichsausschuß. Zweitens erfolgte die Einweisung nicht direkt, sondern wurde durch eine Anfrage der Ärztin vorbereitet. Und drittens erfolgte eine pathologische Untersuchung des Gehirns in Jena, nachdem das Kind verstorben war. Natürlich kann davon ausgegangen werden, daß Ibrahim, so er im Dienst war, von der Verlegung Kenntnis besaß. Das Kind, das zuvor bereits wegen Krämpfen in einem anderen Krankenhaus behandelt worden war, dürfte dem Reichsausschuß bis dato noch nicht gemeldet worden sein. Auch Jena nahm diese Meldung offensichtlich nicht vor. Statt dessen entschied sich Jena zur Verlegung. Die Verlegung selbst ist hinreichend begründet. Die KKJ, das zeigt u. a. eine eingeforderte Meldung vom 15. Juli 1943 an das Amt des Reichsstatthalters Thüringens in Weimar, war praktisch permanent an ihren Kapazitätsgrenzen.[38] Und dies war eher der übliche Zustand. Auch die Tatsache, daß Jena ein Akutkrankenhaus war, also keine Dauerfälle oder Pflegefälle behielt, steht außer Frage. Die Anfrage an Stadtroda verweist allerdings durch die Feststellung, daß das Kind „keine Entwicklungsmöglichkeiten für später bietet" und „der Kleine ... geistig völlig geschädigt" sei, darauf, daß sich Jena der weiteren Verantwortung oder Zuständigkeit für diesen Fall entziehen wollte. Dieser Entscheidung der Jenaer Ärzte haftet durchaus das Odium möglicher „Euthanasie" in Stadtroda an. Als primäres Motiv läßt sich dieser Hintergrund jedoch nicht ausreichend bestimmen, zumal davon auszugehen ist, daß die Eltern offensichtlich über die Gefahr in Kenntnis gesetzt worden waren und gerade deshalb ihr Einverständnis zur Verlegung gaben.[39]

In der Stadtrodaer Akte des Kindes Ch. G., das am 25. April 1944 Aufnahme fand und dort am 11. August verstarb, findet sich erneut ein ärztliches Begleitschreiben von der Hand Ibrahims. Es ist datiert vom 4. April 1944. An diesem Tag wurde Ibrahim das Kind zu einer Untersuchung vorgestellt, nachdem es bereits 1941 in der KKJ für zehn Tage zur Beobachtung nach akuter Erkrankung gelegen hatte. Der Fall ist ähnlich dem vorgenannten gelagert und entsprechend zu bewerten. Ibrahims Arztbrief an den „verehrten Herrn Kollegen" in Stadtroda hat folgenden Inhalt: „Das Kind Ch. G. (Name anonymisiert – W. S.) mit mikrocephaler Idiotie, allg. muskulärer Hypotonie ohne Lähmung sollte, mindestens vorübergehend untergebracht werden, um der pflegenden Tante in ihrer aufreibenden Tätigkeit eine Entlastung zu ermöglichen. Vielleicht könnte sie bei Ihnen für einige Wochen Aufnahme und Behandlung finden oder könnten Sie einen Rat erteilen, wohin sie gebracht werden könnte. Eine Encephalographie aus dem Jahr 1941 ergab lediglich eine leichte Erweiterung der Hirnventrikel."[40]

Dieser Begleitbrief wurde den Familienangehörigen nach einem ausführlichen Arztgespräch ausgehändigt. Das Schreiben Ibrahims selbst ist neutral gehalten – hier könnte eine Konsequenz aus dem Protest Lindens konstatiert werden. Zu bedenken ist aber, daß Ibrahim, wie in anderen Fällen auch, der Familie nicht nur Bedenkzeit über ihr weiteres Vorgehen einräumte, sondern ihr sogar die Entscheidung überließ und sie über die Gefahr aufgeklärte, die ihrer Tochter unter Umständen in Stadtroda droht. Das Schreiben der Mutter vom 5. April, also nur einen Tag nach der Vorstellung ihres Kindes in Jena, erlaubt diesen Schluß. Darin heißt es wörtlich: "Einliegend behändige ich Ihnen 1 Schreiben von Herrn Prof. Ibrahim – Jena, welches mir bei einer letzten ärztlichen Untersuchung meines Töchterchens Ch., zwecks Weiterleitung an Sie übergeben wurde. Ich darf wohl annehmen, daß Herr Prof. Ibrahim den Krankheitszustand meines Kindes darin klarlegte und kann daher von weiteren Ausführungen im Augenblick Abstand nehmen. Mir wurde bei der kürzlich erfolgten Untersuchung anheim gestellt, mein Kind zu Ihnen zu bringen und ich bitte hierdurch um gefl. Mitteilung, zu welchem Termin ich mit meinem Kinde kommen kann. Evtl. bitte ich mir gleichzeitig wissen zu lassen, was ich an Wäsche etc. mitbringen muß. (Absatz – W. S.) Ganz kurz möchte ich an dieser Stelle erwähnen, daß ich bisher alles getan habe, was menschenmöglich war, um meinem Kinde zu helfen. Ich habe ihr jede ärztliche Hilfe angedeihen lassen, leider ohne wesentlichen, sichtbaren Erfolg. Zu großem Dank wäre ich Ihnen verpflichtet, wenn Sie eine weitere Behandlung übernehmen würden, was auch eine große Erleichterung für meinen Mann, welcher sich seit Jahren bei der Wehrmacht befindet, bedeuten würde. Ich bitte um Ihre baldgefl. Antwort und füge hierzu 1 Freicouvert bei."

Kloos antwortete der Mutter am 11. April. Er erklärte sich zur Aufnahme des Kindes bereit. Ein weiteres Schreiben mit gleichem Datum sandte er an den zuständigen Amtsarzt. Auch ihm teilte er die vorgesehene Aufnahme mit und bat um Auskünfte über die Familie und die Erkrankung des Kindes.

Obwohl das Aufnahmeformular des LKH Stadtroda in der entsprechenden Zeile neben der Zuführung durch die Schwester der Mutter „auf Veranlassung von: Prof. Ibrahim, Jena" vermerkt, offenbart sowohl das Schreiben der Mutter als auch die Zuführung des Kindes aus deren Wohnung durch die Tante einen anderen Sachverhalt. Insbesondere der zweite Teil des Briefes weist eindeutig darauf hin, daß die Mutter über den Krankheitszustand der Tochter tief verzweifelt war und sich deshalb aus eigenem Antrieb entschlossen hatte, die Behandlung, über deren mögliche Konsequenzen sie sich aufgeklärt zeigte, in Stadtroda fortsetzen zu lassen. Bei den bisherigen Interpretationen des Falles blieben diese Zusammenhänge weitgehend unbeachtet, obwohl die gleichen Quellen ausgewertet wurden.[41]

* * *

Zusammenfassend bleibt folgendes festzustellen: Der „Fall" Ibrahim ist mit Sicherheit noch nicht ausreichend interdisziplinär untersucht. Unabhängig davon, wie Ibrahims Verhalten aus verschiedenen Perspektiven einzuordnen ist, müssen insgesamt gesehen alle Fakten in ihrer Bedeutung ausreichend differenziert und systematisiert werden. Jede Interpretation, die aus der Vielfalt von Möglichkeiten nur eine Prämisse abstrahiert und nur diese Deutung als gültig anerkennt, ist genauso zu verwerfen, wie das Unterlassen einer Abstraktion durch die Anreicherung mit unübersehbaren Details. Bezüglich der Person Ibrahims wurde noch kein Beweis gefunden, der ihn als Vertreter und Anhänger der nationalsozialistischen Euthanasie entlarven würde. Weder sein wissenschaftliches Schriftgut noch der häufig zitierte Briefwechsel Lindens mit Astel und der darauf aufbauenden Äußerung Kihns, daß man mit der Kinderklinik „gerade in dieser Frage bis jetzt sehr schön zusammengearbeitet habe und wenn mal eine Ungeschicklichkeit passiert, so ist das meiner Meinung nach menschlich",[42] können nach dem bisherigen Forschungsstand als Beweise wirklich überzeugen. Der Brief, einschließlich aller zugehörigen Notizen und Schriftwechsel sagen letztlich nichts über den Kenntnisstand und die Haltung Ibrahims zur nationalsozialistischen Euthanasie aus. Daß darüber Kenntnisse vorlagen, steht außer Zweifel. Andererseits muß bedacht werden, daß bereits lange vor 1939 eine fachmedizinische Zusammenarbeit zwischen der Nervenklinik Jena, der Kinderklinik und den Landesheilanstalten Stadtroda in bestimmten Formen bestand. Unstrittig erscheint aus dem jetzigen Erkenntnisstand die Annahme, daß Ibrahim in besonders schweren Fällen den Gedanken möglicher *Euthanasie* nicht grundsätzlich ablehnte. Ob dies aber im Sinne aktiver Sterbehilfe oder mehr noch einer rassenpolitisch bestimmten Haltung interpretiert werden kann, erscheint mehr als fraglich. Zudem muß auch die Frage, an welcher Stelle der Handlungskette bei „Euthanasie"-Verfahren Ibrahim einzuordnen ist, beantwortet werden. Wie viel Nähe – in sich formierenden und wandelnden gesellschaftlichen Systemen – macht schuldig? Eine Gleichstellung mit Organisatoren, Gutachtern oder vollziehenden Ärzten auf den „Kinderfachabteilungen" erscheint völlig unangemessen. Eine Antwort auf all diese und weitere Fragen kann jedoch erst erwartet werden, wenn das „Euthanasie"-Geschehen in Thüringen insgesamt wissenschaftlich aufgearbeitet sein wird. Noch fehlen zahlreiche, auch kontroverse Einzeluntersuchungen als Grundlage einer noch ausstehenden Gesamtdarstellung dieses schwierigen Kapitels der Landesgeschichte.

Anmerkungen

1 Zum Kreis dieser Wissenschaftler gehörten u. a. die Teilnehmer des 1937 in Paris veranstalteten Kinderärztekongresses. Von Prof. Dr. Ernst Rüdin, Direktor des Kaiser-Wilhelm-Instituts für Genealogie und Demographie der Deutschen Forschungsanstalt für Psychiatrie in München, wurden beim zuständigen Reichsminister Bernhard Rust fünf Teilnehmerlisten mit entsprechenden Vorschlägen eingereicht. Die Liste I führt namentlich 15 Wissenschaftler auf, von denen die ersten vier als gesetzt, weitere drei als Kernvorschlag deklariert wurden. Die vier Gesetzten waren Rüdin (München), Kretschmer (Marburg/Lahn), Pohlisch (Bonn) und Paul Schröder (Leipzig). In der weiteren Reihenfolge aufgeführt werden Villinger (Bethel b. Bielefeld), Peiper (Wuppertal-Barmen) und Ibrahim (Jena). Ibrahim wurde als Mitglied des Ehrenkomitees und Vortragender für das Fachgebiet Kinderheilkunde ausgewiesen.
2 Ein erstes Dokument veröffentlichte der Publizist Ernst Klee, dem folgten Beiträge von Götz Aly, Susanne Zimmermann und Renate Renner.
3 Siehe dazu die entsprechenden Beiträge in diesem Band, insbesondere den Beitrag von H. Metzler, S. 227 ff., sowie Verweise in den Fußnoten.
4 „Kämpferische Wissenschaft". Studien zur Universität Jena im Nationalsozialismus (künftig zitiert: „Kämpferische Wissenschaft"). Hg. von Uwe Hoßfeld u. a. Köln, Weimar, Wien 2003. Darin enthalten sind zwei Beiträge, für die Susanne Zimmermann als Autorin mitverantwortlich zeichnet, sowie ein Beitrag von Marco Schrul/Jens Thomas, die sich mit Ibrahim und der sogenannten Ibrahim-Debatte direkt oder indirekt befassen. Im Januar 2005 erschien als neueste Veröffentlichung eine Dokumentation in der Reihe Quellen zur Geschichte Thüringens, Bd. 25, herausgegeben von Susanne Zimmermann, unter dem Titel: Überweisung in den Tod. Nationalsozialistische „Kindereuthanasie" in Thüringen, Erfurt 2005.
5 Siehe dazu die entsprechenden Ausführungen von Eggert Beleites in diesem Band, S. 283 ff.
6 Dieser Aspekt gehört zu den grundlegenden. Das gesellschaftliche Bewußtsein innerhalb eines politischen Systems bestimmt wesentlich über die Form und Akzeptanz von Gesetzen und Regelungen. Das politische System des Dritten Reiches förderte und ermöglichte aus seinen Herrschaftsgrundsätzen heraus das „Euthanasie"-Programm. In einem Schreiben des Dt. Gemeindetages vom 15. Januar 1934 tritt dieser politisch gewollte Ansatz deutlich hervor. „Der Nationalsozialismus steht ... auf dem Standpunkt," so heißt es an entsprechender Stelle, „daß die öffentlichen Mittel für die Erhaltung der wertvollen Volksgenossen eingesetzt werden müssen, daß im übrigen die öffentliche Fürsorge auf das allernotdürftigste zu beschränken ist und daß in solchen Fällen nach Möglichkeit die freie Wohlfahrtspflege Pflege und Bewahrung in einfachster Form zur Verfügung stellen soll." Und weiter heißt es an anderer Stelle: „Die Fürsorgebehörden haben jedoch die Pflicht, jetzt bereits im Rahmen des bestehenden Fürsorgerechts den nationalsozialistischen Grundsätzen Rechnung zu tragen. Es kann nicht verantwortet werden, bei Erkrankungen unheilbarer oder siecher Personen die teuersten Medikamente zu bewilligen, die weite Kreise der Bevölkerung, die nicht hilfsbedürftig sind, sich nicht leisten können. ... Der Deutsche Gemeindetag richtet an alle Gemeinden und Gemeindeverbände die dringende Bitte, in dieser Weise die Fürsorge zu handhaben." – In diesem Geist lagen und liegen Wurzeln, die die Sozialpolitik aus ökonomischen

und politischen Motiven als gesellschaftliche und humanistische Aufgabe desavouieren und pervertieren.

7 Karl Binding / Alfred Hoche: Die Freigabe der Vernichtung lebensunwerten Lebens. Ihr Maß und ihre Form. Leipzig 1920.

8 Die persönlichen Angaben zu Ibrahim, soweit keine gesonderte Quellenangabe erfolgt, sind seiner Personalakte entnommen. Vgl. dazu UAJ, Bestand D, Nr. 1372 / 1-2. Außerdem wurden den Lebensweg ergänzende, unstrittige und quellenfeste Angaben der Biografie von Wolfgang Schneider sowie der im Juni 2006 erfolgreich verteidigten Dissertation von Sandra Liebe entnommen. Vgl. dazu Wolfgang Schneider: Arzt der Kinder. Aus dem Leben Jussuf Ibrahims. 3. Aufl. Rudolstadt 1978 u. Sandra Liebe: Prof. Dr. med. Jussuf Ibrahim (1877–1953). Leben und Werk. Dissertation an der Medizinischen Fakultät der FSU Jena, Jena 2006.

9 Das Thema seiner Dissertation lautete: Über die physikalische Untersuchung der Milz nebst Beobachtungen über die Verschieblichkeit der normalen und vergrößerten Milzen. Der Titel seiner Habilitationsschrift, die er 1904 vorlegte, und in einer Probevorlesung über „Moderne Prinzipien der Säuglingsernährung" glänzend erörterte, lautet: Die angeborene Pylorusstenose im Säuglingsalter. Vgl. Sandra Liebe: Prof. Dr. med. Jussuf Ibrahim. Leben und Werk, a. a. O., S. 21 u. 25.

10 Wolfgang Schneider: Arzt der Kinder ..., a. a. O., S. 75.

11 Ebenda, S. 89.

12 In der Personalakte befindet sich eine Übersicht seiner wissenschaftlichen Veröffentlichungen. Vgl. UAJ (wie Anm. 8). Vgl. dazu auch die umfangreichen Angaben bei Sandra Liebe: Prof. Dr. med. Jussuf Ibrahim. Leben und Werk, a. a. O., S. 109–153.

13 Vgl. Eduard Seidler / Miriam Posselt: Jussuf Ibrahim – Anmerkungen zu seinem wissenschaftlichen Schrifttum. – In: Monatsschrift Kinderheilkunde 8 / 2002, S. 1000–1003. Vgl. dazu auch die Kommentierung von Helmut Patzer im Ärzteblatt Thüringen 13 (2002) 10, S. 598 f. und die entsprechende, in der Sichtweise abweichende Beurteilung in der Dissertation von Sandra Liebe, a. a. O., u. a. ab S. 121.

14 Eduard Seidler / Miriam Posselt: Jussuf Ibrahim – Anmerkungen zu seinem wissenschaftlichen Schrifttum, a. a. O., S. 1001.

15 Vgl. Reichsärzteordnung mit allen Anordnungen, Durchführungs- und Ausführungsbestimmungen bis zum 30. Mai 1940 einschließlich der Berufsordnung für die deutschen Ärzte. Berlin / Wien 1940. (Eine Neuauflage mit entsprechenden Ergänzungen erschien 1944.)

16 Bezüglich der Altersgrenze und bestimmter Vorgehensweisen machten Hans Heinze und Richard von Hegener unterschiedliche Aussagen, die aber das Verfahren im Kern selbst nicht betreffen.

17 BundesA Berlin, EVZ I / 25, 7, Bl. 1–4. – Nach Hegeners weiteren Einlassungen seien Kinder überhaupt nur bis zum 6. Lebensjahr „durchgelassen" worden, da „ältere Kinder ... nicht in die Betten der Fachabteilung gepaßt" hätten. Hegener beruft sich dabei auf die persönliche Kenntnis von etwa einem Drittel der vorhandenen „Kinderfachabteilungen". Vgl. dazu ebenda, Bl. 5.

18 Ebenda. Bl. 7.

19 BundesA Berlin, EVZ I / 28, 2 (Vernehmungen Heinze u. a. m.).

20 Siehe BundesA Berlin, EVZ I/25, 2, Bl. 3 (Vernehmungen Catel). Zum Verfahren verwies er auf passive Sterbehilfe. Sowohl die soziale Indikation als auch die NS-Eugenik spielten hingegen bei seinen Ausführungen keine Rolle. Über Catels Fortsetzung seiner Karriere als Kinderarzt und Hochschulprofessor nach 1945 siehe Norbert Frei: Karrieren im Zwielicht. Hitlers Eliten nach 1945. In Zusammenarbeit mit Tobias Freimüller, Marc von Miquel, Tim Schanetzky, Jens Scholten, Matthias Weiß. Frankfurt/New York 2001, S. 33, 46, 51 u. 55.
21 BundesA Berlin, EVZ I/25, 2, Bl. 3 (Vernehmungen Catel).
22 Ebenda, Bl. 18f.
23 Ebenda, Bl. 37f.
24 Ebenda, Bl. 47.
25 Siehe dazu die Übersicht 5 auf S. 109ff.
26 Udo Benzenhöfer: „Kinderfachabteilungen" und „NS-Kindereuthanasie" (= Studien zur Geschichte der Medizin im Nationalsozialismus, Bd. 1). Wetzlar 2000, S. 16.
27 Ebenda, S. 17.
28 Ebenda, S. 45.
29 Zit. nach Manfred Müller-Küppers: Die Geschichte der Kinder- und Jugendpsychiatrie unter besonderer Berücksichtigung der Zeit des Nationalsozialismus. Vortrag gehalten am 21.9.2000 in Berlin anläßlich des Jahreskongresses des Berufsverbandes der deutschen Kinder- und Jugendpsychiater. Veröffentlicht im Internet unter www.kinderpsychiater.org/forum/for201/geschichte.htm, S. 28.
30 Vgl. dazu die Angaben im Beitrag von Renate Renner in der Tagungsdokumentation zur Herbsttagung 1997 des Arbeitskreises zur Erforschung der Geschichte der „Euthanasie" und Zwangssterilisation vom 7.11. bis 9.11.1997 in Stadtroda, hg. im Auftrag des Arbeitskreises, S. 41, sowie die diesbezüglichen Ausführungen der gleichen Autorin in ihrer 2004 vorgelegten Dissertation. Dies.: Zur Geschichte der Thüringer Landesheilanstalten/des Thüringer Landeskrankenhauses Stadtroda 1933 bis 1945 unter besonderer Berücksichtigung der nationalsozialistischen „Euthanasie". Diss. an der Med. Fakultät der FSU Jena. Jena 2004.
31 ThHStAW, ThMdI, E 1074, Bl. 327. – In dieser Akte befinden sich alle zu diesem Vorgang gehörenden Schreiben. Linden beschwerte sich erstmals bei Astel am 12. Juli 1943 über unbillige Verhaltensformen an der KKJ (Bl. 285). Das monierte Verhalten rechtfertigt in einer Notiz vom 25. November 1943 der Regierungsbeamte Schwalbe, der im Auftrag Astels Kihn zur Klarstellung gegenüber Linden informierte, mit den Feststellungen, „daß die Universitätskinderklinik in der Frage korrekt handelt und es sich bei dem Einzelfall nur um eine Ungeschicklichkeit handeln kann."
32 Zu den statistischen Angaben vgl. die entsprechenden Darlegungen in den Beiträgen von Johannes-Martin Kasper und Sebastian Lemke vor dem Hintergrund der Argumentationen der Verfasser des Kommissionsberichtes der FSU Jena und den fortlaufenden Darstellungen von Renate Renner und Susanne Zimmermann. Auch bei Götz Aly finden sich in der Abstraktion der Bewertung ähnliche Positionen.
33 Die Gesamtzahl von 23 ergibt sich aus den im Kommissionsbericht der FSU aufgeführten Fällen, die hier zugrunde gelegt werden. Vgl. Bericht der Kommission der Friedrich-Schiller-Universität Jena zur Untersuchung der Beteiligung Prof. Dr. Jussuf Ibrahims an der Vernichtung „lebensunwerten Lebens" während der NS-Zeit (künftig zit.: Kommissionsbericht). Hg.

Friedrich-Schiller-Universität Jena, der Rektor. Jena 2000. – Weitere Fälle, die inzwischen bekannt wurden, sind in völlig gleicher Weise einzuordnen. Deshalb wurde auf eine Erweiterung verzichtet.

34 Vgl. Kommissionsbericht, S. 27f. Vgl. außerdem Renate Renner: Zur Geschichte der Thüringer Landesheilanstalten / des Thüringer Landeskrankenhauses Stadtroda 1933 bis 1945 unter besonderer Berücksichtigung der nationalsozialistischen „Euthanasie", a. a. O., S. 116.
35 Kommissionsbericht, S. 47f.
36 Kommissionsbericht, S. 30.
37 Kommissionsbericht, S. 48, Thesen 4 u. 5.
38 ThHStAW, ThMdI, E 948. – Die Bettenkapazität wird von der KKJ mit 164 angegeben, die Belegung einschließlich vorhandener Reserven mit 179 am Stichtag.
39 Susanne Zimmermann ordnet bei ihrer Bewertung des Falles alle Fakten der These unter: „Obwohl Jussuf Ibrahim, oder gerade, weil er wußte, welches Schicksal behinderte Kinder in der Stadtrodaer Einrichtung erwartete, schickten er bzw. Ärzte seiner Klinik weitere Kinder nach Stadtroda." Siehe dazu „Kämpferische Wissenschaft", a. a. O., S. 445.
40 BundesA Berlin, EVZ II / 69, 5.
41 Siehe Kommissionsbericht, a. a. O., S. 32f.
42 ThHStAW, ThMdI, E 1074, Bl. 325.

Mechthild Haupt

Zur Situation der Neuropädiatrie im Verlauf des 20. Jahrhunderts

Dieser Beitrag beschränkt sich auf eine vorwiegend auf Beispiele konzentrierte Darstellung der Situation in der Neuropädiatrie des 20. Jahrhunderts. Das Anliegen besteht darin, aufzuzeigen, wie sich die Prognose durch Behandlungsmöglichkeiten einschließlich sozialer Hilfen bei Erkrankungen gerade dieses Fachgebietes grundlegend geändert hat.

Zu den Krankheitsbildern gehören vorrangig:
- Fehlbildungen des Gehirns und Erkrankungen durch genetische Defekte, die zu schweren Entwicklungsstörungen führen, z.B. Down-Syndrom (früher auch Mongolismus benannt),
- Defektzustände des Gehirns nach Geburtsschäden,
- Infektionen des Gehirns (Meningitis, Enzephalitis) – hier spielten vor allem die Tuberkulose und die Lues (Syphilis) in der ersten Hälfte des Jahrhunderts eine verheerende Rolle,
- Stoffwechselstörungen, die das Gehirn schwer schädigen (z.B. Phenylketonurie),
- Krampfleiden (Epilepsie),
- Genetische Muskelerkrankungen, bei denen es im Laufe der Kindheit zum vollständigen Muskelschwund mit schwerer Gelenkdeformierung kommt.

Viele dieser Erkrankungen führen nicht unmittelbar zum Tod, aber zu schwerer Hirnschädigung mit völliger körperlicher Hilflosigkeit und schwerster geistiger Behinderung.

Zur Darstellung der Situation der Neuropädiatrie zwischen dem 1. und 2. Weltkrieg beschränke ich mich auf das Lehrbuchkapitel über die neurologischen Erkrankungen im Kindesalter, das von Ibrahim verfaßt wurde. Jussuf Ibrahim, Direktor der Universitätskinderklinik in Jena, war einer der herausragenden Pädiater in Deutschland, der sich mit diesen Erkrankungen beschäftigte. Er war vom Schweizer Pädiater Emil Feer gebeten worden, für sein Lehrbuch die Bearbeitung der Krankheiten des Nervensystems zu übernehmen.[1] Auch im Handbuch der Kinderheilkunde von Pfaundler und Schlossmann[2] finden sich Beiträge von Ibrahim über angeborene und erworbene Erkrankungen des Nervensystems. So ist die Annahme berechtigt, daß seine Ausführungen der allgemeinen Lehrmeinung entsprachen. Die Krankheitsbilder wurden hinsichtlich ihrer klinischen Erscheinung schon sehr genau beschrieben, die therapeutische Hilflosigkeit war bedrückend. Dazu einige Beispiele:

So war die Meningitis tuberkulosa vor der Entwicklung der Antibiotika fast ausnahmslos tödlich. Das erste gegen Tuberkulose wirksame Antibiotikum Streptomycin wurde 1944 entdeckt. Hierzu schreibt Ibrahim: „Die Therapie, wenn auch in den meisten Fällen machtlos, kann doch viel tun, dem Patienten und seiner Umgebung die schwere Leidenszeit zu erleichtern. Man wird für sorgfältigste Pflege und für möglichste Schonung und Ruhe sorgen; die Ernährung bedarf von Anfang an besonderer Berücksichtigung; steht einmal die Diagnose fest und schreitet die Krankheit unaufhaltsam vorwärts, so ist es humaner, von einer Verlängerung des Lebens mit allen Mitteln abzusehen; man wird daher Nährklistiere und Schlucksonde höchstens beim Beginn des Leidens anwenden."[3]

Heute ist die Meningitis tuberkulosa eine seltene, aber immer noch sehr ernste Erkrankung. Eine erfolgreiche Therapie ist wie bei jeder durch Bakterien hervorgerufenen entzündlichen Erkrankung des Gehirns durch Antibiotika möglich geworden.

Der Hydrocephalus („Wasserkopf") beruht auf einem Mißverhältnis zwischen Sekretion und Resorption des Liquor cerebrospinalis (Hirnwasser) und ist meist Folge einer Abflußbehinderung des Liquors in den Spinalkanal. Er wird durch eine angeborene Fehlbildung, eine pränatale Infektion, eine Hirnblutung postnatal oder durch einen Hirntumor verursacht. Die durch den ungenügenden Abfluß des Liquors bedingte Erweiterung der Hirnkammern führt zu einer zunehmenden Druckatrophie des Gehirns und ohne Therapie zu einer enormen Vergrößerung des Kopfumfanges. Kinder mit einem extremen Kopfumfang bis 90 cm und schwerster Hirnschädigung konnten bis in die späten 50er Jahre gesehen werden. Entlastungspunktionen der Hirnkammern und erste chirurgische Verfahren, das Hirnwasser über eine Drainage abzuleiten, waren wenig befriedigend. 1950 wurde in den USA ein Ventilschlauch (Spitz-Holter-Ventil) entwickelt. Seit dem Einsatz dieser Ableitungsdrainagen haben Kinder mit Hydrocephalus im Allgemeinen ganz normale Entwicklungschancen.

Die Spina bifida bzw. Meningomyelocele, eine angeborene Spaltbildung im Wirbelkanal, die meist mit hernienartigen Ausstülpungen der Meningen und von Teilen des Rückenmarks kombiniert ist, führt zu Lähmungen der Beine, Störungen der willkürlichen Blasen- und Mastdarmfunktion, häufig auch zum Hydrocephalus und zu schweren Deformierungen der Wirbelsäule und Füße. Zur Behandlung dieses Krankheitsbildes schreibt Ibrahim: „Die Therapie ist chirurgisch, sie gibt glänzende Erfolge bei reinen Meningocelen. – Wo schwere Lähmungen vorhanden sind, erweist man Eltern und Kindern keinen Dienst, wenn man alles tut, das Leben zu erhalten", aber auch „Ernährung ... und Pflege müssen natürlich besonders sorgsam sein. Dekubitus am Schädel soll man als stets drohende Gefahr von vornherein ins Auge fassen ... Imbezillität und Idiotie sind durch heilpädagogische Maßregeln zu beeinflussen."[4]

Noch in den 70er Jahren wurden die sogenannten Lorber-Kriterien auch in deutschen neuropädiatrischen Fachkreisen diskutiert. Lorber, ein englischer Neuropädiater, in dessen Einzugsgebiet die Spina bifida besonders häufig vorkam, stellte Kriterien auf, bei denen man wegen der zu erwartenden schweren Schädigung des Kindes auf eine Operation verzichten sollte. Nach diesen Kriterien unbehandelte Kinder starben im jungen Säuglingsalter an einer Infektion des offenen Rückenmarks. Ihr früher Tod wurde in Kauf genommen, um ihnen das traurige Schicksal einer schweren Behinderung zu ersparen. Die Lorber-Kriterien sind heute kein Thema mehr. Jedes Kind wird sofort nach der Geburt operiert. Ein begleitender Hydrocephalus wird durch eine Ableitungsdrainage gut beherrscht. Skoliose und Fußdeformitäten werden durch orthopädische Maßnahmen, Physiotherapie und gute Hilfsmittelversorgung behandelt. Harninkontinenz ist durch nephrologische und urologische Behandlungsmaßnahmen mit Erlernen der Selbstkatheterisierung so zu beherrschen, daß diesen Patienten eine Teilnahme am öffentlichen Leben offen steht. Ein Teil der Patienten lernt heute frei zu laufen, und die Kinder können mit oder ohne Rollstuhl eine ganz normale Schule besuchen.

Die Epilepsieformen im Kindesalter konnten vor Entdeckung der Elektroenzephalografie nur sehr unvollständig voneinander unterschieden werden. An wirksamen Medikamenten gab es nur Brom, Phenobarbital und Chloralhydrat. Die beiden letztgenannten wirkten zudem erheblich dämpfend, ihre therapeutische Breite war sehr eingeschränkt. Bei der besonders bösartigen frühkindlichen Epilepsie im Säuglings- und Kleinkindalter mit den sogenannten Blitz- Nick- und Salaamkrämpfen (BNS-Anfälle), die 50–100 Mal pro Tag auftraten, waren diese Medikamente völlig wirkungslos. Folge dieser schweren Epilepsie war in den meisten Fällen eine schwere körperliche und geistige Behinderung (meist „Idiotie"). Die BNS-Anfälle sind heute in über 80 % durch Medikamente zu beherrschen. Die Kinder haben dann, wenn keine andere Störung vorliegt, eine normale oder nur gering beeinträchtigte Entwicklung.

Die Schwachsinnsformen wurden in der ersten Hälfte des 20. Jahrhunderts nach ihren Schweregraden eingeteilt in Debilität – Imbezillität – Idiotie. Hilfsschulen für leicht geistig behinderte Kinder gab es seit Ende des 19. Jahrhunderts. Die bei Intelligenzdefekten oft auftretenden Verhaltensprobleme führen zu Störungen des Sozialverhaltens. Hier bestehen enge Beziehungen zur Kinderpsychiatrie, auf die hier nicht eingegangen wird. Ibrahim spricht in seinem Lehrbuchbeitrag von „ethischen Defekten". Formulierungen wie „Idiotie" und „ethische Defekte" sind für uns heute diskriminierend und mit unserem Verständnis von Menschenwürde nicht vereinbar. Zu Beginn des 20. Jahrhunderts waren diese Begriffe wertfreie fachmedizinische Termini. Zur Behandlung dieser Störungen wurde die Heilpädagogik entwickelt, ein Programm gemeinsamen ärztlichen und pädagogischen Bemühens bei geistig behinderten Kindern. Auf diese Möglichkeit der Behandlung weist Ibrahim immer wieder ausdrücklich hin. In Jena war 1890 von Johannes Trüper ein Heilpädagogisches Heim gegründet worden, das in der heilpädagogischen Praxis deutschlandweit bekannt wurde und trotz großer Schwierigkeiten bis nach dem zweiten Weltkrieg Bestand hatte. Mit diesem Heim arbeitete Ibrahim eng zusammen und führte dort wöchentliche Visiten und Beratungen durch.[5]

Die meisten geistig behinderten und körperbehinderten Kinder, die keine Schule besuchen konnten, erwartete ein trauriges Schicksal, soziale Hilfen und Förderungsmöglichkeiten konnten den betroffenen Familien kaum angeboten werden. Die Kinder vegetierten meist „hinter dem Ofen" in überforderten Familien ohne jede Förderung dahin. Da, wo eine Pflege in der häuslichen Familie nicht möglich war, blieb nur die Aufnahme in eine sogenannte Verwahranstalt, überwiegend menschenunwürdige Pflegeheime ohne therapeutische Bemühungen und emotionale Zuwendung.

Die Neuropädiatrie hat von der modernen Medizinentwicklung des letzten halben Jahrhunderts in besonders ausgedehnter Weise profitieren können. Viele neue diagnostische und therapeutische Verfahren haben den bis dahin weit verbreiteten Nihilismus verdrängt. So haben sich die Heilungschancen für viele entzündliche Erkrankungen des Gehirns durch die erst in der 2. Hälfte des 20. Jahrhunderts entwickelten Antibiotika fundamental verbessert. Elektroencephalografie und bildgebende Verfahren des Gehirns wie Sonografie, Computertomografie und Kernspintomografie waren Voraussetzungen für die Entwicklung kausaler und damit wirklich wirksamer Therapien. Enorme Fortschritte sind im Bereich der Stoffwechseldiagnostik sowie der genetischen Diagnostik gemacht worden. Bei der Phenylketonurie war die Frühdiagnostik mit Erkennung des Stoffwechseldefektes vor dem

Eintreten der Hirnschädigung durch ein Screening aller Neugeborenen mit dem Guthrie-Test und die Entwicklung einer speziellen Diät, die den Betroffenen eine normale Entwicklung ermöglicht, bahnbrechend. Definierte Gendefekte können vorgeburtlich erkannt werden, und die Mutter darf sich entsprechend der augenblicklichen Gesetzeslage (also gesellschaftlich akzeptiert) im frühen Stadium der Schwangerschaft gegen die Austragung eines solchen Kindes entscheiden (z. B. Down-Syndrom). Besonders auf dem Gebiet der Genetik sind weitere grundlegende Fortschritte zur Entwicklung kausaler Therapiemöglichkeiten zu erwarten. Ob diese dann zukünftig aus ethischer Sicht und auch in der Diskussion über die Finanzierbarkeit lebenslanger, immens teurerer Therapien im gesellschaftlichen Konsens in jedem Falle vertretbar sind, bleibt derzeit eine offene Frage.

Es gibt aber auch heute und in übersehbarer Zukunft weiterhin einen nicht unbeträchtlichen Anteil von Erkrankungen mit hirnorganischen Störungen, die hinsichtlich ihrer Ursache nicht geklärt werden können und bei denen eine kausale Therapie nicht möglich ist. Der neuropädiatrisch tätige Arzt wird nach wie vor mit schweren und schwersten neurologischen Defektzuständen auch durch erworbene Hirnschädigungen und dem Leid, daß eine solche Erkrankung für eine ganze Familie bedeutet, konfrontiert. Aber Möglichkeiten rehabilitativer Maßnahmen, die zu einer Linderung des Leidens führen, stehen ihm im Gegensatz zum Arzt in der ersten Hälfte des 20. Jahrhunderts wohl immer zur Verfügung und sind insbesondere durch die Entwicklung der *Sozialpädiatrie* mit ihren gesetzlich geregelten Eckpunkten möglich geworden. In den 70er Jahren entstanden, initiiert durch den Münchener Pädiater Theodor Hellbrügge, die Sozialpädiatrischen Zentren. Annähernd zeitgleich gründete Helmut Patzer in der DDR mit einem gleichen Strukturansatz die Abteilung für Entwicklungsfragen in Erfurt. Seit 1989 ist die Arbeit der Sozialpädiatrischen Zentren gesetzlich geregelt. Für jedes Kind in Deutschland ist ein Sozialpädiatrisches Zentrum erreichbar. Diese Zentren widmen sich schwerpunktmäßig der Behandlung und Förderung von Defektzuständen, die aus einer Hirnschädigung resultieren. Im Team vorrangig von Pädiatern, Psychologen und Physiotherapeuten, aber auch unter Einbeziehung von Ergo- und Sprachtherapeuten wird für jedes Kind ein individueller Behandlungs- und Förderplan erstellt. Spezielle Methoden der Physiotherapie auf neurophysiologischer Grundlage zur Behandlung der motorischen Störungen, die auf einer Schädigung des Gehirns beruhen, wurden entwickelt (Bobath und Vojta). Viele Kinder können dadurch eine weitgehende Selbständigkeit erreichen und bei Kindern mit schwersten Störungen, die vollständig auf fremde Hilfe angewiesen sind, können zumindest Deformierungen der Gelenke (Kontrakturen), welche die Pflege sehr erschweren, verhindert werden. Die Entwicklung der Hilfsmittel für Behinderte hat einen hohen Grad erreicht. Sozialarbeiter kümmern sich um die sozialen Belange der Familien. Durch sozialpolitische Maßnahmen stehen den Eltern finanzielle Hilfen zur Verfügung. Frühförderstellen, die Therapiepläne umsetzen, sind entstanden. Parallel zu den Sozialpädiatrischen Zentren hat sich die Rehabilitationspädagogik entwickelt. Jedes behinderte Kind kann tagsüber eine Fördereinrichtung besuchen, den Transport übernimmt der Sozialdienst. In der DDR wurden die geistigen Entwicklungsstörungen in Hinblick auf ihre gesellschaftlich mögliche Integration bestimmten Förderungsebenen zugeordnet. Es gab die Hilfsschulen mit drei Förderungsstufen für bedingt Schulbildungsfähige (Debile). Für nicht schulbildungsfähige, aber förderungsfähige Kinder (Imbezille) wurden in den 70er Jahren die Sondertagesstätten für geistig Behinderte geschaffen. Ihnen traute man das Erlernen einer gewissen Selbständigkeit zu mit dem Ziel, diese Kinder später in geschützten Werkstätten zu beschäftigen. Für nicht förderungsfähige Kinder standen nach sozialen Gesichtspunkten Pflegeeinrichtungen zur Verfügung, die nicht mit den Verwahranstalten vor dem zweiten Weltkrieg vergleichbar waren, aber eine spezielle Förderung gab es hier nicht. Heute beschreibt man bei den Patienten genauer die einzelnen Störungen der geistigen Leistungsbereiche und erstellt individuelle Förderpläne. Integration eines behinderten Kindes in die normale Kindergemeinschaft, soweit möglich, ist das Ziel. Schwerst behinderte Patienten finden Förderung in den heilpädagogischen Heimen.

Eine Bejahung der passiven Sterbehilfe bei Patienten mit schweren neurologischen Defiziten ist nicht auf die Zeit des Nationalsozialismus begrenzt, sie gab es vor dieser Zeit und reicht bis in die 70er Jahre des 20. Jahrhunderts, wie an den Lorber-Kriterien gezeigt wurde. Sie hatte in der therapeutischen Hilflosigkeit ihren Ursprung und entsprang durchaus einem humanen Denken. Wir sollten nicht übersehen, daß die Diskussion über Sterbehilfe auch in der Pädiatrie heute noch nicht abgeschlossen ist. Erinnert sei an die kontroverse Diskussion um das Unterlassen lebensverlängernder Maßnahmen bei extrem unreifen Neugeborenen, wenn schwerste Entwicklungsstörungen zu erwarten sind, wie an die Diskussion über die legale Abtreibung bei mit Entwicklungsstörungen einhergehenden genetischen Syndromen und die Präimplantationsdiagnostik.

Aktive Euthanasie war nach deutschem Recht auch im Nationalsozialismus verboten. Da wo Ibrahim oder andere Ärzte den „Gnadentod" bei kritischer Beurteilung eines aussichtslosen Krankheitszustandes und des familiären Leids im individuellen Fall in Betracht zogen, sollte erlaubt sein zu fragen, ob dem nicht ein humanes Denken zu Grunde lag. Medizinischer Entwicklungsstand und auch vom Darwinismus geprägter Zeitgeist müssen berücksichtigt werden. Eine grundsätzliche Bejahung der Euthanasie zur Vernichtung individuellen Lebens, das als „lebensunwert" eingestuft wurde im Sinne des nationalsozialistischen Programms unter rassenhygienisch-eugenischen und ökonomischen Gesichtspunkten, ist daraus nicht abzuleiten. Wir müssen allerdings davon ausgehen, daß Ibrahim Kenntnis vom wahren Aufgabenbereich der Fachabteilung in Stadtroda hatte und wir erschrecken darüber, daß von Seiten der Kinderärzte im Dritten Reich und von Ibrahim keine ausdrücklichen Proteste gegen die Tötung von Kindern zur Vernichtung lebensunwerten Lebens bekannt geworden sind. Eine Akzeptanz des nationalsozialistischen Programms der aktiven Euthanasie ist aus den medizinischen Schriften Ibrahims – wie Seidler zeigt[6] – nicht erkennbar. Leider sind andere Quellen über seine persönliche Einstellung nicht mehr erschließbar.

Es ist für uns heute nicht hilfreich zu polarisieren zwischen dem Schuldspruch, Ibrahim sei als an der Euthanasie Hitlers Beteiligter enttarnt und dem Festhalten an der Lichtgestalt, die keine Auseinandersetzung über die Einstellung Ibrahims zur Euthanasie zuläßt.

Bereicherung in unserer Beschäftigung mit der Vergangenheit werden wir nur da finden, wo wir uns mit den Schattierungen im Denken und Handeln herausragender Persönlichkeiten im Kontext mit den Bedingungen der Zeit, in der sie lebten, auseinandersetzen.

Anmerkungen

1 Emil Feer: Lehrbuch der Kinderheilkunde. 3. Aufl., Jena 1914.
2 M. Pfaundler / A. Schloßmann: Handbuch der Kinderheilkunde. 3. Aufl., Leipzig 1923.
3 Emil Feer: Lehrbuch für Kinderheilkunde. 6. Aufl., Jena 1920, S. 429.
4 Ebenda, S. 447.
5 Hellmut Trüper / Irmela Trüper: Ursprünge der Heilpädagogik in Deutschland. Johannes Trüper – Leben und Werk, Stuttgart 1978.
6 Eduard Seidler / Miriam Posselt: Jussuf Ibrahim. Anmerkungen zu seinem wissenschaftlichen Schrifttum. – In: Monatsschrift für Kinderheilkunde, Bd. 150/2002, S. 1000-1003.

Johannes-Martin Kasper

Die nationalsozialistische Kindereuthanasie in Stadtroda

Ein Beitrag anhand von Krankenakten aus neuropädiatrischer Sicht

1.
Kurze Einleitung

Seit etwa einem Jahrzehnt ist die Diskussion um ärztliches Handeln in Grenzsituationen des menschlichen Lebens erneut heftig entbrannt, u. a. weil die Alterung der deutschen Bevölkerung bewußter aufgenommen wird und die Ressourcen im Gesundheits- und Sozialwesen deutlich an ihre Grenzen stoßen. Um Sterbebegleitung und -hilfe wird sehr gestritten. Erste europäische Staaten haben die aktive Tötung auf Wunsch des Betroffenen ermöglicht. In den Niederlanden tolerierte kürzlich die Staatsanwaltschaft die aktive Tötung eines schwergeschädigten Neugeborenen (mit Down-Syndrom, Myelomeningozele und Gaumenspalte). Daß die Deutschen – somit auch die deutschen Ärzte – wegen der von den Nationalsozialisten betriebenen Euthanasie besonders sensibilisiert sind, zeigte sich auch in den Debatten über Jussuf Ibrahim im Zusammenhang mit der Errichtung einer „Kinderfachabteilung" in den ehemaligen Thüringischen Landesheilanstalten Stadtroda, ab Februar 1943 Thüringisches Landeskrankenhaus Stadtroda, die im Herbst 1999 von Ernst Klee ausgelöst worden sind. In deren Ergebnis und auf der Grundlage eines Kommissionsberichtes der Friedrich-Schiller-Universität (künftig: FSU) Jena über die Beteiligung Ibrahims an der Vernichtung „lebensunwerten Lebens" während der NS-Zeit[1] wurden in Jena Straßen, Kindereinrichtungen und vor allem die Universitäts-Kinderklinik, die seinen Namen trugen, umbenannt.

Die Debatten riefen in Erinnerung, daß während des Zweiten Weltkrieges Kinderärzte unterschiedlicher beruflicher Stellung und beruflicher Wirkungsfelder kindliche und jugendliche Patienten in sogenannte Kinderfachabteilungen überwiesen haben, in denen planmäßig eine schreckliche Kindereuthanasie betrieben worden ist. Der humangenetisch tätige Pädiater Lothar Pelz urteilt in seinen Untersuchungen zur „Kinderfachabteilung" Görden (in Brandenburg bei Berlin) über diese Ärzte: „Zumindest indirekt haben sie durch die zwar staatlich angeordnete, von ihnen aber individuell wahrgenommene Meldepflicht an die Gesundheitsämter über diese die Tötung zahlreicher Kinder und Jugendlicher gefördert".[2] Mit dieser grundlegenden Einschätzung könnte alles gesagt sein und der vorliegende Beitrag enden. Wie indessen die Unterstützung der NS-Kindereuthanasie durch Kinderärzte nachzuweisen und wie sie nachträglich zu bewerten ist, soll im vorliegenden Beitrag exemplarisch anhand von Unterlagen des Landeskrankenhauses Stadtroda aus der Sicht eines Arztes, der besonders neurologisch erkrankte Kinder betreut, dargestellt werden.

2.
Material und Methode

In der Kinderklinik der FSU Jena existieren für den Zeitraum 1940 bis 1945 weder Krankenakten noch Direktionsunterlagen. Erhalten blieben lediglich die Aufnahmebücher. Der in geringen Bestandteilen erhaltene persönliche Nachlaß des damaligen ärztlichen Direktors Ibrahim kann zwar noch heute eingesehen werden, er enthält aber keinerlei Dokumente zum Euthanasiegeschehen im Dritten Reich. Das gilt, von allgemeinen Verwaltungsakten wie der Personalakte abgesehen, auch für den Bestand im Universitätsarchiv Jena. Dagegen stand das gedruckte Schrifttum des Wissenschaftlers Prof. Dr. med. Dr. paed. h. c. Jussuf Ibrahim und dessen bisherigen Bewertungen zur Verfügung.[3] Herangezogen wurden auch Aussagen, die zu Ibrahim in neueren Publikationen zur Geschichte der FSU und ihrer medizinischen Fakultät enthalten sind.[4] Analysiert wurden vor allem Unterlagen aus dem Archiv des ehemaligen Landeskrankenhauses Stadtroda, in dem sich eine von 37 bisher bekannten „Kinderfachabteilungen" des Deutschen Reiches[5] befand. In diesen sowie in den im Bundesarchiv Berlin bei Recherchen eingesehenen Beständen fanden sich eigenhändige Schreiben von Professor Ibrahim und weitere Dokumente aus der Universitäts-Kinderklinik Jena. Dem Verfasser standen Unterlagen aus folgenden Einrichtungen zur Verfügung:
1. Bundesarchiv Berlin (BArch Berlin), Bestand EVZ I und II.
2. Die Bundesbeauftragte für die Unterlagen des Staatssicherheitsdienstes der ehemaligen DDR, Außenstelle Gera (BStUG).
3. Thüringisches Hauptstaatsarchiv Weimar, Thüringisches Ministerium des Inneren (ThHStAW, ThMdI).

4. Zentrale Stelle der Landesjustizverwaltung Ludwigsburg (ZSLJVL).
5. Friedrich-Schiller-Universität Jena, Klinik für Psychiatrie und Psychotherapie, Archiv.
6. Asklepios Fachklinikum für Psychiatrie und Psychotherapie Stadtroda, Klinikarchiv (früheres Landeskrankenhaus).

Von besonderer Aussagekraft sind die im Bundesarchiv Berlin vorhandenen Patientenakten aller zwischen 1939 bis 1945 in Stadtroda verstorbenen Patienten. Sie waren von Mitarbeitern des Ministeriums für Staatssicherheit der DDR im Jahre 1965 sichergestellt und später in Berlin archiviert worden. Zu berücksichtigen ist bei diesem Konvolut, daß 5 bis 15 Prozent der Akten fehlen sollen.[6] Von genereller Bedeutung bei der Beurteilung der Akten ist darüber hinaus die Tatsache, daß in den „Kinderfachabteilungen" die Krankenunterlagen, die Diagnostik und mögliche Behandlungen sehr unterschiedlich gehandhabt worden sind, so z. B. in Ueckermünde nachlässig, in Wien (Spiegelgrund) hingegen sehr exakt, einschließlich prinzipieller Obduktion.[7] Für Stadtroda kann eingeschätzt werden, daß sie aufgrund der wissenschaftlichen Interessen von Prof. Dr. med. Gerhard Kloos als relativ gründlich bewertet werden dürfen. Als Einschränkung ist dabei anzunehmen, daß die sogenannten Euthanasie-Ärzte, zu denen Gerhard Kloos und Margarete Hielscher (beide Stadtroda) gerechnet werden müssen, ein Unrechtsbewußtsein hatten und die Akten, besonders der vorsätzlich getöteten Kinder, auch in Teilen manipuliert sein dürften.[8] Gegen diese indiziengestützte Annahme steht allerdings die Aussage von Kloos: „Es wurden, wie bei allen anderen Kranken, über sämtliche Fälle – ihre Zahl ist gering geblieben – sehr sorgfältig Krankengeschichten angelegt und geführt, die im Archiv des Landeskrankenhauses Stadtroda, das von Bombenangriffen und Bränden verschont blieb, vollständig erhalten sind."[9] Vorhanden ist hingegen eine später angefertigte Liste aller in Stadtroda zwischen 1939 und 1945 Verstorbenen, die auf 70 Seiten 808 Patienten aller Altersstufen enthält.[10]

Von den insgesamt 166 Kindern, die im Zeitraum vom 1. Januar 1940 bis zum 8. April 1945 in Stadtroda verstorben sind, wurden für den vorliegenden Beitrag 65 (41,2 Prozent) ausgewertet. Leider waren nicht alle Krankenblätter in der zur Verfügung stehenden Zeit durchzusehen. Versucht wurde daher, insbesondere Unterlagen zu sichten, die einen Bezug zu Ibrahim enthalten und sie unter einheitlichen Kriterien[11] mit den restlichen zu vergleichen. Wünschenswert wäre es, wenn die Untersuchungsergebnisse zu den toten Kindern zusätzlich auch mit solchen über die nicht verstorbenen Kinder verglichen werden könnten. Derartige Fälle gab es in einer bisher noch nicht verifizierten Zahl. Die entsprechenden Krankenakten liegen zu Teilen im Staatsarchiv Rudolstadt und müssen noch ausgewertet werden. Zu berücksichtigen ist ferner, daß die Original-Krankenakten nicht immer über alle gewünschten Kriterien Auskunft geben, wodurch die statistischen Angaben oft nicht die Gesamtzahl der Verstorbenen erreichen.

Erfaßt wurden: das Geschlecht, das Alter bei Aufnahme, die Verweildauer, die aufnehmende Abteilung, die einweisenden Personen / Institutionen, die Behandlungs-Diagnosen, Angaben zu ärztlichen oder pflegerischen Bemühungen / Behandlungen, das Ergebnis der fachärztlichen Gutachten, die Sterbe-Diagnosen, die Sterbezeit und der Zeitabstand zwischen Gutachten und Tod. Abschließend wurde versucht, auf der Basis der erhobenen Fakten, die Todesart bzw. -ursache im Zusammenhang mit dem Euthanasiegeschehen näher (oder differenzierter) zu bestimmen. Dennoch ist die jeweilige Zuordnung mit Vorsicht zu beurteilen, da sie neben der Unterschiedlichkeit der vorhandenen Dokumente immer auch subjektiv getroffen wird; der Verfasser entscheidet eben als Neuropädiater, während Dr. med. Susanne Zimmermann als Chirurgin mit Lehr- und Forschungsaufgaben zur Medizingeschichte und Ernst Klee als Journalist und Publizist urteilen.

Bei der Analyse der Geschehnisse stellten sich zunächst zwei grundsätzliche Fragen mit den entsprechenden Argumenten. Diese lauten: Was spricht für und was spricht gegen Euthanasie im Sinne der NS-Rassenlehre?

Für „Euthanasie" können sprechen:
– Einweisung durch Amtsarzt/ Reichsausschuß;
– Aufnahme in die Kinderfachabteilung bzw. die Jugendpsychiatrische Abteilung;
– Gutachten-Empfehlung und Sterbemeldung an den Reichsausschuß;
– Ergebnis des Gutachtens als bildungsunfähig, pflegebedürftig bzw. Empfehlung für Verbleib in der „Kinderfachabteilung";
– eine mittlere Dauer zwischen Gutachten und Tod von 4–6 Wochen.[12]

Gegen „Euthanasie" können sprechen:
– bestimmte Behandlungs- oder Sterbediagnosen (z. B. eitrige Meningitis);
– dokumentierte Bemühungen um Lebenserhaltung;
– günstigere Prognose im Gutachten;

– *Die nationalsozialistische Kindereuthanasie in Stadtroda* –

- sehr kurze oder sehr lange Verweildauer;
- sehr kurzer oder sehr langer Zeitraum zwischen Gutachten und Todeseintritt;
- Todeseintritt außerhalb der Jugendpsychiatrischen Abteilung bzw. der Abteilung für Psychisch Kranke.

Als abschließendes Kriterium zur Bewertung der Vorgänge, wurde – bei allen berechtigten Vorbehalten – der Todeseintritt beurteilt und von daher in fünf Gruppen kategorisiert:

Kategorie I = nicht willentlich herbeigeführt
II = offen, eher nicht willentlich herbeigeführt
III = offen und unklar
IV = offen, eher willentlich herbeigeführt
V = willentlich herbeigeführt

Zusätzlich zu den oben genannten Kriterien wurden Vermerke auf den Gutachten (nachrichtlich an Reichsausschuß u. a. m.) und der Schriftwechsel zwischen Stadtroda und anderen Institutionen bzw. Personen, vorwiegend mit Angehörigen, berücksichtigt. Aus der Summe aller genannten Kriterien ergab sich letztlich die Zuordnung zu der jeweiligen Kategorie von I bis V.

Die nachfolgend aufgeführten drei Fälle sollen weitere Schwierigkeiten bei der Bewertung, ob im Sinne des nationalsozialistischen Euthanasie-Programms systematische Tötungen erfolgten oder nicht, aufzeigen. In diesem Zusammenhang erhebt sich unter anderem auch die Frage, ob das Meldeverfahren und das fachärztliche Gutachten automatisch zur Tötung führten.

- E. L. (BArch Berlin[13], EVZ II/67, 2) wurde am 4. Oktober 1943 auf Wunsch der Eltern als Pflegling in die Jugendpsychiatrische Abteilung aufgenommen. Er hatte zuvor vom 1. bis 5. Juli 1941 in der Universitäts-Kinderklinik Jena gelegen. Das Gutachten vom 9. November 1943 geht nachrichtlich zusammen mit der Meldung an den Reichsausschuß Berlin. Am 28. März 1944 stirbt E. L., nachdem er im Oktober/November eine Durchfallerkrankung überstanden und sich Anfang Februar „wieder etwas erholt" hatte. Im März magerte er bei schlechter Nahrungsaufnahme ab, erlitt am 27. März einen epileptischen Anfall mit Herzschwäche und verstarb nachts.

Der Abstand zwischen Gutachten und Tod (139 Tage) und seine zwischenzeitliche Besserung sprechen gegen eine vorsätzliche Tötung, sofern man nicht Verhungernlassen annehmen möchte. Künstliche Ernährung gab es seinerzeit noch nicht. Wie Matthias Dahl berichtet, überlebten im „Spiegelgrund" Kinder solche Erkrankungen, und dies trotz Meldung an den Reichsausschuß.[14] Ein Todesfall auf der Kinderfachabteilung bedeutet also nicht automatisch „Euthanasie", wie man zunächst annehmen könnte.

- H. A. (EVZ II / 68, 7) wurde am 5. Juli 1943 zum dritten Mal in die Jugendpsychiatrische Abteilung aufgenommen. Im Gutachten vom 6. / 13. September 1943 wurde H. als „reiner Verwahrfall" eingeschätzt und deshalb vorgeschlagen, ihn „weiter auf unserer Kinderfachabteilung" zu belassen. Er verstarb am 7. März 1944 an einer gut dokumentierten eitrigen Hirnhautentzündung (Meningitis), die damals nicht effektiv behandelt werden konnte.

Der Vf. schlußfolgert auch in diesem Fall, daß nicht jeder Todesfall auf der Kinderfachabteilung zwangsläufig als „Euthanasie" beurteilt werden kann.

- H. K. (EVZ II / 66, 19) wurde am 22. Juli 1941 ins Beobachtungsheim aufgenommen, am 12. August in die Abteilung für Psychisch Kranke verlegt und am 13. August begutachtet: „Der Junge fällt daher nicht unter das Gesetz zur Verhütung erbkranken Nachwuchses. Bei dem Grade seines Schwachsinns ist H. K. als bildungsunfähig anzusehen. Er ist auch durch Sonderbeschulung nicht zu fördern. Da er charakterlich gutmütig ist, kann er wieder in den väterlichen Haushalt entlassen werden. Eine Anstaltsunterbringung ist bei ihm nicht erforderlich." Dennoch starb er am 17. August an Pneumonie.

Demzufolge kann auch hier geschlußfolgert werden, daß Pneumonie als Todesursache bei Bildungsunfähigkeit nicht per se mit „Euthanasie" verbunden werden kann.

3.
Ergebnisse der Auswertung

3.1. Ein Überblick – Statistisches

Insgesamt wurden 65 Krankenakten ausgewertet. Im Einzelnen handelte es sich um 43 Knaben und 22 Mädchen. Von allen auswertbaren Fällen ist das Aufnahmealter bekannt. Es liegt zwischen 11 und 197 (16 Jahre, 5 Monate), im Durchschnitt bei 37 Monaten (7 Jahre, 3 Monate). Die Verweildauer betrug 2 bis 437 Tage, im Durchschnitt 119 Tage. Die Aufnahmeabteilung war in 22 Fällen das Beobachtungsheim, in 30 Fällen die Jugendpsychiatrische Abteilung, in zehn Fällen die Abteilung für Psychisch Kranke und in drei Fällen die ausdrücklich genannte „Kinderfachabteilung". Zwischen diesen Fachabteilungen wurden drei Kinder wegen interkurrenter Erkrankung sowie sechs Kinder wegen Schwere der Erkrankung vermutlich zur „Euthanasie" verlegt. Nach Stadtroda eingewiesen wurden die Kinder

27 × vom Amtsarzt/Reichsausschuß bzw. Wohlfahrtsamt oder Bürgermeister,
7 × verlegt aus dem Rheinland (auf administrative Anordnung.),
6 × vom Hausarzt,
5 × verlegt aus dem Anna-Luise-Stift Bad Blankenburg (Anordnung von Amtsärzten u. ä.),
5 × aus der Universitäts-Kinderklinik Jena,
2 × aus der Sprechstunde von Prof. Ibrahim,
3 × aus der Universitäts-Nervenklinik Jena,
3 × von Eltern,
1 × aus der Chirurgischen Universitäts-Klinik Jena,
1 × aus der Universitäts-Kinderklinik Erlangen,
1 × aus der Kinderpsychiatrie Hildburghausen,
1 × aus dem Viktoria-Heim Erfurt,
3 × keine Angaben.

In der Vorgeschichte (Anamnese) wurde die Universitäts-Kinderklinik Jena neben den fünf Direkteinweisungen in 15 Fällen erwähnt, wobei die Vorstellung des Kindes bzw. der stationäre Aufenthalt ¼ bis 13 Jahre, im Durchschnitt also 3½ Jahre zurück lag. Ibrahim wurde neben den zwei Direkteinweisungen zudem in vier Fällen als behandelnder Arzt angegeben.

In den Krankenunterlagen sind in 17 Fällen ärztliche und in 20 Fällen pflegerische Maßnahmen zur *Gesunderhaltung* der Kinder dokumentiert. In 28 Fällen fehlen derartige Eintragungen bzw. die entsprechenden Unterlagen.

Als Behandlungs-Diagnosen aller 65 vom Vf. eingesehenen Krankenakten sind bekannt (Mehrfachnennungen für 1 Kind):

30 × Idiotie (schwerste geistige Behinderung),
20 × Little'sche Erkrankung (spastische Lähmung),
19 × Epilepsie,
16 × mittelgradiger Schwachsinn (Imbezillität),
9 × Hydrozephalus (Wasserkopf),
5 × leichter Schwachsinn (Debilität),

4 × Verhaltensstörungen,
3 × mongoloide Idiotie (Trisomie 21 / Down-Syndrom),
2 × Mikrozephalie (Kleinköpfigkeit),
2 × Charakterstörung,
2 × Wolfsrachen,
1 × Enzephalitis (Hirnentzündung),
1 × Demenz (Intelligenzabbau),
1 × Lues,
1 × spinale Kinderlähmung.

Hinsichtlich der Prognose wurde in den 35 vorliegenden fachärztlichen Gutachten festgestellt (Mehrfachnennungen möglich):
20 × Verwahrfall bzw. pflegebedürftig,
17 × arbeitsunfähig,
14 × bildungsunfähig,
5 × Verlegungen in Heime (heilpädagogisch),
1 × günstig,
1 × kann nach Hause,
1 × postmortal (sic!),
23 × „Verbleib auf der Kinderfachabteilung wird empfohlen".

Die Sterberate in Stadtroda läßt sich bisher nicht eindeutig errechnen, da die absoluten Zahlen über die Aufnahme von Patienten pro Jahr als Berechnungsgrundlage fehlen. Verschiedene Hochrechnungen und Vergleiche unter Verwendung vorliegender Angaben aus Meldungen und dokumentierten Registraturen (z. B. Aufnahmebüchern u. Haushaltsunterlagen) führen zu dem Ergebnis, daß in Stadtroda jährlich ca. 1200 Patienten aufgenommen worden sind.[15] Im Zeitraum 1939 bis 1944 sind 777 Patienten von möglicherweise 7200 verstorben. Das sind etwa 10,8 Prozent, wobei die Jahreswerte offensichtlich stark schwankten.[16] Eitner gibt für Gesamt-Deutschland vor 1914 eine Sterberate in psychiatrischen bzw. Pflegeanstalten von 9 Prozent und in den Jahren 1917 bis 1919 von 30,96 Prozent an.[17]

Der Todeszeitpunkt lag:
19 × im Nachtdienst,
9 × im Spätdienst,
9 × im Frühdienst.

Als Sterbe-Diagnosen sind aufgeführt:
- 18 × Pneumonie,
- 9 × Status epilepticus (Anfallshäufung),
- 9 × Herz- und Kreislaufschwäche,
- 7 × Magen-Darm-Katarrh,
- 2 × Meningitis (eitrig),
- 2 × Lungenödem,
- 1 × Aspirations-Pneumonie in Folge Gaumensegel-Lähmung bei Diphtherie,
- 1 × Hirndruck,
- 1 × Marasmus (extreme Gewichtsabnahme).

Bei 15 Kindern bleibt die Todesursache wegen fehlender Totenscheine unbekannt. Der Abstand zwischen Gutachten und Todeseintritt betrug minus 1 bis 430 Tage, im Durchschnitt 104 Tage (bei 35 Kindern).

Bei der Einordnung der Todesarten entsprechend der weiter oben bereits aufgeführten Kategorien ergibt sich nach der Beurteilung der Fälle folgende Zuordnung:

I = 10 ×
II = 11 ×
III = 34 ×
IV = 6 ×
V = 4 ×

3.2. Fallbeispiele

Im folgenden Teil des Beitrages sollen anhand einiger Beispiele die vom Vf. gewählte Vorgehensweise dargestellt und die Zuordnungen der genannten Fälle in eine der Kategorien dargestellt werden:

K. P. (EVZ II / 15, 8), am 5. März 1930 geboren, lag 1938 und 1941 in der Kinderklinik; 1938, 1940 und 1941/1942 in der Psychiatrischen Klinik, 1941 in der Chirurgischen Klinik der Universität Jena und zwischenzeitlich in Stadtroda stationär. Haupt-Diagnose war eine Epilepsie, die nach damaligen Möglichkeiten korrekt behandelt wurde. Wegen Anfallshäufung wurde er am 12. Juli 1942 erneut vom Hausarzt nach Stadtroda eingewiesen und in die Abteilung für Psychisch Kranke gelegt. Die ärztlichen und pflegerischen Maßnahmen sind ausführlich dokumentiert. Am

12. August 1942 schlug Kloos eine Verlegung nach Treysa (Hessen) in das Erziehungsheim HEPHATA vor. Über den Jahreswechsel 1942/43 wurde er für einige Tage nach Hause entlassen, da der Vater Fronturlaub hatte.

Ein Gutachten für den Reichsausschuß liegt nicht vor, allerdings der Durchschlag einer Meldung vom Januar 1943. Ab 9. Februar 1943 ist ein fieberhafter Infekt der oberen Luftwege dokumentiert, der sich ab 25. Februar als Lobärpneumonie komplizierte und entsprechend behandelt wurde (Sulfonamid, Kreislaufmittel, Mixtura solvens). Am 2. März, 19:00 Uhr, starb K. trotz aller Bemühungen.

Dieser Fall ist der *Kategorie I* zuzuordnen.

P. M. (EVZ II/66,15) Am 24. Juni 1943 erkrankten die 4 Monate alten Zwillinge an Durchfall und Fieber. Die Zwillingsschwester verstarb am 2. Juli. Der Junge lag wegen einer Meningitis bis 4. Oktober im Eisenacher Krankenhaus, vom 29. Dezember 1943 bis 28. Januar 1944 in der Universitäts-Kinderklinik Jena. Er wurde wegen „Aussichtslosigkeit" und ohne „Entwicklungsmöglichkeiten für später" mit Einverständnis der Eltern direkt als Pflegling in die Jugendpsychiatrische Abteilung aufgenommen. Mit 11 Monaten betrug der Kopfumfang 53 cm (!), die große Fontanelle war 6 × 3 cm offen (!), am behaarten Schädel rechts fand sich ein Dekubitus. Das Pneumenzephalogramm (Luftfüllung der Hirnventrikel) vom 12. Februar 1944 blieb ohne Darstellung der Hirnkammern, so daß diese am 26. Februar direkt punktiert wurden. Es ergab sich eine massive Erweiterung (Hydrocephalus internus). Das Gutachten wurde am 1. März 1944 angefertigt. Der Tod trat am 2. März um 4:00 Uhr ein. Als Todesursache wurde „Herzschwäche bei Idiotie" angegeben. Die Obduktion (auf Wunsch des Vaters), in Stadtroda und Jena vorgenommen und dokumentiert, bestätigte einen erheblichen Verschluß-Hydrozephalus und ein Subduralempyem (Eiteransammlung zwischen den Hirnhäuten). Diese Befunde sind so schwerwiegend, daß sie auch ohne „Euthanasie" zum Tode führen.

P. M. wird vom Vf. der *Kategorie II* zugeordnet.

D. V. (EVZ II/69, 9), ein am 7. September 1938 geborener Junge, wurde vom Amtsarzt im Mai zur Aufnahme vorbestimmt und am 24. Mai 1944 als Pflegling in die Jugendpsychiatrische Abteilung aufgenommen. Am 3. Juni wurden korrekter Weise bei der Pneumenzephalographie 80 ml Liquor gegen 60 ml Luft getauscht. Das Gutachten ist datiert auf den 5. Juni 1944, obwohl D. V. am 4. Juni, 4:00 Uhr verstarb, also weniger als 24 Stunden nach der Untersuchung, an „hypostatischer Pneumonie bei Marasmus" im Rahmen einer Little'schen Krankheit mit Idiotie. Dokumen-

tiert ist ärztlicherseits am 30. Mai, „hustet, aber nicht richtig durch. 1.6. Bettlägerig. Bronchopneumonie. 3.6. Enzephalographie". Eine Pneumenzephalographie während einer Bronchopneumonie durchzuführen ist sicher fahrlässig und ein Kunstfehler. Warum so vorgegangen wurde, ist nicht dokumentiert. Könnte es sich dabei um eine Variante möglicher „Euthanasie" gehandelt haben?
Trotz aller Bedenken wird der Fall der *Kategorie II* zugeordnet.

J. P. (EVZ II/66, 8) wurde vom Amtsarzt eingewiesen und als Pflegling im Alter von 1 Jahr und 10 Monate in die Jugendpsychiatrische Abteilung aufgenommen. Kloos informierte: „... daß der Obengenannte jederzeit in unsere Kinderfachabteilung aufgenommen werden kann." Weder ein Gutachten noch ein Totenschein (Sterbetag 23. Januar 1945) liegen vor.
Wegen fehlender Dokumente ordnet der Vf. diesen Fall der *Kategorie III* zu.

Das Kind B. H. (EVZ II/68, 4) wurde am 27. Februar 1941 auf Veranlassung der Jenaer Universitäts-Kinderklinik als Pflegling und psychisch Kranker aufgenommen. Die zuständige Ärztin Hielscher notierte: „... zählt zu Beobachtungsheim". Kloos untersuchte das Kind persönlich, ohne daß ein fachärztliches Gutachten vorliegt. Bereits am 1. März 1941 verstarb das Kind. Das Gehirn wurde an die Hirnpathologische Abteilung der Deutschen Forschungsanstalt für Psychiatrie in München geschickt: „Es liegt den Eltern sehr viel daran, daß auch anatomisch nachgewiesen wird, daß es sich nicht um eine Erbkrankheit handelte. Die Übersendung des Gehirns erfolgt daher auf Veranlassung der Eltern." Der Vater schreibt am 1. März 1941: „Ich möchte ferner noch in dieser traurigen Angelegenheit mit Ihnen bald einmal eingehend sprechen, meiner inneren Beruhigung wegen und im Interesse der Auslöschung jeder Sorge für die Zukunft. Wenn es möglich ist, möchte ich auch des Kindes Gehirn betrachten, was Sie mir sicher gestatten werden. Ich vermag zum Glück mit dem ganzen Einsatz meiner Vernunft auch in dieser traurigen Stimmung sachlich genug zu sein, um den Dingen richtig ins Gesicht zu sehen. Ich danke Ihnen für das mir und meiner Frau entgegengebrachte Vertrauen und sage Ihnen gern, daß unser Vertrauen zu Ihnen und ihrer menschlichen Auffassung grenzenlos war und ist."
Bei der Vorgeschichte vermerkte Kloos am 28. Februar: „Seit der Enzephalographie in der Kinderklinik soll es sehr hinfällig sein, wie die Eltern angeben. Temperatur erhöht. 1.III.41: Heute Exitus. Diagnose: cerebrale Kinderlähmung. (Todesursache Grippe – Pneumonie?)".

Für „Euthanasie" könnte sprechen, daß der Vater bereits vor der Aufnahme des Kindes mit Kloos gesprochen hatte und schon zur Aufnahme das Familienbuch mit sich führte. Auch der rasche Tod ist verdächtig. Warum kümmerte sich Kloos persönlich um das Kind? Gegen „Euthanasie" spräche, daß das Kind schon schwer krank aufgenommen und die Todesursache mit einem Fragezeichen versehen wurde. Bei der stationären Aufnahme wurde folgender Zustand dokumentiert: „... liegt völlig teilnahmslos mit geschlossenen Augen da; er reagiert nur mit Abwehrbewegungen und einem jammernden Stöhnen." Ein solcher Status ließ auch ohne *entsprechende* Aktivitäten einen baldigen Tod erwarten.

Für diesen Fall wurde die *Kategorie III* gewählt, wobei auch ein willentlich herbeigeführter Tod nicht ausgeschlossen werden kann.[18]

Der Junge S. S. (EVZ II/66, 12) wurde auf Weisung des zuständigen Amtsarztes vom 2. Dezember 1943 und nach Einweisung durch den Hausarzt (Kinderärztin) vom 31. Januar 1944 am 29. Februar 1944 im Alter von 4 ½ Jahren als Pflegling in die Jugendpsychiatrische Abteilung aufgenommen. Das Gutachten wurde am 24. März angefertigt. Es bestand eine therapieresistente Epilepsie mit bis zu 25 Anfällen pro Tag und Intelligenzabbau. Bis 20. März ist die Gabe von 3 × 0,1 Luminal dokumentiert (Epilepsie-Medikament). Danach gibt es keinen Eintrag mehr. Die Anfallhäufigkeit stieg zwischen 6. und 25. März 1944 von 2 auf 22 pro Tag. Am 19. März beschreibt die Pflegerin ihn als „hinfällig, oft ziemlich benommen". Wurde das Medikament wegen Überdosierung abgesetzt oder sollte es zu dieser Anfallhäufung mit der Folge verstorben an „Herzschwäche im Status epilepticus" kommen?

Da letzteres anzunehmen ist, wird S. S. der *Kategorie IV* zugeordnet.

Bei dem Jungen M. B. (EVZ II/70,10) handelt es sich mit großer Wahrscheinlichkeit um eine Tötung im Rahmen des NS-Euthanasie-Programms. Der Stadtinspektor des zuständigen Wohlfahrtsamtes meldete das 5 ½-jährige Kind (Halbwaise) im Auftrag des Amtsarztes in Stadtroda am 29. Juni 1943 an. Das Wohlfahrtsamt erteilt am 19. Juli 1943 die Zusage für die Übernahme der Kosten „... für entstehende Verpflegungs- und Behandlungskosten einschließlich etwaiger Aufwendungen für Ausrüstung, Überführung und Beerdigung (sic! - d. Vf.) sowie die Kosten der Verbringung in ein Fürsorgeerziehungsheim ..." Stadtroda meldet am 24. Juli 1943: „M. B. wurde am 19. Juli. 1943 unserer Kinderfachabteilung zugeführt ..." und als Pflegling auf die Jugendpsychiatrische Abteilung gelegt. Am 8. August 1943 heißt es im Gutachten: „Der Junge ist als bildungsunfähig anzusehen. Er wird ein dauernder Verwahrfall bleiben. Bei dem jetzigen körperlichen Zustand ist nur noch mit ganz kurzer Lebensdauer zu rechnen." Körperlich wird er seinem Alter entsprechend entwickelt beschrieben (Größe 116 cm auf Zehenspitzen, Gewicht 16,5 kg). „Dürftiger Ernährungszustand und Fettpolster. [...] In den letzten Tagen ist der Junge, dem durch Füttern außerordentlich schwierig etwas Nahrung beizubringen ist, sehr hinfällig." Am 9. August 1943 erfolgte eine Mitteilung an die Mutter: „... daß sich der Zustand Ihres Sohnes M. verschlechtert hat." Am 14. August, 19:00 Uhr, verstirbt M. B. an „Herzkreislaufschwäche nach Erregungszustand bei Idiotie", also nicht im Status epilepticus.

Als Pädiater ist man erstaunt, wie ein hinfälliges sterbendes Kind in einen Erregungszustand geraten kann. Die Todesart wird daher der *Kategorie V* zugeordnet.

3.3. Anmerkungen zur Beteiligung Ibrahims am Verfahren

Nachfolgend sollen jene Fälle analysiert und bewertet werden, in denen Kinder aus der Jenaer Universitäts-Kinderklinik unter Ibrahims Verantwortung direkt nach Stadtroda verlegt bzw. dort unter Berufung auf ihn oder auf die Jenaer Kinderklinik aufgenommen worden sind. Bei diesen Fällen können von vornherein vier Gruppen dahingehend unterschieden werden, in welcher Weise Ibrahim an der Verlegung bzw. am Schicksal der Kinder beteiligt war.

3.3.1. Einweisungen durch Ibrahim zur eventuellen Euthanasie

Der Junge E. K. (EVZ II/66, 4) lag stationär vom 9. Februar bis 2. Juni 1944 im Thüringischen Landeskrankenhaus Stadtroda. Er wurde als 2. Zwilling aus Steißlage mit einem Geburtsgewicht von 2500 g geboren. Am dritten Lebenstag erfolgte für vier Wochen die stationäre Aufnahme ins Säuglingsheim Chemnitz wegen Problemen mit der Nahrungsaufnahme. Von Anfang an entwickelte er sich verzögert. Im Alter von 9 Monaten trat ein protrahierter Fieberkrampf (Enzephalitis?) mit nachfolgenden BNS-Krämpfen auf.

Bereits am 5. Januar 1944 hatte der Vater E. K. Prof. Ibrahim vorgestellt, der ihm handschriftlich folgendes Schreiben für eine mögliche weitere Behandlung in Stadtroda aushändigte: „Sehr verehrter Herr Kollege! E. K. ... Zwilling, zweieiig, der andere gesund. Offenbar von Geburt an in der Entw. d. centralen Nervensystems rückständig. Seit dem Alter von ¾ J. sich häufende Salaam-Serien–Krämpfe. Sieht, hört, leichte Rigid. d. oberen Extrem. Keine Pyramzeichen. Offenbar aussichtslose Zukunft. Vielleicht könnte er bei Ihnen eine nähere Beobachtung und Beurteilung finden. Euth?"

Nach der Aufnahme in Stadtroda (9. Februar 1944) wurden eine Mikrozephalie (Kopfumfang 44 cm bei einem Soll von 48 cm), ein Strabismus convergens, sonst intern und neurologisch kein pathologischer Befund vermerkt. Im Enzephalogramm kam ein asymmetrisches, erweitertes Ventrikelsystem zur Darstellung, der linke Seitenventrikel war weiter als der rechte. In dem von Kloos und Hielscher unterzeichneten Gutachten vom 14. März 1944 heißt es: „… intellektuell ist E. als schwer schwachsinnig (idiotisch) anzusehen. Im Hinblick auf die fehlende Sippenbelastung und bei dem enzephalographischen Befund sowie bei dem frühen Auftreten von organischen Krampfanfällen, die erstmalig nach Fieber einsetzten, handelt es sich bei ihm um einen – möglicherweise durch Enzephalitis entstandenen – exogenen Schwachsinn. Nach ärztlichem Ermessen ist mit wesentlichen Entwicklungsfortschritten nicht zu rechnen. Der Junge wird niemals arbeitseinsatzfähig werden und immer ein Verwahrfall bleiben. Wir schlagen vor, E. K. auf der hiesigen Kinderfachabteilung zu belassen." Auf dem handschriftlichen Exemplar mit dem Absendestempel vom 17. März 1944 findet sich, wie bei vielen anderen Gutachten, mit anderer Handschrift vermerkt: 1 × Reichsstatthalter, 1 × Reichsausschuß Berlin mit Meldung.

Ärztliche Notizen in der Krankenakte besagen am 25. Mai 1944: „Geht körperlich zurück. Ißt schlecht. Puls schwach, unregelmäßig. Fieberhafter Darmkatarrh"; am 1. Juni 1944: „Befinden verschlechtert sich. Eltern benachrichtigt."; am 2. Juni 1944: „Exitus letalis. Todesursache: Herz- u. Kreislaufschwäche bei fieberhaftem Darmkatarrh. Dr. Kloos, Dr. Hielscher".

Zur Beurteilung des Falles ist Folgendes anzuführen: Es besteht wohl kein Zweifel, daß es sich um ein sogenanntes Reichsausschußkind handelt, erkennbar an dem handschriftlichen Verteilerschlüssel auf dem Gutachten und der aufgeführten Meldung an den Reichsausschuß durch Stadtroda. Diese Kinder gehörten in ihrer übergroßen Mehrzahl zu den systematisch, willentlich und wissentlich getöteten (Kategorie V). Die Erwähnung der „Euthanasie" in Ibrahims Brief läßt erkennen, daß er wußte, daß es um Tötung ging. Aus dieser Perspektive besteht meinerseits kein Dissens zum Bericht der Jenaer Universitätskommission.[19] Ob Ibrahim damit das „Euthanasie"-Verfahren abkürzen wollte oder mit dem Fragezeichen auf „Befindlichkeiten" Kloos' Rücksicht zu nehmen suchte, ist reine Vermutung und durch nichts zu belegen. Unklar ist auch, ob und welche Form der Tötung durch Euthanasie, aktive oder passive, Ibrahim meinte und inwieweit er über das Wesen und Verfahren nationalsozialistischer Euthanasie überhaupt unterrichtet war.

Neuropädiatrisch handelte es sich um ein Kleinkind mit schwerer geistiger Behinderung und WEST-Syndrom, auch Blitz-Nick-Salaam-Krämpfe genannt. Die Entwicklung entsprach motorisch maximal 10 Monaten (Stehen mit Unterstützung?), kognitiv und sozial maximal 4 Monaten. Auch aus heutiger Sicht ist die Prognose nicht wesentlich günstiger einzuschätzen.

Aus den vorliegenden Unterlagen geht nicht hervor, daß die Eltern über die Absichten bei Einweisung des Kindes in das Landeskrankenhaus (aufgenommen als Pflegling in die Jugendpsychiatrische Abteilung) unterrichtet waren. Offensichtlich bestand eine gute familiäre Integration (siehe Brief der Mutter vom 13. Februar 1944), so daß fraglich bleibt, wie stark die Familie sich psychisch oder sozial von der Behinderung des Kindes betroffen fühlte.[20]

Am 1. Oktober 1943 überwies Ibrahim das Mädchen S. Sch.[21], geb. am 14. September 1942, auf Initiative der Mutter, die zuvor bereits mit Dr. Hielscher in Stadtroda Kontakt aufgenommen hatte, mit folgendem Schreiben: „Sehr verehrter Herr Kollege. S. Sch. aus Erfurt, jetzt 12 ½ Monate alt, leidet an Mikrocephalia vera. Ein Erbmoment ist nicht bekannt. Eine normale Entwicklung wird sich nie erreichen lassen. Euthan. wäre durchaus zu rechtfertigen und im Sinne der Mutter. Vielleicht nehmen Sie sich des Falles an? Mit besten Empfehl. u. Heil Hitler! Ergebenst Dr. Ibrahim"

S. Sch. lag vom 18. Oktober bis 18. November 1943 im Thüringischen Landeskrankenhaus (vormals Landesheilanstalten) Stadtroda. Aus der Vorgeschichte geht hervor, daß die Entbindung durch Re-Sectio bei protrahierter Geburt nach vier Tagen erfolgte. Die Fontanelle sei bei Geburt fast geschlossen gewesen. Der damalige Kopfumfang ist nicht bekannt. Vom 4. bis 29. Dezember 1942 lag sie zuvor bereits wegen Entwicklungsverzögerung in der Universitäts-Kinderklinik Jena.

In einem fachärztlichen Gutachten vom 9. November 1943, das Kloos und Hielscher unterzeichneten, wird das Kind somatisch bis auf eine Mikrozephalie als unauffällig beschrieben (Kopfumfang 39,5 cm, Norm 46 cm). „Psychisch: S. lebte sich äußerlich schnell hier ein, sie erkennt offenbar ihre Pflegepersonen, merkt es, wer es gut mit ihr meint. Sie ist sehr lebhaft und für alle Vorgänge in ihrer Umgebung interessiert. Sie wendet den Kopf nach jedem Geräusch. Sie blickt jede neu eintretende Person interessiert an. Sie faßt nach vorgehaltenen Gegenständen, hält sie auch fest und bewegt sie hin und her. Vor allem ihre Kinderklapper nimmt sie gern in die Hand und freut sich offensichtlich an dem Geräusch. Sie macht ‚bitte-bitte‘, wenn sie etwas zu Essen haben möchte. S. kann frei sitzen. Sie steht und läuft auch einige Schritte, wenn sie sich am Bettchen festhalten kann. Sie ist noch unselbständig im An- und Ausziehen. Sie muß gefüttert werden. Sie ist tags und nachts unsauber. […] intellektuell ist sie zwar Gleichaltrigen gegenüber in der Entwicklung zurückgeblieben, sie macht aber einen derartig lebhaften, aktiven und für die Umwelt interessierten Eindruck, daß man sie jetzt in dem so jugendlichen Alter noch nicht als bildungsunfähig bezeichnen kann. Es besteht u. E. durchaus die Möglichkeit, daß das Kind sich noch weiter entwickelt und später vielleicht doch einmal nach der praktischen Seite hin gefördert werden kann. Wir schlagen vor, S. Sch. zunächst wieder nach Hause zu entlassen und sie nach vollendetem 3. Lebensjahr noch einmal stationär hier nachzuuntersuchen, um dann zu entscheiden, ob und wie weit eine Weiterentwicklung noch zu erwarten ist."

Erneut befand sich S. Sch. vom 3. Januar 1950 bis 15. März 1957 (sic!) in stationärer Behandlung in Stadtroda. Die anschließende Entlassung erfolgte „… als dauerhafter Pflegefall …" (Hielscher weiterhin als behandelnde Ärztin) in ein Kinderheim. Die ärztlichen Aufzeichnungen in der Krankenakte nach 1945 bestätigen die von Ibrahim 1943 abgegebene Prognose zur Entwicklung.

Bei der Beurteilung des Falles kommt der Vf. zu folgenden Ergebnissen: Es bestand eine geistige Behinderung unklarer Genese. Die Mikrozephalie bei Geburt spricht für eine pränatale Genese. Die von Ibrahim angesprochene Euthanasie wurde verworfen. Die Bemerkung, daß diese „im Sinne der Mutter" sei, erscheint nicht unwahrscheinlich, da S. Sch. nach Kriegsende auf Wunsch der Mutter (Brief an Hielscher vom 15. Juli 1949) sieben Jahre in Stadtroda behalten und anschließend in einem Heim, also nicht in der Familie, weiter betreut wurde. Im Gegensatz zum Kommissionsbericht[22] sehe ich in der Einschätzung hinsichtlich der Prognose keinen Unterschied zwischen Ibrahim und den Stadtrodaer Ärzten Kloos und Hielscher. S. Sch. entwickelte sich nicht normal und blieb schulbildungsunfähig. Ihre Entlassung zeigt zudem, daß eine Aufnahme und Begutachtung, selbst mit dem klaren Hinweis auf „Euthanasie", nicht zwangsläufig zum Vollzug führte, sondern die Entscheidung darüber in letzter Konsequenz bei dem zuständigen „Euthanasiearzt" in der letzten Verfahrensstufe lag.

3.3.2. Einweisung durch Ibrahim ohne Erwähnung der Euthanasie

Am 25. April 1944 wurde das Mädchen Ch. G. (EVZ II / 69, 5), geb. am 23. Dezember 1939, mit einem handschriftlichen Einweisungsschreiben Ibrahims mit folgendem Wortlaut in Stadtroda aufgenommen: „Sehr verehrter Herr Kollege! Das Kind Ch. G. mit mikrocephaler Idiotie, allg. muskulärer Hypotonie ohne Lähmung sollte, mindestens vorübergehend untergebracht werden, um der pflegenden Tante in ihrer aufreibenden Tätigkeit eine Entlastung zu ermöglichen. Vielleicht könnte sie bei Ihnen für einige Wochen Aufnahme und Beobachtung finden oder könnten Sie einen Rat erteilen, wohin sie gebracht werden könnte. Eine Encephalographie aus dem Jahr 1941 ergab lediglich eine leichte Erweiterung der Hirnventrikel. Mit besten Empfehlungen u. Heil Hitler! Ihr ergebenster Dr. Ibrahim".

Im fachärztlichen Gutachten vom 12. Mai 1944 findet sich somatisch eine Mikrozephalie (Kopfumfang 46,5 statt 49 cm). „Auf den Encephalogrammen kommt ein stark erweitertes, asymmetrisches Ventrikelsystem zur Darstellung, der linke Seitenventrikel ist weiter als der rechte. Die Oberflächenzeichnung ist nicht krankhaft vermehrt. Psychisch: Chr. ist in ihren statischen Funktionen zurück, sie kann sitzen, aber nicht frei stehen oder gehen. Sie faßt nach vorgehaltenen Gegenständen, hält sie fest, klopft damit auf das Bett oder gegen die Wand, weiß aber nichts damit anzufangen. Sie kann sich nicht sinnvoll beschäftigen. Sie rüttelt an den Stäben des Gitterbettchens, krampft sich an der Pflegerin fest, kneift oder schlägt auch grundlos zu. Sie ist unruhig, wirft sich im Bettchen hin und her, sie schreit oft laut und stößt unartikulierte Laute aus. Sie spricht kein verständliches Wort. Sie ist vollkommen hilfs- und pflegebedürftig, muß an- und ausgekleidet, gewaschen und gefüttert werden. Sie zeigt kein Interesse an Vorgängen in ihrer Umgebung. Sie kennt die Pflegepersonen nicht. Sie meldet ihre Bedürfnisse nicht und ist tags und nachts unsauber [...], intellektuell liegt ein Schwachsinn schweren Grades (Idiotie) vor, der im Hinblick auf die gesunde Sippe und bei den encephalographischen Befunden als exogen anzusehen ist. Bei dem Grade des Schwachsinns ist eine normale Weiterentwicklung des Kindes nicht zu erwarten. Ch. G. wird ein dauernder Pflegefall bleiben und niemals arbeitseinsatzfähig werden. Wir (Kloos und Hielscher – der Vf.) schlagen vor, Chr. G. zunächst weiter auf der hiesigen Kinderfachabteilung zu belassen." Das Kind verstarb am 11. August 1944 an „Herzschwäche bei Darmkatarrh".

Bei der Beurteilung des Falles kommt der Vf. zu folgenden Einschätzungen: Offensichtlich war der Einweisungsgrund der, den wir heute soziale Indikation nen-

nen, vorübergehend die das Kind pflegende Tante zu entlasten. Bei der Erkrankung selbst handelte es sich um eine schwere geistige Behinderung, anzunehmen mit pränataler Ursache. Der Vf. ordnet den Fall deshalb der *Kategorie II* zu. Den Terminus „zur Beobachtung" in Ibrahims Schreiben automatisch als Aufforderung zur „Euthanasie" zu interpretieren, dürfte reine Spekulation sein.[23]

Der Begriff „Beobachtung" wurde u. a. bereits vom Thüringischen Ministerium des Inneren am 3. März 1936 benutzt: „Die Fürsorgezöglinge laufen also grundsätzlich zunächst durch das Beobachtungsheim der Thür. Landesheilanstalten Stadtroda. [...] Selbstverständlich werden auch weiterhin alle Beobachtungen außerhalb des Fürsorgeerziehungsverfahrens an Kindern und Jugendlichen im Beobachtungsheim Stadtroda durchgeführt."[24] Und: das Beobachtungsheim als klinische Abteilung, unabhängig vom Erziehungsheim, wurde Anfang 1923 eingerichtet. In der Regel unterschieden die nationalsozialistischen Euthanasieärzte zwischen Untersuchung, Beobachtung, Begutachtung und Behandlung, wobei letzterer Begriff auch als Tarnbezeichnung für die Absicht zur Tötung des Patienten verwendet und verstanden wurde.

S. H. (EVZ II / 71, 4) wurde bis zum 13. August 1940 wegen einer Epilepsie in der Universitäts-Kinderklinik Jena behandelt. Am 3. September 1940 bescheinigte der behandelnde Nervenarzt aus Eisenach dem Jungen „nach einer Beobachtung der Kinderklinik Jena durch Herrn Prof. Ibrahim", daß dieser es für möglich hält, „daß das Kind erziehbar ist; er hält zu diesem Zwecke einen mehrmonatlichen Aufenthalt des Kindes in der Kinderabteilung der Heil- und Pflegeanstalt Stadtroda für erforderlich." Daraufhin wurde S. H. am 23. September 1940 auf Ersuchen des Ruhlaer Bürgermeisters als Fürsorgezögling ins Beobachtungsheim aufgenommen und nach acht Tagen auf die Abteilung für Psychisch Kranke verlegt, da er wegen seines Verhaltens und der häufigen Anfälle dort nicht tragbar war. Gut dokumentiert starb er nach 51 Tagen (13. November) an einer Pneumonie. Die Aufnahme in Stadtroda wurde durch Ibrahim indirekt angeregt.

Nach Einschätzung des Vf. ist der Fall der *Kategorie I* zuzuordnen.

3.3.3. Aus der Kinderklinik Jena direkt nach Stadtroda verlegte Kinder

Der Junge D. H. (EVZ II / 69, 2), geboren am 17. April 1941, lag vom 11. Februar bis 22. Mai 1943 stationär in Stadtroda. Als Pflegling aufgenommen, wurde er am 23. März intern verlegt, da er nach vier Wochen an einer Diphtherie mit Gaumensegel-

Lähmung (Nasen- und Rachenabstriche positiv) erkrankte. Dies führt häufig durch eingeatmete Nahrung zur Aspirations-Pneumonie, woran D. H. auch verstarb. Allerdings spricht ein Schreiben des Vaters für eine in Aussicht stehende „Euthanasie".

In einem Brief an den Direktor des Landeskrankenhauses Stadtroda vom 24. April 1943 bezieht sich der Vater auf ein Gespräch mit Kloos: „Danach ist das Befinden meines Sohnes [...] nach wie vor unverändert hoffnungslos. Meine Erklärung vom 11.3.1942 an die Universitätskinderklinik in Jena bleibt demnach aufrecht. Auch bitte ich nach wie vor zu beachten, daß sie sich in allen das Kind betreffenden Fragen nur an mich zu wenden brauchen. Ich lege hierauf deshalb großen Wert, weil ich meine Frau vor einer Wiederholung ihrer Krankheit, die sie glücklich überstanden hat, auf jeden Fall bewahren möchte. Sie hält das Kind für heilbar und begehrt es deshalb nicht nur zu sehen, sondern es zu sich zu nehmen und es selbst zu pflegen bzw. irgendwelchen Heilverfahren zuzuführen. Auch habe ich erfahren müssen, daß frühere Besuche von Anverwandten mit dazu beigetragen haben, ihr diese irrige Auffassung über das Kind zu bestärken. Ich teile Ihnen das zu Ihrer Unterrichtung mit für den Fall, daß der Versuch gemacht wird, das Kind von dort fort zu holen. Für alle Ihre Bemühungen um das Kind danke ich Ihnen aufrichtig." Der Inhalt der Erklärung des Vaters ist leider nicht bekannt.

Zu diesem Fall, der an anderer Stelle[25] nochmals beurteilt wird, sei hier lediglich angemerkt: Ein fachärztliches Gutachten bzw. eine vollständige Meldung an den Reichsausschuß existieren nicht. Möglicherweise lag diese Meldung dem Reichsausschuß bereits vor. Der Fall wird vom Vf. der *Kategorie II* zugeordnet.

H. St. (EVZ II/67, 10), ein zweijähriger Junge, kam schon am 18. März 1941 und damit vor Einrichtung der Kinderfachabteilung, überwiesen durch den zuständigen Oberarzt aus Jena in schwerkrankem Zustand (Hirnentzündung/ Encephalitis lethargica) als Pflegling ins Beobachtungsheim, von wo er wegen des verschlechterten Zustandes nach einer Woche in die Abteilung für Psychisch Kranke verlegt wurde. Die Untersuchung des Nervenwassers (Liquor) sprach für eine noch bestehende Entzündung. Medikamente wurden verabreicht. H. St. starb bereits einen Tag später (26. März 1941) im Lungenödem.

Der Tod kann nach Auffassung des Vf. nicht als willentlich herbeigeführt, und damit der *Kategorie I* zugeordnet werden.

B. O. (EVZ II/67, 5), ein Junge, erkrankte mit 8 Monaten an Blitz-Nick-Salaamkrämpfen mit Entwicklungsstillstand. Er wurde mit 13 Monaten als „vollkommen bildungsunfähig" aus der Universitäts-Kinderklinik Jena nach Stadtroda verlegt und kam dort als Pflegling in die Jugendpsychiatrische Abteilung. Das fachärztliche Gutachten vom 24. August 1943 beschreibt ihn als „einen bildungsunfähigen Idioten, der niemals arbeitsfähig werden wird. Er bleibt zunächst weiter auf unserer Kinderfachabteilung." Zehn Wochen später erkrankte er an starken Durchfällen, Erbrechen und Husten und starb nach sechs Tagen (17. November) an „Herzschwäche bei Magen-Darm-Katarrh".

Zu diesem Fall kann eingeschätzt werden: Unterstellt man keine Fälschung des Krankenblattes, wäre der natürliche Tod, also *Kategorie I*, durchaus glaubhaft.

Die beiden Fälle P. M. und B. H., zwei Jungen, gehören zu dieser Gruppe und werden hier nur der Vollständigkeit halber genannt. Sie wurden bereits weiter oben dargestellt.[26]

3.3.4. Verstorbene Kinder, die zuvor Ibrahim vorgestellt oder von ihm behandelt wurden

Bei den drei folgenden Kindern gibt es keinen Beleg dafür, daß Ibrahim direkt oder indirekt mit der Einweisung nach Stadtroda zu tun hatte. Er wird nur persönlich als behandelnder Arzt in den Krankengeschichten benannt.

H. L. (EVZ I/12, 13) wurde Ibrahim im Alter von zwei Jahren ambulant wegen „Absencen" vorgestellt. Das Anfallsleiden war nicht zu beeinflussen, Verhaltensprobleme kamen hinzu. Mit 5½ Jahren erfolgte die stationäre Behandlung zunächst in der Nervenklinik Jena, von wo H. L. nach Stadtroda verlegt wurde. Da sich die Angehörigen (den Großvater ausgenommen) gegen die Entlassung sträubten, wurde er in das Erziehungsheim HEPHATA in Treysa verlegt. Ein Jahr später wurde er durch einen Arzt des Reichsarbeitsdienstes (auf Betreiben des Vaters) erneut eingewiesen und starb im Alter von 7 Jahren 2 Monaten am 4. Januar 1945 an einer Pneumonie. In einem Schreiben vom 26. Mai 1943 an den Reichsausschuß hatte Kloos bereits ausdrücklich erklärt: „... daß es sich bei H. L. nicht um einen Reichsausschuss-Fall handelt." In der Folge stufte er H. L. aber als „Verwahrfall" ein, da die Erziehungsmaßnahmen in HEPHATA keinen sichtbaren Erfolg zeigten.

Der Fall gehört nach Auffassung des Vf. in die *Kategorie I.*, d. h. der Tod ist nicht willentlich herbeigeführt worden. (Der Fall ist zudem insofern von Bedeutung, da neben der Kinderklinik Jena auch die Nervenklinik in die Vorbehandlung einbezogen war.)

J. P. (EVZ II / 66, 8) wurde vom Staatlichen Gesundheitsamt eingewiesen (Little'sche Erkrankung. Idiotie) und starb 13 Tage später. Acht Wochen zuvor hatte Ibrahim das Kind ambulant gesehen.
Diesen Fall ordnet der Vf. *Kategorie III* zu, wobei fehlende Unterlagen keine Beurteilung des Todes selbst erlauben.

Ch. A. (EVZ II / 69, 12), ein Mädchen, wurde im Alter von 1 Jahr Ibrahim ambulant vorgestellt. Zweieinhalb Jahre später kam es als Pflegling auf die Jugendpsychiatrische Abteilung in Stadtroda, 12 Tage später erlitt sie nach der Luftfüllung der Hirnkammern (PEG) einen epileptischen Anfall mit schwerem Schock, wurde intensiv behandelt (Coramin, Lobelin, Sympatol, Cardiazol), blieb bewußtlos und starb nach drei Tagen.
Zu diesem Fall ist anzumerken, daß die Bemühungen um den Erhalt des Lebens gegen einen willentlich herbeigeführten Tod sprechen (*Kategorie III?*).

Weitere 15 Kinder lagen irgendwann vor einer Einweisung nach Stadtroda in der Universitäts-Kinderklinik Jena, ohne daß ein Zusammenhang mit ihrer späteren Aufnahme in Stadtroda anzunehmen ist. Dazwischen lag ein Zeitraum ab 2 Monaten bis zu 13 Jahren, durchschnittlich von 35 Monaten (knapp 3 Jahre). Sie werden deshalb hier nicht einzeln aufgeführt bzw. näher beschrieben. Ihr Tod läßt sich wie folgt den einzelnen Kategorien zuordnen:
Kategorie II = 7 Kinder
III = 4 Kinder
IV = 1 Kind
V = 3 Kinder

Vergleicht man diese Zahlen mit denen der Gesamtzahl verstorbener Kinder, fällt auf, daß nur halb so viele der Kategorie III (unklarer Todeseintritt) zugeordnet werden können. Daraus ist zu schlußfolgern, daß bei diesen Kindern die Dokumentation besser war. Die Relation zwischen den Kategorien II bzw. IV/V ist nicht wesentlich unterschiedlich.

4.
Zusammenfassung und Schlußfolgerungen

Wie soll das Denken und Handeln Ibrahims, der ab Juli 1943 nachweislich von der im Verfahren nicht näher klassifizierten Möglichkeit der „Kindereuthanasie" in Stadtroda gewußt[27] und Kinder zugewiesen (S. Sch. am 1. Oktober 1943, E. K. am 5. Januar 1944) hat, historisch und ethisch – ex post – eingeordnet werden?

Die Geschichtsschreibung kann sowohl Individuen als auch Strukturen beschreiben. Die Wichtung wird im Einzelfall je nach Zeitströmung und Person umstritten sein.[28] Der Vf. schließt sich Kurt Nowak an, der gemeint hat, daß „jeder historische Beitrag eine Interpretation [ist], selbst jener noch, aus dem der Autor seine Ansichten vollständig zurückzuziehen scheint", und schlußfolgert: „Weder die Tugendwächter noch die Tragiker haben die ganze Welt in ihrem Besitz."[29] Es trifft zu, daß historische Aufklärung mit der Weckung von Mitleid für die Opfer und von Abscheu gegen die Täter ihre Arbeit nicht als beendet ansehen kann. Wissenschaft ist vielmehr aufgefordert, „die Strukturen freizulegen, die die Geschehnisse möglich" machten.[30]

Zu untersuchen wäre also, in welcher Situation sich Ibrahim bzw. die Kinderärzte damals befanden. Sie standen dem Staat (und der Staat ihnen) nahe, der sie unterstützte, beispielsweise durch die Schaffung von Ordinariaten an Universitäten, die Zulassung zu Hausbesuchen im Rahmen der kassenärztlichen Versorgung, die Einrichtung von Mütterberatungsstellen, die Förderung der Geburtenrate u. ä. m. Zudem fehlten persönliche Erfahrungen mit der Praxis der nationalsozialistischen Staatsdoktrin, was als eine begünstigende Voraussetzung für die Zuarbeit der Kinderärzte zum NS-Euthanasieprogramm einzuschätzen ist.[31] Die Verflechtung der medizinischen Tätigkeit mit der wachsenden Verwaltungstätigkeit begünstigte die Möglichkeit für Kinderärzte, in die „Euthanasie" einbezogen zu werden.[32]

Es ist eine weithin akzeptierte Tatsache, daß die Psychiatrie von allen medizinischen Disziplinen am geringsten naturwissenschaftlich fundiert war und ist. Daraus folgt, daß sie sich am stärksten (ideologischen) Zeitströmungen ausgesetzt sah. In der ersten Hälfte des 20. Jahrhunderts wirkte sich die Wissenschafts- (oder Ideologie-?) Entwicklung hin zu einer Nazi-Anthropologie verheerend aus.[33] Die Genetik wurde zur Grundlage von Psychiatrie, Psychologie und Soziologie erklärt. Menschliche Erblehre, so hieß es, sei nicht nur wissenschaftliches Aufgabenfeld, sondern politische Handlungsanweisung. Neben der Analyse komme ihr auch eine Bewertungsfunktion zu. Demnach gäbe es erbbiologisch höher und niedriger stehende Menschen. Die Perfektionierung der Natur des Menschen sei oberste Aufgabe der Wissenschaften. Das angestrebte Ziel der Perfektionierung sei die Gewährleistung und Steigerung von Leistungs- und „Gemeinschaftsfähigkeit". Letzteres vor allem als Fähigkeit zur Einordnung in die biologisch verstandene deutsche Volksgemeinschaft.[34]

An dieser Stelle sei auf die Gesundheitspolitik im Nationalsozialismus hingewiesen. Das theoretische Konstrukt der „Volksgesundheit" implizierte eine Umorientierung von der kurativen zur präventiven Medizin (Vorsorge statt Fürsorge).[35] Indem der „Volkskörper" zum Objekt der Therapeutik erklärt wurde, kehrte sich das individuelle Recht um in eine kollektive Pflicht zur Gesundheit. Da „Volksgemeinschaft" als „Leistungsgemeinschaft" definiert wurde, kam es zusehends zu einer Gleichsetzung von Gesundheit und Leistungsfähigkeit, von Krankheit und Leistungsminderung.[36] Töten wurde zum „Heilen des Volkskörpers", das Opfer zum Forschungsobjekt mit Wissensgewinn für die Zukunft. Ausführlich beschreibt Achim Thom, wie dieses Denken speziell in der Psychiatrie zu Fehlentwicklungen geführt hat. Die Verhinderung psychisch Kranker bzw. psychischer Erkrankungen wurde wichtiger als die Therapie. Die Unheilbarkeit und die Defektheilung bestimmter psychischer Krankheiten wurden verabsolutiert und als unveränderlich hingenommen. Besonders schlimm aber sei die soziale Abwertung der psychisch Kranken gewesen sowie die Tatsache, daß die ordnungspolitische Funktion ins Zentrum der Berufsverpflichtung der Psychiater gerückt worden ist.[37]

In einer lesenswerten Publikation hat Klaus Dörner versucht, das medizinische Selbstverständnis der Angeklagten des Nürnberger Ärzteprozesses aus Dokumenten, aus dem Gespräch mit einem Täter und aus „einer gewissen emotionalen Zeitzeugenschaft" (er wurde 1933 geboren) zu analysieren. Er beschreibt folgende Täter-Denkweisen:

- Dem anderen den Menschen- oder Personenstatus aberkennen („Vollidioten" vegetieren dahin);
- Sich keiner Beziehung aussetzen (mögliche Opfer keinesfalls persönlich befragen oder untersuchen);
- Sich vom eigenen Leid entlasten (eigene Belastung betonen, Mitwisserschaft herstellen);
- Einen Auftrag grundsätzlich ablehnen, aber pragmatisch annehmen (Schlimmeres verhüten und andere Argumente);
- Ethik-Ersatz (Ich habe immer nur das Beste gewollt, alle Angeklagten bezeichneten sich als „Idealisten").

Ausdruck und Ergebnis der nationalsozialistischen Auffassungen über Volksgesundheit, Rassenhygiene, Herrenmenschentum und Weltherrschaft waren die Entfesselung des Zweiten Weltkrieges, die „Endlösung der Judenfrage" und die Krankenmorde als Verbrechen gegen die Menschlichkeit. Der Verfasser benutzt hier bewußt nicht den „Euthanasie"-Begriff. Im Sprachgebrauch der NS-Ideologen, aber auch mancher Ärzte, handelte es sich um „Ausmerze", um das Liquidieren von „lebensunwertem Leben".[38] In Übereinstimmung mit H. Friedlander wird hier die Auffassung vertreten: „In der Sprachregelung der Nationalsozialisten waren die Begriffe ‚Euthanasie' und ‚Gnadentod' oder ‚Sterbehilfe' ein Euphemismus, der die Ermordung Behinderter verschleiern sollte. Sie töteten aus rassischen und eugenischen Gründen, nicht um dem einzelnen Betroffenen Leid zu ersparen. Ihre Mordaktion war kein individueller Gnadenakt, sondern ein geheimes staatliches Programm."[39] Bekanntlich wurde die Tötung Kranker und Behinderter auch ökonomisch begründet: Es sollten materielle Ressourcen geschont (Nahrung, Kleidung, Pflegebedarf) und Einrichtungen für Kriegsopfer statt für psychisch Kranke, Asoziale und Tuberkulosekranke zur Verfügung gestellt werden.

In diesem Sinne ist der ursprüngliche Euthanasie-Begriff niemals gemeint gewesen, wenn er zuvor im normalen Sprachgebrauch verwendet worden ist und lediglich für eine schmerzlose Sterbehilfe bei unheilbaren Krankheiten mit tödlichem Verlauf galt. Zu letzterem hatte Ibrahim, so ist anzunehmen, in bestimmten Fällen eine positive Einstellung. Zeugen sagen aus, daß er eine generelle bzw. großzügig gehandhabte Euthanasie ablehnte. Damit näherte er sich Einstellungen, die von Ärzten, Politikern und Teilen der Bevölkerung geteilt wurden und auch heute geäußert werden. 1920 hatte eine Umfrage Ewald Meltzers bei den Eltern der 200 „bildungsunfähigen schwachsinnigen" Kinder aus Großhennersdorf in Sachsen ergeben, daß 73 Prozent einer künstlich herbeigeführten Lebensabkürzung ihres Kindes zustimmen würden. Die wichtigste Frage hatte gelautet: „Würden Sie auf jeden Fall in eine schmerzlose Abkürzung des Lebens Ihres Kindes einwilligen, nachdem durch Sachverständige festgestellt ist, daß es unheilbar blöd ist?" Von 200 ausgegebenen Fragebögen waren 162 zurückgesandt, und von diesen 119 mit *Ja* und 43 mit *Nein* beantwortet worden.[40] In einer Befragung deutscher Ärzte zu Beginn des 21. Jahrhunderts befürworteten 8,5 Prozent ganz bzw. weitere 17,8 Prozent teilweise die Legalisierung der aktiven Sterbehilfe.[41] In den Niederlanden und Belgien ist die aktive Sterbehilfe bereits gesetzlich geregelt, wobei angenommen werden muß, daß die Bedingungen nicht immer korrekt eingehalten werden bzw. eine gewisse Dunkelziffer besteht.

Das Euthanasie-Problem beschäftigt das Abendland seit der Antike und existiert auch in der heutigen Zeit. Immer und immer wieder wird über Sterbehilfe und Tötungshilfe bei Suizidenten, Mitleidstöten, Hirntod, Wachkoma, Organtransplantation, Sterilisation nichteinwilligungsfähiger Personen, fremdnützige Forschung an Menschen, Präimplantations-Diagnostik, Schwangerschaftsabbruch aus embryopathischer Indikation, Patentrecht für Genforschung, Umgang mit extrem unreifen Frühgeborenen usw. diskutiert.

Sollte (und darf) in dieser Diskussion ganz auf einen Bezug zur NS-Euthanasie verzichtet werden? Wohl kaum! Möglich wäre ein *Ja-Aber* im Sinne einer Warnung vor Wiederholung. Der mögliche Mißbrauch von Verharmlosung über reißerische Aufmachung bis hin zur Apologetik für eigene Ziele sollte dabei tunlichst vermieden werden. Dies sowie die Zeitströmungen, die Ibrahim beeinflußt haben könnten, heute berücksichtigend, sollte unbedingt vor folgendem ärztlichem Denken und Tun gewarnt sein:
– vor der Machbarkeit und Produzierbarkeit eines normierten Menschen;
– vor technokratischem Denken;
– vor einem distanziert-objektiven und hierarchischen Arzt-Patienten-Verhältnis;
– vor dem Überhandnehmen gesellschaftlicher vor den individuellen Interessen;
– vor der Wertung der Menschen nach Moral, Leistung, Ethnie usw.;
– vor der Mißachtung der Patientenautonomie;
– vor dem Primat der Ökonomie;
– vor der Medizin im Sinne der Billig-Medizin;
– vor Verwaltungsakten (Meldungen usw.), die die ärztliche Schweigepflicht aushöhlen.

So können wir uns nicht oft genug an zwei ärztliche Vorfahren erinnern: an Hippokrates und Albert Schweitzer. Jede Abweichung vom oft als antiquiert betrachteten „Eid des Hippokrates" und von einem praktizierten Ethos der „Ehrfurcht vor dem Leben" wird uns in eine fatale Sackgasse ärztlichen Handelns führen, in den Verrat am Patienten.[42]

Anmerkungen

1 Bericht der Kommission der Friedrich-Schiller-Universität Jena zur Untersuchung der Beteiligung Prof. Dr. Jussuf Ibrahims an der Vernichtung „lebensunwerten Lebens" während der NS-Zeit. Jena 25. April 2000 (künftig zit.: Kommissionsbericht).
2 Lothar Pelz: Kinderärzte im Netz der „NS-Kindereuthanasie" am Beispiel der „Kinderfachabteilung" Görden. – In: Monatsschrift Kinderheilkunde 2003, S. 1031 (künftig zit.: Kinderärzte im Netz).
3 Kommissionsbericht, S. 65.
4 Susanne Zimmermann: Die medizinische Fakultät der Universität Jena während der Zeit des Nationalsozialismus. Habilitation an der FSU Jena. Jena 1993; Renate Renner und Susanne Zimmermann: Der Jenaer Kinderarzt Jussuf Ibrahim (1877–1953) und die Tötung behinderter Kinder während des Nationalsozialismus. – In: Kämpferische Wissenschaft. Studien zur Universität Jena im Nationalsozialismus, hg. von Uwe Hoßfeld, Jürgen John, Oliver Lemuth, Rüdiger Stutz. Köln-Weimar-Wien 2003; Dieselben (Hg.): „Im Dienst an Volk und Vaterland." Die Jenaer Universität in der NS-Zeit, Köln 2005.
5 Siehe dazu den Beitrag „Euthanasie in Thüringen" in diesem Band.
6 Zit. nach einer persönlichen Mitteilung von Herrn Dr. med. Hans Amlacher, 2003 Ärztlicher Direktor des früheren Landesfachkrankenhauses für Psychiatrie und Neurologie, dem heutigen Asklepios Fachklinikum Stadtroda.
7 Matthias Dahl: Endstation Spiegelgrund. Die Tötung behinderter Kinder während des Nationalsozialismus am Beispiel einer Kinderfachabteilung in Wien 1940–1945. Med. Diss. an der Georg-August-Universität zu Göttingen. Göttingen 1996 (künftig zit.: Spiegelgrund).
8 Für diesen Sachverhalt gilt die folgende Feststellung von Dr. Marianne Türk: „Insofern erscheint dort, wo tatsächlich Euthanasie vorgekommen ist, die Krankengeschichte als verfälscht auf." Zit. nach Spiegelgrund, S. 93f.
9 Vgl. Protokoll der Generalstaatsanwaltschaft am Landgericht Frankfurt/Main (z.Z. Göttingen) vom 27.11.1961 (Az. Je 148/60). – Die Übergabe der Stadtrodaer Archivbestände erfolgte durch den damaligen Direktor des Krankenhauses Prof. Dr. med. Erich Drechsler an das Ministerium für Staatssicherheit (Abt. XII Zentralarchiv) und ist u.a. belegt durch ein Schreiben vom 16.12.1967. Vgl. dazu BArch Berlin, EVZ I/Karton 21, Akte 1.
10 BArch Berlin, EVZ I/21, 1.
11 Die Überlegungen für diese Kriterien wurden von Sebastian Lemke angeregt.
12 Mathias Dahl: Spiegelgrund, a.a.O. S. 44; Siehe auch Jan Nedoschil u. Rolf Castell: „Kindereuthanasie" während der nationalsozialistischen Diktatur. Die „Kinderfachabteilung" Ansbach in Mittelfranken. – In: Praxis der Kinderpsychologie und Kinderpsychiatrie, 2001, S. 203f.
13 Da alle nachfolgend aufgeführten Krankenakten dem gleichen Bestand im BArch Berlin zugehörig sind, werden diese in der Folge hinter den Initialen der Kinder in verkürzter Form (Bestand EVZ/Karton- und Aktennummer) zitiert.
14 Matthias Dahl: Spiegelgrund, a.a.O. S. 91 u. 182.
15 Vgl. dazu auch die entsprechenden Feststellungen im Beitrag „Euthanasie in Thüringen" in diesem Band.

16 Renate Renner gab für 1940 als höchsten Wert 23,57 Prozent an, wobei bei mehr als 10 Prozent mit unnatürlichen Sterbefällen und bei mehr als 20 Prozent von einer Tötungsanstalt ausgegangen werden müsse. Vgl. Renate Renner: Zur Geschichte der Thüringer Landesheilanstalten / des Thüringer Landeskrankenhauses Stadtroda 1933 bis 1945 unter besonderer Berücksichtigung der nationalsozialistischen „Euthanasie". Med. Diss. an der FSU Jena. Jena 2005, S. 68f.
17 F. Eitner: Die Statistik der Heilanstalten. – In: Handwörterbuch der psychischen Hygiene. Berlin und Leipzig 1931, S. 90.
18 Matthias Dahl stellt in seiner Untersuchung zum Spiegelgrund einen ähnlichen Fall (Fallbeispiel 25) dar. Vgl. Matthias Dahl: Spiegelgrund, a. a. O. S. 108f.
19 Kommissionsbericht, S. 28ff.
20 Siehe dazu auch den Beitrag „Der ‚Fall' Ibrahim" in diesem Band.
21 Für den Hinweis auf dieses Kind und die Einsicht in Dokumente der Krankenakte danke ich Renate Renner. Die entsprechenden Dokumente befinden sich im Archiv des Asklepios Fachklinikums, den früheren Thüringischen Landesheilanstalten / Landeskrankenhaus bzw. Landesfachkrankenhauses Stadtroda. Dazu gehört auch die nachfolgende Krankengeschichte, die inzwischen eingesehen und ausgewertet werden konnte. Für den entsprechenden Hinweis danke ich Sebastian Lemke.
22 Kommissionsbericht, S. 27.
23 Im Krankenhaus Am Spiegelgrund in Wien waren mindestens 1055 Kinder von 1941 bis 1944 (zur Beobachtung) aufgenommen worden, von denen 312 verstarben. Der verantwortliche Arzt gab an, daß 33 bis 50 Prozent der Todesfälle mit „Nachhilfe" verstorben seien. Vgl. Matthias Dahl: Spiegelgrund, a. a. O. S. 45 u. 51.
24 BArch Berlin, EVZ I / 37, 4, S. 2.
25 Vgl. dazu auch den Beitrag „Der ‚Fall' Ibrahim" in diesem Band.
26 Dabei handelt sich um die Kinder P. M. und B. H.
27 Kommissionsbericht, S. 18.
28 Siehe die Beiträge von Hans-Günter Eschke und Willy Schilling in diesem Band. Siehe auch Kurt Nowak: Das Faktum und seine Deutung. Interpretationsmodelle zu Sterilisation und Euthanasie im Dritten Reich. – In: Theologische Literaturzeitung (1990), S. 1033–1042.
29 Ebenda, S. 244.
30 Zit. nach Markus Zimmermann-Acklin: Zur Wechselwirkung von Geschichte und Ethik in der Euthanasie-Diskussion. – In: Andreas Frewer und Clemens Eickhoff (Hg.): „Euthanasie" und die aktuelle Sterbehilfe-Debatte. Die historischen Hintergründe medizinischer Ethik. Frankfurt a. M. u. New York 2000, S. 452. Vgl. zudem Jochen Christoph Kaiser, Kurt Nowak u. Michael Schwartz (Hrsg.): Politische Biologie in Deutschland 1895-1945. Eine Dokumentation. München 1992, S. IX f.
31 Lothar Pelz: Kinderärzte im Netz, a. a. O. S. 45.
32 Vgl. Achim Thom u. Horst Spaar: Medizin im Faschismus. – In: Medizin und Gesellschaft, Bd. 26 (1985), S. 23.
33 Siehe Volker Roelcke, Gerit Hohendorf, Maik Rotzoll: Psychiatrische Forschung. „Euthanasie" und der „Neue Mensch". Zur Debatte um Menschenbild und Wertsetzungen im Nationalsozialismus. – In: Andreas Frewer u. Clemens Eickhoff (Hg.): „Euthanasie" und die aktuelle Sterbehilfe-Debatte ..., a. a. O. S. 193.

34 Ebenda, S. 206f.
35 Siehe Klaus Dörner: „Ich darf nicht denken". Das medizinische Selbstverständnis der Angeklagten. – In: Angelika Ebbinghaus u. Klaus Dörner (Hrsg.): Vernichten und Heilen. Berlin 2001, S. 350.
36 Siehe Hans-Walter Schmuhl: Rassenhygiene, Nationalsozialismus, Euthanasie. Göttingen 1987, S. 359; Achim Thom und Genadij Ivanovic Caregorodcev (Hrsg.): Medizin unterm Hakenkreuz. Berlin 1989, S. 435.
37 Ebenda, S. 155.
38 Siehe dazu auch die Beiträge von Manfred Weißbecker und Willy Schilling in diesem Band.
39 Henry Friedlander: Der Weg zum NS-Genozid. Von der Euthanasie zur Endlösung. Berlin 1997, S. 20.
40 Vgl. Ewald Meltzer: Das Problem der Abkürzung „lebensunwerten" Lebens. Halle a. d. Saale 1925. Hier zit. nach Ernst Luther: Neues Deutschland vom 11.5.2001.
41 Christoph Müller-Busch, Eberhard Klaschik, Susanne Woskanjan: Palliativmedizin. Eine Alternative zur aktiven Euthanasie. Eine Umfrage der Deutschen Gesellschaft für Palliativmedizin zu verschiedenen Formen der Sterbehilfe. – In: Dtsch. Ärztebl. 2004; 101: A 1077–1078 [Heft 16].
42 Lothar Pelz: Kinderärzte im Netz, a. a. O. S. 45.

Sebastian Lemke

22 Stadtrodaer Kinderschicksale

Fakten aus der Sicht eines Klinikers

1. Einführung in die Problematik

"Es gibt zwei friedliche Gewalten: das Recht und die Schicklichkeit", schrieb Goethe in seinen Maximen und Reflexionen.

„Recht und Schicklichkeit" eines Jenaer Arztes, der zeitlebens hohe Achtung genossen hatte, standen rund 50 Jahre nach seinem Tode unerwartet in Frage. Am 25. April 2000 veröffentlichte eine Kommission der Jenaer Friedrich-Schiller-Universität einen „Bericht über die Beteiligung des Kinderarztes Professor Dr. Jussuf Ibrahim an der Vernichtung lebensunwerten Lebens während der Zeit des Nationalsozialismus" (Kommissionsbericht). Der Bericht rief Bestürzung und Verunsicherung hervor, nicht nur bei Menschen, die Ibrahim noch kannten und von seiner moralischen Integrität überzeugt waren. In der nachfolgenden öffentlichen Diskussion blieb ein Grundsatz des Kommissionsberichtes unberücksichtigt: die Kommission gab an, daß sie es nicht als ihre Aufgabe verstehe, das Wirken Ibrahims juristisch zu bewerten. Wer aber könnte über Recht oder Unrecht eines Tuns besser urteilen als der Jurist? Der Autor des vorliegenden Beitrages sah sich nicht in der Aufgabe, ein „juristisches Urteil" vorwegzunehmen und über seinen Beruf hinausgehend, ein „Richter in Weiß" zu sein. Er sah sich jedoch in der Aufgabe, seine ärztliche Erfahrung zur Verfügung zu stellen, um dem Urteilenden eine weitere medizinisch-klinische Grundlage zu geben.

2. Methodik

1. Der Autor ging dergestalt vor, daß er die im Kommissionsbericht mit Aktenmaterial vorgestellten 22 Fälle der in Stadtroda (Thüringische Landesheilanstalten Stadtroda, ab Februar 1943 Thüringisches Landeskrankenhaus) verstorbenen Kin-

der im einzelnen erneut anhand des gleichen Aktenmaterials auswertete, das auch der Kommission der Universität Jena zur Verfügung stand:
- hinsichtlich der persönlichen Daten,
- hinsichtlich der medizinischen Vorgeschichte,
- hinsichtlich des Zustandes der Kinder bei Aufnahme in Stadtroda,
- hinsichtlich der in Stadtroda dokumentierten Diagnostik und Therapie,
- hinsichtlich des Krankheitsverlaufes und des Sterbens in Stadtroda,
- hinsichtlich etwaiger Besonderheiten.

Der Autor nutzte die ihm gebotenen Möglichkeiten, um bei der archivalischen Erschließung des Materials, bei der Auswertung und schließlich auch in der gedanklichen Auseinandersetzung mit einer wissenschaftlichen Mitarbeiterin, einem Pädiater und einem Historiker zusammenzuarbeiten.[1] Dabei entstanden Übereinstimmung und Widerspruch – die sichtbaren Unterschiede, sei der Leser ermutigt, in den verschiedenen Beiträgen dieser Publikation nachzulesen.

Zu folgenden Kategorien suchte der Autor abschließend bei jedem verstorbenen Kind begründet Stellung zu nehmen:
- das Kind kam auf Veranlassung Ibrahims in Stadtroda zur Aufnahme,
- auf Grund der klinischen Befunde gemäß überlieferter Dokumentation war das verstorbene Kind wahrscheinlich nicht willentlich zu Tode gebracht worden,
- eine ausreichend sichere Zuordnung zur willentlichen Tötung erschien auf Grund der klinischen Befunde nicht möglich,
- auf Grund der klinischen Befunde war das verstorbene Kind wahrscheinlich willentlich zu Tode gebracht worden.

3.
Resultate

2. Das im Kommissionsbericht vorgestellte Kind N. T. war nur an Hand einer Registrierkarte der „großen Patientenkartei der Stadtrodaer Klinik", nicht aber anhand einer Akte dokumentiert. Eine diesbezügliche Akte war weder in Stadtroda noch im Bundesarchiv nachgewiesen. Auf Grund der ungenügenden Datenlage konnte es für die beabsichtigte Auswertung nicht berücksichtigt werden. Es verblieben zur Auswertung 21 Kinder, darunter 16 Knaben. 18 der Kinder hatten ihren Wohnsitz in Thüringen. Der Median[2] des Geburtsjahres aller Kinder lag im Jahr 1939.

3.1. Daten der Vorgeschichte

Das Einsetzen erster Krankheitszeichen im zeitlichen Abstand zur Geburt ließ sich folgendermaßen belegen (Tab. 1):

Tabelle 1

erste Zeichen der Krankheit	Anzahl der Kinder
ab Geburt bis vollendetem 1. Lebensmonat	4
ab 1. Monat bis vollendetem 1. Lebensjahr	11
nach dem 1. Lebensjahr	4
unklar	2

Folgende körperliche Befunde waren vor Aufnahme in die Stadtrodaer Klinik in anderen medizinischen Einrichtungen erhoben worden (Tab. 2):

Tabelle 2

körperlicher Zustand	Anzahl
regelrecht	3
krankhaft	15
unklar	3

Als krankhaft zählten z. B. erhebliche Untergewichte oder erhebliche Abnormitäten des Schädelumfanges.

Folgende instrumentell-technische Befunde waren schon *vor* Aufnahme in Stadtroda dokumentiert:
- in 9 Fällen Liquorbefunde[3], davon 2 regelrecht, 3 krankhaft und 4 unklar,
- in 14 Fällen Pneumencephalografien[4], davon 3 regelrecht, 9 krankhaft und 2 unklar.

Therapeutische Bemühungen vor Aufnahme in der Stadtrodaer Klinik ließen sich bei 9 Patienten nachweisen. Dazu zählten Gipsbett, therapeutische Liquorpunktion, Fixierungen zum Schutz des Kindes, Operationen, Kost- und Pflegepläne, therapeutische Röntgenbestrahlungen, Infusionen, Bluttransfusionen und zahlreiche Medikamente (Baldrian, Ca-Tabletten, Chloralhydrat, Cibacol, Eubasin, Hypomorphin, Jod, Luminal, Pantopon, Prominaletten).

Frühere Aufenthalte in der Jenaer Universitäts-Kinderklinik ließen sich folgendermaßen nachweisen (Tab. 3):

Tabelle 3

Modus	Anzahl der Kinder
stationäre Beobachtung	15
stationäre Behandlung	3
ambulante Vorstellung	1

Bei 2 Kindern (D. F., G. M.) war ein vorausgegangener Kontakt zur Universitäts-Kinderklinik Jena nach Aktenlage zu verneinen oder nicht zu belegen.

In 8 Fällen ließ sich die von Ibrahim gestellte Prognose ermitteln: in einem Fall gab er eine gute Prognose ab, in 7 Fällen eine schlechte. Prognostische Äußerungen sind als wesentliche Merkmale ärztlichen Handelns oder ärztlicher Begutachtung anzusehen. Sie können nicht bedenkenlos als Zeichen eines Tötungsvorhabens deklariert werden.

Die folgenden Aufnahmeumstände in Stadtroda ließen sich ermitteln (Tab. 4):

Tabelle 4

Einweisungsmodus	Anzahl der Kinder
direkt vom Vormund (z. B. Eltern)	7
von Kinderklinik (Ibrahim, Frau OÄ Dr. Haas, OA Dr. Wiedemann)	5
vom Amtsarzt	5
sonstige Einweisungen	2
von anderen Einrichtungen (z. B. Heim)	1
vom „Reichsausschuß zur wissenschaftlichen Erfassung von erb- und anlagebedingten schweren Leiden", Berlin	1
	21

In 9 von 21 Fällen erfolgte die Aufnahme in Stadtroda nachweislich auf Anraten Ibrahims, in 11 Fällen erfolgte sie nachweislich nicht auf sein Anraten hin.

Die zeitlichen Abstände zwischen letztem Kontakt zu Ibrahim und der stationären Aufnahme in Stadtroda ließen sich folgendermaßen ermitteln (Abb. 1):

Abbildung 1:
Abstand vom letzten Kontakt Prof. Ibrahim bis zur Aufnahme in Stadtroda

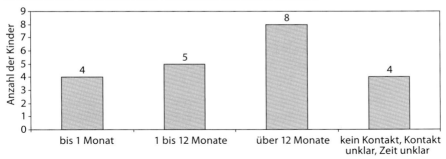

Der längste zeitliche Abstand vom letzten Kontakt Ibrahims bis zum Zeitpunkt der Aufnahme in Stadtroda betrug bei dem Kind B. W. 6 Jahre.

3.2. Zum Klinikaufenthalt in Stadtroda

Der Median des Stadtrodaer Aufnahmejahres aller verstorbenen Kinder lag im Jahr 1943.

Die Verteilung ist nachfolgend grafisch dargestellt (Abb. 2):

Abbildung 2:
Aufnahmejahr

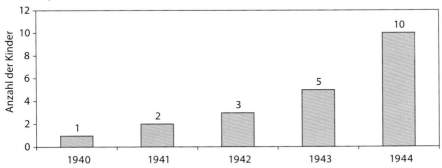

Die ärztliche Dokumentation war immer vorhanden. In 8 Fällen wurde sie als lückenhaft eingeschätzt, in 13 Fällen als ausführlich. Die pflegerische Dokumentation war in 16 Fällen nicht vorhanden, in 3 Fällen lückenhaft und in 2 Fällen als ausführlich erkannt worden.

Bei 4 Kindern waren Körpergröße und Körpergewicht am Aufnahmetag in Stadtroda nicht vollständig dokumentiert. In den übrigen 17 Fällen ließ sich ein body-mass-Index[5] von durchschnittlich 14,52 ermitteln (der kritische untere Grenzwert für eine Magersucht liegt heute bei 17,5). Der niedrigste Wert lag bei 9,43; der höchste bei 19,73.

Als häufigste klinisch-pathologische Befunde am Aufnahmetag in Stadtroda erwiesen sich neurologischerseits zentrale Lähmungen in 11 Fällen (Unvermögen zum Stehen oder Laufen, Spastik, Reflexsteigerungen, krankhafte Reflexe), psychiatrischerseits Unfähigkeit zur Reaktion (in 5 Fällen) und internistischerseits offene Geschwüre oder andere eitrige Wunden (in 3 Fällen).

Die folgenden Diagnosen waren anläßlich der Aufnahmeuntersuchung in Stadtroda gestellt worden (z. T. Mehrfachdiagnosen Tab. 5):

Tabelle 5

Diagnose	Häufigkeit
Idiotie (Fachbezeichnung für ausgeprägte Geistesschwäche)	16
Epilepsie (Anfälle)	6
Encephalitis (Hirnentzündung)	6
Hydrocephalus (Vergrößerung der Hirnhohlräume)	4

Die Schwere des Krankheitsbildes bei Aufnahme in Stadtroda wurde vom Autor nach Aktenlage folgendermaßen eingeschätzt (Tab. 6):

Tabelle 6

Schwere	Anzahl
leicht krank	2
schwer krank	17
unklar	2

In der wissenschaftlichen Diskussion mit dem Pädiater ergab sich in der Einschätzung der Schwere in allen Fällen Übereinstimmung. Eine Schlußfolgerung aus dieser Einschätzung war darin zu sehen, daß ein Teil der Kinder, nämlich die leicht kranken Kinder, zum Aufnahmezeitpunkt eher nicht als Sterbekandidaten gelten durften.

12 Kinder wurden in Stadtroda mit Hilfe von Lumbalpunktionen und Pneumencephalografien untersucht, dabei erwiesen sich 3 Liquores und 9 Pneumencepha-

lografien als krankhaft. In einem Fall war die Zunahme eines auswärts diagnostizierten Hydrocephalus zu verzeichnen, in einem Fall eine Abnahme. Ein Blutbild erwies sich als pathologisch (Leukozytose), einmal (H. T.) wurde eine Sectio ausführlich dokumentiert („meningitische Herde an der Schädelbasis, ... Hirnhöhlen extrem erweitert, ... nur ein schmaler Rand von Gehirn noch vorhanden ..."").

In folgender Weise waren therapeutische Bemühungen von Pflegepersonal oder Ärzten dokumentiert (Tab. 7):

Tabelle 7

Kriterium	Anzahl der Fälle
Anregung zur Nahrungsaufnahme, zum Spielen	19
Besorgung der Körperpflege, der Ausscheidungen	11
Medikamentengabe (u. a. Sympatol)	6
Fixierung zum Schutz des Kindes	2
physikalische Behandlung (Brustwickel)	2
therapeutische Röntgenbestrahlung (geplant)	1
chirurgische Versorgung	1
Diät	1

Zwischenzeitliche Besserungen ließen sich im Verlauf in 6 Fällen belegen. Diese dokumentierten Besserungen ließen – vorbehaltlich anderer Erklärungen – doch auch zwei Schlußfolgerungen zu. Zum einen sprachen sie nach Ansicht des Autors eher gegen eine Tötungsabsicht: ein nach Besserung eingetretener unerwarteter Tod wäre dem Vormund des Kindes gegenüber vom Arzt schwerer zu begründen gewesen als ein in der Kontinuität eingetretenes Sterben. Aus dem gleichen Gedanken heraus erschienen zum anderen dem Autor derartige Vermerke in den Akten auch als Indizien gegen eine Fälschung oder Manipulation. Sie waren eher als Hinweise auf eine den tatsächlichen Gegebenheiten folgende Dokumentation zu erklären.

Die Aufenthaltsdauer in Stadtroda ist in der nachfolgenden Grafik abgeleitet (der Aufnahmetag wurde nicht gerechnet, Abb. 3):

Abbildung 3:
Aufenthaltsdauer

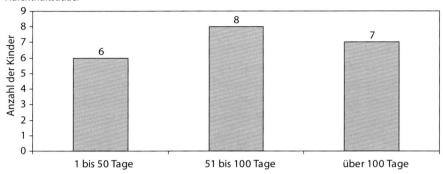

Die kürzeste Aufenthaltsdauer betrug 2 Tage, die längste mehr als 1 Jahr.

Der zeitliche Abstand zwischen ersten dokumentierten Anzeichen der Verschlechterung und dem Todeseintritt (Sterbeverlauf) ist nachfolgend dargestellt (Abb. 4):

Abbildung 4:
Sterbeverlauf

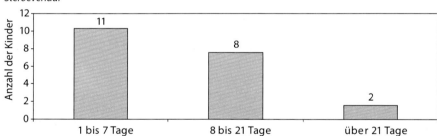

Als Sterbediagnosen wurden genannt (Abb. 5):

Abbildung 5:
Sterbediagnosen

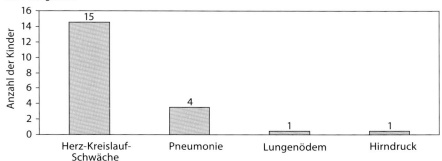

Als Ursachen der Herz-Kreislauf-Schwäche notierten die damaligen Ärzte vor allem Magen-Darm-Katarrhe und epileptische Anfälle. In einem Fall (B. H.) war die Diagnose Grippe-Pneumonie vom behandelnden Arzt mit einem Fragezeichen, dem Zeichen der diagnostischen Unsicherheit, versehen.

Die Sterbezeit war in 2 Akten nicht angeführt. Der Median der Sterbezeiten in den übrigen Krankengeschichten lag bei elf Uhr.

Die grafische Darstellung der Sterbezeiten ergab folgendes Bild (Abb. 6):

Abbildung 6:
Sterbezeit

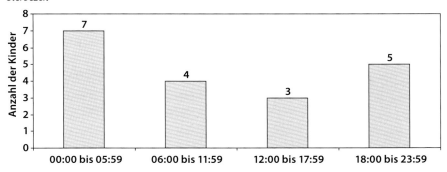

Der Median des Sterbejahres lag im Jahr 1943. Die Verteilung ist nachfolgend dargestellt (Abb. 7):

Abbildung 7:
Sterbejahr

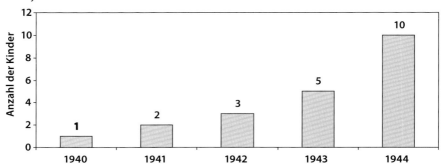

Ein sicherer, eindeutiger Hinweis auf die ausgeführte Tötung eines Kindes (z. B. auffällige Körperbefunde, überhöhte Medikamenten-Dosierungen) war in keinem Fall dokumentiert. Dabei war festzustellen, daß die vorhandenen ärztlichen Befunde den Körperzustand der Kinder recht genau beschrieben, auch bei Nachuntersuchungen im Verlauf.

Die fachärztliche Beurteilung des Sterbevorganges ergab, eingeteilt nach den drei Kategorien:

I = wahrscheinlich nicht willentlich herbeigeführter Tod (z. B. natürlicher Tod)
II = unklar (z. B. infolge ungenügender Dokumentation)
III = wahrscheinlich willentlich herbeigeführter Tod (z. B. Überdosierungen)

– in 15 Fällen die Zuordnung zur Kategorie I,
– in 6 Fällen die Zuordnung zur Kategorie II und
– in keinem Fall die Zuordnung zur Kategorie III.

Im wissenschaftlichen Disput mit dem Kinderarzt kam es in der überwiegenden Zahl der Fälle zur übereinstimmenden Kategorisierung. In einigen Fällen war bleibende Übereinstimmung jedoch nicht zu erreichen. Die vorgetragenen Einschätzungen stehen allein in der Verantwortung des Autors.

In den 6 vom Autor der Kategorie II zugeordneten Kindern war in einem Fall (E. K.) die Aufnahme in Stadtroda auf Anraten Ibrahims erfolgt. Der Abstand vom letzten Kontakt Ibrahims zum Aufnahmetag in Stadtroda betrug hier 5 Wochen. In einem anderen Fall war ein Kontakt Ibrahims zum Kind (D. F.) nicht nachzuweisen. Bei den übrigen 4 Kindern war er zwar zu einem früheren Zeitpunkt behandelnder Arzt, bezüglich der Einweisung nach Stadtroda jedoch in keinem Fall der einweisende Arzt. Zudem betrugen die zeitlichen Abstände seines letzten Kontaktes zu diesen 4 Kindern bis zum Aufnahmetag in Stadtroda im Einzelnen rund 124 Wochen (G. G.), 322 Wochen (B. W.), 106 Wochen (G. Ü.) und 97 Wochen (D. N.).

4.
Diskussion

4.1. Methodische Probleme

Der Autor hat Bedenken, die möglicherweise beabsichtigte Tötung eines Kindes allein aus den Formalitäten herzuleiten, daß es gemeldet, daß es begutachtet und das fachärztliche Gutachten dem Reichsausschuß in Berlin zugeleitet wurde. Auch unter der Annahme, daß der Reichsausschuß im jeweiligen Fall die Legitimation zum Töten gegeben hätte, wäre doch trotzdem die Entscheidungsfreiheit des behandelnden Arztes und damit die Möglichkeit des Nicht-Tötens erhalten geblieben.

Für eine mögliche anderweitige Bedeutung der Gutachten an den Reichsausschuß kann in den vorliegenden Krankengeschichten der Fall D. V. sprechen, in dem wahrscheinlich das fachärztliche Gutachten erst nach dem Tod des Kindes verfaßt wurde. Schließlich ist ein weiterer Gedanke in der methodischen Auseinandersetzung mit obiger Annahme anzusprechen. So war für die damalige Zeit anzunehmen, daß Ärzte aus einem individuellen Entschluß heraus Patienten töteten, ähnlich wie auch in heutiger Zeit gelegentlich die Presse über Serientötungen durch Ärzte berichtet.[6] Gingen diese Ärzte damals straffrei aus? Die damalige kriminologische Literatur jedenfalls verwies auf die Rechtspflicht des Arztes, den Tod abzuwenden[7] und verlangte die Bestrafung des Arztes bei Tötung auf Verlangen,[8] auch die Bestrafung des Arztes bei mangelnder Versorgung der Oberschenkelhals-Fraktur einer zwangseingewiesenen psychisch kranken Anstaltspatientin.[9] Mit diesen Überlegungen will der Autor nicht Straftaten aus damaliger Zeit verharmlosen. Er will allein in der hier betrachteten Konstellation „Ibrahim – Stadtroda" zur sorgsamen und differenzierenden Betrachtung der Umstände beitragen.

Nach Ansicht des Autors blieb zur Beurteilung eines etwaigen Tötens deshalb nur die Einzelfallbetrachtung, und diese zuerst durch den Juristen und sodann (bei Bedarf) durch den beratenden Arzt. Wie problematisch aus fachärztlicher Sicht auch bei sorgfältigem und gewissenhaftem Vorgehen die Beurteilungen posthum sich gestalteten, war dem Autor während der Auswertung der Akten und in der Diskussion wiederholt deutlich geworden.

Da der Autor keine eindeutigen Tötungshinweise fand, mußten indirekte Hinweise genutzt werden. In diesem Zusammenhang soll verwiesen sein auf einen anderen Mangel des Kommissionsberichtes: das Fehlen von Vergleichsgruppen. Möglicherweise hätten Vergleichsgruppen nicht verstorbener Kinder aus gleicher Zeit gezeigt, daß auch diese Nichtverstorbenen regelhaft an den Reichsausschuß gemeldet wurden, daß auch bei diesen Nichtverstorbenen die Medikation oder pflegerische Hinweise lückenhaft dokumentiert waren. Vergleichsgruppen Verstorbener aus den frühen 30er oder späten 40er Jahren hätten vielleicht gezeigt, daß das Sterben von schwerkranken Kindern in diesen Zeiten ganz ähnlich ablief wie in den frühen 40er Jahren. Jedenfalls hielt der Kommissionsbericht in seinen weitreichenden Schlußfolgerungen den Kriterien wissenschaftlicher Sorgfalt nicht stand. Deshalb relativierte sich auch die Bedeutung möglicher Tötungsindizien. Der Autor dieser Untersuchung war sich der genannten Mängel bewußt. Er suchte nach einem anderen methodischen Ansatz, bei Beschränkung auf das gleiche Material wie die Kommission. Er nahm an, daß ein Arzt, der tötet, sich in den Handlungsabläufen wiederholt. Deshalb suchte der Autor nach auffälligen Gleichförmigkeiten im Ablauf des Sterbens. Mit statistischen Mitteln wurden die nachfolgenden Merkmale geprüft:

- *Zunahme der Sterbefälle 1940 bis 1944*
  Die Anzahl der Verstorbenen war in dieser, nicht zufällig ausgewählten Stichprobe deutlich ansteigend. Das allein konnte jedoch nicht eine Zunahme von Tötungen belegen. Aus einem Schriftwechsel des damaligen Direktors von Stadtroda, Prof. Dr. Kloos, ließ sich ableiten, daß die Zugänge nach Stadtroda im vergleichbaren Zeitraum auch deutlich anstiegen (Abb. 8): [10]

Abbildung 8:
Anzahl der Zugänge der jugendpsychiatrischen Abteilung Stadtroda

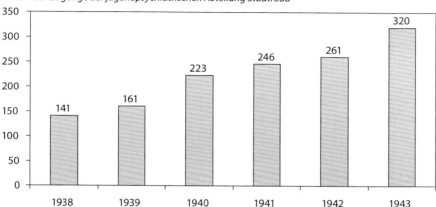

Damit ließe sich die zunehmende Anzahl der Verstorbenen auch auf natürliche Weise erklären (vergleiche z. B. die Zunahmen 1942–1943 in Abb. 7 und 8). Unter den Gedanken, daß z. B. zunehmend schwerer kranke Kinder zur Aufnahme kamen oder die Versorgungslage schlechter wurde, wäre auch eine überproportional ansteigende Sterberate zu begründen.

– *Aufenthaltsdauer*

Unter der Annahme willentlicher Tötungen könnten ein bestimmter zeitlicher Ablauf und eine uniforme Aufenthaltsdauer erwartet werden. Das ließ sich aus der zugehörigen *Abb. 3* nicht ablesen: die Aufenthaltsdauer variierte in ganz unterschiedlichen Längen. Daraus war kein ausreichender Hinweis auf Tötungen abzuleiten.

– *Beginn der Erkrankung*

Die Annahme, daß vorzugsweise Kinder mit angeborenen oder ererbten Erkrankungen zur Tötung kamen, ließ sich nach der Tabelle 1 nicht belegen. Es war sogar so, daß die dargestellten Kinder überwiegend nach der Geburt erst gesund erschienen. Ein rasseideologischer Hintergrund kam hier nicht in Frage. Rasseideologie wurde zwar zur Begründung der Zwangssterilisierungen, nicht aber, wie heute z. T. geltend gemacht wird, zur Begründung von Tötungen herangezogen. Der Jurist Neukamp sprach sich 1937 sogar direkt mit dem Argument der Erbgesetzgebung gegen die „Vernichtung lebensunwerten Lebens unheilbar Blödsinniger" aus.[11]

- Schwere der Erkrankung
Unter den aufgenommenen Kindern waren 2 als leicht krank zu identifizieren (K. P., G. G.). Diese Kinder fielen auch nach vorausgesetzter damaliger Ideologie nicht unter ein Tötungsvorhaben. Einige Kinder (z. B. B. H.) wurden im sterbenden Zustand in Stadtroda aufgenommen und verstarben tatsächlich nach wenigen Tagen. In diesen Fällen mußte durchaus nicht – wie im Kommissionsbericht – ein unnatürlicher Tod angenommen werden.

- *Dokumentation therapeutischer Bemühungen*
Therapeutische Bemühungen (z. B. Bemühung um Nahrungsaufnahme) waren bei fast allen Kindern dokumentiert. Die Dokumentation des kreislaufstärkenden Medikamentes Sympatol erschien in doppelter Hinsicht bedeutungsvoll. Zum einen ließ sie mit hoher Wahrscheinlichkeit den Schluß zu, daß bei dem Kind K. P. die Ärzte 5 Tage vor dessen Ableben nicht an seinem Tod interessiert waren. Da dieses Medikament nur selten dokumentiert war, ließ es zum anderen den Schluß zu, daß den Einträgen Glauben zu schenken war: es wäre für die Ärzte ein leichtes gewesen, sich mit der häufigen Dokumentation dieses Mittels ein Alibi zu verschaffen.

- *Sterbeverlauf*
Willentliches Töten vorausgesetzt könnte angenommen werden, daß zwischen Tötungsentschluß und Tötung bei den gleichen Ärzten ähnliche zeitliche Abstände sich ergeben hätten. Die Abstände zwischen erster Dokumentation des Sterbeprozesses und dem Sterbedatum *(Abb. 4)* ergaben jedoch eine gleichmäßige Verteilung der Sterbeprozesse diesseits und jenseits einer Sieben-Tages-Grenze. Daraus konnte nicht ohne weiteres der Rückschluß auf ein geplantes Sterben gezogen werden.

- *Sterbezeiten*
Die Auswertung der Sterbezeiten *(Abb. 6)* wies das Sterben zu allen Tageszeiten nach. Eine gewisse Häufung der Sterbezeiten zwischen 0:00 und 06:00 Uhr ist aus klinischer Sicht nicht ungeprüft auf ein willentliches Töten zurückführbar. So weist z. B. die zeitgenössische Literatur eine Häufung der Sterbefälle beim „plötzlichen Kindstod" zwischen 0:00 und 12:00 Uhr nach.[12]

- *Sterbediagnosen*
Tatsächlich dominierten hier die „Herz-Kreislauf-Schwächen", vor allem infolge von dokumentierten Magen-Darm-Katarrhen und epileptischen Anfällen. Das wa-

ren allerdings auch Diagnosen, die damals wahrscheinlich häufig natürlicherweise zum Tode führten. Hier müßte mit einer Vergleichsgruppe von 1932 oder 1946 verstorbenen Kindern geprüft werden, ob deren Sterbediagnosen grundsätzlich anders lauteten. Der Leser muß bedenken, wie begrenzt damalige ärztliche Möglichkeiten waren. Antibiotika kamen erst nach dem Krieg zur klinischen Anwendung. Bei dem Kind B. H. stellte der behandelnde Arzt seine Diagnose „Grippe-Pneumonie" differentialdiagnostisch in Frage. Das sprach nach Ansicht des Autors gegen eine Fälschung dieser Diagnose: bei stattgefundener Tötung hätte der Arzt seine diagnostische Äußerung zum Tod wohl unangreifbar formuliert.

4.2. Der Bezug Ibrahims zu den vorgestellten Krankheitsverläufen

Da der Beschuldigte nicht selbst befragt werden konnte, mußte an Hand vorhandener Dokumente versucht werden, die Beziehung Ibrahims zum Krankheitsverlauf und Sterbeverlauf der 21 Kinder nachzuvollziehen. Dabei sollte zuerst geprüft werden, in welchem Umfang der Einweisungsprozeß nach Stadtroda der Verantwortung Ibrahims oblag. Danach sollte geprüft werden, aus welchen Gründen die in Ibrahims Verantwortung stehenden Kinder verlegt wurden.

Ein Kind (G. M.) war nach Aktenlage sicher nie im Verantwortungsbereich Ibrahims oder der Universitäts-Kinderklinik gewesen und hätte in den Kommissionsbericht nicht aufgenommen werden dürfen.

Bei 3 weiteren Kindern (H. St., D. F. und B. H.) war nach Aktenlage nicht zu klären, ob oder wann sie jemals im Verantwortungsbereich Ibrahims waren.

Bei einem Kind (E. L.) gab Ibrahim ausdrücklich eine gute Prognose ab. Hier konnte ihm eine Tötungsabsicht nach Ansicht des Autors nicht unterstellt werden. Demnach verblieben 16 Kinder. Bei diesen 16 Kindern war der dokumentierte Zeitabstand zwischen letztem Kontakt zu Ibrahim und der Aufnahme in Stadtroda von erheblichen Unterschieden geprägt *(Abb. 1)*. Unter der Annahme, daß nach einem Jahr Zwischenraum ein etwaiger Rat Ibrahims ohne Bedeutung für die Aufnahme in Stadtroda war, wurden weitere 7 Kinder nicht in die vorgenommene Betrachtung einbezogen.

Unter der Annahme, daß schon nach einem Intervall von 4 Wochen bis zu 1 Jahr der Rat Ibrahims zur Verlegung nach Stadtroda nicht mehr zwingend war, waren 5 weitere Aufnahmen in Stadtroda der Verantwortung anderer Menschen zuzuschreiben.

Unter diesen Voraussetzungen verblieben 4 Kinder, die unmittelbar aus dem Verantwortungsbereich Ibrahims verlegt wurden (D. H.; B. O.; P. M.; Ch. G.).

Aus dieser Argumentation ergab sich jedoch auch die Frage, inwieweit Ibrahim überhaupt an der Entscheidung zur stationären Aufnahme in Stadtroda beteiligt war. Er hatte in den letztgenannten 4 Fällen die Verlegung nach Stadtroda empfohlen. Die Entscheidung zu allen Eingriffen und damit auch zur stationären Aufnahme lag jedoch nach Auffassung des Autors juristisch letztendlich in den Händen des Vormundes. Mit hoher Wahrscheinlichkeit war das damals nicht anders als heute. Das ließ sich beispielsweise damit belegen, daß der Vormund des Kindes K. P. gegen den Rat des behandelnden Arztes die Aufnahme in Stadtroda durchsetzte. Das ließ sich auch mit der Krankengeschichte Ch. G. belegen, in der die Stadtrodaer Ärzte den Vormund des Kindes wegen einer beabsichtigten therapeutischen Röntgenbestrahlung um Zustimmung baten.

So blieb immer noch zu fragen, in welcher Beziehung Ibrahim zum Tod der von ihm unmittelbar überwiesenen Kinder stand, denn zweifelsfrei galt auch für den Autor, daß der Vermerk Ibrahims „Euth.?" in der Akte E. K. die Frage nach „Euthanasie" war. Zur Bestimmung des Begriffes „Euthanasie" soll hier erwähnt sein, daß in der damals öffentlich in Deutschland geführten Euthanasie-Debatte überwiegend am Tötungsverbot festgehalten wurde.[11, 13, 14]

Es erschien dem Autor nützlich, die diagnostischen und therapeutischen Bemühungen zu betrachten, die vor der Verlegung der 4 oben angeführten Kinder von Jena nach Stadtroda belegt waren.

Drei dieser Kinder erkrankten erst nachgeburtlich. Bei allen Kindern wurden in der Kinderklinik der Liquor untersucht und die Hirnkammern röntgenologisch dargestellt. Bei allen Kindern fanden sich erheblich erweiterte Hirnkammern. Alle Kinder wurden am Aufnahmetag in Stadtroda als schwer krank eingestuft, der durchschnittliche body-mass-Index lag bei 13. Bei allen 4 Kindern schätzte der Autor ein, daß diese Kinder eines natürlichen Todes in Stadtroda starben (alle Kategorie I der vom Autor eingerichteten Kriterien).

Daraus ließ sich ableiten, daß diese 4 Kinder zu den am schwersten kranken Kindern des Kommissionsberichtes zählten. Es war zu vermuten, daß die Ärzte der Universitäts-Kinderklinik Jena spürten, daß sie nicht mehr helfen konnten und daß es zum Sterben kommen würde. Wahrscheinlich stellten sie unter der Verantwortung Ibrahims die weitere Diagnostik und Therapie ein und verlegten die ihres Erachtens sterbenden Kinder zur Pflege nach Stadtroda.

So läßt sich die Diskussion in einer Zusammenfassung schließen:
1. Verschiedene inhaltliche Details der Krankenakten weisen darauf hin, daß die Einträge wahrscheinlich korrekt ausgeführt waren. Aus ärztlicher Sicht fand sich kein Umstand, der eine Manipulation nahegelegt hätte.
2. Die Annahme der Kommission der Friedrich-Schiller-Universität Jena, in der Stadtrodaer Klinik seien in der Zeit des Nationalsozialismus 22 näher bezeichnete Kinder willentlich zu Tode gebracht worden, mußte aus klinisch-ärztlicher Sicht bezweifelt werden. Mit Wahrscheinlichkeit starb die Mehrheit der beschriebenen Kinder eines natürlichen Todes. Einige der Fälle ließen sich nicht ausreichend klären. Bei keinem Kind war aus klinischer Sicht an Hand der vorgegebenen Dokumente zweifelsfrei ein Tötungsvorgang festzustellen.
3. Die von der Kommission vertretene Ansicht, Ibrahim habe sich in der Zeit des Nationalsozialismus an der Tötung schwerkranker Kinder beteiligt, blieb bei Prüfung der klinischen Umstände hier unbewiesen. Der Einweisungsvorgang in die Stadtrodaer Klinik ist im Kommissionsbericht nicht ausreichend sorgfältig geprüft worden. Die 6 Kinder, die in ihrem Sterben aus ärztlicher Sicht nicht sicher einem natürlichen Sterben oder einem Töten zugeordnet werden konnten, kamen nicht aus der zeitlich unmittelbaren Verantwortung Ibrahims nach Stadtroda. Die 4 Kinder, die in zeitlich unmittelbarer Verantwortung Ibrahims nach Stadtroda verlegt wurden, starben mit Wahrscheinlichkeit auf Grund der Schwere des Krankheitsbildes eines natürlichen Todes.
4. Zweifellos hat Ibrahim über Sterben und Tod der ihm anvertrauten Kinder reflektiert. In seinem Schrifttum äußerte er sich dahingehend, daß im gegebenen Fall von einer Verlängerung des Lebens mit allen Mitteln abzusehen sei.[15] Der Gedanke muß zugelassen sein, daß in Ibrahims Auffassung von Euthanasie das Tötungsverbot immer galt.
5. Der Verzicht der Kommission auf eine juristische Prüfung war nach Ansicht des Autors insofern verhängnisvoll, als ein Urteil abgegeben wurde und Folgen entstanden. Das Tun Ibrahims wurde moralisch und rechtlich als verwerflich eingeschätzt und früher verliehene Ehrungen wurden zurückgenommen. Hier zeigte sich der eingangs zitierte Goethe'sche Gedanke in seiner ganzen Tiefe: die friedlichen Gewalten des Rechts und der Schicklichkeit entwickelten Ibrahim gegenüber ihre Kräfte, ohne daß zuvor ausreichend sorgsam geprüft war, worin das Tun Ibrahims im Einzelnen bestand.

5. Krankengeschichten

Kategorien: I = wahrscheinlich nicht willentlich herbeigeführter Tod
(z. B. natürlicher Tod)

II = eine ausreichend sichere Zuordnung zur willentlichen Tötung erscheint nicht möglich (z. B. infolge ungenügender Dokumentation)

III = wahrscheinlich willentlich herbeigeführter Tod
(z. B. Überdosierungen von Medikamenten)

5.1. D. H., 17. 4. 41–22. 5. 43
Beim Kind wurde im März 1943 in Stadtroda eine Diphtherie diagnostiziert. Der Vater des Kindes akzeptierte im Schreiben vom 24. 4. 1943 das eventuelle Sterben des Kindes. Am 03. 5. 43 war eine Gaumensegellähmung dokumentiert, am 12. 5. 43 eine Pneumonie mit Fieber. Nach Aktenlage war ein natürlicher Tod zu vermuten (Aspirationspneumonie).
Beurteilung: Kategorie I

5.2. B. O., 21. 6. 42–17. 11. 43
Das Kind kam im schwerkranken Zustand zur Aufnahme. Pflegerische Bemühungen um Nahrung und Pflege waren dokumentiert. Am 11. 11. 43 war festgehalten, daß das Kind stark erbrach, Durchfall hatte, stark hustete und ausgesprochen cyanotisch erschien. Bei fortschreitendem Geschehen verstarb das Kind nach weiteren 6 Tagen. Der Sterbeverlauf ist in sich schlüssig.
Beurteilung: Kategorie I

5.3. M. H., 17. 3. 42–22. 3. 44
Der Vater teilte in einem Brief mit: „... bin mit ... Euthanasie ... einverstanden".
Die Stadtrodaer Klinik lehnte am 3. 1. 44 die Aufnahme ab, da das Kind an Pertussis erkrankt war: die Stadtrodaer Kinder sollten davor geschützt werden. Das Kind litt an Epilepsie, erhielt in Stadtroda – kontinuierlich dokumentiert – 3 × 1 Luminalette. Es wurde am 20. 3. 44 körperlich untersucht, dabei fanden sich regelrechte Befunde. Nachuntersuchung und als regelrecht dokumentierte Befunde kurz vor dem Versterben sprachen gegen eine Tötungsabsicht.
Beurteilung: Kategorie I

5.4. E. K., 29. 3. 42–2. 6. 44
Ein Schreiben Ibrahims mit dem Kürzel „Euth?" liegt vor. Das Kind kam im schwer kranken Zustand, am 9. 2. 44 vom Vormund gebracht, zur Aufnahme. Pflegerische Bemühungen waren dokumentiert. Am 22. 2. 44 wurde den Eltern eine Besserung des Zustandes mitgeteilt, eine eher in sich nicht schlüssige Mitteilung, wenn der Tod des Kindes beabsichtigt war. Am 25. 5. wurden ein Darmkatarrh und eine arrhythmische Herzaktion dokumentiert.
Die ärztliche Dokumentation erschien lückenhaft, die pflegerische Dokumentation war nicht vorhanden.
Beurteilung: Kategorie II

5.5. P. M., 17. 2. 43–2. 3. 44
Das Kind kam im schwerkranken Zustand zur Aufnahme. Der behandelnde Arzt teilte am 15. 2. 44 der Mutter auf Anfrage mit, daß keine Krämpfe aufgetreten seien. Unter der Voraussetzung eines Tötungsvorhabens erschien diese Angabe nicht schlüssig in sich. Sie erschien aber schlüssig unter der Annahme einer korrekten Beschreibung des Zustandes. Eine Zunahme des Kopfumfanges während des stationären Aufenthaltes war dokumentiert. Pflegerische Bemühungen waren dokumentiert. Der Sektionsbefund ergab eine faustgroße Abszeßhöhle im Gehirn mit eitriger Flüssigkeit.
Beurteilung: Kategorie I

5.6. Ch. G., 20. 12. 39–11. 8. 44
Das Kind kam im schwerkranken Zustand zur Aufnahme. Am 26. 4. 44 erhielt es nach einer Punktion das Medikament SEE, ein Medikament mit Herz-Kreislaufstärkender Wirkung. Das belegte für diesen Tag das Bemühen um Leben und Gesundheit des Kindes. Am 17. 5. 44 empfahlen die Ärzte eine therapeutische Röntgenbestrahlung und baten den Vormund um Zustimmung. Am 10. 7. 44 wurde eine Besserung dokumentiert (unter dem Gedanken des Tötungsvorhabens in sich nicht schlüssig). Zwischen 31. 7. und 9. 8. 44 wurden tagelange Diarrhoen und Pulsarrhythmien dokumentiert, ein nachvollziehbar schwerer Verlauf.
Beurteilung: Kategorie I

5.7. S. H., 17. 9. 33 (oder 14. 9. 33)–13. 11. 40
Das Kind wurde wegen Verhaltensstörungen aufgenommen. Es kam mit unklarem Schweregrad des Krankseins in die Klinik. Die ärztliche Dokumentation war lük-

kenhaft, die pflegerische Dokumentation fehlte. Am 8.10.40 teilte der behandelnde Arzt den Eltern eine mögliche Besserung mit, eine in sich nicht schlüssige Dokumentation, wenn zu diesem Zeitpunkt ein Töten geplant war.

Am 7.11.40 wurden 38,5 °C Temperatur und eine rechtsseitige Pneumonie klinisch diagnostiziert, Brustwickel und ein Medikament dokumentiert. Am 12.11.40 wurde bei 40 °C Fieber eine wesentliche Verschlechterung beschrieben.

Beurteilung: Kategorie I

5.8. H. S., 16.1.39–26.3.41

Das Kind wurde im schwerkranken Zustand aufgenommen. Eine Punktion am 22.3.41 ergab einen Enzephalitis-Befund. Die Gabe von dämpfenden Medikamenten, aber auch der Verzicht auf dämpfende Medikamente wurden in sich schlüssig dokumentiert. Am 26.3.41 waren ansteigendes Fieber und röchelnde Atmung beschrieben. 8 Tage nach Aufnahme verstarb das Kind.

Beurteilung: Kategorie I

5.9. H. T., 27.4.41–25.4.42

Das Kind hatte vor Einweisung nach Stadtroda am 22.10.41 einen schwer pathologischen Liquorbefund, es erhielt Bestrahlungen. Ein geplanter Balkenstich wurde wegen eitriger Herde am Kopf abgelehnt. Im schwerkranken Zustand kam es in Stadtroda zur Aufnahme. Die Temperatur wurde als nicht erhöht dokumentiert (in sich nicht schlüssig bei angeblich geplanter Tötung oder gefälschter Dokumentation). Das Kind verstarb nach 14 Tagen. Die Sektion ergab extrem erweiterte Hirnhöhlen und meningitische Herde an der Schädelbasis.

Beurteilung: Kategorie I

5.10. S. Hä., 21.6.40–7.4.42

Das Kind kam auf Betreiben des Vormundes, schwer krank mit fehlender Pupillenreaktion und beidseits positivem Babinski am 04.3.42 zur Aufnahme und wurde später in die Erwachsenenpsychiatrie verlegt. Die Stadtrodaer Ärzte strebten die Verlegung in ein Heim zur Pflege an. Klinischer Befund und Verlauf waren ärztlicherseits sorgfältig dokumentiert. Die pflegerische Dokumentation fehlte. Als ursächlich für das Versterben wurden Kreislaufschwäche und epileptischer Dämmerzustand benannt.

Beurteilung: Kategorie I

5.11. K. P., 05. 3. 30–02. 3. 43
Das Kind kam im körperlich wenig beeinträchtigten Zustand (bester Ernährungszustand aller hier erfaßten Kinder) zur Aufnahme, nicht auf Anraten Ibrahims. Aufnahmeanlaß bei ausreichender Intelligenz waren Epilepsie und erhebliche Verhaltensstörungen. Der leitende Arzt empfahl die Verlegung nach Hephata, die Mutter wollte das Kind in Stadtroda belassen. Während des dreivierteljährigen Aufenthaltes waren zahlreiche therapeutische Bemühungen dokumentiert. Am 27. 2. 43 wurden eitriger Auswurf, massenhaft Geräusche über der Lunge und Klopfschalldämpfung vermerkt. Der Patient erhielt am gleichen Tag das Medikament Sympatol; ein Hinweis darauf, daß die Ärzte nicht am Tod des Kindes interessiert waren. Das Kind wurde am 1. 3. 43 mittels einer Sonde ernährt. Als Todesursache wurde eine Pneumonie angegeben.
Beurteilung: Kategorie I

5.12. G. G., 21. 7. 38–06. 5. 44
Das Kind kam nicht von Ibrahim, sondern aus der Klinik Erlangen auf Drängen des Vormundes zur Aufnahme. Es wurde fast ein Jahr betreut. Bemühungen um Nahrungsaufnahme waren dokumentiert. Eine Leukozytose von 14 000 wurde beschrieben. Die ärztliche Dokumentation war lückenhaft.
Beurteilung: Kategorie II

5.13. B. W. , 09. 9. 36–11. 10. 43
Im März 43 wurde die vom Reichsausschuß angestrebte Aufnahme von den Stadtrodaer Ärzten abgelehnt, da in Stadtroda eine Diphtherie-Epidemie sei (ein Umstand, der nach Ansicht des Autors gegen Tötungsabsichten spricht).
6 Jahre nach letztem Kontakt zu Ibrahim kam das Kind dann im Mai 43 im schwer kranken Zustand zur Aufnahme und lebte 5 Monate in Stadtroda. Ab 27. 8. 43 wurde ein zunehmender körperlicher Verfall dokumentiert. Am 8. 10. 43 wurden Durchfälle beschrieben, die Abmagerung, das Bemühen um Nahrungszufuhr.
Beurteilung: Kategorie II

5.14. M. B., 27. 1. 38–14. 8. 43
2 Jahre nach letztem Kontakt zu Ibrahim wurde das Kind auf Initiative von Vormund und Amtsarzt am 19. 7. 43 im schwerkranken Zustand aufgenommen. Eine nicht-erbliche Idiotie wurde diagnostiziert. Das Kind wurde am 8. 8. 43 begutachtet und dem Reichsausschuß gemeldet. Schon ab 2. 8. 43 waren körperlicher Verfall

und wiederholte Bemühungen um Nahrungszufuhr dokumentiert. Am 13.8.43 wurde ein unregelmäßiger Puls beschrieben.
Beurteilung: Kategorie I

5.15. D. F., 5.9.37–26.11.43
Der Schweregrad des Krankseins bei Aufnahme am 15.9.43 war nicht als schwer einzuschätzen. Die ärztliche Dokumentation war lückenhaft, die pflegerische fehlte. Am 19.11.43 waren anhaltende Durchfälle dokumentiert, danach zunehmende Abmagerung. Am 25.11.43 war das Bemühen um Nahrungszufuhr dokumentiert.
Beurteilung: Kategorie II

5.16. E. L., 26.8.38–28.3.44
Zwei Jahre nach dem Kontakt mit Ibrahim kam das Kind am 4.10.43 im schwerkranken Zustand zur Aufnahme. Zweimal wurden Besserungen dokumentiert (in sich nicht schlüssig, wenn eine Tötungsabsicht in den entsprechenden Zeiten unterstellt wird). Bemühungen um Pflege und Nahrungszufuhr, z. T. mit besonderer Diät, waren dokumentiert. Gegen epileptische Anfälle war über eine gewisse Zeit Luminal verordnet. Die Anfallsfrequenz war in der Zeit der Luminaldokumentation gleich hoch wie in späterer Zeit, als Luminal nicht mehr dokumentiert oder nicht mehr gegeben wurde. Ab 8.3.44 wurde der zunehmende Verfall des Kindes dokumentiert.
Beurteilung: Kategorie I

5.17. G. M., 17.4.40–15.11.44
Das Kind war nie in Kontakt mit Ibrahim, wurde vom Vormund und vom Amtsarzt zum 14.10.43 eingewiesen. Ursprünglich sollte es in Aue Aufnahme finden. Es kam im schwerkranken Zustand zur Aufnahme. Am 1.4.44 wurden Zeichen der Besserung dokumentiert. Wiederholt waren Bemühungen um Nahrungszufuhr nachweisbar. Am 1.6.44 wurden ein beginnender Darmkatarrh dokumentiert, am 12.8.44 dünnflüssige, blutig gefärbte Stühle, am 13.11.44 eine Cyanose und unregelmäßiger Puls.
Beurteilung: Kategorie I

5.18. G. Ü., 15.4.41–04.5.44
Das Kind wurde vom Reichsausschuß, nicht auf Anraten Ibrahims, am 27.1.44 im schwerkranken Zustand eingewiesen. Die Dokumentationen waren lückenhaft.

Mehrfach aber waren pflegerische Maßnahmen und Bemühungen um Nahrungszufuhr dokumentiert. Bei bestehenden Anfällen war die Gabe von Luminal bis zum 07.4.44 dokumentiert, danach nicht mehr. Nach wiederholten epileptischen Anfällen erholte sich das Kind nicht mehr, es verstarb an „Herzschwäche im epileptischen Anfall".
Beurteilung: Kategorie II

5.19. D. N., 01.4.41–09.6.44
Das Kind war zuletzt 1942 wegen epileptischer Anfälle in der Universitäts-Kinderklinik Jena betreut worden. Wegen zunehmender Beeinträchtigung wurde es aus einer anderweitigen klinischen Einrichtung, ohne Medikation, im schwerkranken Zustand im April 1944 eingewiesen. Der Vater wünschte im Begleitbrief, daß es von seinem Leiden erlöst werden möge. Das Enzephalogramm ergab eine Zunahme der Ventrikelweite zum alten Vorbefund der Jenaer Kinderklinik. Pflegerische Hinweise, das Bemühen um Nahrungszufuhr, die Behandlung einer Hauterkrankung waren dokumentiert (in sich nicht schlüssig unter dem Gedanken beabsichtigter Tötung). Im Mai 1944 wurden Anfallsserien dokumentiert, der Beginn von Diarrhoen. Die Diarrhoen waren am 06.6.44 als „blutig-schleimig" beschrieben, die Anfallsfrequenz als steigend.
Beurteilung: Kategorie II

5.20. D. V., 04.9.38–04.6.44
Mehr als 3 Jahre nach letztem Kontakt zur Universitäts-Kinderklinik kam das Kind im abgemagerten schwerkranken Zustand (body-mass-Index von 9,43) am 24.5.44 zur Aufnahme. Bei Aufnahme waren die Zähne defekt. Später wurde der Vorwurf erhoben, die Zahndefekte seien in Stadtroda entstanden. Bemühungen um Nahrungszufuhr waren wiederholt beschrieben. Am 01.6.44 wurde eine beginnende Bronchopneumonie diagnostiziert. Am 03.6.44 führten die Ärzte eine nach Auffassung des Autors nicht streng indizierte Encephalografie aus (ohne Tötungsabsicht). Der Puls wurde am 3.6.44 als unregelmäßig flackernd, das Kolorit als bläulich beschrieben. Als Besonderheit ist hier zu bemerken: das Reichsausschuß-Gutachten wurde wahrscheinlich erst nach dem Tod des Kindes verfaßt, wahrscheinlich nicht zum Zweck der Tötung.
Beurteilung: Kategorie I

5.21. B. H., 28.1.38–01.3.41
Das mikrozephale Kind kam im moribunden Zustand am 27.2.41 zur Aufnahme und verstarb 2 Tage später. Das Fragezeichen der Sterbediagnose „Grippe-Pneumonie (?)" sprach gegen eine Fälschung der Diagnose.
Autopsie und Histologie ergaben schwerste Durchblutungsstörungen des Gehirns.
Beurteilung: Kategorie I

Anmerkungen

1 Es halfen als wissenschaftliche Mitarbeiterin Frau B. Donadt (Jena), als Pädiater Herr Dr. J.-M. Kasper (Eisenach), als Historiker Herr Dr. W. Schilling (Jena). An dieser Stelle soll ausdrücklich für die gegebene Hilfe gedankt werden.
2 Datenschwerpunkt, der nur von der Hälfte der Fälle überschritten wird.
3 Als Liquor wird die in den Hohlräumen des Gehirns befindliche Flüssigkeit bezeichnet.
4 Röntgenkontrastuntersuchung mit Hilfe von Luftfüllung der Hohlräume des Gehirns, ein damals modernes diagnostisches Verfahren.
5 Körpergewicht in Kilogramm dividiert durch das Quadrat der Körpergröße in Metern.
6 E. Richter-Kuhlmann: Ärztin muß vor Gericht. – In: Deutsches Ärzteblatt, Heft 33/2005, S. 1857.
7 E. Schmidt: Behandlungspflicht und Nothilfepflicht des Arztes. – In: Monatsschrift für Kriminalbiologie und Strafrechtsreform, Bd. 33/1942, S. 85–102.
8 Schlosky. Die Einwilligung des Verletzten in Begehung einer Straftat. – In: Deutsches Strafrecht, Heft 10/1943, S. 19–26.
9 Deutsches Recht, Bd. 13/1943, S. 854–855.
10 BStU, OV „Ausmerzer"-X/63/65, Beweismittelakte (Bd. II), Bl. 112 (Schreiben vom 21.2.1944).
11 F. Neukamp: Zum Problem der Euthanasie. – In: Gerichtssaal, Bd. 109/1937, S. 403–409.
12 D. R. Peterson: Evolution of the epidemiology of sudden infant death syndrome. – In: Epidemiology review, Bd. 2/1980, S 97–112.
13 Vgl. Berliner Illustrierte, Nachtausgabe vom 21.11.1936.
14 Schmitz: Der Sterbende, der Tote und der Arzt. – In: Münchener Medizinische Wochenschrift, Bd. 86/1939, S. 1274–1275.
15 E. Seidler/M. Posselt: Jussuf Ibrahim. Anmerkungen zu seinem wissenschaftlichen Schrifttum. – In: Monatsschrift für Kinderheilkunde, Bd. 150/2002, S. 1000–1003.

Helmut Metzler

Sozialwissenschaftliche Reflexionen zur „Ibrahim-Debatte" in den Lokalseiten der Ostthüringer Zeitung

Die „Ibrahim"-Debatte[1] im Raum Jena verlief nach dem Muster des Hornberger Schießens: Hoher offensiv-intellektueller Aufwand führte wieder einmal nicht zu einem geistigen Wandel, sondern bestärkte eher bestehende und angegriffene Erinnerungsmuster. Ausgelöst wurde sie durch journalistische Beiträge und Veranstaltungen. Wie sie sich in den nachlesbaren Veröffentlichungen der lokalen Tagespresse äußerte, wird nachfolgend anhand einer Untersuchung der einschlägigen Texte aus der Ostthüringer Zeitung, erschienen im Zeitraum vom 25. Januar 2000 bis zum 12. Juni 2001, sozialwissenschaftlich reflektiert. Die damit verfügbaren Daten sind weder repräsentativ für die Jenaer Bevölkerung noch für die Jenaer Politiker, sie bieten jedoch Zugang zu allgemeinen Fragestellungen.

Die Debatte begann, als eingeladen von der Landeszentrale für Politische Bildung Thüringens, in der Ernst-Abbe-Bücherei Ernst Klee am 7. Oktober 1998 sein 1997 in 4. Auflage erschienenes Buch „Auschwitz, die NS-Medizin und ihre Opfer"[2] vorstellte. Als Einstieg in seine Lesung wählte er einen lokalen Bezug und thematisierte anhand historischen Quellenmaterials die Verstrickung von Jussuf Ibrahim in die nationalsozialistische „Kinder-Euthanasie". Diesem Fakt erstmals konfrontiert, reagierte das Publikum zurückhaltend. In der Diskussion traten zwei Verteidiger Ibrahims auf. Die lokale Presse hatte zwar am 3. Oktober (Thüringer Landeszeitung) bzw. 6. Oktober (Ostthüringer Zeitung) die Veranstaltung angekündigt, besprach sie aber anschließend nicht. Erst ein mehr als ein Jahr später einsetzendes konzertiertes Geschehen löste eine intensive Debatte aus: Am 19. Januar 2000 überschrieb ein aus Erfurt stammender Korrespondent in der „Frankfurter Rundschau" seinen Beitrag „Berater der Mütter, Wohltäter der Menschheit. In Jena wird ein Kinderarzt wie ein Heiliger verehrt, der in das Euthanasie-Programm der Nazis verstrickt war". Darin hob er Klees Forderung hervor, die Kinderklinik „Jussuf Ibrahim" umzubenennen und informierte über eine für den 24. Januar 2000 in Jena einberufene Veranstaltung „Tabuisierte Vergangenheit?". Diese wurde unter

Mitwirkung von Klee durchgeführt und vom Jenaer Oberbürgermeister moderiert. Die überregionale Medienkritik und die angekündigte Veranstaltung rief die lokalen Zeitungsredaktionen auf den Plan sowie die Verfasser von Leserbriefen. Am 3. Februar 2000 erschien in „Die Zeit" von Klee „‚Wohltäter der Menschheit'. Die Universität Jena und die braune Vergangenheit – bis heute ein Tabu-Thema." Abgesehen von überzogenen Vereinfachungen – er ignorierte die ihm bekannten Forschungsergebnisse von Frau Susanne Zimmermann, die bereits seit den 80er Jahren über die Geschichte der medizinischen Fakultät in der Zeit des Nationalsozialismus gearbeitet und darüber auch in der Fakultät vorgetragen hatte – übte diese Form des Öffentlichmachens Handlungsdruck zu Umbenennungen sowohl auf die Friedrich-Schiller-Universität als auch auf den Jenaer Stadtrat aus. Eine Untersuchungskommission der Universität erweiterte den Erkenntnisstand zu Ibrahims Euthanasie-Verstrickung.[3] Die in Gang gesetzten Aktivitäten fanden in der Lokalpresse ihren Niederschlag. Einige Redakteure verfolgten diese Vorgänge und beteiligten sich kreativ an ihnen, z. B. durch Aufsuchen von Zeitzeugen oder auch durch eigene Recherchen sowie durch Stellungnahmen zu Zwischenergebnissen und Lesermeinungen.

Die Zeitungsausschnitte aus der OTZ spiegeln die Spannbreite der Auseinandersetzung umfassend wider, so daß auf die Behandlung der Texte, die in der Lokalausgabe der TLZ erschienen, hier verzichtet werden kann. Ausgewertet wurden 87 Beiträge von Journalisten sowie 81 Leserbriefe. Fünf Briefe stammen von ehemaligen Patienten, zwei wurden von ehemaligen Mitarbeitern Ibrahims verfaßt. Darüber hinaus wurden in journalistischen Beiträgen bzw. Interviews die Aussagen weiterer zwei Patienten und zweier Mitarbeiter vermittelt. Die Anzahl der Briefschreiber betrug 61, davon meldeten sich zehn zweimal, zwei dreimal und zwei viermal zu Wort.

Bemerkenswert ist, daß in der Mehrheit der Brieftexte die Forderung nach Umbenennung und Aberkennung von Ehrungen sowie die Diskussion darüber selbst zum Gegenstand der Debatte erhoben worden ist. Darin eingebettet wurde zur Persönlichkeit Ibrahims Stellung genommen und/oder dessen Verhältnis zur nationalsozialistischen Euthanasie behandelt. Nur zwei Briefe orientierten sich ausschließlich auf die Person, wobei der eine von einer ehemaligen Mitarbeiterin stammte, der andere von einem ehemaligen Patienten, der sich aber in einem späteren Brief auch zum Diskussionsgeschehen äußerte.

Daß mehrheitlich in den Leserbriefen vordergründig Umbenennung bzw. Debatte reflektiert wurden, verdeutlicht, in welchem Maße viele Leser nicht die sachbezogene Seite, d. h. die staatlich vom NS-Regime verordneten und von medizinischem Personal ausgeführten Morde an schwerstbehinderten Kindern, bewegte, sondern jene die Diskussion auslösenden und „aufheizenden" Beiträge von Ernst Klee und dem Historiker Götz Aly[4] bzw. die entsprechenden Veranstaltungsberichte und Interviews in der lokalen Zeitung. Worin ist diese eigenartige Orientierung der Diskussion begründet? Ein Aspekt zur Beantwortung dieser Frage bietet sich in folgender Richtung an: Die Praxis des Enthüllungsjournalismus, der Klee und einige andere, darunter auch eine Reihe lokaler journalistischer Beiträge folgten, zielte bekanntermaßen auf emotionale Provokation und auf das Aufbrechen von Verdrängtem bzw. anderer nicht aufgearbeiteter Probleme in Menschengruppen ab. Gegen ein solches Vorgehen wird in der Regel von den so angesprochenen Menschen Widerstand geleistet. Ein für diese gemeinhin auftretende soziale Erscheinung verfügbares Beschreibungsmuster, warum und wie unter solchen Umständen Widerstand geleistet wird, bietet sich mit dem von dem französischen Soziologen Maurice Halbwachs[5] eingeführten Begriff des „kollektiven Gedächtnisses". Diesen nutzten Marco Schrul und Jens Thomas in ihrer ebenfalls die Diskussion zu Ibrahim auswertenden Untersuchung,[6] indem sie eine geschichtliche Genese eines „kollektiven Gedächtnisverlustes" beschrieben. Im folgenden wird demgegenüber einer Spezifik Aufmerksamkeit gewidmet, die den niedrigen Wirkungsgrad der ausgelösten Debatte aus dem sozial-historischen Umfeld der Teilnehmer begründet.

Verfolgt man in den Leserbriefen die kognitive Umsetzung des Aufgebrochenseins von Emotionalem und Unbewußtem, dann zeigen sich hier Formen der Abwehr, die nicht aus dem eigentlichen sachlichen Problem entspringen, sondern daraus, daß die Auslöser der Diskussion, Klee und Aly, der spezifischen sozial-historischen Situation in den neuen Bundesländern nicht Rechnung trugen. Klee verwendete in seiner Enthüllung von Euthanasie-Verbrechen im Dritten Reich grundsätzlich die gleiche Diktion für das Problem Ibrahim wie in seinen Beiträgen in den alten Bundesländern zu solchen Vergehen und ihrer oft unzureichenden politischen, geschichtlichen und juristischen Aufarbeitung. Schon diese Übertragung einer journalistischen Argumentationsweise, die in einem bestimmten sozialen Umfeld sich bewährt haben dürfte, auf eine anders sozialisierte Population in einer andersartigen sozial-historischen Situation wirft Fragen auf. Verschärft wird der Anspruch auf ein Hinterfragen durch eine Verschiebung der Argumentationsweise. Neu im Vergleich zu anderen Publikationen war in dem Artikel „,Wohltäter der Menschheit'. Die Universität Jena und ihre braune Vergangenheit – bis heute ein Tabuthema"[7] eine Doppelspitze der Kritik. Zuerst einmal zielte diese auf die Insti-

tution ab, auf die Universität und auf deren Selbstdarstellung ihrer Mediziner-Vergangenheit im Internet. Dieser Zug der Kritik wurde vereinfachend in einem Satz beiläufig und unzulässig zum „Jenaer Geschichtsbewußtsein" verdichtet und generalisiert. Dann folgte eine etwa gleich lange Darstellung zu Ibrahim, weil um diesen, nach an anderer Stelle geäußerter Meinung des Autors, eine Legende[8] gebildet worden sei. Diese schwebte ihm vermutlich auch beim Infragestellen des Jenaer Geschichtsbewußtseins vor. In der OTZ-Diskussion kam nur das von Klee zu Ibrahim Gesagte zu Wort. In anderen Veröffentlichungen verfolgte er die Linie, Mediziner anhand des von ihm selbst recherchierten Faktenmaterials als Gehilfen oder Ausführende der nationalsozialistischen Euthanasie in das Blickfeld der öffentlichen Meinung zu rücken und darüber auch die jeweils zugehörigen Institutionen zu kritisieren. Die im vorliegenden Fall von ihm benutzten Fakten standen im Einklang mit denen, die Zimmermann im Ergebnis ihrer Forschungsarbeiten am Institut für Geschichte der Medizin, Naturwissenschaft und Technik gefunden hat. Klee klinkte sich in seiner Wortwahl voll in die gängige politische Sprechweise ein, den zu beurteilenden Einzelfall als Ausdruck grundsätzlicher allgemeiner Mängel der Aufarbeitung von nationalsozialistischen Euthanasieverbrechen in der DDR sowohl hinsichtlich der historischen wie auch der juristischen Seite zu werten. Klee betont, daß diese Mängel gleichermaßen für die BRD wie für die DDR gelten. Der Unterschied bestehe darin, daß Vertuschungen in der BRD durch Seilschaften innerhalb der Berufsstände erfolgten, während in der DDR, in der die Berufsstände nicht mehr in alter Macht agieren konnten, eine staatliche Institution, im Fall Stadtroda das Ministerium für Staatssicherheit, hierfür verantwortlich zu machen sei.
Wenn diese generalisierende „Enthüllung" Klees durch Verfasser von Leserbriefen abgewehrt worden ist, dann darf dies nicht verwundern. Es war gewiß ein Ausdruck sozialwissenschaftlichen Unverständnisses, wenn dem Umgang mit dem Ibrahim-Thema in lokaler Diskussion und Politik in Jena vom gegenwärtigen Direktor des Instituts für Geschichte der Medizin, Naturwissenschaft und Technik, Olaf Breidbach, ein „provinzielles Denken" – laut Zitat in der OTZ vom 30. 9. 2000 – angehängt wurde. Daher konnte nicht überraschen, daß auch darauf abwehrend reagiert wurde. Dies erfolgte in Briefen von bekannten CDU-Politikern, vom Kreisvorsitzenden der CDU in den 90er Jahren, Dr. Hans-Jürgen Wagner, (OTZ, 7. Oktober 2000) und vom früheren Landtagspräsidenten und langjährigem Chefredakteur von „Glaube und Heimat", Dr. Gottfried Müller, (OTZ, 11. Oktober 2000). Statt, wie in seinem der „Thüringer Allgemeinen" vom 8. April 2000 gegebenen Interview, ausgewogen aufzutreten, spitzte Klee die Auseinandersetzung noch zu,

indem er gegenüber dpa die CDU-Fraktion im Jenaer Stadtrat in die Nähe der NPD rückte. Zugleich stellte er die Diskussion und Politik in Jena vor den „Hintergrund von Anschlägen auf Synagogen und KZ-Gedenkstätten in Deutschland" (OTZ, 9. Oktober 2000). Hierauf reagierte der Abgeordnete des Thüringer Landtages und gegenwärtige CDU-Kreisvorsitzende Reyk Seela empört. Wagner wies Breidbachs Angriff als Ausdruck „doktrinären Denkens" zurück, und ein anderer Leser, Wolfram Gruner, warf in der OTZ vom 1. März 2000 hinsichtlich Klees Auftreten die Frage auf, ob dieses nicht als fundamentalistisch zu bewerten sei. Will man lokale Geschichte und das darin durch Traditionen entstandene Vernetztsein aufarbeiten, wie es z. B. Seela in seiner genannten Zurückweisung als Anliegen Jenaer Politiker formulierte, dann helfen keine politischen oder ideologischen Anwürfe, sondern nur ein Urteilen, das den sozial-historischen Bedingungen eines tiefgreifenden Umbruchs, wie er von der eingesessenen Bevölkerung der neuen Bundesländer im Unterschied zur Bevölkerung in den alten Bundesländern durchgemacht wurde und noch immer wird, Rechnung trägt.

Worin bestehen die zu berücksichtigenden grundlegenden Unterschiede in der sozial-historischen Situation? Als Klee seine verdienstvollen Arbeiten zur Euthanasie in der BRD zu veröffentlichen begann, konnte er sich auf eine Bewegung stützen, in der die junge Generation von ihren Eltern Auskunft über deren Verhalten in der Zeit der Herrschaft des Nationalsozialismus forderte. Hierin leistete der Autor einen gestaltenden Beitrag. Die Bundesrepublik war im weiteren Verlauf wirtschaftlich saturiert, so daß für die Thematisierung der verschiedenen Verbrechensarten der Nazidiktatur genügend geistiger Spielraum im Alltagsdenken der Bürger verfügbar war; man mußte als Kritiker hierin nur seinen Platz finden. Das ist Klee mit seinem journalistischen Stil der Enthüllung der Vergangenheit vermutlich gelungen. Die Bevölkerung der neuen Bundesländer steht dagegen heute – fast täglich von den Massenmedien wachgerufen – vor der Aufgabe, 40 Jahre Aufbau und Niedergang des Realsozialismus ideologie- und politikgeschichtlich kritisch durchzuarbeiten. Vor allem haben aber die Menschen dessen wirtschaftliche Folgen und die der staatlichen Angliederung der DDR an die BRD täglich zu tragen. Sie müssen lernen, die positiven neuen Möglichkeiten zu nutzen und ebenso die Nachteile neoliberalistisch orientierter kapitalistischer Entwicklung zu bewältigen. Hinter diesen das Alltagsdenken beherrschenden Themen traten Reflexionen zum Geschehen in der nationalsozialistischen Diktatur zwangsläufig zurück.

Kommen wir auf den ersten Satz im vorliegenden Beitrag zurück, dann ist die Frage nach Erfolg und Mißerfolg zu stellen, aber auch die Frage, wie es weiter gehen soll.

Dazu muß angegeben werden, worauf jeweils bezogen von Erfolg oder dessen Gegenteil gesprochen werden kann.
Der die Debatte auslösende Angriff Klees betraf das von einer Jenaer Bevölkerungsgruppe verinnerlichte Bild von Ibrahim als bedeutendem Kinderarzt. Dieses Bild hat die Kraft eines sozialen Stereotyps und ist damit zugleich ein kognitives Schema für die Verarbeitungsweise vergleichbarer Personen und deren Verhaltensweisen sowie, übertragen, für Welt- und Sozialverhalten. In der Auseinandersetzung um dieses Bild bestand der Erfolg darin, daß wesentliche Stützen der Erinnerungspflege, Benennungen von Kinderklinik, Straße und Kindergärten beseitigt wurden. Damit wurde die Übertragung des Bildes von Ibrahim auf Folgegenerationen erschwert. Bei den Tradierern konnte hierdurch das Bild aber nicht gelöscht werden. Wer darauf setzt, daß das Aufbrechen eines Stereotyps bereits zum Nachdenken in Sachdimensionen veranlaßt, der erleidet in der Regel einen Mißerfolg. Zu unterstreichen ist jedoch, daß ein solches Aufbrechen ein auf andere Weise ausgelöstes Nachdenken erleichtert hat.
Schrul und Thomas haben umfangreiche Erkenntnisse zu Zustandekommen, Stellenwert und Tradition des Ibrahim-Bildes in einem kollektiven Gedächtnis zusammengetragen. Den Widerstand gegen die Zerstörung dieses kollektiven Bildes könnte man, anknüpfend an die Sprechweise dieser Autoren, als ein Sich-Wehren gegen einen kollektiven Gedächtnisverlust bezüglich des verinnerlichten Ibrahim-Bildes fassen. Um die Bedeutsamkeit dieses Verlustes einzuschätzen, müßte man diesen – in das ihn verkraften müssende soziale Ökosystem eingeordnet – analysieren, indem man der Tatsache Rechnung trägt, daß damit eine von dessen mentalen Komponenten betroffen ist. – Eine solche Untersuchung steht noch aus.[9]
Klee tritt seit Jahren hoch engagiert, wider alle Anfeindungen, für den Schutz von Behinderten durch die Entlarvung der Verbrechen von an den Nationalsozialismus angepaßten Medizinern ein. Erkenntnisse aus ähnlichen Forschungen an der FSU durch Zimmermann bedürfen einer öffentlichen Diskussion, um möglichst viele Bürger in der Aufarbeitung der Nazi-Vergangenheit für ihr Geschichtsbild erreichen zu können. Klee prangert menschenverachtende Verhaltensweisen von Medizinern an, die im Dritten Reich das durch nationalsozialistisch eingeführtes Gesetz vorgegebene Stereotyp vom „lebensunwerten Leben" verinnerlicht und damit Menschen zu Menschenmaterial für Euthanasie, Pharma-Experimente u. ä. m. degradiert und ermordet haben. Damit werden als sachliche Gesichtspunkte u. a. belangvoll: Problematisierung von Euthanasie, Umgang mit und Wahrnehmungsweise von Behinderten, Wert vom Leben jedes Menschen. Diese Problematisierung darf nicht nur

die geschichtlichen Vorgänge betreffen, sondern muß mit der heutigen Diskussion verbunden werden. Darauf ist auch in einigen Leserbriefen hingewiesen worden. Die Verteidiger ihres Ibrahim-Bildes wurden durch Klees Angriff weniger zum Nachdenken und zu neuer Erkenntnis angeregt als eher zum Sich-gekränkt-fühlen und zu Abwehr- bzw. Trotzreaktionen veranlaßt, so daß die wünschenswerte Problematisierung behindert wurde.

Wie Mediziner unterschiedlichster Couleur, einschließlich Ibrahims, – geleitet von einem, bestimmte Menschen abwertenden, Stereotyp – sich im Dritten Reich in kriminelle Handlungen einließen, besteht eine Gefährdung für jeden einzelnen beliebiger Berufsgruppen infolge Befangenseins in sozialen Stereotypen. Wichtiges Anliegen eines freien öffentlichen Diskurses sollte es daher sein, dem Erstarren von Kognition in sozialen Stereotypen entgegenzuwirken. Da in der Diskussion zum „Fall" Ibrahim in dieser Richtung nichts thematisiert worden ist, konnte keine Sensibilisierung für diesen Problemkreis erreicht oder wenigstens angestoßen werden. Statt das Bild von Ibrahim zerstören zu wollen, könnte wohl eher Erfolg versprechen, dieses Bild so zu wandeln, daß dessen innere Widersprüchlichkeit erfaßt und damit Aufmerksamkeit für eigene ähnliche Problemlagen geweckt wird.

Damit ist ein dritter sachlicher Punkt angesprochen: Kann es primär darum gehen, im Hinblick auf seine Biographie jemanden in der Erinnerung vom Sockel zu holen, oder verspricht es für einen wünschenswerten Wandel der Erinnerung mehr, die Ambivalenz im beruflichen Verhalten Ibrahims sichtbar zu machen? Das seinen Veröffentlichungen zu entnehmende Nebeneinander von Humanismus und nüchterner Wissenschaftsrationalität führte Ibrahim zu unterschiedlichem Entscheidungsverhalten bezüglich der Euthanasie in untereinander ähnlich gelagerten Entscheidungssituationen. Generell gilt für die Arbeit von Wissenschaftlern: Das diesem ambivalenten Verhalten zugrundeliegende geistige Spannungsverhältnis tritt unterschiedlich maskiert in sehr vielen Situationen wissenschaftlicher Forschung und Anwendung dabei gefundener Ergebnisse auf. Dafür den Blick und die Selbstkontrolle zu schärfen, ist hilfreich für jedermann. Hierzu beizutragen, hat Klee sich direkt gesperrt, indem er Ibrahim vorrangig unter kriminellem Verhaltensaspekt beurteilt wissen wollte.[10]

Um in den aufgeführten sachlichen Aspekten zur Ibrahim-Diskussion kollektive Fortschritte zu erzielen, sind einerseits ein inhaltliches Lebendighalten der Debatte wünschenswert und andererseits Erarbeitung einer differenzierten Sicht von Persönlichkeit und Verhalten Ibrahims. Im Dienste der Stabilität des sozialen Öko-Systems, in dem die Tradition des Ibrahim-Bildes wirkt, ist ein Wandel dieses Bildes unabdingbar. Margarete und Alexander Mitscherlich folgend heißt dies, echte Trauerarbeit zu leisten[11]. Sie hilft, das kognitive Vermögen und eine emotionale Stärke für die Bewältigung oben genannter gegenwärtiger Konfliktsituationen zu fördern.

Anmerkungen

1. Siehe dazu in diesem Band den Beitrag von Willy Schilling: „Der ‚Fall' Ibrahim. Fakten, Probleme, Positionen", S. 143 ff.
2. Ernst Klee: Auschwitz, die NS-Medizin und ihre Opfer". Stuttgart 1997.
3. Vgl. „Bericht der Kommission der Friedrich-Schiller-Universität Jena zur Untersuchung der Beteiligung Prof. Dr. Jussuf Ibrahims an der Vernichtung ‚lebensunwerten Lebens' während der NS-Zeit. Jena, 25. April 2000".
4. Die von Götz Aly vertretenen Positionen lassen sich in Zeitungsartikeln nachlesen: Götz Aly: Sehr schön zusammengearbeitet. Jussuf Ibrahim, Ehrenbürger der Stadt Jena, beteiligte sich an der Ermordung behinderter Kinder. – In: Berliner Zeitung, 27. Januar 2000. Ders.: Menschenfreund und Mordgehilfe. – In: Berliner Zeitung, 4. Mai 2000.
5. Maurice Halbwachs: Das kollektive Gedächtnis. Frankfurt a. M. 1985, S. 14 f.
6. Marco Schrul / Jens Thomas: Kollektiver Gedächtnisverlust. – In: Jürgen John u. a. (Hg.): „Kämpferische Wissenschaft" Studien zur Universität Jena im Nationalsozialismus. S. 1065–1098.
7. „Die Zeit", 3. Februar 2000, S. 19 f. Die kritische Auseinandersetzung mit Institutionen führt Klee auch mit anderen Einrichtungen, z. B. mit der Deutschen Forschungsgemeinschaft (DFG). Ernst Klee: Deutsches Blut und leere Aktendeckel. Die Deutsche Forschungsgemeinschaft feiert 80. Geburtstag – und schönt ihre Geschichte. – In: „Die Zeit", 12. Oktober 2000 (Zeitläufte).
8. Vgl. Interview Klees „Legenden der Täter" in der Zeitung „Thüringer Allgemeine" vom 8. 4. 2000.
9. Einer der ersten Autoren, der zu dieser Art Untersuchung wesentliche Orientierungen gibt, ist mit seinem Buch Urie Bronfenbrenner: Die Ökologie der menschlichen Entwicklung. Natürliche und geplante Experimente. Stuttgart 1981.
10. Wenn Klee Ibrahims pädiatrische Leistungen in Frage stellt und sie als Legendenbildung abtut, dann richtet er sich damit gegen Zeitzeugen. Denn die öffentlichen Aktionen zu Ibrahim liegen Jahrzehnte zurück – er starb 1953 und seitdem ist Ruhe gewesen bis zur ausgelösten Debatte. Die Legendenbildung wird eigentlich durch die provozierte Debatte herbeigeführt.
11. Margarete Mitscherlich: Erinnerungsarbeit: Zur Psychoanalyse der Unfähigkeit zu trauern. Frankfurt am Main 1987; Alexander / Margarete Mitscherlich: Die Unfähigkeit zu trauern. Grundlagen kollektiven Verhaltens. 12. Aufl. München / Zürich 1977.

Olaf Werner

Schutz Verstorbener vor unwahren Behauptungen

I.
Problemstellung

Das deutsche Recht setzt in seiner ursprünglichen Gestaltung die Rechts- und damit die Verletzungsfähigkeit eines Menschen auf die Zeit zwischen der Geburt und dem Tode fest. Ebenso bedarf es – abgesehen vom strafrechtlichen Verfahren auf Initiative des Staatsanwaltes – im Hinblick auf Unterlassungs-, Beseitigungs- und Schadensersatzansprüche der Klageerhebung durch den Verletzten. Dies kann naturgemäß allerdings nur zu dessen Lebzeiten erfolgen.

Vornehmlich unter der Geltung des Grundgesetzes hat sich aber zunehmend die Einsicht durchgesetzt, daß bereits vor der Geburt kausale Handlungen erfolgen können, die sich auf die spätere körperliche Gesundheit eines Menschen auswirken können. Diese dann auch dem rechtlichen Schutz unterliegende Verletzung hat sich in besonders deutlicher Weise in den Contergan-Fällen offenbart, in denen die später Geborenen Behinderungen hatten, die auf der Einnahme dieses Medikamentes durch die Mutter während oder sogar vor der Schwangerschaft – also vor der Geburt des geschädigten Menschen – beruhen. Es wurden dem noch nicht Gezeugten Schadensersatzansprüche gegen den Pharmahersteller zuerkannt, die Verletzungsfähigkeit also bereits auf den vorgeburtlichen Zeitraum vorverlagert.

War damit der Schutz gegen Verletzungen einer natürlichen Person nicht mehr an den Beginn der Rechtsfähigkeit (§ 1 BGB) geknüpft, entwickelte sich folgerichtig auch der Schutz gegen Verletzungen nach Beendigung der Rechtsfähigkeit durch Tod. Dieser weicht von den vorgeburtlich Verletzten jedoch insoweit ab, als sich bei letzteren die Verletzungshandlungen als Körper- und/oder Gesundheitsverletzungen bei dem später geborenen, also rechtsfähigen Menschen, auswirken, während der Verstorbene keine Verletzungen an Körper und Gesundheit erleiden kann, die auf seine Lebenszeit zurückwirken, aber dort noch nicht eingetreten sind. Es kommen allerdings Verletzungshandlungen in Betracht, die die Ehre, den guten Ruf oder die Persönlichkeit in der Nachwelt schädigen. Im Gegensatz zu dem vorgeburtlich Verletzten, der sich später selbst gegen die Verletzung wehren und Sank-

tionen gegen den Schädiger durchsetzen kann, ist der Verstorbene auf die Verteidigung seines guten Rufes durch Lebende angewiesen. Damit ist die Thematik für die folgenden Ausführungen aufgezeigt:
(1) Gegen welche Angriffe ist der Verstorbene zu schützen?
(2) Wer kann diese Schutzrechte zugunsten eines Verstorbenen durchsetzen? und
(3) Mit welcher Folge?
(4) Letztlich ist auf die Beweislast für den Wahrheitsgehalt eventueller übler Nachreden über den Verstorbenen einzugehen.

Die gewonnenen Ergebnisse werden dabei auf den konkreten Anlaß dieser Veröffentlichung, die Vorwürfe gegen den verstorbenen Kinderarzt Prof. Ibrahim, übertragen. Es kann jedoch nicht Aufgabe dieser Ausführungen sein, eventuelle im Raume stehende bestimmte Aussagen und Behauptungen über den Kinderarzt auf ihren Wahrheitsgehalt zu überprüfen und die Ansprüche gegen eventuelle Verletzte zu konkretisieren. Es ist hier lediglich möglich, die abstrakte Rechtslage für den Fall aufzuzeigen, in dem eine unrichtige, verleumderische oder unberechtigte üble Nachrede über einen Verstorbenen in die Welt gesetzt wird.

Allerdings kann ein Widerruf, eine Unterlassung einer unrichtigen Behauptung über eine Person oder gar Schadensersatz wegen eines solchen Vorgangs nur verlangt und nötigenfalls gerichtlich durchgesetzt werden, wenn die Person, die von den Falschbehauptungen betroffen ist, in ihren Rechten verletzt, d. h. die Aussage rechtswidrig ist. Dies wiederum setzt ein Recht mit dem Inhalt voraus, daß jede natürliche Person, jeder Mensch, einen Anspruch darauf hat, keinen unrichtigen, sondern nur zutreffenden Behauptungen ausgesetzt zu sein.[1] Des Weiteren verbunden ist damit die Frage, ob ein solches Recht nur lebenden Menschen oder auch Verstorbenen zusteht und wer im letzteren Fall ein solches Recht eines Verstorbenen geltend machen und gegebenenfalls gerichtlich durchsetzen darf.

II.
Abwehr gegen Falschbehauptungen

Bei der Frage, ob ein Recht besteht, nicht Opfer falscher Behauptungen zu werden, ist zunächst zu differenzieren: Von Bedeutung sind unrichtige Aussagen im Hinblick auf eine Abwehr und Sanktionen in der Regel lediglich nur, wenn diese

Äußerungen einen negativen Inhalt haben, die für die betroffene Person eine Rufschädigung, eine Ehrverletzung in ideeller oder / und wirtschaftlicher Weise herbeiführen können. Aussagen, die das Ansehen einer Person in der Öffentlichkeit und in privaten Kreisen positiv beeinflussen, führen nicht zum Nachteil und stellen damit keine Verletzung dar. In juristischer Hinsicht bleiben damit nur die rufschädigenden und ehrverletzenden Falschbehauptungen relevant.

1. Spezialregelungen

Das Recht, keinen unrichtigen Rufschädigungen oder Ehrverletzungen ausgesetzt zu sein, ist im Gesetz nur punktuell geregelt, wobei grundsätzlich der persönliche Ruf mit der äußeren Ehre gleichgestellt ist.

a) Strafrechtliche Sanktionen

§ 185 des Strafgesetzbuches (StGB) stellt die Beleidigung unter Strafe, § 186 StGB die „üble Nachrede, d. h. wenn Tatsachen behauptet oder verbreitet werden, die geeignet sind, einen anderen verächtlich zu machen oder in der öffentlichen Meinung herabzuwürdigen", sofern diese Tatsachen „nicht erweislich wahr" sind. § 187 StGB stellt als „Verleumdung" ebenfalls negativ wirkende wider besseren Wissens getätigte unwahre Tatsachenbehauptungen über eine andere Person unter Strafe. Alle diese Normen dienen dem Schutz eines Rechtes, nämlich nicht durch unwahre Behauptungen verletzt zu werden. Damit wird als geschütztes Rechtsgut das Recht einer Person, nicht Opfer falscher Behauptungen zu sein, vorausgesetzt. Rufschädigungen und Ehrverletzungen durch unwahre Aussagen sind rechtswidrig. Sie stellen die Verletzung eines Rechtes dar. Über § 189 StGB erstreckt sich mit der Strafbarkeit der „Verunglimpfung des Andenkens Verstorbener" dieser Schutz des Rufes und der Ehre auch auf den Zeitraum nach dem Tode.

Mit der Aussage, eine Person sei dem nationalsozialistischen Rassengedanken verhaftet gewesen und habe behinderte Kinder der Euthanasie, also der Tötung, zugeführt, werden Tatsachen behauptet, die im Sinne des Strafrechts geeignet sind, den Täter, hier einen Kinderarzt, verächtlich zu machen bzw. in der öffentlichen Meinung herabzuwürdigen. Ebenso liegt eine Verunglimpfung des Andenkens eines Verstorbenen vor. Die strafrechtlichen Tatbestände sind somit erfüllt. Die Beweislast für die Richtigkeit einer solchen rufschädigenden und ehrverletzenden Behauptung liegt bei dem Behauptenden. Gelingt ihm der Beweis nicht, greift die Sanktion des Strafrechts ein.

b) Kreditgefährdung

Den wirtschaftlichen Ruf schützt der Tatbestand der Kreditgefährdung nach § 824 BGB. Er umfaßt alle Behauptungen, die für das berufliche und wirtschaftliche Fortkommen bedeutsam sind.

Nach dieser Norm hat derjenige, der „der Wahrheit zuwider eine Tatsache behauptet oder verbreitet, die geeignet ist, den Kredit eines anderen zu gefährden oder sonstige Nachteile für dessen Erwerb oder Fortkommen herbeizuführen ... dem anderen den daraus entstehenden Schaden auch dann zu ersetzen, wenn er die Unwahrheit zwar nicht kennt, aber kennen muss". Diese Norm bildet damit die Grundlage eines Anspruchs auf Widerruf ehrverletzender und geschäftsschädigender Äußerungen oder einer (vorbeugenden) Unterlassungsklage bei Gefährdung, auch wenn der Schaden noch nicht entstanden ist. Diese spezielle Norm steht im Zusammenhang mit den allgemeinen Regeln der unerlaubten Handlungen und gibt über die Kreditgefährdung hinaus die Ansätze für einen allgemeinen Ehrenschutz nach §§ 823 ff. BGB. Neben dem Schutz gegen Eingriffe in den eingerichteten und ausgeübten Gewerbebetrieb durch die Vorschriften der unerlaubten Handlungen gem. § 823 Abs. 1, 2 BGB wird der wirtschaftliche Ruf gegen Verbreitung von Unwahrheiten nur durch den Persönlichkeitsschutz gesichert.

Die Kreditgefährdung kommt damit nur gegenüber lebenden Personen in Betracht. Die Frage eines postmortalen Schutzes stellt sich nicht, da ein Verstorbener nicht mehr am Wirtschaftsleben teilnimmt, seine Kreditwürdigkeit und Kreditfähigkeit daher nicht mehr von Belang ist. § 824 BGB beweist aber, daß grundsätzlich unwahre Behauptungen von der Rechtsordnung geahndet werden, daß also ein Recht darauf besteht, daß über eine Person keine unwahren negativen Tatsachen in die Welt gesetzt werden.

2. Allgemeines Persönlichkeitsrecht

Ein allgemeines Persönlichkeitsrecht ist über die vorangehend benannten Spezialvorschriften hinaus gesetzlich nicht normiert, insbesondere nicht im Rahmen des § 823 Abs. 1 BGB als Schutzgut festgelegt. In Anlehnung an die voraufgeführten speziellen Rechtsvorschriften zum Schutze einer Person vor Falschbehauptungen haben allerdings Rechtsprechung und Literatur mangels eines normierten Generalschutzes im Zivilrecht ein entsprechendes Rechtsgut und den Schutz gegen dessen Verletzung mit dem allgemeinen Persönlichkeitsrecht entwickelt, als einheitliches umfassendes Recht des Einzelnen gegenüber jedermann auf Achtung seiner Menschenwürde und Entfaltung seiner individuellen Persönlichkeit.

Aus dem vorerwähnten strafrechtlichen Ehrenschutz, dem in § 12 BGB geregelten Namensschutz und dem Umstand, daß durch § 823 Abs. 1 BGB das Recht am eigenen Bild und die ausdrücklich aufgeführten Rechtsgüter Leben, Körper, Gesundheit und Freiheit als elementare Bestandteile der Persönlichkeit Schutz genießen, deren Verletzung die Sanktion der Unterlassung, Beseitigung (Widerruf) und Schadensersatz herbeiführt, hat die Rechtsprechung unter weitgehend zustimmender Begleitung durch die Literatur das sogenannte allgemeine Persönlichkeitsrecht entwickelt und bei dessen Verletzung dieselben Sanktionen wie bei den ausdrücklich in § 823 Abs. 1 BGB aufgeführten absoluten Rechten zugestanden.[2] Dies in der Erkenntnis, daß die bis dahin normierten und anerkannten einzelnen Persönlichkeitsrechte nicht ausreichen, um die Persönlichkeit einer Person in dem Umfang zu schützen, wie dies der in Art. 1 GG garantierten Menschenwürde und der freien Persönlichkeitsentfaltung des Art. 2 Abs. 1 GG entspricht. Insoweit besteht unstreitig ein verfassungsrechtlicher Schutz des Persönlichkeitsrechts, abgeleitet aus Art. 2 Abs. 1 GG.[3] Dieser von der Verfassung garantierte Schutz bedarf einer entsprechenden Regelung im Zivilrecht.

a) Inhalt

Geschützt ist die Persönlichkeit vor herabsetzenden Werturteilen und – dies interessiert in erster Linie – vor unwahren Tatsachenbehauptungen, selbst wenn letztere nicht ehrenrührig sind[4], wobei die Sicht des unbefangenen Lesers oder Hörers, des unvoreingenommenen und verständigen Publikums Richtschnur ist.

Umfaßt das allgemeine Persönlichkeitsrecht den Schutz vor Äußerungen, die geeignet sind, sich abträglich auf das Bild einer Person in der Öffentlichkeit auszuwirken, weil sie das Ansehen des Betroffenen schmälern, seine sozialen Kontakte schwächen und infolgedessen sein Selbstwertgefühl untergraben können[5], so setzt dies die Indentifizierbarkeit des Betroffenen voraus. Die Person muß für den Empfänger der Aussage (Leser, Publikum, Ausstellungsbesucher) aufgrund der mitgeteilten Umstände hinreichend erkennbar sein.[6] Hierfür ist zwar die Nennung des Namens nicht unbedingt erforderlich. Erfolgt dies jedoch und wird mit diesem Namen eine bestimmte

Person verbunden, ist der Verletzte und damit der Anspruchsberechtigte unproblematisch festgelegt. Ist – wie in unserem Beispielsfall – der Kinderarzt als Ehrenbürger der Stadt durch die Nennung seines nicht alltäglichen Namens eindeutig für die Allgemeinheit bestimmt, so ist hinreichend erkennbar, über wen die rufschädigenden Behauptungen aufgestellt werden. Eine solche Aussage ist geeignet, den Persönlichkeitsschutz auszulösen. Mit der Behauptung, ein Kinderarzt habe sich mit dem nationalsozialistischen Gedankengut identifiziert und / oder sich entsprechend der damit vertretenen Rassentheorie zur Euthanasie, d. h. zur Tötung von Kindern, bereit gefunden, ist eine herabsetzende Tatsachenbehauptung, ein schwerwiegender Vorwurf gegeben, der bei Unwahrheit eine Persönlichkeitsverletzung darstellt. Eine derart beschuldigte Person ist in der Allgemeinheit als „Töter", eventuell sogar als Mörder, dargestellt. Insoweit ist in Rechtsprechung und Literatur unbestritten, daß das Behaupten und Verbreiten unwahrer Tatsachen eine Verletzung der allgemeinen Persönlichkeit darstellt.[7] So hat die Rechtsprechung zutreffend festgestellt, daß bereits eine unwahre Behauptung über eine Person, sie habe auf der Gehaltsliste der Stasi gestanden, sei also ein Stasimitarbeiter, eine Persönlichkeitsrechtsverletzung darstellt, sofern diese Behauptung unzutreffend ist. Selbst im Rahmen wissenschaftlicher Forschung darf keine unwahre Behauptung aufgestellt werden. Die Wissenschaftsfreiheit ist nicht nur an der wahren Tatsachenfeststellung orientiert, sondern sie erlaubt auch keine unwahren Behauptungen.[8]

b) Geltungsgrund

Nach vorläufiger Zurückhaltung in der Rechtsprechung[9] hat der BGH in seiner Entscheidung im 13. Band[10] ein allgemeines Persönlichkeitsrecht anerkannt und diese Rechtsprechung bis heute beibehalten und das Institut des Persönlichkeitsrechts kontinuierlich ausgebaut. Die Literatur hat diese Entwicklung in der Rechtsprechung trotz einiger Bedenken wegen der generalklauselartigen Unbestimmtheit weitgehend vorbereitet, unterstützt und modifiziert.[11] Mit der Übernahme des BGB nach Art. 123 Abs. 1 GG ergab sich für die Rechtsprechung die Notwendigkeit einer Orientierung an den Grundprinzipien der Art. 1 und 2 GG.[12] Da auch das Bundesverfassungsgericht diese Rechtsprechung des BGH zum allgemeinen Persönlichkeitsrecht als mit dem Grundgesetz vereinbar erklärt hat[13], konnte dieses Institut kraft richterlicher Rechtsschöpfung allgemein anerkannte Geltung finden. Umstritten blieb lediglich die für die hier zu erörternde Problematik unwesentliche Einordnung innerhalb des § 823 Abs. 1 BGB, wobei die überwiegende Literatur und Rechtsprechung das allgemeine Persönlichkeitsrecht als „sonstiges Recht" im Sinne dieser Norm sieht[14], andererseits die Subsumtion unter die Kategorie der Rechtsgüter Leben, Körper, Gesundheit und Freiheit erfolgt.[15]

c) Interessenabwägung

Das allgemeine Persönlichkeitsrecht wird definiert als das Recht des Einzelnen auf Achtung seiner Menschenwürde und Entfaltung seiner Persönlichkeit, als ein Recht, das sich nicht nur gegen den Staat und seine Organe richtet, sondern im Privatrecht gegen jedermann Geltung findet.[16]

Es ist hier nicht der Ort, historische Entwicklungen dieses Rechtsinstitutes ausführlich aufzuzeigen[17], zumal inzwischen in Rechtsprechung und Literatur weitgehend Einigkeit hinsichtlich der Voraussetzungen, des Umfanges und der Rechtsfolgen besteht, wobei allerdings aufgrund der Einordnung als „Rahmenrecht" die Verletzung des Persönlichkeitsrechts immer erst nach einer Abwägung der beiderseitigen Interessen festgestellt werden kann.[18] Mit dem allgemeinen Persönlichkeitsrecht wurde eine Generalklausel geschaffen, deren Schutzbereich unter Würdigung und Abwägung aller bedeutsamen Umstände eine Güter- und Interessenabwägung im Einzelfall erfordert.[19]

Bei Äußerungen über eine Person kann und wird sich zumeist der Behauptende auf seine Meinungsfreiheit, auf das auch privatrechtlich anerkannte „Recht der freien Rede" berufen. Bei der Abwägung dieses Rechts mit dem Persönlichkeitsrecht des Betroffenen hat allerdings letzteres immer den Vorrang, wenn die Behauptungen über eine Person unrichtig sind oder das Erscheinungsbild der letzteren grob verzerrt wird.[20] Auch unter diesen Gesichtspunkten kann das bereits vorangehend festgestellte Ergebnis einer Persönlichkeitsrechtsverletzung mit der Behauptung, Kinder in die Euthanasie geführt zu haben, und dem nationalsozialistischen Rassegedanken verbunden zu sein, nicht von dem Recht auf Meinungsfreiheit oder auf freie Rede gerechtfertigt sein, wenn diese Behauptungen nicht der Wahrheit entsprechen.

3. Rechtsfolge

Beseitigungs- und Unterlassungsansprüche bei Verletzung des allgemeinen Persönlichkeitsrechts – auch des postmortalen – werden mangels konkreter Anspruchsgrundlage aus §§ 823 Abs. 1, 1004 BGB hergeleitet. Ein solcher Anspruch ist darauf gerichtet, künftige Beeinträchtigungen zu verhindern. Bei einem Eingriff in ein gesetzlich geschütztes Recht oder Rechtsgut ist der Verletzte berechtigt, von dem Verletzenden die Beseitigung der vorhandenen und Unterlassung weiterer Beeinträchtigungen zu verlangen.[21]

Die Beseitigungs- und Unterlassungsklage soll die Entstehung etwaiger Schäden und Störungen verhindern und muß daher in den Fällen eingreifen, in denen das Gesetz bei Verletzung gewisser Rechte, Rechtsgüter und rechtlich geschützter Interessen einen Schadensersatzanspruch gewährt. Damit ist gleichzeitig die Störung derartiger Rechtspositionen verboten. Es soll bereits der Schadenseintritt verhindert werden.

Bei einer rechtswidrigen Verletzung des allgemeinen Persönlichkeitsrechts kann also nach dem Grundsatz der Naturalrestitution in erster Linie Beseitigung der Verletzung, bei unmittelbar drohender oder Wiederholungsgefahr die Unterlassung gefordert werden. Diese vorbeugende Unterlassungsklage[22] besteht bei jeder Art einer rechtswidrigen Verletzung der Persönlichkeit, selbst ohne Verschulden.[23] Ein solcher Beseitigungs- und Unterlassungsanspruch bedeutet bei Aufstellung falscher ehrverletzender Behauptungen die Verpflichtung zum Widerruf und zum Unterlassen der Wiederholung bzw. einer drohenden Äußerung. Die Rechtsprechung beschränkt diese Ansprüche allerdings auf Tatsachenbehauptungen.[24] Werturteile bleiben insoweit ohne Sanktionen. Die Behauptung, ein Kinderarzt habe Menschen im Rahmen der Euthanasie in den Tod geschickt und er sei zudem dem nationalsozialistischen Rassenprogramm verhaftet gewesen, ist eine Tatsachenbehauptung, die bei Unrichtigkeit bzw. Nichterweisbarkeit dem vorgenannten Widerrufs- und Unterlassungsanspruch unterfällt.

Bei einer schuldhaften Falschbehauptung kann der Verletzte zudem Schmerzensgeld als Nichtvermögensschaden verlangen, wobei die Rechtsprechung inzwischen auch hier ganz erhebliche Summen ansetzt (z. B. mehrere 100.000 Euro).

Der Anspruch auf Widerruf und/oder Richtigstellung findet seine Rechtsgrundlage in den vorgenannten §§ 823, 1004 BGB.[25] Allerdings setzt dieser Anspruch voraus, daß die Unwahrheit feststeht[26], andernfalls würde im Widerruf eine Behauptung als „unwahr" zu bezeichnen sein, obwohl sie wahr sein könnte.[27]

4. Grundsatz der Verhältnismäßigkeit

Da es sich bei der Verletzung des Persönlichkeitsrechts letztlich um eine Interessenabwägung handelt[28], gilt – wie generell – der Grundsatz der Verhältnismäßigkeit.[29] Mit dem Widerruf darf nur gefordert werden, was zur Beseitigung der Rufschädigung unbedingt erforderlich ist.[30] Der Widerruf ist auf das mildeste, schonendste Mittel zu beschränken[31] (Übermaßverbot[32]). Dies hängt davon ab, welchen Umfang die Falschbehauptung hatte, welchem Personenkreis sie zugänglich wurde und welche Äußerungsmittel benutzt worden sind (z. B. mündlich, kleiner Personenkreis, Presse, Fernsehen, Radio, Ausstellungen). Es ist der Weg zu wählen, der gegenüber dem Adressaten der Falschaussage die Richtigstellung garantiert. Wird also eine Falschbehauptung über Euthanasie und Verbundenheit zum Nationalsozialismus in einer Ausstellung dokumentiert, sind in dieser Ausstellung neben der Beseitigung der Aussagen auch entsprechend große Mitteilungen zu tätigen, die darauf hinweisen, daß die bisher getroffene Aussage über eine Person unrichtig ist. Presse- und Fernsehmitteilungen müssen durch dasselbe Medium als unrichtig bezeichnet werden. Bei letzteren etwa hat eine Veröffentlichung in gleichem Umfang und an derselben Stelle auf die Unrichtigkeit der früheren Mitteilung hinzuweisen. Gespräche gegenüber Privatpersonen sind diesen gegenüber mündlich oder schriftlich als unwahr zu berichten. Diese Widerrufserklärungen sind durch die Person vorzunehmen, die seinerzeit die Falschbehauptung aufgestellt hat. Die Form des Widerrufs muß also grundsätzlich derjenigen der unwahren Behauptung entsprechen, also auf demselben Wege wie die Falschäußerung erfolgen.

III.
Das postmortale Persönlichkeitsrecht

1. Allgemeines

Wie der Anlaß dieses Sonderbandes verdeutlicht, sind die Verletzung einer lebenden Person und deren sich daraus ergebende Ansprüche an die Verletzungsfähigkeit, d. h. an die Rechtsfähigkeit, geknüpft. Sie muß also in die Zeit von der Geburt bis zum Tode fallen. Wie bereits eingangs aufgeführt, ist grundsätzlich nur eine lebende Person unmittelbar von Ehrverletzungen und Rufschädigungen betroffen. Diese Beschränkung auf die Zeit des Lebens hat sich aber als nicht hinreichend erwiesen. Dies wurde im Hinblick auf die Verletzungshandlungen vor der Geburt mit Folgen auf den geborenen, dann lebenden Menschen bereits aufgezeigt. Allerdings hat sich hierbei die Verletzung auf den rechtsfähigen Menschen fortgesetzt, d. h. sein Gesundheitsschaden wirkte sich zu seinen Lebzeiten aus. Anders ist dies jedoch, wenn die Verletzung nach dem Tode erfolgt, denn nun kann der Betroffene nicht rückwirkend zu Lebzeiten, d. h. während seiner Rechtsfähigkeit, an der Schädigung leiden. Trotzdem haben Rechtsprechung und Literatur unter dem Gesichtspunkt der Wahrung des Ehrenschutzes eines Verstorbenen einen postmortalen Persönlichkeitsschutz entwickelt, da die Persönlichkeit eines Menschen über den Tod hinaus wirkt und zudem ein Schutz der Persönlichkeit zu Lebzeiten nur gewährleistet werden kann, wenn ihr Träger darauf vertrauen darf, daß seine Persönlichkeit auch noch nach dem Tode vor ungerechtfertigten Rufschädigungen und Ehrverletzungen bewahrt bleibt.[33] Der Persönlichkeitsschutz erlischt also nicht mit dem Tode.[34]

2. Rechtsgrundlage

Das Gesetz hat selbst mit zahlreichen Vorschriften (z.B. §§ 64 UrhG, § 22 KunstUrhG) gezeigt, daß höchstpersönliche Rechte den Tod des Menschen überdauern. Ebenso werden in § 189 StGB nicht allein das Pietätsgefühl und die Familienehre der Angehörigen, sondern auch die eigene Ehre des Verstorbenen in Gestalt eines fortbestehenden Achtungsanspruchs im sozialen Raum geschützt.[35] Der Ruf einer Person soll auch nach dem Tode (Nachruf) unangetastet bleiben. Hinzuweisen ist ferner auf § 361 StPO.

Wie ebenfalls die §§ 2235, 2239 BGB zeigen, sind die sonstigen gesetzlichen Erben, die nachrangigen Verwandten (etwa die Eltern der Eheleute) berechtigt, die Verstöße geltend zu machen, die durch einen Verstorbenen nicht mehr geltend gemacht werden können und konnten, insbesondere solche, die zum Erbfall geführt haben. Zwar erfassen §§ 2235, 2239 BGB zunächst nur die Vermögensinteressen der nachrangigen Erben, darüber hinaus werden aber auch Persönlichkeitsrechte nun von den Verwandten vollzogen. Dies ist der Ausdruck des allgemeinen postmortalen Persönlichkeitsrechts, welches es den nahen Verwandten gestattet, Verfehlungen gegen den Erblasser (und seine Verwandten) geltend zu machen, die dieser nicht mehr geltend machen kann.[36] Derartige postmortale Rechte haben nur einen Sinn, wenn sie von einer noch lebenden Person durchgesetzt werden dürfen.

Dies sind entsprechend den vorgenannten Normen die nächsten Angehörigen eines Verstorbenen bzw. die Personen, die von ihm dazu bestimmt worden sind. So hat der BGH das Recht einer Witwe anerkannt, den Gebrauch des Namens ihres Mannes durch einen Verein zu untersagen.[37] Ferner hat der BGH[38] festgestellt, daß das allgemeine Persönlichkeitsrecht des Sohnes durch die Mutter als nächste Verwandte geltend gemacht werden kann. Der BGH hat damit unter Billigung der Literatur in mehreren Entscheidungen anerkannt, daß das allgemeine Persönlichkeitsrecht über den Tod des Rechtsinhabers hinaus fortwirkt. Die schutzwürdigen Werte der Persönlichkeit überdauern die Rechtsfähigkeit ihres Subjektes, die mit dem Tode erloschen ist.[39]

Allerdings geht es hier nur um den zivilrechtlichen Schutz des Verstorbenen, nicht der Erben oder Nachkommen, so daß die Rechtsfolge bei Verletzung nur auf Widerruf und Beseitigung gerichtet sein kann, in der Regel nicht auf Geldzahlungen als immateriellen Schaden (Schmerzensgeld). Allerdings hat die Rechtsprechung in letzter Zeit immer mehr das kommerzielle Interesse an der „Verwertung der Persönlichkeit ihres Namens und ihres Image" einbezogen und in grundlegenden Entscheidungen den Erben das alleinige Recht dieser Verwertung zuerkannt[40] und ihnen bei Verletzung dieses alleinigen Verwertungsrechts einen Anspruch auf Unterlassung und Schadensersatz in Höhe des entgangenen Gewinns, also der hypothetischen Lizenzgebühr, zugesprochen.[41] Dabei handelt es sich jedoch nicht mehr um die Geltendmachung eines postmortalen Persönlichkeitsrechts, sondern um den den Erben entgangenen Gewinn, den sie selbst als Rechtsinhaber bei einer kommerziellen Verwertung erzielt hätten. Die Erben machen nicht die Verletzung des Persönlichkeitsrechts eines Verstorbenen geltend, sondern eines eigenen Verwertungsrechts. Diese Problematik stellt sich in der hier interessierenden Fallgestaltung einer Falschbehauptung über die Person eines Kinderarztes durch negative Tatsachen über einen Toten nicht.

3. Schutzbereich

Geschützt werden das Andenken des Verstorbenen entsprechend den Interessen seiner Angehörigen, ideelle Belange des Toten sowie die körperliche Integrität des Leichnams. Dieser postmortale Persönlichkeitsschutz richtet sich gegen die Entstellung oder Verunglimpfung des Lebensbildes eines Verstorbenen.[42] Mit einer unrichtigen Behauptung hinsichtlich der Treue zum Nationalsozialismus, einer Verhaftung im damit verbundenen Rassenwahn und/oder der Mittäterschaft bei Tötung behinderter Kinder ist der Tatbestand einer Verletzung des postmortalen Persönlichkeitsrechts erfüllt, denn es wird – bei unterstellter Unwahrheit – das Lebensbild eines Verstorbenen entstellt und ganz erheblich verunglimpft.

Ebenfalls zwecks Begrenzung der Ansprüche ist zu berücksichtigen, daß im Laufe der Zeit die Intensität des Schutzes abnimmt, je weiter die Verletzung vom Tod entfernt ist, umso geringer zeitigt diese Verletzung Wirkung. Dies ist vom jeweiligen Einzelfall abhängig. Die Rechtsprechung und Literatur hat sich hier von einer allgemeinen Ausrichtung auf 30 Jahre nach dem Tod orientiert.[43] Dies ist aber keine absolute Begrenzung, sondern es sind auch darüber hinausgehende viele Jahre später liegende (über 70 Jahre) Verletzungen sanktioniert worden, wenn sich die Verletzung wegen der Bekanntheit der Person auch noch nach dieser Zeit als gravierend darstellt.

In unserem Beispielsfall ist der betreffende Kinderarzt nach wie vor im Gedächtnis vieler Bürger der Stadt präsent. Ihm sind neben der Ehrenbürgerschaft der Name einer Klinik und ein Straßenname zuteil geworden. Seine Schüler an der Universität leben heute noch, ebenso wie von ihm behandelte Patienten, so daß in diesem Falle eine Persönlichkeitsverletzung auf jeden Fall gravierend und nicht durch einen Zeitablauf begrenzt ist.

4. Durchsetzung des postmortalen Persönlichkeitsrechts

Kann ein Mensch zu Lebzeiten seine Ansprüche gegen den Schädiger auf Unterlassung und Widerruf (Beseitigung) selbst geltend machen, auch wenn die Verletzungshandlung vor seiner Geburt erfolgt ist, so ist dieser Weg bei der Verletzung eines Verstorbenen durch diesen, den Geschädigten, nicht mehr möglich.

a) Unübertragbarkeit

Das aus Art. 1, 2 Abs. 1 GG abgeleitete allgemeine Persönlichkeitsrecht ist als höchstpersönliches Recht weder übertragbar noch vererblich.[44] Ein höchstpersönliches Recht[45] kann grundsätzlich nur von dem Rechtsträger selbst geltend gemacht werden. Auch beim postmortalen Persönlichkeitsrecht ist Schutzobjekt der Verstorbene.[46] Die Interessen eines Verstorbenen – soll diese Verletzung des postmortalen Persönlichkeitsrechts durch Sanktionen geahndet werden – muß daher eine lebende Person wahrnehmen, also eine rechtsfähige, die gegebenenfalls auch den Rechtsweg beschreiten kann.

b) Wahrnehmungsberechtigung

Dies sind zunächst eine Person oder mehrere Personen, die der Verstorbene zu Lebzeiten zur Wahrung seiner postmortalen Persönlichkeitsrechte berufen hat.[47] Fehlt es – dies ist die Regel – an einer solchen Bestimmung, könnten dies einerseits die Erben des Verstorbenen oder aber seine nächsten Angehörigen sein. Da das Persönlichkeitsrecht aber als nicht vererbbar auch nicht in den Nachlaß fällt, scheiden der oder die Erben aus dem Kreis der Aktivlegitimierten aus. Im Vordergrund bleibt damit nur die durch Verwandtschaft oder Ehe begründete persönliche Beziehung zum Verstorbenen. Dies deutete sich bereits in dem Schutzbereich des Andenkens Verstorbener entsprechend den Interessen seiner Angehörigen an.[48] In Anlehung an eine entsprechende Regelung im bereits erwähnten § 189 StGB sowie in § 2 Abs. 2 Feuerbestattungsgesetz und § 22 S. 3 KunstUrhG sind die Rechte eines Verstorbenen nach dem Willen und Interesse des Verstorbenen wahrzunehmen, und zwar von der Person, die der Verstorbene bestimmt hat, ansonsten aber seine Angehörigen, soweit diese geschäftsfähig sind. Als Angehörige im Sinne dieser Regelung des § 2 Feuerbestattungsgesetz[49] gelten der Ehegatte, Verwandte oder Verschwägerte in ab- und aufsteigender Linie, Geschwister und deren Kinder sowie der Verlobte. Entscheidender Anknüpfungspunkt ist dabei die Nähe zum Verstorbenen, weil allein diese nahe stehenden Personen dem Willen des Verstorbenen gerecht werden können. In entsprechender Interessenlage hat die Rechtsprechung auch bei dem postmortalen Persönlichkeitsrecht den nächsten Angehörigen eines Verstorbenen ohne Rücksicht auf die Erbenstellung einen zivilrechtlichen Widerrufs- und Unterlassungsanspruch gegen den Verletzer zuerkannt.[50] Die Begrenzung auf Ehepartner, nahe Verwandte, also die Ausklammerung entfernterer Verwandter und / oder Freunde, ist in dem Gedanken begründet, daß der Kreis der Berechtigten nicht uferlos werden darf, allerdings mit dem Risiko, daß in vielen Fällen wegen Fehlens oder aufgrund Untätigkeit naher Angehöriger eine Verletzung des postmortalen Persönlichkeitsrechts ohne Sanktionen bleibt. Die Bezugsnorm des § 2 Feuerbestattungsgesetz regelt diese Frage aber letztlich im Wesentlichen auch unter dem Gesichtspunkt, welcher näherstehende Verwandte dem anderen vorgeht. Ebenso ist den vorgenannten Normen zu entnehmen, daß selbst ohne eine zusätzliche Bestimmung die Persönlichkeit bzw. hier der Leichnam des Verstorbenen durch eine würdige Beerdigung geschützt wäre. Anders bei dem postmortalen Persönlichkeitsrecht. Würde nämlich mangels naher Verwandter im Sinne des § 2 Feuerbestattungsgesetz keine weitere Person vorhanden sein, so wäre der Verstorbene schutzlos, das postmortale Persönlichkeitsrecht würde leer laufen. Dabei bedarf es keiner näheren Erörterung, daß auch Adoptivkinder den leiblichen Kindern gleichgesetzt und als Angehörige klageberechtigt wären. Aus den Regelungen, daß zunächst dem zurzeit des Todes überlebenden Ehepartner und den Eltern oder Kindern eines Verstorbenen die Wahrnehmungsrechte hinsichtlich der Persönlichkeit des Verstorbenen zukommen, stellt sich damit die Frage, wie bei Nichtvorhandensein derartiger „naher Verwandter" ein Schutz des Persönlichkeitsrechts möglich ist. Diese Frage wird sich in Zukunft immer mehr stellen, denn bei zunehmender Kinderlosigkeit und unterbleibender Verheiratung werden viele Verstorbene ohne Hinterlassen derartig nahestehender Verwandter sein. Es gilt daher darauf abzustellen, welche Personen neben diesen Verwandten, d.h. bei deren Fehlen diese Rechte des Verstorbenen wahrnehmen müssen. War Grund des postmortalen Persönlichkeitsrechts, daß der Verstorbene in seiner Persönlichkeit nicht schutzlos bleiben darf, muß dieser Gedanke ebenfalls bei der Bestimmung der wahrnehmungsberechtigten Personen gelten. Es ist also darauf abzustellen, welche Person bei Nichtvorhandensein nahe stehender Verwandter dem Erblasser am nächsten gestanden hat, sei es durch ein verwandtenähnliches Lebensverhältnis, sei es durch Betreuung usw. Da kein Recht, insbesondere das verfassungsrechtlich geschützte Persönlichkeitsrecht, schutzlos bleiben darf, muß letztlich immer eine Person vorhanden sein, die berechtigt ist, die Ansprüche des Verstorbenen bei Verletzung seines Persönlichkeitsrechts wahrzunehmen.

Haben, wie in unserem Beispielsfall des Kinderarztes, weder Ehepartner, Eltern noch leibliche Abkömmlinge den Verstorbenen überlebt, war in dessen Familienverbund allerdings eine Stieftochter eingebunden, die im selben tatsächlichen Verhältnis zu dem Verstorbenen stand wie eine leibliche Tochter, kommt diese aus familiärem Zusammenleben begründete Beziehung hier zum Tragen. Sie wird ebenso berechtigt sein, den Anspruch gegen den Schädiger auf Unterlassung und Beseitigung geltend zu machen wie im gleichwertigen Verhältnis lebende leibliche Kinder.

c) Aufgabe des Zivilprozesses

Wurde die Anerkennung und die Existenz eines postmortalen Persönlichkeitsrechts damit begründet, daß der Schutz der Persönlichkeit nur gewährleistet sei, wenn sie auch über den Tod hinaus Schutz erfahre. Ein solcher Schutz setzt aber gleichzeitig auch die Durchsetzbarkeit des Schutzes voraus, d. h., die Verletzung muß auf jeden Fall mit Sanktionen versehen bleiben. Damit muß dem materiellrechtlichen Gedanken der Fortgeltung des Persönlichkeitsrechts auch die prozessuale Durchsetzbarkeit zur Seite stehen. Es gibt grundsätzlich kein ungeschütztes Rechtsgut. Dies setzt voraus, daß auf jeden Fall für jede Verletzung eines postmortalen Persönlichkeitsrechts – sofern es materiell-rechtlich existiert – eine prozessuale Durchsetzung auch nach dem Tod gewährleistet sein muß. Damit kann die Durchsetzbarkeit nicht von der zufälligen Existenz naher Verwandter abhängen. Der Kreis derer, die das Recht des Verstorbenen auf Schutz seiner Persönlichkeit, auf Schutz vor Rufschädigung und gegen Ehrverletzung wahrnehmen, muß so bemessen sein, daß auf jeden Fall ein Berechtigter zur Durchsetzung des postmortalen Persönlichkeitsrechts zur Verfügung steht. Da das deutsche Rechtssystem insoweit vornehmlich auch im prozessualen Bereich keinen staatlichen Rechtsvertreter (etwa einen Ombudsmann) kennt, muß der Kreis der Durchsetzungsberechtigten über die bisherige Beschränkung der nahen Verwandtschaft hinausgehen. Kann der Verstorbene zu Lebzeiten eine Person bestimmen, die sein Persönlichkeitsrecht nach seinem Tode wahrnimmt, wird damit deutlich, daß auch hier keine Beschränkung auf nahe Verwandte besteht. Der Verstorbene konnte jedwede Person, also auch einen Rechtsanwalt, einen Verband, eine Stiftung usw. bestimmen. Eine Bindung an nahe Verwandtschaft besteht nicht. Es besteht insoweit Einigkeit in Rechtsprechung und Literatur, daß die Bestimmung der Person durch einen Verstorbenen, die das postmortale Persönlichkeitsrecht wahrnimmt, nicht an nahe Verwandtschaft gebunden ist. Es wird deutlich, daß dieser Kreis grundsätzlich nicht beschränkt sein darf. Da allein die Fälle problematisch sind, in denen eine solche Bestimmung durch den Verstorbenen nicht erfolgt ist, kann hier lediglich mit dem hypothetischen Willen des Verstorbenen gearbeitet werden, d. h. die Person muß wahrnehmungsberechtigt sein, die den vermuteten Willen, dem vermeintlichen Bestreben eines Verstorbenen, entspricht. Damit bleibt die Gefahr der Popularklage ausgeschlossen. Der Kreis der insoweit Wahrnehmungsberechtigten wird allein durch Bewertung und Einschätzung des Personenkreises bestimmt, der – bei fehlender ausdrücklicher Festlegung durch den Verstorbenen – nach dem mutmaßlichen Willen berechtigt sein dürfte, den auf jeden Fall notwendigen Schutz des postmortalen Persönlichkeitsrechts durchzusetzen. Dies wird zwar in der Regel eine Festlegung auf nahe Verwandtschaft im Sinne der bisherigen Rechtsprechung sein, aber bei Nichtvorhandensein derartiger Personen muß das Recht zur Wahrung des postmortalen Persönlichkeitsrechts auch erweitert werden und über den Kreis der nahen Verwandten hinausgehen. Ebenso wäre zu entscheiden, wenn nach dem Willen des Verstorbenen erkennbar ist, daß bestimmte Meinungsverschiedenheiten oder Zwistigkeiten mit nahem Verwandten bestanden, so daß der Verstorbene auf keinen Fall von diesen ihm nicht genehmen Personen „vertreten" werden darf.

Wenn auch das Persönlichkeitsrecht als nicht vererbbar auf den Erben übergeht, so daß zunächst unabhängig von der Erbfolge die Wahrnehmung des Persönlichkeitsrechts auf nahe stehende Personen übertragen wurde, so wird trotzdem die Erbfolge bzw. die Erbenbestimmung durch den Erblasser ein wesentlicher Anhaltspunkt für die Festlegung der Wahrnehmung der Persönlichkeitsrechte nach seinem Tode sein. Dies gilt insbesondere, wenn der Erblasser nahe Verwandte (etwa die Ehefrau oder seine Kinder) enterbt hat, weil damit die Motivation deutlich wird, daß diese Personen ihm weder nahestehen noch er sich ihnen verbunden fühlt oder diese als Vermögens- und Rechtsnachfolger anerkannt werden sollten. Eine solche testamentarische Erbenbestimmung kann daher sogar den vom BGH geforderten Kreis der nahen Verwandtschaft ausschließen. Dies gilt ebenfalls bei ausdrücklicher Bestimmung einer anderen Person als nahestehende Verwandte. Die Erbenbestimmung bzw. die nahe Verwandtschaft ist damit lediglich ein Anhaltspunkt und Ausgangspunkt für die Feststellung eines Wahrnehmungsberechtigten im Interesse des Verstorbenen.

Zurückkommend auf den hier zugrunde liegenden Ausgangsfall wäre also mangels einer überlebenden Ehefrau oder Eltern oder leiblicher Abkömmlinge die Person als berechtigt anzusehen, die dem Verstorbenen vermutlich als nahestehendste und berechtigste anerkannt worden wäre. Dies ist bei einer in familiärer Weise mit ihm zusammenlebenden Stieftochter der Fall, wenn sie in einer Familienharmonie gelebt haben, so daß der Verstorbene von dieser Stieftochter in erster Linie aufgrund persönlicher Beziehungen und Kenntnisse die seinem Interesse entsprechende Wahrnehmung seines postmortalen Persönlichkeitsrechts erwarten durfte.

Aufgabe des Zivilprozeßrechts ist es, dem materiellen Recht zur Durchsetzung zu verhelfen, den Schutz und die Wahrung der Ansprüche zu garantieren. Mit dieser allgemein anerkannten „dienenden Funktion" des Prozessrechts ist es unabdingbar verbunden, daß das Prozeßrecht und damit der deutsche Zivilprozeß auf jeden Fall ein Instrumentarium bereitstellen muß, um das postmortale Persönlichkeitsrecht zu schützen und durchzusetzen. Dies kann nicht von Zufälligkeiten einer eventuellen Bestimmung durch den Verstorbenen oder durch das Vorhandensein naher Verwandter entschieden werden, ob das Recht Schutz erfährt oder nicht.

5. Aktivlegitimation

Grundsätzlich hat Ansprüche wegen Verletzung eines Rechtsgutes der Geschädigte, also der Träger des allgemeinen Persönlichkeitsrechts.[51] Bei Menschen als Opfer einer Persönlichkeitsverletzung wäre die Aktivlegitimation von der Geburt bis zum Tode gegeben. Da der Persönlichkeitsschutz jedoch nicht mit dem Tode endet (postmortales Persönlichkeitsrecht) und es nicht vererblich ist[52], bedarf es einer anderen Person, die dieses Recht des Verstorbenen wahrnehmen kann. Zu Lebzeiten ist die Aktivlegitimation ebenso wie die Klagebefugnis auf den Träger des verletzten Persönlichkeitsrechts beschränkt. Diese Regelung besteht – wie im sonstigen Recht –, um Popularklagen zu verhindern. Der Rechtsträger selbst soll entscheiden, ob sein Rechtsgut verletzt ist und ob er dies verfolgen will. Die Klagebefugnis steht daher in der Regel zu Lebzeiten grundsätzlich immer nur dem Rechtsinhaber zu. Die Möglichkeit einer Prozeßstandschaft stellt sich bei dem Verfolgen eines postmortalen Persönlichkeitsrechts nicht, denn bei der Prozeßstandschaft werden zwar fremde Rechte im eigenen Namen eigeklagt, aber es geht immer darum, die Rechte einer lebenden Person geltend zu machen. Daher machen bei der Verletzung eines postmortalen Persönlichkeitsrechts zwar auch die Kläger die Verletzung eines fremden Rechts geltend, aber letztlich nur in entsprechender Anwendung des Gedankens einer Prozeßstandschaft. Im Institut der Prozeßstandschaft ist aber nur die formalrechtliche, die prozessuale Seite erfaßt, nicht aber die materiell-rechtliche Frage der Aktivlegitimation, so daß es der vorerörterten Konstellation der Geltendmachung durch nahe stehende Personen bedarf.

6. Passivlegitimation

Verpflichteter aus dem Beseitigungs-, Unterlassungs- oder gar Schadensersatzanspruch wegen Verletzung des (postmortalen) allgemeinen Persönlichkeitsrechts ist der Störer, d.h. derjenige, der die rechtswidrige Verletzungshandlung, die ehrenrührige Falschbehauptung, aufgestellt, die Rufschädigung vorgenommen hat.[53] Der Unterlassungsanspruch ist nicht verschuldensabhängig.[54] Ebenso können auch Personen, die sich falsche Aussagen zu eigen machen, in Anspruch genommen werden, denn auch sie verletzten das Persönlichkeitsrecht.[55] Damit sind Verleger und Herausgeber einer Schrift ebenso zum Widerruf und zur Unterlassung verpflichtet wie der Veranstalter einer Ausstellung, in der die Falschbehauptungen aufgeführt werden, der Autor eines Buches, der derartige unrichtige Behauptungen aufstellt.

7. Darlegungs- und Beweislast

Grundsätzlich hat der Kläger die Tatsachen darzulegen und zu beweisen, die die Verletzung des allgemeinen Persönlichkeitsrechts begründen.[56] Dies bedeutet aber nur, daß der Verletzte die Geeignetheit der Behauptung, die Rufschädigung, die Beeinträchtigung seines Ansehens und Ehrverletzung darzulegen hat. Der Verletzer dagegen hat nachzuweisen, daß diese Äußerungen berechtigt, also wahrheitsgemäß waren. Damit trägt die Beweislast letztlich der Behauptende.[57] Nicht erweislich wahre Tatsachen, also verbreitete nicht nachweisbare Tatsachen, die ehrverletzende Tatsachenbehauptungen darstellen, werden nur dann nicht relevant, wenn ihre Wahrheit feststeht.[58] Damit obliegt es auch in unserem Beispielsfall denjenigen, die behaupten – gleich auf welche Weise –, der betreffende Kinderarzt habe im Rahmen der Euthanasie Kinder in den Tod geschickt und sei der nationalsozialistischen Rassenlehre verhaftet gewesen, den Wahrheitsbeweis anzutreten. Die Behauptung an sich stellt eine Rufschädigung dar und eine solche Rufschädigung ist nur dann zulässig, wenn sie dem Wahrheitsgehalt entspricht, denn nur dann ist eine Ehrverletzung und eine Rufschädigung gerechtfertigt.

Wie bereits einleitend dieser Ausführungen gesagt, ist es nicht Aufgabe dieses Beitrages, den Wahrheitsgehalt dieser Behauptungen zu überprüfen und nachzuweisen. Es ging nur darum, daß – wenn derartige Behauptungen aufgestellt werden – eine Rufschädigung und Verletzung des postmortalen Persönlichkeitsrechts gegeben ist und der Behauptende seine Verletzungen allenfalls damit rechtfertigen kann, indem er den Wahrheitsbeweis antritt. Dies ist letztlich eine Entscheidung im Einzelfall bzw. Aufgabe der Behauptenden.

8. Rechtsfolge

a) Widerruf

Widerruf ist die allgemeine Rückgängigmachung einer Erklärung. Das hat in der Regel durch Erklärung des Widerrufverpflichteten zu erfolgen. Es ist also zunächst der Verletzer des postmortalen Persönlichkeitsrechts aufzufordern, die Unrichtigkeit seiner Behauptung in entsprechender Weise deutlich zu widerrufen, die Unrichtigkeit auf dieselbe Art und Weise klarzustellen, wie die Behauptung aufgestellt worden ist. Erfolgt dieser Widerruf nicht freiwillig, so wird der Verletzer auf Antrag des Klägers verurteilt, diese Handlung vorzunehmen und hierzu durch Zwangsgeld und gegenenfalls Haft angehalten. Zwangsgeld darf dabei den Betrag von 25.000 € nicht übersteigen. Die Haftzeit ist auf die Dauer von sechs Monaten begrenzt (§§ 913, 888 Abs. 1 ZPO). Bei wiederholter Falschbehauptung greifen diese Zwangsmittel erneut ein.

b) Unterlassung

Bei dem Unterlassungsanspruch bzw. der Unterlassungsklage wird der Schuldner gezwungen, untätig (passiv) zu bleiben, also in unserem Fall bestimmte Behauptungen nicht aufzustellen bzw. nicht zu wiederholen. Durch jede Zuwiderhandlung gegen dieses Verbot wird das Gläubigerrecht verletzt. Nach § 890 ZPO wird daher jeder Verstoß gegen das Gebot mit einem Ordnungsgeld oder Ordnungshaft geahndet. Diese Anordnung einer „Zivilstrafe" ist im Urteil enthalten. Auf diese Weise wird Druck auf den Schuldner ausgeübt, das Unterlassungsgebot einzuhalten. Das angeordnete Ordnungsgeld verfällt bzw. ist zu leisten mit jeder Zuwiderhandlung gegen das Gebot, also mit jeder Wiederholung oder Aufstellung einer verbotenen Falschbehauptung. Hier ist die Haft entsprechend § 890 ZPO auf sechs Monate Höchstdauer für jeden Fall der Zuwiderhandlung begrenzt. Der Schuldner eines Unterlassungsgebotes ist auch mit Vollzug des Ordnungsgeldes oder der Ordnungshaft nicht im Sinne des Strafrechts vorbestraft. Das Ordnungsgeld erhält der Fiskus, nicht der Gläubiger.

c) Schadensersatz

Es wurde bereits unter III. 1. ausgeführt, daß bei der Verletzung des postmortalen Persönlichkeitsrechts ein Schadensersatzanspruch nicht in Betracht kommt, sondern lediglich bei Eingriff in das Verwertungsgebot der Erben. Da ein solcher Fall bei der Falschbehauptung über den oben genannten Kinderarzt nicht in Betracht kommt, bedarf es hier keiner weiteren Ausführungen.

IV.
Zusammenfassung

Wird über einen stadtbekannten Kinderarzt behauptet, er sei dem nationalsozialistischen Rassengedanken verwurzelt gewesen, habe diesen umgesetzt und behinderte Kinder in die Euthanasie, d. h. zur Tötung, weitergeleitet, stellt dies eine Ehrverletzung und Rufschädigung im Sinne der Verletzung des allgemeinen Persönlichkeitsrechts dar. Wird diese Behauptung über einen verstorbenen Kinderarzt aufgestellt, liegt ebenfalls eine Verletzung des nunmehr „postmortalen Persönlichkeitsrechts" vor.

Die zu Lebzeiten des Verletzten diesem zustehenden Unterlassungs- und Beseitigungsansprüche (Widerruf) werden im Falle der Verletzung des postmortalen Persönlichkeitsrechts, also nach dem Tod des Verletzten, von den Personen geltend gemacht, die ihm persönlich am nächsten standen. Das Erbrecht spielt insoweit keine Rolle. Sind keine Kinder, Eltern oder Geschwister bzw. sonstige nahe Angehörige vorhanden, kommen als Anspruchsberechtigte auch die Personen in Betracht, die in einem entsprechenden Näheverhältnis zum Verstorbenen gestanden haben, also auch die mit in der Familie lebende Stieftochter als einziges Kind in dieser Familie.

Die vorgenannten Ansprüche sind allerdings nur gegeben, wenn es sich um die Behauptung unrichtiger Tatsachen, d. h. um Falschbehauptungen, handelt, die zur Ehr- bzw. Rufverletzung geführt haben. Hier hat der Verletzte bzw. der anspruchsberechtigte Verwandte bzw. die entsprechend nahestehende Person nur die Verletzung des Persönlichkeitsrechts durch eine solche Behauptung vorzutragen. Der Behauptende muß den Wahrheitsbeweis erbringen, um den Sanktionen zu entgehen. Im vorliegenden Fall bedeutet dies schließlich, daß ein Vorgehen gegen die Personen, die die Verbindung des Arztes mit dem Nationalsozialismus und der Euthanasie behaupten, nur dann den Sanktionen des Widerrufs und der Beseitigung nicht ausgesetzt sind, wenn ihnen der Wahrheitsnachweis gelingt. Sie sind insoweit darlegungs- und beweispflichtig.

Die Entscheidung, ob derartige Ansprüche gegeben sind, hängt letztlich davon ab, ob im konkreten Fall der Wahrheitsbeweis über diese im Raum stehenden Behauptungen erbracht werden kann oder nicht.

Anmerkungen

1 Das entsprechende Recht einer juristischen Person soll hier ausgeklammert bleiben, da insoweit weitreichende Sonderprobleme bestehen.
2 HK-BGB-Staudinger, 3. Auf. 2003 § 823 Rz. 42, 90.
3 Erman/H. Ehmann, BGB 11. Auf. 2004 Anh. § 12 Rz. 1.
4 Hager, in: Staudinger/Eckpfeiler des Zivilrechts, 2005 S. 837.
5 BVerfG vom 14.7.2004 – 1 BvR 263/03 = NJW 2004, 3619, 3620.
6 BVerfG, a.a.O.
7 BGHZ 39, 124 ff.; Erman/H. Ehmann, a.a.O. Anh § 12 Rz. 30, 32; HK-BGB-Staudinger, a.a.O. § 823 Rz. 98.
8 Hager, a.a.O. S. 841.
9 Das Reichsgericht hat in ständiger Rechtsprechung ein allgemeines Persönlichkeitsrecht abgelehnt, vgl. RGZ 79, 397, 398; 82, 333, 334; 102, 134; 107, 277, 281; 123, 312, 230.
10 BGHZ 13, 334, 338 f.
11 So Hubmann, Das Persönlichkeitsrecht, 2. Aufl. 1967 S. 5 m.w.N. in FN 11.
12 BGHZ 24, 76 f.; 50, 133 = NJW 1968, 1173, 1175.
13 BVerfGE 34, 269; 35, 202, 220 ff.; BVerfG NJW 1980, 2069, 2072.
14 BGHZ 26, 254; 50, 133 = NJW 1968, 1775; Weitnauer, Betrieb 1976, 1365; Schlechtriem, DRiZ 1975, 65, 68.
15 Schwerdtner, JuS 1978, 289, 292.
16 BGHZ 24, 72, 76; 30, 7, 10; BGH NJW 1959, 525.
17 Dazu Hager in: Staudinger/Eckpfeiler, S. 835; Frassek, Geldentschädigung bei Verletzung des sogenannten postmortalen Persönlichkeitsrechts, 2004, S. 8–44.
18 BGHZ 24, 72, 80 = NJW 1957, 1146; Hager, a.a.O. S. 835; HK-BGB-Staudinger, § 823 Rz. 91; Erman/G. Schiemann, § 823 Rz. 48.
19 BGHZ 8, 322; 24, 80; BGH NJW 1959, 526; HK-BGB-Staudinger, § 823 Rz. 91.
20 BGHZ 39, 124 = NJW 1963, 902.
21 RGZ 148, 123; 163, 214; BGHZ 3, 270, BGH NJW 1958, 1043; BGHZ 50, 133 = NJW 1968, 1777; Enneccerus/Lehmann, Lehrbuch des Schuldrechts, 15. Bearb. 1955, § 242 II.
22 Hager, in: Staudinger/Eckpfeiler, S. 846.
23 Hager, a.a.O.
24 BGHZ 31, 308, 318; 128, 1, 6; Hager, a.a.O. S. 846.
25 Hager, a.a.O. S. 846.
26 BGHZ 37, 187, 197; 69, 181, 183.
27 BGHZ 31, 187, 191.
28 Vgl. II. 2. c).
29 Erman/H. Ehmann, a.a.O. Anh. § 12 Rz. 14, 81.
30 BVerfG NJW 2004, 1942 f.; BGHZ 31, 308, 320 f.; 107, 384, 393; Hager, a.a.O. S. 847.
31 BGHZ 57, 325, 333; Erman/H. Ehmann, a.a.O. Anh. § 12 Rz. 71.
32 Erman/H. Ehmann, a.a.O. Anh. § 12 Rz. 323.
33 BVerfGE 30, 173; BGHZ 50, 133; 15, 249.

34 BVerfGE 30, 194; BGHZ 50, 133, 136 ff.; 143, 214, 217 f.; Erman / H. Ehmann, a. a. O. Anh. § 12 Rz. 307; Hager, in: Staudinger / Eckpfeiler, 2005, S. 836.
35 BGH NJW 1968, 1773, 1774.
36 BGH NJW 1968, 1774.
37 BGHZ 8, 318, 320.
38 NJW 1959, 525.
39 BGHZ 15, 249, 259; 50, 133 = NJW 1968, 1773, 1774 m. w. N.
40 Marlene Dietrich I und II = BGH NJW 2000, 2195 und 2201.
41 Zu dieser Problematik ausführlich: Frassek, Geldentschädigung bei Verletzung des sogenannten postmortalen Persönlichkeitsrechts, 2004; Erman / H. Ehmann, a. a. O., Anh. § 12 Rz. 3; Helle, Privatautonomie und kommerzielles Persönlichkeitsrecht, JZ 2007, 444 insbes. S. 452 f.
42 BGHZ 50, 136 = NJW 1968, 1774.
43 Hager in: Staudinger / Eckpfeiler, S. 836.
44 HK-BGB-Staudinger, a. a. O. § 823 Rz. 94.
45 Weitere höchstpersönliche Rechte sind z. B. Namensrecht, Vererbung.
46 Hager in: Staudinger / Eckpfeiler, S. 836.
47 HK-BGB-Staudinger, § 823 Rz. 94.
48 Vgl. III. 2.
49 Gesetz über die Feuerbestattung vom 15. 5. 1934, zuletzt geändert durch Gesetz Nr. 1533 vom 8. Oktober 2003.
50 Erman / H. Ehmann, a. a. O., Anh. § 12 Rz. 302, 310 m. w. N.
51 Erman / H. Ehmann, a. a. O., Anh. § 12 Rz. 325.
52 HK-BGB-Staudinger, § 823 Rz. 94.
53 HK-BGB-Staudinger, § 823 Rz. 96.
54 BGH NJW 1986, 2503, 2504.
55 Hager in: Staudinger / Eckpfeiler, S. 837.
56 Erman / H. Ehmann, a. a. O., Anh. § 12 Rz. 327.
57 Erman / H. Ehmann, a. a. O., Anh. § 12 Rz. 49, 328 m. w. N.
58 Kriele, NJW 1994, 1897, 1902.

IV.
Sterbehilfe in unserer Zeit

Nikolaus Knoepffler

Sterbehilfe: die internationale Debatte

1.
Die vielschichtige Debatte

Wir Menschen haben die Gewißheit, sterben zu müssen. Dabei ist der Wunsch nach einem guten Tod (griechisch: Euthanasia) ein ganz natürlicher und verständlicher Wunsch. Bereits in der Antike wurde darüber debattiert, wie ein guter Tod herbeigeführt werden darf, in welcher Form eine Sterbehilfe moralisch gerechtfertigt ist. Bis heute hält diese Debatte national und international an. So wurde der Wachkomapatientin Terry Schiavo im Frühjahr 2005 in Florida nach jahrelangem Rechtsstreit die Magensonde entfernt. Sogar der Präsident der USA, G. W. Bush, hatte noch kurzfristig ein Gesetz verabschiedet, um die Entfernung zu verhindern, war aber damit gescheitert. Terry Schiavo starb einige Tage später. Ihr Ehemann hatte geltend gemacht, daß die Entfernung der Sonde dem mutmaßlichen Willen der Patientin entspräche. Ihre Eltern dagegen verstanden den Tod ihrer Tochter als Ermordung. Sogar Lokalsender in Deutschland berichteten über Wochen täglich von diesem Fall. Warum ist dieser Fall exemplarisch für die vielschichtige Debatte um die Sterbehilfe? Das Krankheitsbild „Wachkoma" als eines persistierenden, also irreversiblen vegetativen Stadiums wirft mehrere zentrale Fragen auf. Dabei sind die ersten drei Fragen typische Fragen für alle Krankheitsbilder, bei denen Menschen nie mehr zu Bewußtsein kommen werden. Die erste Frage ist grundsätzlichster Natur: Ist der gerade verwendete Sprachgebrauch überhaupt angemessen? Haben wir es in diesem Fall nämlich noch mit einem lebenden Menschen zu tun oder ist auf Grund des Ausfalls zentraler Funktionen des Großhirns der Mensch eigentlich schon tot? Unter der Annahme, daß ein Wachkomapatient noch als lebender Mensch zählt, stellt sich die weitere Frage: Befindet sich ein wachkomatöser Mensch in einem Sterbeprozeß oder ist sein persistierendes Wachkoma als eine schwere Behinderung oder Krankheit, aber gerade nicht als ein Sterben zu verstehen? Drittens: Läßt sich das Entfernen der Sonde als eine Handlung verstehen, die im Einklang mit dem Willen des betroffenen Menschen geschieht, sei es weil eine Patientenverfügung vorliegt, sei es weil durch Aussagen von anderen Menschen der mutmaßliche Wille eruiert werden kann? Die Frage nach dem Patientenwillen als solche ist freilich in jedem Fall von Sterbehilfe von besonderer Bedeutung. Im Unterschied zu Patienten, die sich aber nicht mehr aktuell äußern können, ist dies bei ansprechbaren Patienten viel einfacher. Sie können ihren Willen selbst ausdrücken. So hat der Papst Johannes Paul II. kurz vor seinem Tod verboten, ihn erneut ins Krankenhaus zu bringen, andererseits hat er aber dem Einsetzen einer Magensonde zugestimmt. Er hat damit die Möglichkeiten einer medizinischen Maximaltherapie für sich abgelehnt, zugleich aber wesentliche Hilfen in Anspruch genommen. Während aber dieser Verzicht auf bestimmte intensivmedizinische Behandlungsmöglichkeiten klar unter den Begriff „passive Sterbehilfe" fällt, ist dies im Fall des Entfernens einer Magensonde umstritten: Ist dieses Entfernen eine aktive Tötungshandlung oder eine als passive Sterbehilfe zu deutende Handlung im Sinne der Änderung des Therapieziels? Ähnliche Fragen stellen sich, wenn lebenserhaltende Herz-Lungen-Maschinen abgestellt werden, wodurch Patienten anschließend versterben. Diese unterschiedlichen Fragestellungen geben die grundsätzliche Strukturierung vor, wie die Sterbehilfe international diskutiert wird.[1]

2.
Todeshypothesen und das Problem der Sterbedefinition

Wann ist ein Mensch tot? Die Antwort auf diese Frage setzt eine Kenntnis des grundsätzlichen medizinischen Befunds voraus, wie das Leben von Menschen – zumindest auf dieser Erde – endet. Dabei sollte man sich allerdings bewußt machen: Empirische Daten können niemals reine Begriffsprobleme klären. Anders formuliert: Die Entscheidung, ob ein Mensch tot ist, hängt immer davon ab, wie zuvor „Tod" definiert wurde.

Auch das Lebensende ist normalerweise, abgesehen beispielsweise von Fällen wie einer Bombenexplosion oder einem Flugzeugabsturz, ein Prozeß. Einigt man sich darauf, den Tod als Zustand zu bezeichnen, in dem ein bis dato existierendes Lebewesen sämtliche charakteristische Eigenschaften des Lebendigen irreversibel verloren hat und als Gesamtorganismus nicht mehr funktioniert, dann ist empirisch zu entdecken: Bevor der Tod eintritt, sterben in der Regel einzelne Organe, Zellen und Teile von Zellen ab. So ist beispielsweise noch einige Minuten, nachdem das Herz zu schlagen aufgehört hat, ein minimales EKG aufzeichenbar. Noch drei Stunden danach reagieren die Pupillen auf bestimmte Tropfen mit Kontraktion, und Muskelbewegungen sind feststellbar. Noch funktionstüchtige Hauttransplantate sind bis zu 24 Stunden nach dem Herztod zu gewinnen. Medizinisch ist darum der genaue Todeszeitpunkt nur gemäß vorher festgelegten Parametern festzustellen.

Ein Beispiel kann einerseits die Prozeßhaftigkeit des Lebensendes verdeutlichen und zugleich den Unterschied zwischen dem Lebensende als Gesamtorganismus und dem Tod des ganzen Organismus illustrieren. In Bangkok wurde in den 30er Jahren ein Mann durch Kopfabschlagen öffentlich hingerichtet. Eine Aufnahme zeigt, daß das Herz des Geköpften noch schlägt. Er ist also medizinisch-naturwissenschaftlich als Gesamtorganismus als tot zu bezeichnen, obwohl noch nicht der ganze Organismus tot ist, beispielsweise die meisten Organe noch funktionieren.

Der Ganzhirntod kann mit heutigen medizinischen Möglichkeiten mit ähnlicher Sicherheit festgestellt werden wie der Ganzhirntod des Geköpften, selbst wenn das Herz und andere Organe noch maschinell funktionstüchtig gehalten werden. Der entscheidende Unterschied zum komatösen Patienten besteht im Nachweis der Irreversibilität des Prozesses. Dieser Irreversibilitätsnachweis kann bei einer primären Hirnschädigung durch eine maximal 72-stündige Beobachtungszeit und ergänzende Befunde wie Null-Linien-EEG, und alternativ zerebralem Zirkulationsstillstand abgesichert werden. Wie wissenschaftliche Experimente gezeigt haben, gehen spontane Bewegungen von Fingern oder Armen Hirntoter, die vor allem in den ersten 24 Stunden nach Eintreten des Ganzhirntodes vorkommen, vom Rückenmark aus. Die moralisch entscheidende Frage im Blick auf die Sterbehilfe lautet vor dem Hintergrund dieses Befunds: Ist erst der Ganzhirntod der Tod des Menschen?

So vertreten nicht wenige Autoren in der Debatte die Teilhirntodhypothese[2] in dem Sinn, daß ein Mensch als tot gilt, wenn diejenigen Hirnregionen, die für Bewußtseinsvollzüge zuständig sind, irreversibel zerstört sind. Denn ohne Bewußtseinsvollzüge und nur noch im Zustand vegetativer Lebendigkeit fehlen alle Zeichen typisch menschlicher Lebendigkeit.

Akzeptiert man ein derartiges Todesverständnis, dann löst sich der Fall von Terry Schiavo auf. Sie ist dann gar nicht mehr als Mensch am Leben. Das Entfernen der Magensonde führt nicht mehr zum Tod eines Menschen, denn dieser existiert nicht mehr. Allerdings zeigt die internationale Diskussion ihres Falls, daß diese Position praktisch öffentlich kaum vertreten wird. Vielmehr ist die herrschende Meinung weltweit: Bei wem z. B. auf Grund eines Kollapses ein Wachkoma eingetreten ist oder wer aus anderen Gründen im irreversiblen Koma bzw. im Zustand dauernder Bewußtlosigkeit liegt, gilt noch als lebender Mensch. Dies hat große Auswirkungen, wie ein Beispiel aus dem Royal Children's Hospital in Melbourne deutlich macht. Dort lagen zeitgleich ein Kind, dessen Großhirn durch einen katastrophalen Kollaps abgestorben war, und ein Kind, dessen Herz nicht mehr funktionierte: „Es gab also in einem Bett ein Kind, das bis auf sein absterbendes Herz völlig normal war, und im Nachbarbett ein Kind mit abgestorbener Hirnrinde, aber einem normalen Herzen. Zufällig hatten beide Kinder dieselbe Blutgruppe, und somit hätte das Herz des Kindes, dessen Hirnrindenfunktion endgültig ausgefallen war, dem mit der Kardiomyopathie [der Herzkrankheit] übertragen werden können".[3] Die Eltern des teilhirntoten Kindes wären zu einer Transplantation bereit gewesen, doch australisches Recht verbot dies, weil das teilhirntote Kind eben nicht als tot, sondern als sterbend verstanden wurde. Beide Kinder waren dann binnen kurzer Zeit auch nach den Buchstaben des Gesetzes tot. In Deutschland wäre dies nicht anders gewesen. Auch dem Wunsch der Eltern des anenzephal geborenen Babys Theresa, die dessen Organe spenden wollten, damit die Geburt dieses Kindes einen sichtbaren Sinn erfüllen würde, durfte von den Ärzten nicht nachgegeben werden.

Ebenfalls problematisch ist die Bestimmung, wann ein Mensch als sterbend gilt. Die Eltern von Terry Schiavo haben auch verneint, daß sich ihre Tochter in einem Sterbeprozeß befände. Die Begründung ist so einfach wie überzeugend. Wie sollte ein Mensch als sterbender verstanden werden, wenn sein Zustand über weitere Jahre in derselben Form persistieren kann? In strenger medizinischer Diskussion beginnt der Sterbeprozeß erst kurz vor dem eintretenden Tod, also in den letzten 12-24 Stunden. Üblicherweise geht man in der Sterbehilfedebatte von etwa bis zu sechs Monaten aus. Aber genau diese Unschärfe ist für jede ethische Bewertung von größter Bedeutung.

3.
Freiwilligkeit, mutmaßliche Freiwilligkeit, Nicht-Freiwilligkeit und Unfreiwilligkeit

3.1. Begriffliche Unterscheidungen

Ebenfalls von größter ethischer Bedeutung ist es, welchen Willen der betroffene Patient geäußert hat oder äußert. So spielt es für jede Form von Sterbehilfe eine große Rolle, ob diese Sterbehilfe freiwillig, mutmaßlich freiwillig, unfreiwillig oder nicht-freiwillig ist.[4] Eine Sterbehilfe ist freiwillig, wenn derjenige Mensch, der Sterbehilfe erfährt, selbst um diese Form der Sterbehilfe, welcher Art auch immer, ungezwungen und informiert bittet. Sie ist mutmaßlich freiwillig, wenn der Patient seinen Willen zum Zeitpunkt der Sterbehilfe nicht mehr ausdrücken kann, aber sich zuvor, z. B. durch eine Patientenverfügung, klar geäußert hat oder sein mutmaßlicher Wille auf andere Weise herausgefunden werden kann. Sie ist nicht-freiwillig, wenn der betroffene Mensch nicht mehr imstande ist, seinen eigenen Willen zu äußern und kein mutmaßlicher Wille zu eruieren ist. Dies gilt beispielsweise für komatöse und geistig schwerst behinderte Menschen, die ihren Willen nicht mehr zu äußern vermögen, keine Patientenverfügung hinterlassen haben und auch sonst nie zu derartigen Fragestellungen Stellung genommen haben. Der eigentliche Streit im Fall von Terry Schiavo beispielsweise ging darüber, ob ihr Ehemann ihren mutmaßlichen Willen, nämlich sterben zu wollen, korrekt wiedergegeben hat oder ob die Eltern mit ihrer Behauptung Recht hatten, nämlich daß Terry Schiavo auch im Wachkoma noch hätte weiter leben wollen. In diesem Fall wäre das Entfernen der Magensonde als Sterbehilfe gegen den Willen des Betroffenen zu verstehen, also eine Sterbehilfe bei Unfreiwilligkeit.

3.2. Fundamentales und momentanes Interesse

Mit diesen begrifflichen Unterscheidungen ist noch nicht genug geleistet, denn es läßt sich fragen, ob der Wille der Betroffenen sich an ihren momentanen oder an ihren fundamentalen Interessen orientiert.[5] Ein Beispiel, um zu verstehen, warum ein momentanes Interesse nicht einem fundamentalen Interesse gleichzusetzen ist, bietet die Erzählung von Odysseus am Mastbaum. Odysseus läßt sich von den Gefährten fesseln, als sie mit ihrem Schiff das Gebiet der Sirenen durchfahren. Die Gefährten haben ihre Ohren mit Wachs verstopft und den Befehl erhalten, die folgende Zeit keinen Befehl von Odysseus zu befolgen, sondern einfach weiterzufahren. Odysseus lauscht dem verlockenden Gesang dieser gefährlichen Wesen, die jeden Menschen vernichten, der ihrem Ruf nachkommt. Odysseus bittet eindringlich die Gefährten, ihn loszubinden und anzuhalten, doch die Gefährten folgen nicht diesem für Odysseus tödlichen momentanen Interesse, sondern dem fundamentalen Interesse, das er vor Beginn dieser Etappe benannt hat. Von hier aus wird auch verständlich, warum in der Debatte um die Sterbehilfe von Freiwilligkeit nur dann gesprochen werden kann, wenn sie im fundamentalen Interesse des betroffenen Menschen ist.

Allerdings verkompliziert sich der Sachverhalt der Sterbehilfe dadurch weiter. So kann man die Frage stellen, ob sich nicht durch das Überlebensinteresse als eine dem Menschen zentrale Steuerungsinstanz jede Patientenverfügung als irrational deuten lässt, die diesem Interesse nicht nachkommt. Das Beispiel von Papst Johannes Paul II. zeigt aber sehr eindrücklich, daß es für sterbende Menschen gute Gründe geben kann, auf eine Maximaltherapie zu verzichten, in seinem Fall ausdrücklich darum zu bitten, nicht erneut ins Krankenhaus gebracht zu werden, um dort intensivmedizinisch versorgt zu werden. Die Frage verschärft sich jedoch, wenn jemand vor einer relativ langen Zeit eine Verfügung gemacht hat, aber in der konkreten Situation diese nicht mehr zeitnahe Verfügung Geltung finden soll. Hier wird in den internationalen Debatten wie auch in Deutschland die Frage aufgeworfen, ob diese „alte" Verfügung dann noch Geltung haben könne, ob beispielsweise im Fall von Terry Schiavo eine mehr als 15 Jahre alte mündliche Äußerung zu ihrem Mann noch als ihr jetziger mutmaßlicher Wille ausgelegt werden kann.[6] In diesem Fall kommt der gerade gemachten Unterscheidung von fundamentalem Interesse und momentanem Interesse eine große Bedeutung zu. Insofern ein Komapatient in einem irreversiblen vegetativen Stadium kein momentanes Interesse mehr haben kann, weil er zu keinen Bewußtseinsvollzügen mehr fähig ist, sollte der bei vollem Bewußtsein geäußerte Wille als sein fundamentales sich durchtragendes Interesse interpretiert werden. Man könnte in diesem Zusammenhang sogar die Frage stellen: Wenn jemand in seiner Patientenverfügung bestimmte Behandlungsformen abgelehnt hat, aber in der konkreten Situation dennoch eine Maximaltherapie fordert, berücksichtigt dieser Mensch damit tatsächlich seine fundamentalen Interessen oder hat er dies nicht eher in dem ruhigen Moment des Abfassens der Verfügung ausgedrückt? Allerdings läßt sich hierauf sagen, daß gerade bei einer schweren Krankheit anzunehmen ist, daß das momentan ausgedrückte

Interesse auch dem fundamentalen Interesse des Patienten entspricht und darum Vorrang vor früher geäußerten Willensbekundungen hat.

3.3. Das Spezialproblem: Nicht-Freiwilligkeit

Wie in den meisten anderen Ländern, so gilt auch in Deutschland: „Bei Neugeborenen mit schwersten Beeinträchtigungen durch Fehlbildungen oder Stoffwechselstörungen, bei denen keine Aussicht auf Heilung oder Besserung besteht, kann nach hinreichender Diagnostik und im Einvernehmen mit den Eltern eine lebenserhaltende Behandlung, die ausgefallene oder ungenügende Vitalfunktionen ersetzen soll, unterlassen oder nicht weitergeführt werden. Gleiches gilt für extrem unreife Kinder, deren unausweichliches Sterben abzusehen ist, und für Neugeborene, die schwerste Zerstörungen des Gehirns erlitten haben".[7]

Eine Beihilfe zur Selbsttötung bei Nicht-Freiwilligkeit, beispielsweise bei einem psychisch kranken Patienten, dessen mutmaßlicher Wille nicht bekannt ist, und aktive Sterbehilfe bei Nicht-Freiwilligkeit, beispielsweise bei Neugeborenen im Sterbeprozeß, ist ethisch außerordentlich problematisch. Wer diese Form der Sterbehilfe wie beispielsweise Harris[8] in Betracht zieht, argumentiert etwa bezüglich aktiver Sterbehilfe bei Neugeborenen folgendermaßen: Ein schwerstbehindertes Kind, von dem man annehmen muß, daß es in den nächsten Tagen, Wochen oder Monaten selbst bei intensiver Betreuung wird sterben müssen, wird in vielen Fällen auf Grund der Entscheidung zur passiven Sterbehilfe nur noch selektiv behandelt. Es werden beispielsweise keine Antibiotika mehr verabreicht. Warum sollten wir das Kind nicht rasch von seiner Krankheit erlösen und ihm eine todbringende Spritze geben, anstelle es auf Grund einer unbehandelten Infektion langsam sterben zu lassen? Sind nicht beide Fälle, die passive Sterbehilfe bei Nicht-Freiwilligkeit und die aktive Sterbehilfe bei Nicht-Freiwilligkeit letztlich identisch? In beiden Fällen stirbt nämlich das Kind. Sie sind es nicht, da die Ärzte keine Tötungshandlung vollziehen müssen. Darum beseitigt ein Verbot der aktiven Sterbehilfe bei Nicht-Freiwilligkeit in der Gesellschaft ein Angstpotential, selbst einmal aus „gesellschaftlich vereinbarten" Gründen nicht-freiwillig getötet zu werden. Wie verhält es sich jedoch, wenn Menschen darum bitten, ihnen bei einer Selbsttötung zu helfen oder sie sogar aktiv zu töten? Die besonders heftig geführte Debatte geht national wie international darum, ob diese Formen der Sterbehilfe zulässig sein können, selbst wenn Patienten ausdrücklich darum bitten. Um diese Debatte einordnen zu können, ist die Beihilfe zur Selbsttötung und die Tötung auf Verlangen von anderen Formen der Sterbehilfe zu unterscheiden.

4.
Passive, indirekte und aktive Sterbehilfe

4.1. *Passive Sterbehilfe*

Weltweit hat sich die Hospizbewegung im Blick auf Sterbende das Ziel gesetzt, für ein möglichst gelingendes Sterben zu sorgen. Sie leistet Sterbehilfe in Form der Sterbebegleitung. Diese Sterbebegleitung wird üblicherweise als passive Sterbehilfe verstanden, weil das Sterben selbst nicht aktiv ausgelöst oder beschleunigt, sondern nur begleitet wird. Es ist eine Sterbe*hilfe* im Sinne einer Hilfe beim Sterbeprozeß, wenn bestimmte Handlungen unterlassen werden, die den Sterbeprozeß hätten verlängern können. Als passive Sterbehilfe werden nämlich alle Formen der Sterbehilfe verstanden, bei denen auf lebensverlängernde Maßnahmen verzichtet wird (z. B. durch Verzicht der Gabe von Antibiotika, durch Verzicht auf bestimmte intensivmedizinische Maßnahmen usw.). Auch wenn diese Form der Sterbehilfe international anerkannt ist, haben Angehörige immer wieder mit Vorwürfen zu kämpfen, sie hätten nicht alles medizinisch Mögliche für den sterbenden Menschen getan.[9]

Nicht nur international höchst umstritten dagegen ist, wie das Abschalten von Maschinen oder das Entfernen einer Magensonde zur Ernährung des Patienten einzuordnen ist. Auch durch den Fall Terry Schiavo ging durch die deutsche Presse der Fall einer fast fünfundachtzigjährigen Frau, die sich seit Ende 1997 nach einem Herzinfarkt im Koma befand.[10] Die Frau wurde über eine Magensonde ernährt und gepflegt. Ihre Tochter beantragte, kurz nachdem sie zur Betreuerin bestellt war, im März 1998 die Einstellung der Sondenernährung und die Umstellung auf die Gabe von Tee. Als Begründung gab sie an, daß ihre Mutter zu früherer Zeit geäußert habe, daß sie kein langes Sterben erdulden wolle. Nachdem das Vormundschaftsgericht und trotz eidesstattlicher Erklärungen auch das Landgericht Frankfurt ihren Antrag bzw. ihre Beschwerde abgelehnt hatten, kam das Oberlandesgericht Frankfurt zu einem anderen Urteil. Mit diesem Urteil ging das Oberlandesgericht konsequent den bereits 1994 durch den Bundesgerichtshof beschrittenen Weg weiter. Dieser qualifizierte den Versuch, die Sondenernährung bei einer Apallikerin ebenfalls mit Berufung auf den mutmaßlichen Willen der Patientin abzubrechen, zwar als versuchten Totschlag, verwies aber an das Landgericht Kempten zurück; denn das Landgericht sei bei der Ablehnung des unvermeidbaren Verbotsirrtums, den die Angeklagten für sich in Anspruch nahmen, unzutreffenderweise davon ausgegangen, „daß zulässiges Sterbenlassen (auch) in einem Fall wie dem vorliegenden von vornherein ausscheide" (BGHSt 40, 257, 262). Entscheidend sei vielmehr der mutmaßliche Wille der Patientin, auf den das Vormundschaftsgericht bei einer Genehmigung des Behandlungsabbruchs entsprechend § 1904 BGB abzustellen hätte (die Angeklagten hatten das Vormundschaftsgericht nicht angerufen). Der Bundesgerichtshof hat 2005 im Fall eines Wachkomapatienten, der auf Grund eines Selbsttötungsversuches ins Koma gefallen war, ebenfalls entschieden, „daß die künstliche Ernährung des betreuten einwilligungsfähigen Patienten eingestellt wird." Die Heimleitung hatte dieses Einstellen der Ernährung zuvor abgelehnt. Roxin hält hierzu fest:

„Ein klassischer Fall ist der, daß ein Beatmungsgerät auf den Wunsch des Patienten abgeschaltet wird. Der Druck auf den Schaltknopf ist ein Tun. Trotzdem handelt es sich dabei nicht um eine grundsätzlich als Tötung auf Verlangen (§ 216 StGB) strafbare aktive Euthanasie. Denn nach seiner sozialen Bedeutung stellt sich der Vorgang als eine Einstellung der Behandlung und damit als ein Unterlassen weiterer Tätigkeit dar. Die Grenze zwischen strafbarer aktiver und strafloser passiver Euthanasie ist also nicht naturalistisch nach der Vornahme oder Nichtvornahme von Körperbewegungen zu ziehen. Vielmehr kommt es normativ darauf an, ob ein Tun als Behandlungseinstellung zu deuten ist. Dann liegt im juristischen Sinn ein Unterlassen vor, das, wenn es auf dem Willen des Patienten beruht, straflos ist."[11]

So sind allein in München in den letzten Jahren mehr als 50 Wachkomapatienten nicht mehr per Magensonde ernährt worden, da dies ihrem ausdrücklichen oder mutmaßlichen Willen entsprach.[12] Dies entspricht auch den Grundsätzen der Bundesärztekammer zur ärztlichen Sterbebegleitung (2004):

„Patienten mit schwersten zerebralen Schädigungen und anhaltender Bewußtlosigkeit (apallisches Syndrom; auch sogenanntes Wachkoma) haben wie alle Patienten, ein Recht auf Behandlung, Pflege und Zuwendung. Lebenserhaltende Therapie einschließlich – ggf. künstlicher – Ernährung ist daher unter Beachtung ihres geäußerten Willens oder mutmaßlichen Willens grundsätzlich geboten. ... Bei einwilligungsunfähigen Patienten ist die in einer Patientenverfügung zum Ausdruck gebrachte Ablehnung einer Behandlung für den Arzt bindend, sofern die konkrete

Situation derjenigen entspricht, die der Patient in der Verfügung beschrieben hat und keine Anhaltspunkte für eine nachträgliche Willensänderung erkennbar sind."

Eine ähnliche Bewertung scheint auch in den USA vorzuliegen, wo die aktive Sterbehilfe in keinem der Bundesstaaten zulässig ist, aber zugleich das Entfernen der Magensonde bei Terry Schiavo unter den Bedingungen der angenommenen mutmaßlichen Freiwilligkeit von den damit befaßten Gerichten letztlich als zulässig angesehen wurde.

Handlungstheoretisch erscheint diese Zuordnung als passive Sterbehilfe allerdings problematisch. Beim Abstellen von Maschinen ist die Grenze zur aktiven Sterbehilfe äußerst schmal, denn das Abstellen von lebenserhaltenden Maschinen ist eine Handlung und kann ethisch, wenn dadurch der Patient stirbt, als Tötungshandlung interpretiert werden. Die juristische Einordnung, das Abstellen als Unterlassen zu verstehen und unter die passive Sterbehilfe zu subsumieren, wird diesem Sachverhalt nicht voll gerecht, auch wenn zu Recht die Nähe zu Unterlassungshandlungen, z. B. dem Verzicht auf Nahrungszufuhr, gegeben ist. Das Abstellen ist in gewisser Weise der Verzicht auf eine Handlung, nämlich auf das Fortführen einer Behandlung. Allerdings entspringt, wie gesagt, dieser Verzicht einer konkreten Handlung, die indirekt den Tod bewirkt. Das aktive Element ist nicht zu leugnen.[13] Die Grenze zwischen Tun und Unterlassen verschwimmt hier.

4.2. Indirekte Sterbehilfe

Ein weiterer schwer bezüglich „passiv" und „aktiv" einzuordnender Handlungstyp ist die indirekte Sterbehilfe. Eine Schmerztherapie, die zu einer Verkürzung der Lebenszeit führt, stellt einen typischen Fall indirekter Sterbehilfe dar. Diese Therapieform nimmt zwar eine Verkürzung der Lebenszeit billigend in Kauf, sie wird aber nicht mit diesem Ziel eingesetzt. Wenn dagegen das eigentliche Ziel der Schmerztherapie die Lebensverkürzung ist, dann ist sie eine Form direkter aktiver Sterbehilfe und ist somit unter der aktiven Sterbehilfe zu behandeln. Immerhin gaben sechs Prozent der holländischen Ärzte, die eine Schmerzbehandlung bei moribunden Patienten intensivierten, an, daß sie damit vor allem eine Lebensverkürzung beabsichtigten.

Die eigentliche Frage lautet: Wenn das Ziel der Schmerztherapie das Wohlbefinden und die Lebensqualität des Moribunden bzw. des Menschen mit infauster Prognose ist, darf, seine Einwilligung vorausgesetzt, in Kauf genommen werden, daß unter Umständen eine Verkürzung der verbleibenden Lebensspanne erfolgt? Die Antwort lautet weltweit: Dies entspricht dem grundlegenden Recht des Einzelnen, nach Abwägen von Chancen und Risiken einer Therapieform eine Bewertung vorzunehmen, im konkreten Fall die Chance, auf Grund von Schmerzminderung besser zu leben, dem Risiko, dadurch eventuell Lebenszeit zu verlieren, vorzuziehen. Eine wirksame Schmerztherapie versucht nämlich, selbst auf die Gefahr hin, daß als Nebeneffekt eventuell ein früherer Tod eintritt, große Schmerzen, ja sogar bereits die große Angst vor diesen Schmerzen zu bekämpfen. Auf diese Weise wird in vielen Fällen der Wunsch, möglichst rasch zu sterben, beseitigt. Die Patienten gewinnen neuen Lebensmut, selbst wenn es sich dabei nur um Tage handeln mag. Die herrschende juristische Meinung geht sogar davon aus, daß Ärzte sich strafbar machen, wenn sie moribunden Patienten Schmerzmittel verweigern, obwohl diese ausdrücklich darum bitten.

„Denn die Garantenstellung des Arztes und naher Angehöriger (das Einstehenmüssen im Sinne des §13 StGB) erstreckt sich darauf, dem Patienten unnötiges Leid zu ersparen; auch die Nichtbehebung oder Nichtverminderung von Schmerzen ist eine Mißhandlung (§ 223 StGB). Fehlt im Einzelfall eine Garantenstellung, kommt immer noch eine unterlassene Hilfeleistung (§323c StGB) in Frage".[14]

Auch von kirchlicher Seite wird diese Form der Therapie mit möglicher doppelter Wirkung akzeptiert, da die intendierte Wirkung (Verminderung des Schmerzes) lebensdienlich ist, selbst wenn die nicht-intendierte Wirkung (Verringerung der Lebenserwartung) die Lebensquantität möglicherweise reduziert, so bereits Papst Pius XII. in den fünfziger Jahren.

Eine weitere Form der Sterbehilfe ist die sogenannte Beihilfe zum Suizid. Eine Person hilft dem moribunden Patienten bei der Beschaffung von Mitteln, mit denen sich der Patient das Leben nehmen kann. Diese Form der Sterbehilfe ist beispielsweise in Deutschland nicht strafbar (Ausnahme: ärztliche Garantenstellung), weil eine Handlung nicht strafbar sein kann, die zu einer Handlung (der Selbsttötung) dient, die als Haupthandlung selbst nicht strafbar ist. In Deutschland ist ein prominenter Vertreter der Beihilfe zur Selbsttötung Professor Hackethal. Er hatte im Jahr 1984 einer schwerstkranken Patientin Beihilfe zur Selbsttötung geleistet. Die Frau litt an einem Oberkieferhöhlentumor, der in die Schädelbasis und in die Augenhöhle hineinwuchs. Die Frau bat Hackethal mehrfach um seine Mithilfe zur Selbsttötung. Der Arzt nahm das letzte derartige Gespräch auf Video auf und übergab einen mit Kaliumzyanid gemischten Wasserbecher ihrer Ziehtochter.

Diese brachte ihn zur Patientin, die sich damit tötete. Das Oberlandesgericht München verstand Hackethals Handlung als straflose Beihilfe zur Selbsttötung, weil die Frau das Geschehen beherrscht habe. Ausdrücklich urteilte es: „Auch ein Arzt bleibt jedenfalls straffrei, soweit er sich lediglich als Gehilfe aktiv an einer freiverantwortlich verwirklichten Selbsttötung beteiligt".[15] Auch wurde vom Gericht verneint, daß Hackethal seine ärztliche Garantenstellung vernachlässigt habe, als er auf ärztliche Hilfemaßnahmen verzichtete, denn das Gift sei so wirksam, daß jede Hilfe zu spät gekommen wäre. In den USA hat eine ähnliche Debatte um den Arzt Jack Kevorkian die Gemüter bewegt. Nach vielen Prozessen wurde er 1999 verurteilt, nachdem das Oberste Gericht der USA 1997 entschieden hatte, daß kein Amerikaner das verfassungsmäßige Recht auf Selbsttötung habe und der betreffende Bundesstaat einen entsprechenden Straftatbestand geschaffen hatte. Allerdings gibt es einen amerikanischen Bundesstaat, nämlich Oregon, der die Beihilfe zur Selbsttötung ausdrücklich zuläßt. Die Schweiz hat das Problem in der Weise gelöst, daß die Beihilfe zur Selbsttötung straffrei ist, aber gerade nicht zum ärztlichen Behandlungskatalog zählt. Damit wird versucht, vor dem Hintergrund des ärztlichen Berufsethos dezidiert die Beihilfe bei Tötungshandlungen vom Ärztestand fernzuhalten.

In der theologischen und philosophischen Diskussion gibt es zwei nicht mehr vereinbare Positionen. Die eine Position lautet: Durch die Selbsttötung wird einerseits die Pflicht, sein eigenes Leben als Bedingung der Möglichkeit dieser Menschenwürde zu wahren, verletzt,[16] andererseits wird die Pflicht nicht gewahrt, mit dem eigenen Leben auch anderen Solidarität zu zeigen, denn mit dem Tod ist jede Möglichkeit dazu beendet. Und die Kirchen in Deutschland und die katholische Kirche weltweit halten fest:

„Keiner hat über den Wert oder Unwert eines anderen menschlichen Lebens zu befinden – selbst nicht über das eigene. Dies entzieht sich schlicht unserer Kenntnis: Denn jeder ist ungleich mehr und anderes, als er von sich weiß. Keiner lebt nur für sich; und was einer für andere bedeutet, das wird er nie genau wissen. Im Glauben daran, daß Gott das Leben jedes Menschen will, ist jeder mit seinem Leben, wie immer es beschaffen ist, unentbehrlich".[17]

Die andere Position dagegen argumentiert dafür, daß das Mitleid und der Wille des betroffenen Patienten in einer Güterabwägung von größerem Gewicht sein sollten. Von daher verteidigen auch manche Theologen und Philosophen die Beihilfe zur Selbsttötung und die Selbsttötung selbst. Bereits Karl Barth hatte die Behauptung aufgestellt:

„Also: vom Evangelium her ist es klar gegen alle stoische Vernünftelei: exitus non patet und gegen alle moderne Sentimentalität: es gibt keinen ‚Freitod'. Selbst*mord* ist *nur* verwerflich. ... Wenn das unzweideutig feststeht, dann ist freilich zum Schluß die Erinnerung an den *Grenzfall* unvermeidlich: die Erinnerung, daß *nicht* jede Selbst*tötung* an sich und als solche auch Selbst*mord* ist. Selbsttötung muß ja nicht notwendig ein Nehmen des eigenen Lebens sein. Ihr Sinn und ihre Absicht könnte ja auch eine bestimmte, allerdings extremste Form der dem Menschen befohlenen *Hingabe* seines Lebens sein. ... Wer will es nun eigentlich für ganz und gar unmöglich erklären, daß der gnädige Gott selbst einem Menschen in der Anfechtung damit beisteht, daß er ihn diesen Ausweg wählen heißt? Daß er ihn also in der ihm von Gott geschenkten Freiheit wählen und begehen darf und soll? Daß er das nicht als falscher Souverän und nicht in jener Verzweiflung über die Leere seines Daseins, nicht im Sinne einer letzten, höchsten, meisterlosen Selbstbehauptung, sondern im Gehorsam tut? Wer will nun eigentlich wissen, daß Gott ein Leben, das ja ihm gehört, nicht auch einmal in *dieser* Form aus den Händen des Menschen zurückverlangen könnte? Und wer will bestreiten, daß der Mensch es dann in derselben Dankbarkeit und Freudigkeit mit eigenen Händen herzugeben hat, in der er es, wenn es so Gottes Wille ist, bis auf weiteres behalten darf?"[18]

Wer also für die moralische Erlaubtheit der Beihilfe zur Selbsttötung und der Selbsttötung argumentiert, wird von der spezifischen Fallkonstellation, dem spezifischen Konflikt her argumentieren. Es geht nicht allgemein um Selbsttötung, sondern um die Selbsttötung von Sterbenden oder Schwerstkranken. Vor dem Hintergrund, daß in bis zu zehn Prozent der Fälle bei sterbenden Krebspatienten eine Schmerztherapie nicht den gewünschten Erfolg hat, kann man darum eine Selbsttötung auch als eine Tat der Eigenliebe deuten. Kommt hinzu, daß diese Tat auch für die Nahestehenden eine Erleichterung bringen soll und gesellschaftlich Ressourcen nicht beansprucht, deren bleibende Verfügbarkeit anderen Menschen zu Gute kommt, dann kann diese Tat auch als Tat der Nächstenliebe gedeutet werden.

4.3. Aktive Sterbehilfe

In Deutschland wird aktive Sterbehilfe bei Freiwilligkeit als Tötung auf Verlangen beurteilt und ist grundsätzlich nach Paragraph 216 StGB strafbar. Jedoch liegt das Strafmaß deutlich unter dem Strafmaß von Totschlag oder Mord, nämlich zwischen sechs Monaten und fünf Jahren. Die deutsche Gesetzespraxis entspricht damit einem weitreichenden internationalen Konsens, aktive Sterbehilfe als strafbewehrte Handlung zu verstehen. Dieser internationale Konsens beginnt sich aber aufzulösen. So trat im Juni 1994 in den Niederlanden eine Regelung in Kraft, die einen Arzt von Strafe freistellte, wenn er nach Ansicht der Staatsanwaltschaft aktive Sterbehilfe unter Berücksichtigung vorgeschriebener Vorsichtsmaßnahmen geleistet hatte. Diese Freistellung von Strafe wurde mit dem Tatbestand „Übermacht" im Sinne eines Notzustandes begründet. Das bedeutete, daß die medizinisch assistierte Selbsttötung und die Tötung mit und ohne Verlangen des Patienten an sich zwar strafbar blieben, aber die Staatsanwaltschaft von der Verfolgung absah. Eine Untersuchung, durchgeführt von November 1995 bis Februar 1996, ergab, daß etwa 3600 Todesfälle in den Niederlanden im Jahr 1995 durch ein aktives Mitwirken des Arztes erfolgten. Das waren 2,7 Prozent der Todesfälle. Davon entfielen auf die aktive Sterbehilfe 2,3 Prozent, auf eine ärztliche Mitwirkung bei der Selbsttötung 0,4 Prozent, die im Unterschied zu Deutschland in den Niederlanden grundsätzlich unter Strafe stand. Darüber hinaus erfolgten 0,7 Prozent der aktiven Sterbehilfe bei Patienten, die zu einer direkten Zustimmung nicht fähig waren.[19] Da die Regelung aber immer noch eine gewisse Grauzone darstellte, da die Staatsanwaltschaft von Strafverfolgung einer an sich unter Strafe stehenden Handlung unter bestimmten Bedingungen absehen sollte, waren im Jahr 1995 nur 41 Prozent der Fälle gemeldet worden.[20] Darüber hinaus sind bis heute einige Fälle aufgezeigt worden, in denen unheilbar kranke Patienten dazu gedrängt wurden, einer aktiven Sterbehilfe zuzustimmen.[21] In einem Fall leistete sogar ein Arzt einer depressiven Patientin Beihilfe zur Selbsttötung. Auch aus diesen Gründen trat im November 2000 ein neues Sterbehilfegesetz in Kraft, das in das Strafgesetzbuch einen besonderen Strafausschlußgrund für Ärzte aufnimmt, die aktive Sterbehilfe ausüben oder Hilfe zur Selbsttötung leisten, wenn ausführliche Sorgfaltskriterien erfüllt sind. Im Unterschied zur bisherigen Regelung kann sich der Arzt nur dann auf Ausschluß von Strafe berufen, wenn er die geforderte Meldepflicht erfüllt hat und damit den sogenannten Sorgfaltsbedingungen genügt:

„Wir, Beatrix, Königin der Niederlanden von Gottes Gnaden, Prinzessin von Oranien-Nassau, usw. usf. Heil all jenen, die dies lesen oder hören! Wir geben bekannt: In Erwägung dessen, daß es wünschenswert ist, in das Strafgesetzbuch einen Strafausschließungsgrund aufzunehmen für den Arzt, der unter Einhaltung gesetzlich festzulegender Sorgfaltskriterien Lebensbeendigung auf Verlangen ausführt oder Hilfe bei der Selbsttötung leistet, und hierzu per Gesetz ein Melde- und

Überprüfungsverfahren festzulegen, haben wir nach Anhörung des Staatsrates und im Einvernehmen mit den Generalstaaten gutgeheißen und beschlossen, was wir hiermit gutheißen und beschließen."

Dann folgen im ersten Kapitel Begriffsbeschreibungen, an die sich die einzelnen Sorgfaltskriterien, also die Bedingungen für eine rechtmäßige Beihilfe zur Selbsttötung und zu einer rechtmäßigen aktiven Sterbehilfe, anschließen:

„1. Die Sorgfaltskriterien im Sinne von Artikel 293, Absatz 2 Strafgesetzbuch beinhalten, daß der Arzt:
a. zu der Überzeugung gelangt ist, daß der Patient freiwillig und nach reiflicher Überlegung um Sterbehilfe gebeten hat,
b. zu der Überzeugung gelangt ist, daß der Zustand des Patienten aussichtslos und sein Leiden unerträglich war,
c. den Patienten über seinen Zustand und dessen Aussichten informiert hat,
d. mit dem Patienten zu der Überzeugung gelangt ist, daß es in dem Stadium, in dem sich der Patient befand, keine angemessene andere Lösung gab,
e. mindestens einen anderen, unabhängigen Arzt hinzugezogen hat, der den Patienten gesehen und sein schriftliches Urteil über die in den Punkten a) bis d) bezeichneten Sorgfaltskriterien abgegeben hat, und
f. die Lebensbeendigung medizinisch sorgfältig ausgeführt hat.
2. Wenn ein Patient von 16 Jahren oder älter nicht mehr in der Lage ist, seinen Willen zu äußern, jedoch in einem früheren Zustand, als davon ausgegangen werden konnte, daß er zu einer angemessenen Einschätzung seiner diesbezüglichen Belange in der Lage war, eine schriftliche Erklärung mit der Bitte um Lebensbeendigung abgelegt hat, kann der Arzt dieser Bitte nachkommen. Die Sorgfaltskriterien im Sinne von Absatz 1 gelten entsprechend.
3. Wenn der minderjährige Patient zwischen sechzehn und achtzehn Jahren alt ist und davon ausgegangen werden kann, daß er zu einer angemessenen Einschätzung seiner diesbezüglichen Belange in der Lage ist, kann der Arzt einer Bitte des Patienten um Lebensbeendigung oder Hilfe bei der Selbsttötung nachkommen, nachdem das Elternteil oder die Eltern, das/die die elterliche Sorge über das Kind ausübt/ausüben, bzw. sein Vormund bei der Beschlussfaßung einbezogen worden sind.
4. Wenn der minderjährige Patient zwischen zwölf und sechzehn Jahren alt ist und davon ausgegangen werden kann, daß er zu einer angemessenen Einschätzung seiner diesbezüglichen Belange in der Lage ist, kann der Arzt, wenn sich das

Elternteil oder die Eltern, das/die das elterliche Sorgerecht über das Kind ausübt/ausüben, bzw. sein Vormund sich mit der Lebensbeendigung oder Hilfe bei der Selbsttötung einverstanden erklärt/erklären, der Bitte des Patienten nachkommen. Absatz 2 gilt entsprechend."

Das folgende Kapitel III enthält detaillierte Angaben, wie die Kontrollen funktionieren können, Kapitel IV enthält die notwendigen Änderungen in Gesetzen, die durch dieses Gesetz betroffen sind, Kapitel V Schlußbestimmungen. Mit diesem Gesetz wird erstmals in einem europäischen Land unter bestimmten Bedingungen aktive Sterbehilfe für rechtmäßig erklärt.

Für diejenigen, die überzeugt sind, daß das aktive Töten ethisch in keiner Weise zulässig sein kann, gilt:

„Die Gesetze, die ... Euthanasie zulassen und begünstigen, stellen sich nicht nur radikal gegen das Gut des Einzelnen, sondern auch gegen das Gemeinwohl und sind daher ganz und gar ohne glaubwürdige Rechtsgültigkeit. Tatsächlich ist es die Nicht-Anerkennung des Rechts auf Leben, die sich, gerade weil sie zur Tötung des Menschen führt – in dessen Dienst zu stehen, die Gesellschaft ja den Grund ihres Bestehens hat –, am frontalsten und irreparabel der Möglichkeit einer Verwirklichung des Gemeinwohls entgegenstellt. Daraus folgt, daß ein staatliches Gesetz, wenn es ... Euthanasie billigt, eben darum kein wahres, sittlich verpflichtendes staatliches Gesetz mehr ist".[22]

Warum kommt der Papst und mit ihm die mit über einer Milliarde Mitglieder weltweit größte religiöse Gemeinschaft zu dieser Position?

„Auch wenn sie nicht durch die egoistische Weigerung motiviert ist, sich mit der Existenz des leidenden Menschen zu belasten, muß die Euthanasie [aktive Sterbehilfe] als *falsches Mitleid*, ja als eine bedenkliche ‚Perversion' desselben bezeichnet werden: denn echtes ‚Mitleid' solidarisiert sich mit dem Schmerz des anderen, tötet nicht den, dessen Leiden unerträglich ist. Die Tat der Euthanasie erscheint um so perverser, wenn sie von denen ausgeführt wird, die – wie die Angehörigen – ihrem Verwandten mit Geduld und Liebe beistehen sollten, oder von denen, die – wie die Ärzte – auf Grund ihres besonderen Berufes den Kranken auch im leidvollsten Zustand seines zu Ende gehenden Lebens behandeln müßten",[23] denn – so der weltweit für die Gläubigen als Leitschnur geltende Katechismus der Katholischen Kirche –:

„Eine Handlung oder eine Unterlassung, die von sich aus oder der Absicht nach den Tod herbeiführt, um dem Schmerz ein Ende zu machen, ist ein Mord, ein schweres Vergehen gegen die Menschenwürde und gegen die Achtung, die man dem lebendigen Gott, dem Schöpfer schuldet."[24]

Was ist dazu zu sagen? Theologisch läßt sich fragen, ob es wirklich der Willensrichtung Gottes, der Barmherzigkeit will und nicht Opfer, entspricht, wenn Menschen, die sich in einem Sterbeprozeß oder einem dauernden nach ihrer Überzeugung unerträglichen Leid befinden und die Tötung wünschen, keinesfalls getötet werden dürfen.

Philosophisch läßt sich fragen, ob nicht die Bitte um Tötung auf Verlangen als letzte große solidarische Tat der Liebe zu sich selbst und der Liebe zum Nächsten verstanden werden kann, beispielsweise weil er so keine kostbaren Ressourcen mehr für sich verbraucht. Thomas Morus hat in seiner *Utopia* seinen Erzähler, dem er bezeichnenderweise den Namen Raphael, zu Deutsch „Gott heilt" gibt, genau diese Argumente sowohl für passive als auch aktive Sterbehilfe formulieren lassen:

„Die Kranken pflegen sie, wie ich sagte, mit großer Hingebung, und sie tun alles, um ihnen die Gesundheit zurückzugeben, sei es durch Verabreichung von Arznei, sei es durch sorgfältige Diät. Unheilbaren suchen sie das Leiden erträglich zu machen, indem sie bei ihnen sitzen, sie unterhalten und alle verfügbaren Linderungsmittel anwenden. Ist aber die Krankheit nicht nur aussichtslos, sondern dazu noch dauernd schmerzhaft und qualvoll, dann geben die Priester und die Behörden dem Menschen zu bedenken, daß er zu allen Verrichtungen unfähig, den Mitmenschen beschwerlich, sich selber lästig, nachgerade ein lebender Leichnam sei, und ermahnen ihn, nicht länger den Todeswurm in seinem Leibe zu füttern ... da das Leben für ihn eine Qual sei, solle er nicht zögern zu sterben, sondern solle getrost und guter Hoffnung aus diesem unerfreulichen Dasein, diesem wahren Kerker und Foltergehäuse, sich entweder selber befreien oder andere ihn daraus entführen lassen; da ihm der Tod keine Freuden, sondern nur Martern abkürze, werde er klug daran tun, und zudem werde er fromm und gottesfürchtig handeln, weil er damit dem Rate der Priester, das heißt der Deuter des göttlichen Willens, gehorsam sei."[25]

Da Thomas Morus um die Gefährdungen der Selbstbestimmung der Patienten weiß, betont er, daß derjenige, der eine freiwillige Sterbehilfe ablehnt, in dieser Gesellschaft „nicht weniger aufmerksam" behandelt werden darf.[26]

Wir haben es also erneut wie bei der Frage der Selbsttötung und der Beihilfe zur Selbsttötung mit zwei Argumentationsstrategien zu tun, die nicht mehr weiter miteinander vermittelt werden können. Entweder versteht man aktive Sterbehilfe selbst bei Freiwilligkeit aller Betroffenen theologisch als schwere Sünde und philosophisch als schweres sittliches Vergehen oder man rechtfertigt sie theologisch und philosophisch und versteht sie unter bestimmten Umständen als sittlich zulässig, unter bestimmten Umständen sogar als sittlich vorzugswürdig.

Dagegen sind Vertreter aller wichtigen Richtungen weltweit darin eins, daß es ethisch unzulässig ist, wenn Sterbende bzw. Schwerstkranke gegen ihren Willen getötet werden. Auch einig sind sich Befürworter und Gegner aktiver Sterbehilfe bei Freiwilligkeit darin, daß bei Zulassung Rahmenbedingungen zu schaffen sind, die folgende Gefahren ausschließen:

1. die Gefahr, daß der Einzelne physisch durch sein Leiden und psychisch durch seinen Verfall, aber auch einen möglichen Druck von Anverwandten in seiner Selbstbestimmung beeinflußt wird;
2. die Gefahr, daß durch derartige Tötungshandlungen der Berufsstand der Ärzte Vertrauen verliert, sowie Personengruppen mit ähnlichen Krankheitsbildern unter Druck geraten, aktive Sterbehilfe zu wählen;
3. die Gefahr, daß die Möglichkeit, im Gesundheitswesen Ressourcen einzusparen, sozusagen „Druck von oben" hin zur aktiven Sterbehilfe schleichend bewirken könnte. Dies könnte durch neue Regelungen im Versicherungswesen geschehen, so daß Kinder für ihre Eltern mehr zahlen müßten. Damit wäre wiederum auf der Mikroebene ein finanzieller Anreiz geschaffen, daß Kinder ihre Eltern zur aktiven Sterbehilfe beeinflussen.

Auf Grund dieses Gefährdungspotentials jedoch Menschen das Recht abzusprechen, aus Selbstbestimmung heraus um aktive Sterbehilfe nachzusuchen und die aktive Sterbehilfe zu bestrafen, ist ein problematisches Argument. Denn dann würden umgekehrt diejenigen in ihren Rechten beschnitten, sofern man dieses Recht anerkennt, die um die Tötung bitten. Zudem ließe sich einem Mißbrauch durch strenge Sorgfaltskriterien und damit verbundenen Sanktionen bei ihrer Verletzung vorbeugen. Dazu kommt: Würde man das Argument mit dem Gefährdungspotential konsequent zu Ende denken, käme auch keine passive Sterbehilfe in Frage. Auch bei der passiven Sterbehilfe sind ähnliche „Druckszenarien" denkbar. Auch die passive Sterbehilfe bietet ein nicht zu unterschätzendes Gefährdungspotential. Man wäre in der Logik des Gedankens grundsätzlich zur Maximaltherapie verurteilt, wenn das Gefährdungspotential das entscheidende Argument wäre und man dieses Argument teilen würde.

Was das Berufsethos des Arztes angeht, so sind zwei Dimensionen zu berücksichtigen. Einerseits geht es um eine konkrete Person, die den ärztlichen Beruf ausübt. Hier könnte eine Regelung ähnlich der Regelung zur Abtreibung ausfallen. Kein Arzt darf gegen sein Selbstbestimmungsrecht zu einer Tötung auf Verlangen oder einer Beihilfe zur Selbsttötung verpflichtet werden. Seine mit der Menschenwürde verbundene Gewissensfreiheit in dieser Frage ist zu wahren, denn, wie wir gesehen haben, gibt es ernst zu nehmende theologische und philosophische Gründe, die Selbsttötung und die aktive Sterbehilfe abzulehnen. Andererseits geht es nicht um den einzelnen Arzt, sondern um die Rolle des Arztes. Sein Berufsethos ist fundamental darauf ausgerichtet, zum Wohl des Patienten tätig zu sein. Es bestand lange Zeit ein Konsens darüber, daß die zentrale Aufgabe des Arztes im Erhalt des Lebens besteht. Von daher besteht die Befürchtung, daß die Möglichkeit der aktiven Tötung auf Verlangen hin zu einem Vertrauensverlust in den ärztlichen Stand führen könnte. Es wäre vorstellbar, daß Patienten auf Grund der angenommenen Praxis einer aktiven Sterbehilfe befürchten würden, vom Arzt dazu gedrängt zu werden, sich töten zu lassen. Dieses Argument ist jedoch in Zweifel zu ziehen: Bereits in der Abtreibungsdebatte konnte ähnlich argumentiert werden: Wenn dem Embryo und Fötus Menschenwürde zukommt, wird ein Mensch, der seinen Tod in keiner Weise verlangt hat, durch einen Arzt getötet. Damit ist bereits ein fundamentaler Wandel in der Berufsrolle des Arztes vollzogen. Dennoch läßt sich nicht nachweisen, daß damit ein Vertrauensverlust einhergehen würde. Auch bei der aktiven Sterbehilfe erscheint diese Befürchtung nicht realistisch, wenn Patienten nur dann getötet werden, wenn es zu ihrem Wohl gemäß ihrer Vorstellung von ihrem Wohl ist und weitere Sorgfaltskriterien, vor allem diejenigen, die die Freiwilligkeit sicher stellen, erfüllt sind.[27]

Damit sind wir aber bereits bei einem weiteren Problem: Könnte nicht die Sterbehilfe für einzelne Patienten mit bestimmten Krankheitsbildern zu einem gewissen Automatismus führen? Wenn ein Patient in diesem oder jenem Stadium ist, dann wird ihm aktive Sterbehilfe angeboten. Man denke beispielsweise an die amyotrophische Lateralsklerose (Lou Gehrig's disease). Bei dieser Krankheit werden die Muskeln nicht mehr ernährt. Der Mensch wird schwächer und schwächer und kann am Ende nicht einmal seine eigenen Finger bewegen. Dabei bleibt er bei klarem Bewusstsein. Es wäre nun vorstellbar, daß man sozusagen mit einem gewissen Automatismus derartigen Patienten ab einem gewissen Punkt in der Krankheitsentwicklung aktive Sterbehilfe anbieten würde. Dies könnte aber ein weiteres Argument gegen die Freigabe der freiwilligen aktiven Sterbehilfe sein, falls dieses Angebot in der Weise erfahren würde, daß man es schwer abschlagen kann. Doch läßt sich gerade hier sehr gut die Grenze ziehen. Aktive Sterbehilfe muß immer eine individuelle Entscheidung bleiben.

Dies ist durch die entsprechenden Sorgfaltskriterien abzusichern. Jede Ausweitung auf Gruppen von Patienten ist zu verhindern.

Viel problematischer wäre die Absicht, die aktive Sterbehilfe dazu zu nutzen, um sich „kostenintensiver" Patienten zu entledigen, also Ressourcen im Gesundheitswesen zu sparen. Es ließe sich auf der gesellschaftlichen Ebene Druck aufbauen, damit Menschen „freiwillig" um aktive Sterbehilfe bitten, um nicht das Erbe ihrer Kinder zu verbrauchen. In gewisser Weise könnte man dies aus Elternperspektive als eine heroische Tat deuten. Sie wollen am Ende ihres Lebens und ihrer Lebensmöglichkeiten für ihre Kinder möglichst gute Lebensperspektiven wahren. Aus der Perspektive der Gesellschaft als ganzer dagegen wäre es eine Verletzung der Selbstbestimmung und des Rechts auf Leben und ließe sich darum nicht rechtfertigen.

Zudem läßt sich die wichtige Frage stellen, ob die Zulässigkeit von Tötungshandlungen durch Fremde sozusagen die Schwelle senkt, Tötungshandlungen zu vollziehen. In diesem Sinn argumentieren Beauchamp / Childreß:

„Regeln in unserem moralischen Regelwerk gegen das aktive oder passive Verursachen des Todes einer anderen Person sind nicht isolierte Fragmente. Sie sind Fäden in einem Regelwerk, das Achtung vor menschlichem Leben unterstützt. Je mehr Fäden wir entfernen, umso schwächer wird das Regelwerk. Wenn wir auf *Verhaltens*änderungen unsere Aufmerksamkeit richten, nicht nur auf Regeln, könnten Verschiebungen in der öffentlichen Handhabung die allgemeine Einstellung zur Achtung vor dem Leben aufweichen. Verbote sind oft sowohl instrumentell als auch symbolisch von Bedeutung, und ihre Aufhebung kann eine Menge von Verhaltensweisen ändern ..."[28]

Eine wesentliche Aufgabe des Staates besteht darin, Entwicklungen vorzubeugen, die die Hemmschwelle zu töten senken. Der Staat und jede Gesellschaft müssen deshalb klug abwägen, in welcher Form Sterbehilfe zulässig sein kann, damit alles vermieden wird, was die Freiwilligkeit gefährdet.

Eine Lösung könnte darin bestehen, aktive Sterbehilfe nur unter so engen Grenzen zuzulassen, daß fast allen, die auf Grund der infausten Prognose und ihrer Leiden aktive Sterbehilfe wünschen, anstelle einer Fremdtötung eine Selbsttötung ermöglicht wird.[29] Wir hätten es in diesen Fällen dann mit einer Beihilfe zur Selbsttötung zu tun. Es würde also vermieden, daß Dritte eine Tötungshandlung vollziehen. Nur in den wenigen Fällen, in denen die Betreffenden eine derartige Handlung nicht mehr ausführen können, könnte unter einem strikten Reglement eine aktive Tötung erlaubt sein. Ob diese im Rahmen ärztlicher Tätigkeit auszuüben wäre, wie es die weiter gehende holländische Regelung erlaubt, oder gerade der ärztliche Berufsstand auf Grund seines ärztlichen Berufsethos' davon auszuschließen ist, wie es im Rahmen der Beihilfe zur Selbsttötung die schweizerische Regelung vorsieht, braucht hier nicht entschieden werden. Es läßt sich dann wiederum fragen, ob tatsächlich die prinzipielle Bereitschaft zur Selbsttötung notwendige Bedingung dafür ist, daß in bestimmten Fällen auch eine aktive Sterbehilfe geleistet werden darf. Die aktive Sterbehilfe würde dann nur deshalb zur Anwendung kommen, weil der Patient faktisch nicht mehr in der Lage ist, seinen Willen zur Selbsttötung in die Tat umzusetzen, beispielsweise weil er auf Grund einer vollständigen Lähmung durch die Erkrankung an amyotrophischer Lateralsklerose dazu nicht mehr in der Lage ist.

Dennoch bleibt bei alledem bestehen: Mit der Freigabe aktiver Sterbehilfe bei Freiwilligkeit wird ein Jahrhunderte altes moralisches Tabu gebrochen, denn die Tötung von Menschen auf ihr Verlangen hin durch Dritte (wie auch durch sich selbst) war in der abendländischen Kultur geächtet.[30] Darum läßt sich das ethische und juristische Ringen um die Freigabe aktiver Sterbehilfe vor diesem Hintergrund und den erwähnten Argumenten sehr gut verstehen, berührt diese Fragestellung doch unsere Einstellung zum Tötungsverbot als zentralem Verbot unserer moralischen Ordnungen.

5.
Abschließender Exkurs: das verfehlte Nazi-Argument in der Debatte

Es ist in der Debatte verfehlt, die eine aktive Sterbehilfe bei Freiwilligkeit der Betroffenen mit Berufung auf Aktionen der nationalsozialistischen Führung als Staatsprogramm zur Vernichtung sogenannten lebensunwerten Lebens gegen den Willen der Betroffenen und unabhängig davon, ob diese sich in einer schweren Krankheit befanden, in Zusammenhang zu bringen.[31] Die Unterschiede sind eklatant, was abschließend ein Blick beispielsweise auf die niederländische Gesetzgebung zeigt.

Nationalsozialismus	Niederländische Gesetzgebung
Geheime Aktion	Öffentliche Gesetzgebung
Staatsprogramm zur Vernichtung von nach Staatsideen als „lebensunwert" gebrandmarkten Menschen	Gesetz als Hilfestellung und Schutz für betroffene Sterbende
Wille der Betroffenen ohne Bedeutung: es geht nicht um das Wohl des Betroffenen	Wille der Betroffenen notwendiges Kriterium: es geht um das subjektive und objektive Wohl des Betroffenen
Kein notwendiger Bezug zum Sterbeprozeß	Notwendiger Bezug zum Sterbeprozeß

Anmerkungen

1 Im folgenden greife ich an manchen Stellen teils wörtlich auf meine Ausarbeitung zu diesem Thema zurück. Vgl. dazu Nikolaus Knoepffler: Menschenwürde in der Bioethik. Berlin 2004, S. 82-89 und 139-164. S. dort auch weiterführende Literatur.
2 Vgl. z. B. Bobert M. Veatch: The Basics of Bioethics. 2. Aufl. Upper Saddle River: Prentice Hall.
3 Shann 1991, S. 28. Hier zitiert nach Peter Singer: Leben und Tod. Der Zusammenbruch der traditionellen Ethik. Erlangen 1998, S. 46.
4 Vgl. John Harris: Der Wert des Lebens. Eine Einführung in die medizinische Ethik. Berlin 1995, S. 129.
5 Vgl. Ronald Dworkin: Life's Dominion: An Argument about Abution, Euthanasia, and Indivudual Freedom. London 1994, S. 222 f.
6 Noch komplizierter wird der Fall dadurch, daß sich Terry Schiavo nicht in einem Sterbeprozeß befand, solange sie die Magensonde hatte. Das kann in diesem Beitrag aber nicht ausführlich behandelt werden.
7 Grundsätze der Bundesärztekammer zur ärztlichen Sterbebegleitung. – In: Deutsches Ärzteblatt 19 (7. Mai 2004).
8 John Harris (wie Anm. 4), S. 67 ff.
9 Ich danke Mitgliedern der Hospizbewegung für diese Information.
10 Udo Benzenhöfer: Der gute Tod? Euthanasie und Sterbehilfe in Geschichte und Gegenwart. München 1999, S. 199 ff.
11 Claus Roxin: Zur strafrechtlichen Beurteilung der Sterbehilfe. – In: Claus Roxin/Ulrich Schroth: Medizinstrafrecht: Im Spannungsfeld von Medizin, Ethik und Strafrecht. 2. Aufl. Stuttgart 2001, S. 101 f.
12 Davon zu reden, daß die Betroffenen dadurch qualvoll verhungert seien, ist begrifflich falsch, da ohne Bewußtseins- und Schmerzempfinden keine Qual möglich ist und auch kein subjektives Hungergefühl empfunden werden kann.
13 Vgl. dazu Michael Quante: Personales Leben und menschlicher Tod. Frankfurt am Main.
14 Claus Roxin (wie Anm. 11), S. 95.
15 Hier zitiert nach Udo Benzenhöfer (wei Anm 10), S. 193.
16 Vgl. Immanuel Kant: Grundlegung zur Metaphysik der Sitten (= Akademie-Textausgabe IV). Frankfurt am Main 1968 [1785], S. 397 f.
17 Kirchenamt der Evangelischen Kirche in Deutschland/Sekretariat der Deutschen Bischofskonferenz (Hg.): Gott ist ein Freund des Lebens. Herausforderungen und Aufgaben beim Schutz des Lebens. Gütersloh 1989, S. 107.
18 Karl Barth: Die Kirchliche Dogmatik III. Die Lehre von der Schöpfung IV. Zürich 1951, S. 467 f.
19 P. J. van der Maas u. a.: Euthanasia, physician assisted suicide and other medical practices involving the end of life in the Netherlands. – In: New England Journal of Medicine (335) 1996, S. 1699-1705; Udo Benzenhöfer (wie Anm. 10), S. 182.
20 van der Wal u. a. 1996.
21 Udo Benzenhöfer (wie Anm. 10), S. 183.

22 Johannes Paul II.: Evangelium Vitae. Hg. vom Sekretariat der Deutschen Bischofskonferenz. 4. Aufl. Bonn 1995, Nr. 72.
23 Ebenda, Nr. 66.
24 Katechismus der Katholischen Kirche. München 1993, Nr. 2277 (zit. nach der Randnummer).
25 Thomas Morus: Utopia. Zürich 1981 [1516] , S. 130 f.
26 Ebenda, S. 131.
27 Dagegen geschieht der wirkliche Vertrauensverlust dann, wenn Patienten über für sie wesentliche, teils lebensentscheidende Möglichkeiten nicht informiert werden und diese Maßnahmen beispielsweise aus Kostengründen nicht mehr vorgenommen werden können. Wenn Patienten, die auf der Warteliste für Organe stehen, keine Kenntnis davon erhalten, daß sich das entsprechende Klinikum von Eurotransplant abgemeldet hat, nachträglich aber davon erfahren, dann zerstört dies das Vertrauen massiv. Wenn Medikamente nicht verordnet werden, weil dadurch das von den Kassen zugestandene Budget gesprengt wird, diese Medikamente aber teilweise sogar lebensrettende Wirkungen zeigen könnten, wird ebenfalls massiv Vertrauen zerstört, sobald Patienten davon Kenntnis erhalten. Die diesbezügliche Alternative, das Medikament einzusetzen und stattdessen Pflegekräfte zu entlassen, würde die Qualität der Behandlung absenken und damit ebenfalls einen Vertrauensverlust in die Ärzte und das Pflegepersonal mit sich bringen. Das Grundübel ist in jedem Fall mangelnde Transparenz. Diese mangelnde Transparenz bedeutet eine Mißachtung der betroffenen Menschen. Sie führt in erster Linie zum Vertrauensverlust, „wenn die Dinge an den Tag kommen".
28 Tom L. Beauchamp / James F. Childreß: Principles of Biomedical Ethics. 5. Aufl. Oxford 2001, S. 146 (eig. Übers. aus dem Englischen).
29 Vgl. Ludwig Siep: Konkrete Ethik. Frankfurt a. M. 2004, S. 351. Hier wörtlich: „Die Prüfung der Ernsthaftigkeit des Willens kann verlangen, daß der Sterbewillige sein Leben selbst beendet. In allen Fällen, wo dies mit der gleichen Sicherheit durchgeführt werden kann wie aktive Sterbehilfe, ist das sicher der vorzuziehende Weg."
30 Auf den Zusammenhang mit der Jahrhunderte lang fast überall zulässigen Todesstrafe kann in diesem Kontext nicht eingegangen werden.
31 Vgl. auch Tony Hope: Medical Ethics. A Very Short Introduction. Oxford 2004, S. 8–11.

Eggert Beleites

Euthanasie heute: die deutsche Sicht

Aktive Sterbehilfe ist heute in Deutschland im Gegensatz zu anderen Ländern eindeutig verboten und steht unter Strafe. Auch vor und im Dritten Reich war das so, wenn wir von dem sogenannten Führererlaß absehen. Was ist in unserer Zeit anders?

In Bezug auf die Euthanasiebeurteilung sind heute Einstellungen zum Willen des Einzelnen und dessen Beachtung, allgemeines Verhalten gegenüber einem Individuum und die Achtung individueller Bedürfnisse entscheidend anders.

Die Verfaßte Deutsche Ärzteschaft lehnt gegenwärtig jegliche Form der Euthanasie kategorisch ab. Noch mehr, sie wendet sich in den Grundsätzen der Bundesärztekammer zur ärztlichen Sterbebegleitung sogar ausdrücklich auch gegen jegliche ärztliche Assistenz beim Suizid und bezeichnet diese als unärztlich, obgleich vom Gesetzgeber die Assistenz bei einer Selbsttötung nicht mit Strafe bedroht ist und die Meinungen in der Bevölkerung über das, was denn wünschenswert wäre, auch heute, nach den Erfahrungen aus dem Dritten Reich, weit auseinandergehen. Die einen, bei unlängst erfolgten Umfragen bis zu 80 Prozent der Bevölkerung, bejahen die Tötung auf Wunsch oder fordern sogar ein Recht darauf, bei schwerer Erkrankung vom Arzt eine todbringende Spritze verlangen zu dürfen, während die anderen dem Leben einen solch hohen Wert zusprechen, daß sie jede Lebensverkürzung, ja sogar den Verzicht auf eine Lebensverlängerung unbedingt verwerfen, weil sie solch einen Verzicht wenigstens im Grundsatz einer gezielten Lebensverkürzung gleichsetzen. Die Grundsätze der Bundesärztekammer schreiben neben der Ablehnung aktiver Sterbehilfe und der ärztlichen Assistenz beim Suizid weiterhin vor, daß eine palliative Betreuung, wenn kurative Behandlung nicht mehr angezeigt ist, bis zum Ende des Lebens zu erfolgen hat. Im Zusammenhang mit dem Euthanasiegeschehen im Dritten Reich scheinen mir hier noch weitere Schwerpunkte der Grundsätze zur ärztlichen Sterbebegleitung, gerade weil sie im Gefolge der Auseinandersetzung mit den Verbrechen der Nazizeit so formuliert wurden, sehr erwähnenswert zu sein. Besonders hervorzuheben ist dabei, daß alle medizinischen Handlungen, auch die Entscheidung für den Übergang zur Palliativmedizin, heute in Deutschland immer individuell, möglichst konsensuell mit den Pflegekräften und den Angehörigen, nie aber aus wirtschaftlichen Erwägungen heraus erfolgen darf und daß jeder Patient in der Bundesrepublik Deutschland das Recht auf menschenwürdige Unterbringung, Zuwendung, Körperpflege, Linderung von Schmerzen, Atemnot und Übelkeit sowie Stillen von Hunger und Durst hat.

Es gibt zweifelsohne Grenzfälle, in denen die Unterscheidung eines Verzichtes auf Lebensverlängerung von einer aktiven Tötung schwer fällt, z. B. das Abstellen eines Beatmungsgerätes. Allein wegen dieser Unsicherheit wird von vielen Ärzten die Abschaltung generell erst nach Eintritt des Hirntodes und damit definitionsgemäß des Todes des Patienten vorgenommen. Der Wunsch nach Freigabe der aktiven Sterbehilfe bzw. der Euthanasie mag bei manch einem Angehörigen allein aus solcher Beobachtung entstanden sein, aber auch die hinlänglich bekannte Tatsache, daß beobachtetes Leid häufig schlimmer ist als selbst erlebtes, wird diesen Wunsch bestärken.

Was verstehen wir heute unter Euthanasie? Die Begriffe Euthanasie und Sterbehilfe werden international betrachtet synonym gebraucht. Sie umfassen:
1. die sogenannte passive Sterbehilfe, das heißt den Verzicht auf Maßnahmen, die das Leben eines Kranken verlängern;
2. die sogenannte indirekte Sterbehilfe, das heißt Maßnahmen gegen quälende Krankheitsfolgen mit der Möglichkeit einer Verkürzung des Lebens einzuleiten (z. B. sehr hohe Dosen von Schmerzmitteln);
3. die sogenannte aktive Sterbehilfe, das heißt Maßnahmen vorzunehmen, deren Ziel die Lebensverkürzung selbst ist.

Vom Naziregime wurde der Terminus „Euthanasie" mißbräuchlich für heimtückische Ermordung von Kranken gegen deren Willen verwendet. In Deutschland vermeiden wir wegen dieses Mißbrauchs den Begriff „Euthanasie" heute geradezu kategorisch, um uns entschieden von den damaligen Praktiken zu distanzieren. Die Euthanasie, die in unseren Tagen in Holland oder Belgien gesetzlich geregelt und erlaubt ist, hat nichts mit der Euthanasie im Dritten Reich gemein. Wir lehnen aktive Sterbehilfe (Euthanasie) in Deutschland trotzdem entschieden ab und stehen als Ärzte für eine Tötung auf Wunsch der Patienten nicht zur Verfügung. Ich hoffe, daß sich auch in Zukunft in unserem Land keine Ärzte zu solchen Handlungen verleiten lassen und wünsche mir, daß wir viel mehr Kraft darauf verwenden, ohne Tötung den Sterbeprozeß erträglich zu gestalten. Dazu gehört in erster Linie, dafür zu sorgen, daß Sterben nicht unabdingbar mit unerträglichen Schmerzen oder anderen kaum aushaltbaren Symptomen, wie zum Beispiel Atemnot, vergesellschaftet sein muß. Ärzte haben für das Wohl ihrer Patienten zu sorgen. Zum Wohl gehören aber, neben dem Freisein von körperlichen und seelischen Schmerzen, auch soziales Eingebundensein und soziale Freiheit sowie Selbstbewußtsein und Selbstbestimmung.

Um der Selbstbestimmung am Ende des Lebens gerecht werden zu können, sind infolge der menschenverachtenden Praktiken des Naziregimes nach dessen Zusammenbruch die Instrumente der Patientenverfügung und Vorsorgevollmacht erfunden worden. Mit ihnen verfügen die Patienten für den Fall, daß sie selber nicht mehr ihren Willen kund tun können, im voraus, wie viel und welche ärztlichen Handlungen sie erlauben möchten. Wenn auch mit solch einer Vorausverfügung die konkrete Situation, in der sie gelten soll, in der Regel nie exakt vorweg beschrieben werden kann, weil wir ja eben nicht wissen, was die Zukunft bringt, und ärztliche Entscheidungen über Lebensverlängerung oder Geschehenlassen eines Sterbeprozesses im Einzelfall nicht ersetzt werden können, so kann damit doch den dann behandelnden Ärzten wenigstens mitgeteilt werden, wie in etwa behandelt werden soll.

Immer wieder sind bei den Entscheidungen über Erhaltung bzw. Verlängerung des Lebens zeitliche Quantität und Lebensqualität ebenbürtig gegeneinander abzuwägen. Diese Entscheidungen können für alle Beteiligten ausgesprochen schwierig sein. Anders als im Dritten Reich gehören heute aber staatliche oder gesellschaftspolitische Kriterien nicht mehr in den Vordergrund. Als vorrangiges Entscheidungskriterium wird der Wunsch des Patienten oder der seines Vertreters angesehen. Auch in den Ländern, in denen Euthanasie unter bestimmten Bedingungen heutzutage gesetzlich erlaubt ist, darf gegen den Willen der Betroffenen nicht gehandelt werden. Sehr problematisch bleibt dabei natürlich die Einschätzung im Zusammenhang mit der Kindereuthanasie.

Grundsätzlich sind und waren weder die passive noch die indirekte Sterbehilfe verboten. Der Umgang mit diesen beiden Begriffen ist auch weniger problematisch und soll hier nicht weiter behandelt werden, wenngleich sie für den Arzt in der Abwägung von Chancen und Risiken im Individualfall in der Regel sehr schwierige Entscheidungskonstellationen darstellen und oftmals der Grat zwischen unterlassener Hilfeleistung und passiver Sterbehilfe sowie zwischen den Zielen der aktiven und der indirekten Sterbehilfe sehr eng sein kann und ungerechtfertigte Strafverfolgung nahe bei unzulässiger Vertuschung liegen mag.

Wir können, wenn das überhaupt zulässig ist, die (bei uns verbotene) aktive Sterbehilfe weiter differenzieren, um deutlich zu machen, wie schwierig eine moralische Einordnung früherer ärztlicher Handlungen etwa in die Gruppen „verwerflich", „tolerabel" oder sogar „wünschenswert" wird.

Allein bei der aktiven Sterbehilfe kann dabei unterschieden werden:
- hinsichtlich des Grundes:
  - z. B. Lebensüberdruß, Lebensmüdigkeit und Alter,
  - schwere, kaum beeinflußbare Leiden, Ressourcen sparen, Pflegeüberdruß, kriminelle Gründe,
- hinsichtlich der Zustimmung:
  1. gegen den Willen des Kranken,
  2. ohne seine Stellungnahme,
     a. mutmaßlicher Wille, vermutete Zustimmung,
     b. aufgrund allgemeiner Wertvorstellungen,
  3. auf ausdrücklichen Wunsch (ärztlich assistierter Suizid),
     a. nach gründlicher Prüfung des Wunsches u. U. durch andere hinzugezogene Ärzte,
     b. nach intensivem Versuch, die für den Wunsch verantwortliche Symptomatik in den Hintergrund zu drängen,
     c. bei psychischen Verhaltensstörungen,
     d. ohne jegliche Verhinderungsstrategie,
     e. auf Wunsch der Bevollmächtigten oder Betreuer (besondere Problematik bei Kindern).

Wenn wir heute in Deutschland so detailliert Umfragen ausschließlich bei Menschen, die sich mit der Thematik intensiv beschäftigt haben, also gewissermaßen Fachleuten, die es wissen müßten, durchführten, würden wir mit Sicherheit sehr differierende Ergebnisse erlangen. Wie verworren die Situation auch in unserer Zeit noch immer ist, obgleich wir ja reichlich Erfahrungen mit dem Dritten Reich hinter uns haben, zeigt sich darin, daß keineswegs nur die Auffassungen von Gruppen verschiedener Grundpositionen auseinandergehen. Umfragen haben vielmehr ergeben, daß auch relativ homogene Gruppen, wie etwa Christen, die jeden oder fast jeden Sonntag zur Kirche gehen, auch sehr divergierende Auffassungen vertreten. Ein Drittel dieser Befragten, übrigens Katholiken und Protestanten fast ohne Unterschied, bejahte eine Tötung auf Verlangen und ein Viertel sogar die Tötung unheilbarer Schwerst-Geisteskranker.

Vordergründig emotional gesteuerte Positionen und ideologischer Fundamentalismus haben weder bei einer heute aktuellen Entscheidung am Krankenbett noch bei der Beurteilung früherer sorgfältig getroffener ärztlicher Auseinandersetzungen in Hinsicht auf Art und Weise einer Weiterbehandlung einen Platz. In den meisten Fällen sind die Situationen zu lösen, wenn sie konsequent analysiert und im Team besprochen werden. Der Begriff „lebensunwertes Leben" ist in der Zeit des Nationalsozialismus als entschuldigende Begründung für Krankentötungen verwendet worden. Deshalb wird heute immer wieder darauf hingewiesen, daß eine Wertung der Lebensqualität für medizinische Entscheidungen unzulässig sei. Es wäre aber unredlich, wenn man glaubte, eine Wertung des Lebens nach Qualität und Quantität könnte man in der Praxis umgehen. Die Alternative dazu wäre die unbedingte unverzichtbare Verlängerung des Lebens. Wir dürfen zwar Menschen nicht werten, aber müssen die Qualität eines Lebens daraufhin werten, ob seine Verlängerung dem Wohl des Betroffenen dient oder nicht.

Das im Dritten Reich immer wieder als Begründung für Krankentötung bemühte Argument der Einsparung von wirtschaftlichen Reserven wollen wir heute in keiner Weise mehr gelten lassen – siehe Grundsätze der Bundesärztekammer zur ärztlichen Sterbebegleitung –, doch wäre es unredlich und geradezu falsch, wenn wir behaupteten, daß Überlegungen zum Ressourcenverbrauch in Zukunft überhaupt keine Rolle spielten. Ganz egal, wie wir im einzelnen heute zu dem Problem der aktiven Sterbehilfe stehen, mit hoher Sicherheit wird diese Thematik selbst auch in der ferneren Zukunft eine große Rolle spielen.

Die intensive Beschäftigung mit ärztlichem Verhalten am Lebensende in Vergangenheit und Gegenwart zeigt uns Ärzten, wie schwierig die Problematik immer wieder ist und läßt uns erkennen, daß es eben nicht nur eine Wahrheit gibt. Hoffen wir, daß unsere Enkel, wenn sie einmal über uns zu befinden haben, mit unserem Verhalten und unseren Entscheidungen mitgehen können und sie auch achten werden.

Eggert Beleites / Jörg-Dietrich Hoppe

V. Schlußbetrachtung

Nach der Lektüre der vorangegangenen Einzelarbeiten wird dem Leser deutlich geworden sein, daß vergangene Handlungen und Denkweisen aus der Ferne manchmal nur schwer zu beurteilen sind und daß bei der späteren Betrachtung eines Sachverhalts von den einzelnen Autoren naturgemäß aus ihren Ansätzen heraus sehr unterschiedlich gewichtet wird.

Eine Differenz in den Anschauungen ist gewollt gewesen, um dem Leser Meinungsvielfalt und auch unterschiedlich begründete Bewertungen anzubieten, damit er sich eigenverantwortlich sein eigenes Bild formen und seinen Standpunkt bestimmen kann. Denn, wenn wir nicht zulassen, daß differenziert gedacht und beurteilt werden darf, dann haben wir bereits wieder frühe Formen von Gleichschaltung, die sich beginnend in den 30er Jahren so verheerend ausgewirkt haben. Wir brauchen diese Unterschiede im Denken, um mit den Problemen unserer Zeit, die ja heute nicht geringer sind, verantwortungsvoll und miteinander – auch mit dem Vergangenen – umgehen zu können.

Heute sind beispielsweise Umfragen gemäß bis zu 83 % unserer Bevölkerung für eine Lockerung des Verbotes der aktiven Sterbehilfe. Allerdings sind glücklicherweise unsere Politiker – sicher in Hinblick auf die schreckliche Vergangenheit – in der Mehrzahl strikt gegen eine solche Lockerung. Der Diskrepanz zwischen derzeitigem Mehrheitsvotum und augenblicklicher Politikermeinung darf weder mit einem Diskussionsverbot noch durch das Favorisieren von Mehrheitsentscheidungen begegnet werden. Die Wahrheitsfindung ist immer ein komplizierter Prozeß. Wahrheiten kann man weder durch Diktat noch durch Mehrheiten ermitteln, wie manche Menschen meinen.

Unter strikter Beachtung des Grundgesetzes und der Rechtsstaatlichkeit, die wir als wesentliche Errungenschaften unserer Zeit betrachten dürfen, sollte Meinungsvielfalt zugelassen werden, sowie Diskussionsbereitschaft und Zivilcourage entwickelt und gefördert werden. Das hat in unserer heutigen Zeit besondere Bedeutung, da die Gefahr der Denkgleichschaltung, teils auch durch Dominanz Einzelner, ausgesprochen groß ist. Aus dieser Sicht ergibt sich geradezu wie selbstverständlich, daß unterschiedliches Betrachten des Vergangenen und auch der heutigen Probleme geradezu notwendig und Meinungstoleranz sinnvoll ist, allerdings nur unter der Voraussetzung, daß man die andere Meinung anhört und versucht, die dahinter steckenden Gedankengänge in ihrer eigenen Logik zu verstehen. Ein besonders markantes Beispiel für in ethischen Fragen schwer auflösbare Meinungsdifferenz stellen im Zusammenhang mit dem oben bearbeiteten Thema aus meiner Sicht die diametral auseinandergehenden Äußerungen des Nationalen Ethikrates und der Enquetekommission des Deutschen Bundestages zur Reichweite von Patientenverfügungen und zur Selbstverantwortung am Lebensende dar.[1]

Am 29. März 2007 kam es exakt zu diesem Themenkomplex zu einer offenen, fraktionsungebundenen Diskussion im Deutschen Bundestag, bei der 30 Rednerinnen und Redner das Wort ergriffen, um darüber zu debattieren, ob es eine gesetzliche Regelung im Bürgerlichen Gesetzbuch geben soll, die Fragen von Selbstbestimmung und Patientenverfügung betreffen, und wenn, wie eine solche Regelung aussehen könnte. Zu diesem Zeitpunkt kannten die Damen und Herren Abgeordneten des Deutschen Bundestages über die Stellungnahmen des Nationalen Ethikrates und der Enquete-Kommission des Deutschen Bundestages hinaus zahlreiche weitere Stellungnahmen z. B. des Deutschen Juristentages 2006, aber auch die Grundsätze der Bundesärztekammer zur ärztlichen Sterbebegleitung aus dem Jahre 2004 und die am 27. März 2007 vorgestellten Empfehlungen der Bundesärztekammer und der Zentralen Ethikkommission bei der Bundesärztekammer zum Umgang mit Vorsorgevollmacht und Patientenverfügung in der ärztlichen Praxis. Sowohl die Grundsätze aus 2004 als auch die Empfehlungen aus 2007, welche an die Grundsätze anknüpfen, stellen fest, daß der in einer Patientenverfügung geäußerte Wille des Patienten grundsätzlich verbindlich ist und daß sich Ärztinnen und Ärzte nicht über die in einer Patientenverfügung enthaltenen Willensäußerung hinwegsetzen dürfen. Sie heben aber besonders hervor, daß Vorsorgevollmachten, also die Bevollmächtigung einer Vertrauensperson als Transporteur der Willensäußerung des nicht mehr einwilligungs- und geschäftsfähigen Patienten, bevorzugter Wert beigemessen werden soll. Besonders hilfreich für Ärztinnen und Ärzte sei die Kombination von Patientenverfügung und Vorsorgevollmacht. Die Empfehlungen ermutigen Ärztinnen und Ärzte, ihre Patientinnen und Patienten zu motivieren, von diesen Möglichkeiten Gebrauch zu machen. Auf Wunsch sollten sie auch ärztlich beraten werden bei der Formulierung einer Patientenverfügung, da eine solche Beratung geeignet ist, den Grad der Orientierungshilfe in entsprechenden Entscheidungssituationen zu erhöhen. Je konkreter und situationsangemessener eine Pati-

– Schlußbetrachtung –

entenverfügung formuliert und ein Vorsorgebevollmächtigter informiert ist, desto höher ist der Verbindlichkeitsgrad.

Bei einer optimalen Partnerschaft von Patient und Arzt respektiert der Arzt den Patientenwillen, der Patient aber auch, daß Ärztinnen und Ärzten eine Fürsorgepflicht obliegt. Diese Fürsorgepflicht bekommt besondere Bedeutung, wenn eine Patientin/ein Patient nicht mehr einwilligungs- und geschäftsfähig ist, wenn der geäußerte Patientenwille nicht auf die aktuelle Lebens- und Behandlungssituation zutrifft. Dann müssen Ärztinnen und Ärzte aus ihrer Fürsorge für Patientinnen und Patienten deren Willen mutmaßen, also den mutmaßlichen Patientenwillen ergründen.

Bei dieser Grundeinstellung zu Vorsorgevollmachten und Patientenverfügungen ist es logisch, solche Willensbekundungen zu irgendeinem Zeitpunkt oder angesichts einer Situation für unerheblich zu erachten, anders ausgedrückt, eine sogenannte Reichweitenbeschränkung festzulegen.

Ärztinnen und Ärzte stehen zusätzlich vor der schwierigen Aufgabe, in jedem Einzelfall zu prüfen, ob Patientenverfügungen frei und ohne Zwang verfaßt worden sind und ob sie nicht etwa irrtümlich oder gar durch Täuschung beeinflußt wurden. Schließlich müssen sie ergründen, ob nicht eventuell nach Abfassung einer schriftlichen Verfügung seitens des Verfügenden zwischenzeitlich eine Modifikation oder gar ein Widerruf, in welcher Gestalt auch immer, geschehen ist. In Notfallsituationen kann dies eine unlösbare Aufgabe sein. Ärztinnen und Ärzte werden dann ihre Fürsorgepflicht in der Regel nach dem Grundsatz „Im Zweifel für das Leben" wahrnehmen.

Für Ärztinnen und Ärzte unbeachtlich sind Verfügungen, die gesetzwidrige Handlungen, wie z.B. die Tötung auf Verlangen, als Willensbekundungen beinhalten. (Der volle Wortlaut der Empfehlungen der Bundesärztekammer und der Zentralen Ethikkommission bei der Bundesärztekammer zum Umgang mit Vorsorgevollmacht und Patientenverfügung in der ärztlichen Praxis ist im Deutschen Ärzteblatt, Jg. 104, Heft 13 vom 30. März 2007 auf den Seiten A891–A896 veröffentlicht.)

Im Rahmen dieser Schlußbetrachtung möchte ich noch einmal auf das Eingangskapitel von Eggert Beleites „Euthanasie heute: Die deutsche Sicht" hinweisen und daran erinnern, daß die unter maßgeblicher Mitwirkung von Eggert Beleites entstandenen Grundsätze der Bundesärztekammer zur ärztlichen Sterbebegleitung (siehe Deutsches Ärzteblatt, Jg. 101, Heft 19 vom 7. März 2004, Seiten A1298–A1299) die Begriffe passive Sterbehilfe, aktive Sterbehilfe und indirekte Sterbehilfe nicht mehr verwenden, weil sie nur zu Mißverständnissen Anlaß geben. Wenn sich 83 % der Bevölkerung für eine Lockerung bei der Sterbehilfefrage aussprechen, dürfte es sehr die Frage sein, ob die Befragten wirklich damit eine Tötung mittels z. B. einer tötenden Injektion meinen, wie wir sie in der Tiermedizin als Einschläferung kennen. Eher ist zu vermuten, daß zumindest zahlreiche dieser Befragten eher daran denken, Menschen in Würde und mit Hilfe gekonnter palliativmedizinischer Maßnahmen sterben zu lassen und nicht etwa ihr Leid durch nicht mehr indizierte Maßnahmen zu verlängern. Das Thema Patientenverfügung war nämlich in früheren Zeiten, als es noch nicht möglich war, mit Hilfe medizinischer, besonders intensiv-medizinischer Maßnahmen Menschen am Leben zu erhalten, nahezu unbekannt; es ist erst durch die moderne Rettungs- und Intensivmedizin virulent geworden. Die guten Seiten dieser medizinischen Kunst werden hoffentlich von niemand bestritten. Negative Folgen dieser Art von Medizin müssen aber unbedingt auf ein wahrscheinlich unvermeidbares Mindestmaß beschränkt bleiben oder werden. Wie gesagt, die Begriffe aktive, passive und indirekte Sterbehilfe sind von der verfaßten Ärzteschaft verlassen worden. Entsprechend der gesetzlichen Formulierung verwenden wir den Begriff „Tötung auf Verlangen", welche strafrechtlich (siehe § 216 Strafgesetzbuch) verboten ist. Etwas schwieriger gestaltet es sich mit dem Thema „ärztlich assistierter Suizid". Da der Suizid für denjenigen, welcher sich selbst töten will, nicht strafbar ist, ist prinzipiell auch die Beihilfe zum Suizid nicht strafbar; das gilt auch für Ärztinnen und Ärzte. Die Frage ergibt sich aber, ob ärztliche Beihilfe zum Suizid nicht deshalb gewünscht wird, weil die Tötung auf Verlangen verboten ist, so daß diese Beihilfe sozusagen einer Umgehung des Straftatbestandes nach § 216 Strafgesetzbuch gleichkommt. Ich halte es zudem für das Vertrauen in den Arztberuf prinzipiell für sehr bedenklich, wenn die Tötung von Menschen, sei es auch nur in Gestalt der Beihilfe bei der Selbsttötung, als eine ärztlich indizierte therapeutische Option wahrgenommen würde. Ich weiß aber, daß es auch innerhalb der Ärzteschaft hierzu differente Meinungen gibt. Das wohl dürfte unter anderem Eggert Beleites eingangs dieser Schlußbetrachtung bei der Besprechung von Meinungsvielfalt im Sinne gehabt haben.

Ich setze bei der Verteidigung oder Wiedergewinnung des Vertrauens in die Ärzteschaft auf die innerärztliche und öffentliche Verbreitung des in den 90er Jahren des letzten Jahrhunderts stattgehabten Paradigmenwechsels bezüglich der Orientierung für ärztliches Handeln im Umfeld von Sterben und Tod in zweifacher Hinsicht: Das bis dahin als unumstößlich geltende Prinzip der Verpflichtung zur Lebenserhaltung wurde durch die permanente Hinterfragung der Indikation im Individualfall unter bestimmten Umständen eingeschränkt, so daß bei Patientinnen

– *Schlußbetrachtung* –

und Patienten mit infauster Prognose und erst recht bei Sterbenden die auf Gesundung gerichtete kurative Behandlung abgelöst werden kann von einer palliativmedizinischen Betreuung bereits vor der eintretenden Sterbephase und natürlich während derselben. Zum anderen entwickelte sich nicht zuletzt durch die Rechtsprechung ein Bewußtseinswandel in unserer Gesellschaft, der dem Selbstbestimmungsrecht von Patientinnen und Patienten gegenüber der Fürsorgepflicht von Ärztinnen und Ärzten Priorität einräumt. Die entscheidende Formulierung für uns Ärztinnen und Ärzte heißt jetzt „Therapieziel" in dem Sinne, daß einerseits von einer kurativen medizinischen Betreuung mit dem Ziel einer Wiederherstellung der Gesundheit, in welcher definitorischen Gestalt auch immer, gesprochen wird, andererseits von einer palliativmedizinischen Betreuung mit dem Ziel bei nicht mehr indizierter kurativer Ausrichtung der Behandlung die jetzt anschließende Lebensphase zumindest so erträglich wie möglich, wenn nicht sogar lebenswert zu gestalten.

Deshalb gehören Begriffe Behandlungsabbruch oder Sterbehilfe nicht mehr zum Vokabular der Ärzteschaft Deutschlands. Sie wurden durch die dem tatsächlichen Geschehen viel näher kommenden Begriffe Palliativmedizin und Sterbebegleitung ersetzt.

Die Grundsätze der Bundesärztekammer zur ärztlichen Sterbebegleitung und die Empfehlungen der Bundesärztekammer und der Zentralen Ethikkommission bei der Bundesärztekammer zum Umgang mit Vorsorgevollmacht und Patientenverfügung in der ärztlichen Praxis enthalten auch durchaus konkrete Handlungshilfen für Ärztinnen und Ärzte, welche gleichzeitig als Information für die allgemeine Öffentlichkeit gelten können, darüber etwas zu wissen, wie Ärztinnen und Ärzte zumindest überwiegend denken und ihrer Fürsorgepflicht nachkommen. Sicher werden diese Papiere im Laufe der Zeit auch im Lichte neuer Erkenntnisse fortgeschrieben werden. Auch sie mögen aber dazu beitragen, daß die unsäglichen Verfehlungen, die sich Ärztinnen und Ärzte im sogenannten Dritten Reich zu Schulden haben kommen lassen, für alle Zukunft ausgeschlossen sind.

Anmerkung

1 An dieser Stelle enden die Aufzeichnungen von Eggert Beleites zu seinen Schlußbetrachtungen. Die nachfolgende Fortsetzung, die den Beitrag abschließt, erstellte Jörg-Dietrich Hoppe.

VI. Zeittafel

*Zusammengestellt von Willy Schilling**

1816

Johann Christian Reil (1759-1813) greift die Überlegungen möglicher Euthanasie, wie sie bereits in der Antike bei Sokrates, Platon oder den Gelehrten der Stoa evident vertreten wurde – und später, entgegen der Dogmatik der reinen Lehre der katholischen Kirche, bei Luther, Vertretern des Humanismus und den frühen Utopisten auflebte –, in seiner Schrift „Entwurf einer allgemeinen Therapie" auf und widmet dem Thema ein eigenes Kapitel. Reil sieht den Arzt in der Verantwortung, dem Sterbenden die möglichen Hilfen zu geben, um „erträglich zu sterben". Dabei setzt er die notwendige gesellschaftliche, fachliche und sittliche Reife voraus, um den Sterbeprozeß angemessen und hilfreich bis zum „letzten Haus" vertrauensvoll zu begleiten.

1822

Francis Galton (1822-1911), ein Cousin Charles Robert Darwins (1809-1992), knüpft in seinem wissenschaftlichen Werk an die Erkenntnisse der Evolutionstheorie an und begründet die Anthropologie und Eugenik, ein Teilgebiet der Vererbungslehre. Seine Methoden basieren vor allem auf statistisch-physikalischen Vergleichen und Verfahren zur Auswahl und Verbesserung von Erbgut. G. vertritt die Ansicht, daß Erbfaktoren wesentlicher über Intelligenz und Charakter entscheiden als Umge-

---

* Die Zusammenstellung der Zeittafel erfolgte auf der Grundlage der in den Beiträgen ausgewiesenen Literatur. Die mit einem * gekennzeichneten Angaben sind der von Götz Aly vorgelegten Zeittafel (vgl. ders.: Aktion T4 1939-1945. Berlin 1989) entnommen. An zusätzlicher Literatur wurden für die Zeittafel folgende Veröffentlichungen eingesehen: Norbert Frei: Karrieren im Zwielicht; Ulrich Heß: Geschichte der Behördenorganisation der thüringischen Staaten und des Landes Thüringen von der Mitte des 16. Jahrhundert bis zum Jahre 1952. Jena 1993; Amts- und Verordnungsblatt für Thüringen, Nr. 32/1933; A. Platen-Hallermind: Die Tötung Geisteskranker in Deutschland. Frankfurt a. M. 1948 (Reprint 1993); Reinhard Jonscher/Willy Schilling: Kleine thüringische Geschichte. 3., überarb. u. erw. Aufl. Jena 2001; Willy Schilling: Hitlers Trutzgau. Thüringen im Dritten Reich, Bd. I. Jena 2005.

bungsfaktoren aus Erziehung, Bildung und sozialer Stellung. Seine zum Sozialdarwinismus gehörende Theorie beeinflußt die Entstehung der nationalsozialistischen Rassenlehre. Die nationalsozialistische Eugenik übernimmt später den Gedanken der Positivauslese durch menschliche Zucht – ein Prinzip, das der NS-Staat im „Lebensborn" und gleichermaßen durch „Ausmerze lebensunwerten Lebens" praktizierte.

1836

Christoph Wilhelm Hufeland (1762–1836) warnt in seiner Schrift „Enchiridon medicum" vor der Gefahr, dem Arzt das Recht einzuräumen, über Leben und Tod zu entscheiden. Der Arzt „soll und darf nichts anderes tun, als Leben zu erhalten ..." Sofern der Arzt aber je zum Richter werde, zwischen Glück und Unglück, Wert oder Unwert, „so braucht es nur stufenweise Progressionen, um den Unwert und folglich die Unnötigkeit eines Menschenlebens auch auf andere Fälle anzuwenden."

1887

In Gerhards „Handbuch der Kinderkrankheiten" veröffentlicht Hermann Emminghaus (1845–1904) eine erste Gesamtdarstellung über psychische Störungen im Kindesalter. Emminghaus wurde in Weimar geboren.

1895

In Deutschland erscheint die Streitschrift „Das Recht auf den Tod" des Juristen Adolf Jost. In der Schrift vermengt J. die Tötung Geisteskranker mit der Sterbehilfe unheilbar Kranker und autorisiert den Staat in gewissen Fällen, „das Leben einzelner Individuen, oft gegen deren Willen, zu vernichten, wenn es das allgemeine Interesse verlangt." Worin das allgemeine Interesse zu sehen und in welcher Form es durch den Staat zu vertreten ist, wird mehrschichtig erläutert. Damit entsteht eine Sicht der Dinge, die Euthanasie im Sinne einer biologischen Betrachtung der Gesellschaft rechtfertigt und zunehmend Anhänger und Anerkennung findet.

Im gleichen Jahr formuliert der vielschreibende spätere Verbandsfunktionär der deutschen Schwerindustrie Alexander Tille in einer seiner philosophischen Kampfschriften die These, die Darwinschen Gesetze auf die Gesellschaft anwendend, daß die Tüchtigen und Begabten sich reichlich innerhalb der Gesellschaft ernähren können müssen, „während jedermann um so weniger zu essen haben soll, je untüchtiger er ist, so daß also die Untüchtigsten unfehlbar zugrunde gehen und sich nicht fortpflanzen können." Tille forderte noch nicht wirklich die Euthanasie im Sinne der „Austilgung der Schwachen, Unglücklichen und Überflüssigen", wohl aber das Recht der Gesellschaft, ihnen „mindestens die Schließung einer rechtsgültigen Ehe vorzuenthalten".

1899

Der Naturwissenschaftler Ernst Haeckel (1834–1919) publiziert unter dem Titel „Die Welträtsel" seine „Gemeinverständlichen Studien über monistische Philosophie". Das Buch erzielt hohe Auflagen und Aufsehen weltweit. H. popularisiert so sein auf Darwins Lehre aufbauendes und um die Entwicklungslehre des Menschen erweitertes, auf einem Grundprinzip (Monismus) beruhendes Weltbild. Mit seinem wissenschaftlichen Werk wurde H. zum großen Vereinfacher und Propagandisten Darwins, dessen Lehre der natürlichen Auslese und des Daseinskampfes er auf die Geschichte der Völker übertrug.

1900

Bereits 1895, also noch vor der Jahrhundertwende, führt Alfred Ploetz den Begriff der Rassenhygiene ein. Armut, die nicht aus eigener Kraft überwunden werden kann, gilt danach als ökonomische Auslese im Kampf ums Dasein. Folgerichtig sei deshalb eine soziale Grundsicherung abzulehnen. Das entsprach der These Tilles und vereinigte zugleich die Befürworter aus Natur- und Gesellschaftswissenschaften in einer Strömung, die sich gemäß der Mahnung Hufelands stufenweise radikalisieren sollte.

1903

Es erscheint die Monographie „Vererbung und Auslese". Verfasser ist der Arzt Friedrich Wilhelm Schallmayer (1857–1919). Sch. tritt mit seiner Abhandlung für eine bewußt gesteuerte Eugenik ein, vollzogen durch den Arzt als Vermittler eines staatlichen, gegenüber dem jetzt vorherrschenden individuellen Humanismus, der biologische Schwächlinge schütze.

1913

In der Wochenschrift des 1906 gegründeten Monistenbundes „Das monistische Jahrhundert" erscheinen zahlreiche Artikel zum breit gestreuten Euthanasie-Gedanken. Auslöser ist ein Beitrag Roland Gerkans, der einen fiktiven Gesetzentwurf zur staatlich sanktionierten Sterbehilfe (Euthanasie) zur Disposition stellt. Wilhelm Oswald (1853-1932), der Herausgeber der Zeitschrift, schließt die heftig geführte Debatte, bei der es deutlich mehr Befürworter als Kritiker gibt, mit einem Artikel zur Ethik aus der Gegenüberstellung von Wissenschaft und Empfindung ab. Sein Fazit dabei lautet: Ethische Positionen erfahren ihre moralische Rechtfertigung aus sozialer Nützlichkeit. Im Umkehrschluß bedeutet dies, was sozial nicht nützlich ist, besitzt keine moralische Existenzberechtigung.

1920

In Leipzig erscheint in erster Auflage eine Grundsatzschrift des Juristen Karl Binding (1841-1920) und des Psychiaters Alfred Hoche (1865-1943) unter dem Titel: „Die Freigabe der Vernichtung lebensunwerten Lebens – Ihr Maß und ihre Form". Beide Autoren sind renommierte Wissenschaftler und vertreten jeweils aus ihren Fachgebieten heraus die Auffassung, daß die Tötung unheilbar Geisteskranker, die als „leere Menschenhülsen" und „absolut zwecklos" als „Ballastexistenzen" in vollständiger sozialer Abhängigkeit existieren, aus therapeutischer Sicht getötet werden dürften. Eine so begründete Tötung, so die Kernthese der Autoren, stelle einen „erlaubten nützlichen Akt" dar und sei unvergleichbar einer „sonstigen Tötung". Der Wille des Staates als Rechtsnorm wird über das natürliche Lebensrecht (Rechtspositivismus) gestellt. Das vorgeschlagene Verfahren setzt ein Gesetz und nachhaltige Prüfungen durch Sachverständige voraus. Damit fassen die Autoren die Diskussion vor dem Ersten Weltkrieg zusammen, bündeln und kanalisieren die Befürworterdiskussion als Voraussetzung für das politische Handeln.

1922

In Weimar erscheint das Buch „Die Erlösung der Menschheit vom Elend". Autor ist Ernst Mann. Er propagiert als integralen Bestandteil der ärztlichen Pflicht zur Gesunderhaltung des Volkes die Selektion der „mit unheilbaren Krankheiten Behafteten" bei zyklischen Kontrolluntersuchungen und deren Tötung. „Sind die Unheilbaren vernichtet, so können der Gesundung der Heilbaren" mehr Mittel und größere Sorgfalt zufließen, so lautet eine seiner Rechtfertigungsthesen.

1923

In den Thüringischen Heil- und Pflegeanstalten Stadtroda wird eine Jugendpsychiatrische Abteilung eingerichtet.

1924

Die Ärzteschaft wird im ärztlichen Vereinsblatt zum Vollzug von Sterilisationen bei entsprechender Indikation gemäß der aktuellen Diskussion aufgerufen.

1925

Der Tübinger Psychiater Robert Gaupp hält ein Referat über „Die Unfruchtbarmachung geistig und sittlich Kranker und Minderwertiger" und der Sozialhygieniker Grotjahn klassifiziert in seinen „Leitsätzen zur sozialen und degenerativen Hygiene" jenen Personenkreis, den er als Bodensatz bezeichnet und der einige Jahre später zwangssterilisiert oder euthanasiert werden sollte. Der so klassifizierte Personenkreis umfaßt Landstreicher, Alkoholiker, Verbrecher und Prostituierte, Epileptiker, Geisteskranke, Geistesschwache, Sonderlinge und Krüppel.
Es erscheint die Schrift von Helmut Metzler: Das Problem der Abtötung „lebensunwerten" Lebens.

1926

Die bisher bestehende Kreisarztorganisation im Land Thüringen geht in der Neuorganisation eines Gesundheitsamtes auf. Ab 1930 werden diese als Kreisamt der Kreisbehörde eingegliedert.
In Weimar wird die Ärztekammer des Freistaates als Berufs- und Interessenverband mit Befugnissen einer Körperschaft des öffentlichen Rechts unter Aufsicht des Landesinnenministeriums gegründet. Der Ärztekammer angegliedert ist ein Ehrengericht mit eigenem Standesrecht.
Auf einer Ärztetagung in Münster wird die Forderung zur „Ausmerze aller Volksschädlinge" erhoben und diskutiert.

1929

In Nürnberg wird der Nationalsozialistische Deutsche Ärztebund als angeschlossener Verband und Fachorganisation der NSDAP gegründet. Die Führung übernimmt der Mediziner Gerhard Wagner (1888–1939), der 1933 zum Reichsärzteführer avanciert.

1930

- Erste Reichstagung des NSDÄB.
- **14. Mai** Errichtung eines Lehrstuhls für Sozialanthropologie an der Thüringischen

Landesuniversität Jena und Berufung von Hans F. K. Günther auf den Lehrstuhl durch den nationalsozialistischen Innenminister Dr. Wilhelm Frick. G., Autor der außerordentlich weit verbreiteten und wiederholt aufgelegten Schrift „Kleine Rassenkunde des deutschen Volkes", lehrt bis 1936 in Jena. Er gehört zu den Wegbereitern der NS-Rassentheorie.

1932

Der NSDÄB führt seinen 1. Rassehygienischen Schulungskurs durch.

1933

- **22. März:** Im Reichsministerium des Innern erfolgt die Bildung eines Referates Rassenhygiene.
- **23. März:** Alfons Staudtner, Leiter des Dt. Ärzte- und des Hartmannbundes, versichert Hitler telegrafisch aus Anlaß der ersten Reichstagssitzung in der Krolloper Berlin im Namen der Ärzteschaft die Bereitschaft, „sich freudigst in den Dienst" der proklamierten Volksgemeinschaft „mit dem Gelöbnis treuester Pflichterfüllung als Diener der Volksgesellschaft" zu stellen.
- **7. April:** Mit dem „Gesetz zur Wiederherstellung des Berufsbeamtentums" und der Anwendung des „Arierparagraphen" kommt es zur vollständigen Verdrängung von Juden und politisch mißliebigen Personen aus der beamteten Ärzteschaft, deren Standesorganisationen und den Medizinischen Fakultäten.
- **12. April:** Der NS-Landesärzteführer Dr. med. Carl Oskar Klipp wird von der Landesregierung zum Kommissar für das Gesundheitswesen im Land Thüringen bestellt. Der bisherige Vorsitzende der Landesärztekammer wird abberufen.
- **17. Mai:** In Egendorf (heute Ortsteil von Blankenhain / Kreis Weimarer Land) eröffnet die Thüringische Staatsschule für Führertum und Politik. An dieser Einrichtung werden vor allem Beamte, Ärzte, Lehrer und Juristen sowie der gesamte Führernachwuchs der NSDAP rassenpolitisch geschult.
- **14. Juli:** Die Reichsregierung verabschiedet das „Gesetz zur Verhütung erbkranken Nachwuchses". Das Gesetz beruht auf einem Referentenentwurf von 1932, der allerdings noch die Zustimmung des Betroffenen voraussetzte. Im Vollzug des Gesetzes, das in den folgenden Jahren mehrfache Ergänzungen erfährt, erfolgen bis 1945 etwa 360 000 Sterilisationen unter Inkaufnahme zahlreicher Todesfälle.

1934

- Der NSDÄB gibt sich eine neue Satzung und verankert darin das Führerprinzip. Der Führer des NSDÄB übt danach automatisch die Funktion des Reichsärzteführers aus.
- **1. Januar:** Die im Dezember erlassene Verordnung der Thüringer Landesregierung zur Errichtung von Erbgesundheitsgerichten und die Bestimmung über Krankenhäuser, an denen Zwangssterilisationen durchgeführt werden dürfen, tritt in Kraft. Daraufhin werden den Amtsgerichten in Altenburg, Apolda, Arnstadt, Eisenach, Gera, Gotha, Greiz, Hildburghausen, Jena, Meiningen, Rudolstadt, Saalfeld, Schleiz, Sondershausen (unter Zuständigkeit des OLG Naumburg), Stadtroda, Sonneberg, Vacha und Weimar Erbgesundheitsgerichte zugeordnet. Das Erbgesundheitsobergericht wird dem Oberlandesgericht Jena angegliedert. Die Sterilisationen gemäß Reichsgesetz und den nachfolgenden Verordnungen erfolgen an den Landeskrankenhäusern Altenburg, Gotha, Greiz, Meiningen, Rudolstadt und Sondershausen, der Chirurgischen Klinik und der Frauenklinik der Landesuniversität Jena, den städtischen Krankenhäusern in Arnstadt, Eisenach, Gera und Weimar sowie dem Krankenhaus in Sonneberg.
- **1. April:** Durch reichsgesetzliche Bestimmung erfolgt die Errichtung staatlicher Gesundheitsämter für jeden Stadt- und Landkreis, geleitet vom Kreisarzt. Das Kreisgesundheitsamt untersteht dem Reichsinnenministerium unmittelbar und verfügt, unabhängig von weiteren Funktionen innerhalb der Kreisbehörde, über besondere Weisungsbefugnisse.
- **15. Oktober:** Erstmals in Deutschland eröffnet eine „Asylstätte für asoziale Tbc-Kranke und geschlechtskranke Frauen".

1935

- Der eugenisch indizierte Schwangerschaftsabbruch wird von der Reichsregierung legalisiert. Der Abbruch kann mit Einverständnis der Frau unter bestimmten Voraussetzungen bis zum sechsten Schwangerschaftsmonat erfolgen.
- In Alt-Rehse (Mecklenburg) wird die Reichsführerschule der Deutschen Ärzteschaft eingeweiht. Hier erfolgt künftig an zentraler Stelle die Weiterbildung des Führernachwuchses für das Gesundheitswesen.
- Der Film „Das Erbe" wird gedreht.
- **31. Mai:** In einem Runderlaß des Reichs- und Preußischen Ministeriums des Innern wird ausdrücklich auf die Schweigepflicht der Ärzte im Zusammenhang mit

der Durchführung des „Gesetzes zur Verhütung erbkranken Nachwuchses" hingewiesen.
- **September:** Auf dem Reichsparteitag in Nürnberg bemüht sich Reichsärzteführer Gerhard Wagner um eine Führerentscheidung zur Vernichtung „lebensunwerten Lebens". Hitler versagt diese, stellte aber in Aussicht, die Frage im Kriegsfall zu entscheiden.

1936

- **11. März:** Per Reichsverordnung treten Vorschriften der neuen Reichsärzteordnung vorzeitig in Kraft.
- **26. April:** Karl Astel informiert in einem Schreiben RFSS Heinrich Himmler über seine Ernennung zum Leiter des Staatlichen Gesundheitswesens in Thüringen.
- **2. Juli:** Im Auftrag des Reichsstatthalters Fritz Sauckel und seines Innenstaatssekretärs Walter Ortlepp informiert Karl Astel, Präsident des Thüringischen Landesamtes für Rassewesen, die Ärzteschaft über neue Bestandsaufnahmen. Die Meldepflicht gilt zunächst für die Landesheilanstalten in Blankenhain, Hildburghausen, Stadtroda sowie die Psychiatrische Universitätsklinik Jena. Zusätzlich soll Langenhain (heute zu Waltershausen gehörend) erfaßt werden.
- **2. September:** Die von der Reichsregierung angeordnete Erbbestandsaufnahme beginnt in den Thüringischen Landesheilanstalten und in der Psychiatrischen Klinik Jena rückwirkend ab 1. Juli. „Alle seitdem aufgenommenen und entlassenen Kranken sind fristgerecht dem Thüringischen Landesamt für Rassewesen, Abteilung Erbbestandsaufnahme in den Heilanstalten zu melden."

1937

- Der Film „Opfer der Vergangenheit" wird produziert.
- **16. Juli:** Auf dem Ettersberg bei Weimar beginnt die Errichtung des Konzentrationslagers Buchenwald. In den folgenden Jahren werden auch hier Medizinexperimente und Tötungen an Häftlingen von SS-Ärzten durchgeführt.
- **19. Juli:** In München öffnet die zweite Ausstellung „Entartete Kunst". Hitler erklärt bei der Eröffnung: „Wir werden von jetzt ab einen unerbittlichen Säuberungskrieg führen gegen die letzten Elemente unserer Kulturzersetzung."
- **8. November:** Beginn der rassistischen Ausstellung „Der ewige Jude" in München.
- In Paris findet der erste „Internationaler Kongreß für kindliche Psychiatrie" statt. Der deutschen Delegation gehören unter anderem an: Ernst Rüdin (München),

Paul Schröder (Leipzig), Werner Villinger (Bethel b. Bielefeld), Johannes Lange (Breslau), Karl Bonhoeffer (Berlin) und Jussuf Ibrahim (Jena).
- **21. Dezember:** Hebammengesetz im Reichsgesetzblatt veröffentlicht. Darin enthalten sind Meldepflichten.

1939

- Wahrscheinlich im März oder April erreicht Hitler eine an die Kanzlei des Führers gerichtete Petition eines Landarbeiters aus Pomßen bei Leipzig und seiner Frau mit dem Ersuchen, ihr behindertes Kind durch Euthanasie von seinem Leiden zu erlösen. Unterstützt wird der Antrag vom Leipziger Pädiater Werner Catel. Der Junge Gerhard Herbert Kretschmar wurde am 20. Februar mit schweren Behinderungen geboren. Von Hitler beauftragt, übernimmt Karl Brandt die endgültige Regelung der Angelegenheit.
- Theo Morell, Hitlers Leibarzt, erstellt während des ersten Halbjahres ein Gutachten über Kriterien zur „Euthanasie". Außerdem finden verschiedene Vorgespräche mit hochrangigen Medizinern und späteren Gutachtern über ein mögliches „Euthanasie"-Programm statt.
- **25. Juli:** In der Leipziger Kinderklinik Catels verstirbt Gerhard Kretschmar (in der Literatur: Kind K. oder Knauer) durch „Euthanasie". Als offizielle Todesursache wird Herzschwäche angegeben. In diesem Zusammenhang ermächtigt Hitler Karl Brandt und Philipp Bouhler mündlich, in ähnlichen Fällen ebenso zu verfahren. Dieser Akt bildet faktisch den Auftakt zur nationalsozialistischen Euthanasie im Dritten Reich.
- **18. August:** Geheimerlaß des Reichsministeriums des Innern. Der Erlaß verpflichtet Ärzte und Hebammen, Neugeborene mit Mißbildungen jeder Art oder bei vermutetem Schwachsinn behördlich zu melden. Die Abgabe eines Meldebogens wird mit 2,00 RM honoriert. Die Meldungen sind beim zuständigen Gesundheitsamt abzugeben. Erfaßt werden zunächst Neugeborene und Kleinkinder bis zu drei Jahren.
- Als Fachorgan für die anlaufende „Kindereuthanasie" fungiert der eigens dafür gebildete „Reichsausschuß zur wissenschaftlichen Erfassung anlagebedingter schwerer Leiden". Dahinter verbirgt sich die zuständige Abteilung in der Kanzlei des Führers im Zusammenspiel mit der Abteilung Erb- und Rassenpflege im Reichsinnenministerium.
- **1. September:** Eine rückdatierte handschriftliche Weisung Hitlers, geschrieben im Oktober, ist Ausgangspunkt zur Organisation der „Aktion Gnadentod", auch als

„Gas-Aktion" oder „T4" dokumentiert. Die Verantwortung für die Durchführung der Aktion an Erwachsenen liegt in den Händen von Reichsleiter Philipp Bouhler, Chef der Kanzlei des Führers, und Hitlers Begleitarzt und gesundheitspolitischem Berater Karl Brandt.

- **21. September:** Ein Runderlaß des Reichsinnenministeriums verfügt die Meldung aller Heil- und Pflegeanstalten.
- **29. September:** In Kochorow bei Bromberg (Reichsgau Wartheland) beginnt die Tötung von 2342 Kranken.
- **9. Oktober:** Durch Runderlaß des Reichsinnenministeriums, veranlaßt vom Staatssekretär und Reichsgesundheitsführer Dr. Leonardo Conti, wird eine erste Aktion zur Erfassung unheilbar Kranker in Heil- und Pflegeanstalten mittels amtlichen Meldebogens eingeleitet. Alle Anstalten erhalten die Meldeunterlagen und werden zur Rücksendung über das Reichsinnenministerium verpflichtet. Vom Ministerium werden die Meldebogen an die „T4"-Zentrale geleitet. Jeweils drei Gutachter – von insgesamt 42 – beurteilen Diagnose und Prognose und bewerten den jeweiligen Fall. Ein Obergutachter vergleicht die Bewertungen und entscheidet endgültig über Leben oder Tod durch ein Kreuz auf der Akte („Kreuzelschreiber"). Die Meldebogen der zur Tötung vorgesehenen Patienten werden an die Kanzlei des Führers abgegeben und von dieser Stelle aus erfolgt über eine eigene Transportgesellschaft (GeKrat) die Überführung der Patienten in eine der sechs Vergasungsanstalten (Bernburg, Brandenburg, Hadamar, Grafeneck, Pirna-Sonnenstein und Hartheim). Die Vergasungen beginnen in den nachfolgenden Wochen.
- **Dezember:** In der Kinderabteilung des Krankenhauses Görden (Stadt Brandenburg) wird mit der systematischen „Kindereuthanasie" begonnen.

1940

- **3. April:** Auf einer Sitzung des Dt. Gemeindetages in Berlin werden die Spitzen der Kommunalverwaltungen mit dem nationalsozialistischen „Euthanasie"-Programm bekannt gemacht.
- **15. April:** Erlaß des RMdI zur umgehenden Meldung der in Heil- und Pflegeanstalten untergebrachten Juden.
- **April:** Die „Euthanasie"-Zentrale in Berlin erhält Räume in der Tiergartenstraße 4. Die von ihr ausgehende Tötungsaktion von Erwachsenen wird danach als „Aktion T4" bezeichnet.
- **8. Juli:** Amtsgerichtsrat Dr. Lothar Kreyssig protestiert bei Reichsjustizminister Franz Gürtner gegen das angelaufene „Euthanasie"-Programm und erstattet nach

– *Zeittafel* –

einem Gespräch im RMdI Anzeige gegen Reichsleiter Philipp Bouhler. Vier Tage später liegen dem Reichsjustizminister weitere Protestschreiben von den Pastoren Friedrich von Bodelschwingh und Paul Braune, den Leitern der christlichen Heil- und Pflegeanstalten Bethel/Bodelschwinghsche Anstalten für Epileptiker und Behinderte bei Bielefeld sowie der Hoffnungstaler Anstalten Lobetal nahe Berlin, vor. Zudem protestiert der renommierte Ärztliche Direktor des Chirurgischen Krankenhauses der Charité Berlin, Prof. Dr. Ferdinand Sauerbruch, trotz seiner Regimenähe. Weitere Proteste kommen in den folgenden Wochen und Monaten vor allem aus Kirchenkreisen, so vom württembergischen Landesbischof Wurm, vom Freiburger Erzbischof Gröber und vom Rottenburger Generalvikar Kottmann.

- **16. Juli:** Pastor Paul Braun reicht bei der Reichskanzlei seine Denkschrift gegen die „Euthanasie" ein.*
- **Juli:** Der Filmdokumentarist Hermann Schweninger verfilmt die „Aktion T4" in ihren verschiedenen Verfahrensstufen bis hin zur Vergasung.*
- **27. August:** Reichsjustizminister Franz Gürtner, der an der fehlenden gesetzlichen Legitimation der Aktion T4 Anstoß nimmt, wird von Brandt und Bouhler Hitlers Privatschreiben vorgelegt. Zeitgleich werden alle Generalstaatsanwälte, in deren Zuständigkeitsbereich Tötungsanstalten liegen, über das Programm und seine Autorisierung informiert.*
- **31. August:** Die Universitätskliniken werden von der „Euthanasie" ausgenommen.
- Das in Aussicht gestellte „Euthanasie"-Gesetz liegt als fertiger Entwurf vor. Hitler stellt die Unterzeichnung unter Vorbehalt und erklärt, diese mit Beendigung des Krieges vornehmen zu wollen.*
- **4. September:** Aus den Landesheilanstalten Stadtroda erfolgt eine erste Verlegung von mindestens 60 Patienten in die „Euthanasie"-Zwischenanstalt Zschadraß (Sachsen). Ein Teil dieser Patienten wird noch im gleichen oder Folgemonat in die Tötungsanstalt Sonnenstein in Pirna verlegt und dort vergast.
- **Herbst:** Beide Kirchen verhandeln miteinander, in welchem Maß und auf welchen Personenkreis begrenzt „Euthanasie" angewandt werden könne.*
- **28. Oktober:** In der Tötungsanstalt Brandenburg erfolgt die Tötung behinderter Kinder und Jugendlicher zum Zweck weiterführender Forschungen. Das Verfahren ist koordiniert zwischen dem Kaiser-Wilhelm-Institut für Hirnforschung in Berlin-Buch und der T4-Zentrale.*
- **2. Dezember:** Das Hl. Offizium, die Glaubensbehörde des Vatikans in Rom (heute: Kongregation für Glaubenslehre), verbietet in einem Dekret jeden Eingriff in das menschliche Leben.*

- Gründung der Deutschen Gesellschaft für Kinderpsychiatrie und Heilpädagogik in Wien.

1941

- **23. Januar:** Auf einer Sitzung unter Leitung des Reichsdozentenbundführers Walter Schultze mit zahlreichen Ordinarien deutscher Universitäten und Hochschulen und den Organisatoren der „Aktion T4" wird ein Psychiatrischer Forschungsplan beschlossen. Der Kreis weiß sich einig, die durch T4 gegebene „Gelegenheit nicht ungenutzt vorbeigehen" zu lassen.*
- **April:** Zur besseren Tarnung des „Euthanasie"-Programms wird die Zentralverrechnungsstelle Heil- und Pflegeanstalten in Berlin gegründet. Über die Verrechnungsstelle wird die Finanzierung der „Euthanasie"-Kosten abgewickelt.
- In den Konzentrationslagern läuft die „Aktion 14 f 13" – bezeichnet nach dem Aktenzeichen – zur Tötung von Häftlingen mittels „Euthanasie"-Maßnahmen an.
- **23./24. April:** Nach dem Ableben des Reichsjustizministers Franz Gürtner informiert sein kommissarischer Nachfolger, Franz Schlegelberger, alle Generalstaatsanwälte und Oberlandesgerichtspräsidenten über den Verlauf der „Aktion T4" und versichert sich ihrer Mitarbeit.*
- **3. August:** Der katholische Bischof von Münster, Clemens August Graf von Galen, wendet sich mit einer ersten Predigt gegen „Euthanasie".
- **24. August:** Aus außen- und innenpolitischen Gründen wird die „Aktion T4" gestoppt. Daraufhin stellt Hadamar die Vergasung ein. In Grafeneck und Brandenburg ist dies zuvor bereits geschehen. Pirna-Sonnenstein und Bernburg vergasen vorerst weiter. Fortgeführt werden die Tötungen durch Überdosierung von Medikamenten in den Heil- und Pflegeanstalten, ebenso die „Kindereuthanasie" und die „Aktion 14 f 13".*
- **29. August:** In Berlin kommt der Ufa-Spielfilm „Ich klage an", der unter der Regie von Wolfgang Liebeneiner nach einem Buch von Eberhard Frowein und Harald Bratt gedreht wurde, zur Uraufführung. Der Film rechtfertigt durch seine erzählte Geschichte einen Fall von Tötung auf Verlangen und dient der NS-Propaganda zur Manipulation der öffentlichen Meinung.
- **5.–7. Oktober:** Absage der geplanten 6. Jahresversammlung der Gesellschaft Deutscher Neurologen und Psychiater in Würzburg. Auf dieser Tagung beabsichtigten zahlreiche Professoren, Helfer und Vertreter der NS-Euthanasie, Vorträge zu Aspekten des Themas in Theorie und Praxis zu halten.*

- **23. Oktober:** Herbert Linden, Leiter der Abteilung Erb- und Rassenpflege im Reichsinnenministerium, wird zum Reichsbeauftragten für die Heil- und Pflegeanstalten ernannt.
- **25. Oktober:** Die Verantwortlichen der „Aktion T4" stellen in einem Schreiben die technologischen Erfahrungen bei den Vergasungen in den Dienst der Vernichtungslager Belzec, Sobibor und Treblinka (Aktion Reinhard).
- **November:** In Pirna findet ein Treffen aller Ärzte und Vertreter des technischen Personals aller Tötungsanstalten statt. Oberdienststellenleiter Viktor Brack, Bouhlers Stellvertreter und Verantwortlicher für die Abteilung II der Kanzlei des Führers, informiert die Anwesenden, daß das „Euthanasie"-Programm mit dem verfügten Stopp nicht wirklich beendet sei.

1942

- **12. Januar:** Im kommunalen Arbeitshaus des Berliner Stadtteils Rummelsburg findet eine Musterbegutachtung sogenannter Asozialer statt. Beteiligt sind Vertreter der Kanzlei des Führers, des Reichsinnenministeriums und führende Wissenschaftler. Beabsichtigt ist die Entwicklung von Tötungskriterien.*
- **12. März:** Der Psychiater Carl Schneider (Heidelberg) beantragt 15 Mio. RM für psychiatrische Forschungen im Zusammenhang mit der „Aktion T4". Er gehört zum kleinen Kreis der Pathologen, die sich Gehirne getöteter Patienten zu Forschungszwecken bestellen.
- **März:** In Brandeburg-Görden wird eine erste Forschungsabteilung „T4" eröffnet.*
- **28. Juli:** Der Mediziner Karl Brandt erhält seine Ernennung zum Generalkommissar für das Sanitäts- und Gesundheitswesen (mit Sonderaufgaben).
- **August:** Alle Heil- und Pflegeanstalten werden für den Fall von Bombenangriffen als Reservekrankenhäuser eingestuft.*
- **18. September:** Der am 20. August offiziell zum Reichsjustizminister ernannte Otto Thierack, bisher Präsident des Volksgerichtshofes in Berlin, vereinbart mit RFSS Heinrich Himmler die Tötung von Gefängnisinsassen und sogenannten Asozialen durch Überführung in KZs und deren „Vernichtung durch Arbeit". In einem Ernennungsschreiben ermächtigt Hitler T. ausdrücklich, unter Mißachtung gültiger Gesetze eine nationalsozialistische Rechtspflege aufzubauen.
- **3. Oktober:** Mitarbeiter der „Aktion T4" beginnen mit der Sonderbegutachtung aller durch Gerichtsbeschluß in psychiatrischen Anstalten lebenden Patienten hinsichtlich ihrer Arbeitsfähigkeit. Anschließend erfolgt die Deportation der als

kriminell oder psychopatisch eingestuften Personen in die Konzentrationslager Mauthausen oder Auschwitz.*
- **15. Oktober:** Gutachtertagung des Reichsausschusses über laufende und mögliche weitere Forschungsprojekte sowie über die Verfeinerung der Tötungsschemata in Zusammenarbeit mit Gerichtsmedizinern.*
- **12. November:** Es gilt Meldepflicht für alle Insassen von psychiatrischen Krankenhäusern.
- **30. November:** Das Innenministerium Bayerns verfügt den sogenannten Hunger-Erlaß, der zum verstärkten Hungersterben in den Anstalten durch Unterversorgung mit Lebensmitteln und Getränken führt.
- **Dezember:** Eine zweite Forschungsabteilung des Reichsausschusses neben Brandenburg-Görden beginnt ihre Tätigkeit in der Psychiatrischen Universitätsklinik Heidelberg und der ihr angeschlossenen Heil- und Pflegeanstalt (Stadt) Wiesloch.
- Ende des Jahres informiert Karl Astel Gerhard Kloos nach dessen Aussage während einer Vernehmung zu Hefelmann nach dem Krieg über Erschießungen von Geisteskranken und geplante „Euthanasie"-Maßnahmen. Nachfolgend sei er (Kloos) in die Kanzlei des Führers eingeladen worden, wo er sich im Sinne von Binding und Hoche für „Euthanasie" ausgesprochen habe. Hefelmann informierte ihn daraufhin über das Reichsausschußverfahren. Er selbst habe danach seine Bereitschaft bekundet, eine „Kinderfachabteilung" in Stadtroda einzurichten. Seiner Aussage fügte Kloos nachträglich noch folgende Erklärung an: „Die Entscheidung des RA lautete entweder ‚Entlassung' oder ‚Ermächtigung'. Zwischenentscheidungen mit Behandlungsvorschlägen pp. ergingen nicht. Mir war es überlassen, wohin ich die Kinder verlegte oder abgab."

1943

- **5. Februar:** Die bisherigen Thüringischen Landesheilanstalten Stadtroda (seit 1926) werden in Thüringisches Landeskrankenhaus umbenannt.
- **März/April:** Auf höchster Ebene der Entscheidungsträger wird beschlossen, die „Euthanasie" an Geisteskranken wieder systematisch zu beginnen. Dies soll aber dezentralisiert in den öffentlichen Heil- und Pflegeanstalten geschehen.*
- **27. April:** Die „Aktion 14 f 13" wird beendet, um die Häftlinge als dringend benötigte Arbeitskräfte in der Kriegswirtschaft einzusetzen.*
- **23. Juni:** Denkschrift von „T4"-nahen Professoren über „Euthanasie".*

– *Zeittafel* –

- **2. Juli:** Die in psychiatrischen Einrichtungen wegen Unzurechnungsfähigkeit (Paragraph 42 StGB) untergebrachten Personen werden in Konzentrationslager überführt.*
- **8. August:** Kriegsbedingt erfolgt die Verlegung der „T4"-Zentrale aus Berlin zunächst nach Hartheim bei Linz, später in Teilen nach Mühlhausen / Pfafferode und andere Orte.
- **17. August:** Ausgewählte Ärzte erhalten die Ermächtigung, in ihren Zuständigkeitsbereichen Kranke zu töten.*
- **26. September:** Katholische Bischöfe verurteilen in einem Hirtenbrief die „Euthanasie" im Dritten Reich.*
- **16./17. Oktober:** Auf der 12. preußischen Bekenntnissynode wird die „Euthanasie" verurteilt.*

1944

- **April:** Es beginnt eine zweite Phase der „Aktion 14 f 13".
- **31. August:** Die Meldepflicht von Geisteskranken wird aufgrund des verfügten totalen Kriegseinsatzes eingestellt.
- **September:** Das Kommando Blobel beseitigt die Massengräber der ersten „Euthanasie"-Opfer im Wald von Piascnicz (Polen), um Spuren zu verwischen.
- **6. September:** Es ergeht ein Runderlaß zum Umgang mit geisteskranken Ostarbeitern.*
- **November:** In der Anstalt Kaufbeuren (Bayern) wird ein Krematorium errichtet. Entsprechende Planungen und Baumaßnahmen vollziehen sich auch in weiteren Anstalten.*
- **12. Dezember:** Die letzte Vergasungsanstalt in Hartheim (Österreich) wird demontiert.*

1945

- **17. Februar:** Es ergeht ein weiterer Runderlaß zum Umgang mit geisteskranken Ostarbeitern.*
- **März/April:** In Anstalten, die noch nicht von den Alliierten Streitkräften befreit sind, töten „Euthanasie"-Ärzte immer noch Patienten.*
- **19. Mai:** Philipp Bouhler, einer der hauptverantwortlichen Organisatoren der „Euthanasie", nimmt sich in amerikanischer Gefangenschaft das Leben.
- **29. Mai:** In Kaufbeuren wird noch nach 33 Tagen amerikanischer Besetzung ein Kind durch „Euthanasie" getötet.*

- **2. Juli:** Amerikanische Offiziere begeben sich in die Anstalt Kaufbeuren. Sie finden die ausgemergelten Leichen von Patienten, die erst 12 bis 72 Stunden zuvor an den Folgen systematischer Unterernährung gestorben sind. In den folgenden Monaten versterben noch weitere Patienten an den Folgen chronischer Unterernährung.*
- **September:** Beginn der systematischen Untersuchung zum „Euthanasie"-Vorwurf im Landeskrankenhaus Stadtroda durch die zuständige Behörde. Bis 1947 werden neun ehemalige Patienten, zehn Pfleger, zwei Ärzte und drei weitere Mitarbeiter des Landeskrankenhauses polizeilich zur „Euthanasie" vernommen. Gegen zwei Oberpfleger werden Ermittlungen wegen des Verdachts aufgenommen, Verbrechen gegen die Menschlichkeit begangen zu haben. Es kommt aber zu keiner Anklage.
- **Oktober:** In Wiesbaden findet der einzige von den Alliierten durchgeführte „Euthanasie"-Prozeß, das sogenannte Hadamar-Verfahren, statt. Ein amerikanischer Militärgerichtshof verurteilt sieben Ärzte und Angestellte. Drei Todesurteile werden verhängt und vollstreckt.

1946

- **18. Juli:** Wegen „Euthanasie"-Verbrechen wird Ernst Illing, Arzt an der Wiener Kinder-Nervenklinik Am Spiegelgrund, vom Wiener Volksgericht zum Tode verurteilt und hingerichtet. Das Urteil ist eines von mehreren in gleicher Sache, die in den Jahren von 1945 bis 1955 ausgesprochen werden und „Euthanasie"-Verbrechen in Wien, Hartheim, Klagenfurt und anderen Orten sühnen.
- **21. November:** Eröffnung des Nürnberger Ärzteprozesses als erstem Nachfolgeprozeß in der amerikanischen Besatzungszone im Anschluß an den Nürnberger Prozeß gegen die Hauptkriegsverbrecher durch den Internationalen Militärgerichtshof. Die Rechtsgrundlage bildet das Kontrollratsgesetz Nr. 10 für Deutschland. Auf der Anklagebank sitzen zwanzig Ärzte und drei Beamte. Vierzehn von sechzehn Anklagepunkte beziehen sich auf Medizinverbrechen in Konzentrationslagern.

1947

- Unter dem Titel „Das Diktat der Menschenverachtung" erscheint eine von Alexander Mitscherlich und Fred Mielke über den Nürnberger Ärzteprozeß verfaßte Dokumentation, die statt einer weiterführenden Aufarbeitung der Geschichte, zu

kollektivem „kommunikativen Schweigen" der Ärzteschaft, persönlichen Anfeindungen und einer anhaltenden Kampagne gegen Mitscherlich führten. Unter dem Titel „Medizin ohne Menschlichkeit" erscheint die Schrift, die ursprünglich nicht gehandelt wurde, 1960 erstmals als Taschenbuch. Eine verbesserte Nachauflage folgt 1978.
- Es erscheint die Schrift von Weizsäcker: „Euthanasie" – und Menschenversuche.
- **7. Juli:** Das Landgericht Dresden verurteilt Paul Nitsche und weitere ehemalige Mitarbeiter der Vergasungsanstalt Sonnenstein, die an „Euthanasie"-Verbrechen beteiligt waren, in einem ordentlichen Verfahren zum Tode.
- **20. August:** Der I. Amerikanische Militärgerichtshof spricht im Nürnberger Ärzteprozeß sein Urteil. Von den wegen „Euthanasie"-Verbrechen angeklagten Ärzten und Organisatoren werden als Hauptverantwortliche zum Tode verurteilt und hingerichtet: Karl Brandt, Viktor Brack, Rudolf Brandt, Karl Gebhardt, Waldemar Hoven, Joachim Mrugowsky und Wolfram Sievers.

1948

- Auf dem Ärztetag in Stuttgart berichtet Fred Mielke über den Verlauf des Ärzteprozesses. In seinem Vortrag bezeichnet er die Zahl der an Medizinverbrechen beteiligten Ärzte als „verschwindend gering".
- In Stuttgart erscheint die Schrift von Karl Engisch: „Euthanasie und Vernichtung lebensunwerten Lebens in strafrechtlicher Beleuchtung".

1949

Unter dem Titel „Wissenschaft ohne Menschlichkeit" erscheint eine Zusammenfassung über den Ärzteprozeß, die den Umfang der Verbrechen und die Beteiligung der Ärzteschaft unzureichend vorbestimmt. Das Fazit dieser Schrift lautet: „Von etwa 90 000 in Deutschland tätigen Ärzten haben etwa 350 Medizinverbrechen begangen."

1953

- Die Staatssicherheit der DDR beginnt mit geheimen Untersuchungen zur „Euthanasie" in den ehemaligen Landesheilanstalten Stadtroda. Zu den Hintergründen gehört die Aufklärung der Todesursachen politischer Häftlinge und die damit in Verbindung stehenden Anzeigen und Gerüchte. Die Ergebnisse werden der Öffentlichkeit verschwiegen.

– **3. Februar:** Der Jenaer Kinderarzt Jussuf Murad Ibrahim, geboren am 27. Mai 1877 in Kairo (Ägypten), verstirbt in Jena.

1954

An der Universität Marburg entsteht unter Werner Villinger der erste Lehrstuhl für Kinder- und Jugendpsychiatrie. V., der bereits 1927 als medizinischer Mitarbeiter des Jugendamtes Hamburg erbbiologische Erfassungen an Jugendlichen durchführte, war von 1934 bis 1939 bei den Bodelschwinghschen Anstalten in Bethel beschäftigt und maßgeblich verantwortlich für massenhafte Sterilisationen. Von 1940 bis 1945 als Ordinarius für Psychiatrie an der Universität Breslau beschäftigt, arbeitete er gleichzeitig als „T 4"-Gutachter. Bereits 1946 erfolgte seine Berufung nach Marburg.

1959

– Gründung der Lebenshilfe durch Tom Mutters und Hermann Stutte.
– Inhaftierung von Werner Heye (alias Dr. Sambale) als einem der Hauptverantwortlichen der sogenannten Gas-Aktion. Er nimmt sich in der Untersuchungshaft das Leben.

1961

Auftakt zu zahlreichen Verfahren vor dem Landgericht Frankfurt/Main (Frankfurter Prozesse), die sich mit Euthanasie-Verbrechen und den dafür Verantwortlichen befassen. Ein erstes Urteil ergeht am 23. Mai 1967. Weitere Verurteilungen erfolgen bis 1972. Es kommt aber auch zu zahlreichen Verschleppungen, fragwürdigen Freisprüchen und Prozeßbefreiungen aus „gesundheitlichen" Gründen.

1964

– Die Kinder- und Jugendpsychiatrie wird als selbständiges Fachgebiet der Medizin auf Initiative von Hubert Harbauer und Heinrich Albrecht in der BRD anerkannt.
– **23. März:** In Falkenberg/Elster (DDR) wird der Arzt Otto Hebold in Untersuchungshaft genommen. Hebold gehörte 1940 bis 1943 zu den „Euthanasie"-Ärzten der „T4", die an Selektionsreisen und Vergasungsaktionen beteiligt waren. Zudem war er als Gefängnisarzt im Zuchthaus Brandenburg-Görden 1944 an der Hinrichtung von Antifaschisten beteiligt.

1965

- **22. Mai:** Gegen den ehemaligen „Euthanasie"-Arzt Otto Hebold wird von der Staatsanwaltschaft des Bezirkes Cottbus (DDR) Anklage erhoben wegen Beteiligung „am System der faschistischen Massenverbrechen mitgewirkt und das Leben einer nicht mehr feststellbaren Zahl von Menschen vernichtet zu haben."
- **26. Juni:** Gegen Hebold wird auf Antrag der Staatsanwaltschaft das Hauptverfahren eröffnet.
- **12. Juli:** Verurteilung Hebolds zu „lebenslangem Zuchthaus".

1975

Die Psychiatrie-Enquête.

1983

In München erscheint unter dem Titel „Lebendige Pädiatrie" eine von Paul Schweier und Eduard Seidler herausgegebene Gesamtdarstellung zur Geschichte der Kinderheilkunde im deutschsprachigen Raum. In dieser Darstellung wird Jussuf Ibrahim (Jena) zusammen mit Rudolf Degkwitz (Hamburg) und Josef Ströder (Düsseldorf) als Gegner der nationalsozialistischen Euthanasie aufgeführt, der Widerstand gegen die gültigen gesetzlichen Regelungen leistete. Zur gleichen Zeit führen neueste Forschungen zu ersten Erkenntnissen, die eine Verstrickung Ibrahims in das „Euthanasie"-Geschehen vermuten lassen.

1985

In einer Publikation von Götz Aly und Karl Friedrich Masuhr wird Ibrahim mit einem „Euthanasie"-Fall in Verbindung gebracht.

1988/89

Im Bundesärzteblatt erscheint unter dem Titel „Medizin im Nationalsozialismus" eine erste kritische Bilanz über die Beteiligung von Ärzten an Verbrechen und der Systematik rassenpolitischer Vernichtung sogenannten lebensunwerten Lebens während des Dritten Reiches. Erfaßt werden auch die lange Sprachlosigkeit und das bewußte Schweigen der Ärzteschaft unmittelbar nach dem Ende des Zweiten Weltkrieges bis in die späten 1970er Jahre.

2000

25. April: Die Friedrich-Schiller-Universität veröffentlicht die Ergebnisse einer Untersuchung zur „Beteiligung Prof. Dr. Jussuf Ibrahims an der Vernichtung ‚lebensunwerten Lebens' während der NS-Zeit". Den Auftrag dazu hatte der Rektor im November 1999 einer dafür gebildeten Kommission mit folgenden Mitgliedern erteilt: Olaf Breitbach (Geschichte der Naturwissenschaften), Klaus Dicke (Vorsitzender / Politikwissenschaften), Eberhard Eichenhofer (Rechtswissenschaft), Herbert Gottwald (Geschichte), Susanne Zimmermann (Geschichte der Medizin) und Felix Zintl (Pädiatrie).

VII. Anhang

Abkürzungsverzeichnis

Az.	–	Aktenzeichen
BAB	–	Bundesarchiv Berlin
BArch	–	Bundesarchiv
BDC	–	Berlin Document Center
BGB	–	Bürgerliches Gesetzbuch
BGH	–	Bundesgerichtshof
BGHSt	–	Entscheidungen des Bundesgerichtshofes in Strafsachen
BGHZ	–	Entscheidungen des Bundesgerichtshofs in Zivilsachen
BRD	–	Bundesrepublik Deutschland
BStU	–	Bundesbeauftragte für die Unterlagen des Staatssicherheitsdienstes der ehemaligen DDR
BStUG	–	Die Bundesbeauftragte für die Unterlagen des Staatssicherheitsdienstes der ehemaligen DDR, Außenstelle Gera
BVerfG	–	Bundesverfassungsgericht (BvR)
DDR	–	Deutsche Demokratische Republik
DRiZ	–	Deutsche Richterzeitung
dpa	–	Deutsche Presseagentur
EEG	–	Elektroenzephalogramm
EKG	–	Elektrokardiogramm
FAD	–	Freiwilliger Arbeitsdienst
FSU	–	Friedrich-Schiller-Universität (Jena)
GeKrat	–	Gemeinnützige Krankentransport GmbH
GG	–	Grundgesetz für die Bundesrepublik Deutschland
GStA	–	Generalstaatsanwalt(schaft)
HEPHATA	–	Evangelische Stiftung Hephata, 1859 als „Heil- und Pflegeanstalt für blödsinnige Kinder" gegründet
JuS	–	Juristische Schulung
KKJ	–	Kinderklinik Jena
KunstUrhG	–	Kunsturhebergesetz
KVD	–	Kassenärztliche Vereinigung Deutschlands
IPPNW	–	Internationale Ärzte für die Verhütung des Atomkrieges, Ärzte in sozialer Verantwortung e. V.
LÄK	–	Landesärztekammer
LHA	–	Landesheilanstalt
LHuPA	–	Landesheil- und Pflegeanstalt
LKH	–	Landeskrankenhaus
MLU	–	Martin-Luther-Universität (Halle)

– Anhang –

MR	–	Medizinalrat / -rätin
NJW	–	Neue Juristische Wochenschrift
NSDÄB	–	Nationalsozialistischer Deutscher Ärztebund
NSDAP	–	Nationalsozialistische Deutsche Arbeiterpartei
NSV	–	Nationalsozialistische Volkswohlfahrt
OA	–	Oberarzt
OÄ	–	Oberärztin
OLG	–	Oberlandesgericht
OMR	–	Obermedizinalrat / -rätin
OTZ	–	Ostthüringer Zeitung
PEG	–	Perkutane endoskopische Gastrostomie
RAG	–	Reichsarbeitsgemeinschaft Heil- und Pflegeanstalten
RFSS	–	Reichsführer SS
RGBl. I	–	Reichsgesetzblatt Teil I
RGZ	–	Entscheidungen des Reichsgerichts in Zivilsachen
RM	–	Reichsmark
RMdI	–	Reichsministerium des Innern
RSH	–	Reichsstatthalter
StGB	–	Strafgesetzbuch
Stiftung	–	Gemeinnützige Stiftung für Anstaltspflege
StPO	–	Strafprozeßordnung
ThMdI	–	Thüringisches Ministerium des Innern
ThHStAW	–	Thüringisches Hauptstaatsarchiv Weimar
TLZ	–	Thüringer Landeszeitung
UAJ	–	Universitätsarchiv Jena
UNO	–	United Nations Organisation
UrhG	–	Urheberrechtsgesetz
Vf.	–	Verfasser
zit.	–	Zitiert
ZPO	–	Zivilprozeßordnung
ZSLJVL	–	Zentrale Stelle der Landesjustizverwaltung Ludwigsburg
ZVST	–	Zentralverrechnungsstelle Heil- und Pflegeanstalten

Sigel und Quellennachweis

Sigel und Quellennachweis der im „Bericht der Kommission der Friedrich-Schiller-Universität Jena zur Untersuchung der Beteiligung Prof. Dr. Jussuf Ibrahims an der Vernichtung ‚lebensunwerten Lebens' während der NS-Zeit" aufgeführten und mit J. Ibrahim in Verbindung gebrachten Kinder in alphabetischer Reihenfolge

lfd. Nr.	Signatur der Akte EVZ	Sigel	Tag der letzten Aufnahme	Sterbetag in Stadtroda
1	II/70, 10	M. B.	1943 – 19.7.	1943 – 14.8.
2	II/65, 11	D. F.	1943 – 15.9.	1943 – 26.11.
3	II/69, 5	Ch. G.	1944 – 25.4.	1944 – 11.8.
4	II/69, 6	G. G.	1943 – 15.5.	1944 – 6.5.
5	II/70, 2	S. Hä.	1942 – 4.3.	1942 – 7.4.
6	II/71, 4	S. H.	1940 – 23.9.	1940 – 13.11.
7	II/68, 4	B. H.	1941 – 27.2.	1941 – 1.3.
8	II/69, 2	D. H.	1943 – 23.3.	1943 – 22.5.
9	II/69, 4	M. H.	1944 – 7.3.	1944 – 22.3.
10	II/66, 4	E. K.	1944 – 9.2.	1944 – 2.6.
11	II/67, 2	E. L.	1943 – 4.10.	1944 – 28.3.
12	II/66, 15	P. M.	1944 – 28.1.	1944 – 2.3.
13	II/70, 9	G. M.	1943 – 14.10.	1944 – 15.11.
14	II/67, 7	D. N.	1944 – 11.4.	1944 – 9.6.
15	II/67, 5	B. O.	1943 – 27.7.	1943 – 17.11.
16	II/15, 8	K. P.	1942 – 12.7.	1943 – 2.3.
17	LFKHSt, KHA	S. Sch.	1943 – 18.10.	18.11.1943 entl.*
18	II/67, 10	H. St.	1941 – 18.3.	1941 – 26.3.
19	II/68, 2	H. T.	1942 – 10.4.	1942 – 25.4.
20	II/69, 2	N. T.	1943 – 11.2.	1943 – 12.6.
21	II/68, 11	G. Ü.	1944 – 27.1.	1944 – 4.5.
22	II/69, 9	D. V.	1944 – 24.5.	1944 – 4.6.
23	II/69, 8	B. W.	1943 – 5.5.	1943 – 11.10.
24	XII/83, 22	B. M.		

* Eine erneute Aufnahme in Stadtroda erfolgte am 3.1.1950. Am 15.3.1957 wurde die Patientin als „ungeheilt" mit dem Vermerk „Heimaufnahme" entlassen. Das fachärztliche Gutachten von Dr. M. Hielscher bestätigte dabei Ibrahims ursprüngliche Diagnose und Prognose.

– Anhang –

Autorenverzeichnis

Beleites, Eggert Prof. em. Dr. med. habil.,
Jg. 1939, Mediziner, von 1959–1965 Studium der Humanmedizin an der Martin-Luther-Universität Halle-Wittenberg; 1966 Promotion; 1966–1970 Facharztausbildung in der Universitäts-HNO-Klinik der Friedrich-Schiller-Universität Jena; 1986 Habilitation (Glaskeramiken für den Einsatz in der Otorhinolaryngologie als Permanentimplantatmaterial); seit 1990 Präsident der LÄK Thüringen; 1994 Professur und Ordinariat für HNO-Heilkunde; bis 2005 Direktor der Universitätsklinik für HNO in Jena, 2004 / 2005 Präsident der Deutschen Gesellschaft für Hals-Nasen-Ohrenheilkunde / Kopf- und Hals-Chirurgie; verstorben am 27.12.2006.

Eschke, Hans-Günter Prof. em. Dr. phil. habil.,
Jg. 1930, Philosoph, studierte ursprünglich Außenpolitik und Völkerrecht in Potsdam, nach Abbruch Philosophie in Berlin, lehrte und forschte von 1959–1990 in Jena; Arbeiten zur Erkenntnistheorie (konkreter Charakter der Wahrheit) sowie zur Phänomenologie E. Husserls, ab 1967 Fragen der philosophischen Persönlichkeitstheorie und philosophischen Anthropologie, speziell Max Schelers. Publikationen: Autorität als gesellschaftliches Verhältnis (1967), Arbeit und Menschenwürde (1994), zahlreiche Artikel in Sammelbänden und Zeitschriften, Mitherausgeber des Lexikon freien Denkens (seit 2000), beteiligt mit zahlreichen Artikeln. Verstorben am 27.11.2007.

Haupt, Mechthild Dr. med.,
Jg. 1939, wh. in Erfurt, Studium der Medizin 1959–1965 an der Martin-Luther-Universität Halle-Wittenberg, Fachärztin für Pädiatrie sowie Fachärztin für Kinder- und Jugendpsychiatrie, bis 2005 für den Fachbereich Neuropädiatrie am Klinikum Erfurt (eh. Medizinische Hochschule) verantwortlich. Zahlreiche Publikationen auf dem Gebiet der Epilepsie und Neuropädiatrie.

Hoppe, Jörg-Dietrich, Prof. Dr.,
Jg. 1940, wh. in Köln, von 1960 bis 1965 studierte er Medizin an der Universität zu Köln, danach arbeitete er jeweils zwei Jahre als Medizinalassistent und als Assistenzarzt in der Inneren Medizin; 1975 absolvierte er die Weiterbildung in den Fachgebieten Pathologie und Allgemeinmedizin; anschließend wurde er Oberarzt für Pathologie in Solingen und Düren, von 1982 bis 2006 war er Chefarzt des Instituts für Pathologie der Krankenhaus Düren gGmbH; er lehrt seit vielen Jahren am Institut für Rechtsmedizin und – als Honorarprofessor – an der Medizinischen Fakultät der Universität zu Köln; er ist auf dem 102. Deutschen Ärztetag 1999 in Cottbus zum Präsidenten der Bundesärztekammer (BÄK) und des Deutschen Ärztetages gewählt worden; auf dem 106. Deutschen Ärztetag 2003 in Köln und erneut auf dem 110. Deutschen Ärztetag 2007 in Münster wurde er in seinem Amt bestätigt; er kam schon 1975 in den Vorstand der BÄK und wurde 1991 Vizepräsident der BÄK und des Deutschen Ärztetages; seit 1993 ist Prof. Hoppe zugleich Präsident der Ärztekammer Nordrhein; von 1979 bis 1989 war er 1. Vorsitzender des Marburger Bundes – Bundesverband.

– *Autorenverzeichnis* –

Kasper, Johannes-Martin Dr. med.,
Jg. 1941, wh. in Eisenach, Studium der Medizin in Berlin und Erfurt, Facharzt für Kinder- und Jugendmedizin (Neuropädiatrie; Neonatologie), bis 2005 Chefarzt der Klinik für Kinder- und Jugendmedizin am St. Georg Klinikum Eisenach, seit 1990 Mitglied der Kammerversammlung der Landesärztekammer Thüringen, veröffentlichte zahlreiche Beiträge in Fachzeitschriften über Kinderneurologie.

Knoepffler Nikolaus, Prof. Dr. mult.,
Jg. 1962, wh. in Jena, studierte Theologie, Philosophie und Staatswissenschaften u. a. in Würzburg und Rom, nach Promotion und Habilitation in Philosophie in Rom bzw. München seit 2002 Lehrstuhlinhaber für Angewandte Ethik an der FSU Jena und Leiter des dortigen Ethikzentrums, Mitglied der Bayerischen Bioethikkommission u. Zweiter Vizepräsident d. Dt. Akademie für Organtransplantation, publizierte u. a. „Menschenwürde in der Bioethik" (Berlin 2004).

Lemke, Sebastian PD Dr. med.,
Jg. 1950, wh. in Jena, Facharzt für Neurologie und Psychiatrie, Tätig als Oberarzt an der Jenaer Universitätsklinik für Psychiatrie. Publikationen zu psychiatrischen Themen.

Luther, Ernst Prof. em. Dr.,
Jg. 1932, wh. in Halle, Studium Pädagogik / Geschichte / Deutsch 1950–1953 Universität Halle, Dr. phil. 1961 (Medizinische Anthropologie) Universität Greifswald, Dr. sc. phil. 1970 Universität Halle (Medizinische Ethik), Herausgeber und Mitautor von „Das hippokratische Ethos" (Halle 1967), „Der Arzt in der politischen Entscheidung" (Halle 1967), „Beiträge zur Ethik in der Medizin" (Jena 1983), „Ethik in der Medizin" (Berlin 1986), „Ethik" (Berlin 1986), „Humanität, Vernunft und Moral in der Wissenschaft" (Köln 1987), „Medizin zwischen Geisteswissenschaft und Naturwissenschaft" (Tübingen 1989), „Principles of Health Care Ethics" (London 1994), „Ethik. Arbeitsbuch für Schwestern und Pfleger" (Reinbek 1995), etwa 100 Beiträge zu medizinethischen Themen in Zeitschriften. Mitglied im Albert-Schweitzer-Komitee (Weimar), im Deutschen Hilfsverein (Frankfurt am Main) und der Internationalen Albert-Schweitzer-Vereinigung AISL (Günsbach / Frankreich).

Metzler, Helmut a. o. Prof. Dr. sc. phil.,
Jg. 1930, wh. in Jena, studierte Philosophie, Psychologie, Ökonomie, Ingenieur- und Naturwissenschaften in Halle, Jena, Dresden und Berlin, Promotion zur Logik an HU Berlin, Promotion sc. zur Theorie des Messens an FSU Jena, Arbeitsgebiete u. a.: Logik 1956–1958 FSU Jena, Psychologie 1977–1992 FSU Jena, Einführung moderner Methoden und Techniken für das Management VEB Carl Zeiß Jena 1963–1970, Leiter des gesellschaftswissenschaftlichen Teils des Staatsplanthemas der DDR „Automatisierung der Technischen Vorbereitung der Produktion" VEB Carl Zeiss Jena 1971–1977, Honorardozent für Ökonomische Kybernetik 1968–1977 FSU Jena: Veröffentlichungen in Sammelbänden, Wörterbüchern und Zeitschriften u. a. zu Themen aus: Logik, Kybernetik, Wissenschaftstheorie und -geschichte, Methodologie, Psychologie und Friedensforschung.

– Anhang –

Schilling, Willy Dr. phil.,
Jg. 1949, wh. in Jena, Historiker, Studium in Berlin, Promotion in Jena, ab 1985 wiss. Mitarbeiter eines Museums, nachfolgend Leiter eines Stadtarchivs, zwischenzeitlich mit speziellen Forschungsaufgaben zur Geschichte Thüringens betraut, heute freischaffend, veröffentlichte u. a. „Jena. Vom Ackerbürgerstädtchen zur Universitäts- und Industriestadt" (1995), „Deckname Lachs" (1995-2005; zusammen mit Klaus W. Müller), „Die Sauckel-Marschler-Regierung und das Ende des Parlamentarismus in Thüringen" (2001); „Kleine thüringische Geschichte" (ab 2001; zusammen mit Reinhard Jonscher), „Hitlers Trutzgau. Thüringen im Dritten Reich, Bd. 1" (2005).

Wallbrecht, Friedrich Dr. theol.,
Jg. 1951, wh. in Schwäbisch Gmünd, Theologiestudium in Jena 1970-1975, Promotion in Jena 1982, Assistent im Fachbereich Neues Testament 1977-1989, Dozent für Neues Testament an der Kirchlichen Hochschule 1989-1993, Pfarrer an der Stadtkirche St. Michael in Jena 1993-2003, seit 2003 Pfarrer an der Johanneskirche in Schwäbisch Gmünd, Ortsteil Hussenhofen.

Weißbecker, Manfred, Prof. em. Dr. phil. habil.,
Jg. 1935, wh. in Jena, Historiker, 1962 Promotion, 1967 Habilitation, von 1967 bis 1992 Hochschullehrer an der Friedrich-Schiller-Universität Jena, von 1994 bis 2004 Vorsitzender des Thüringer Forums für Bildung und Wissenschaft e. V. (heute: Rosa-Luxemburg-Stiftung Thüringen e. V.); zahlreiche Veröffentlichungen vor allem zur Geschichte des deutschen Faschismus, der Weimarer Republik, der politischen Parteien und des antifaschistischen Widerstandes, Mitherausgeber des vierbändigen Lexikons zur Geschichte der bürgerlichen Parteien in Deutschland von 1789 bis 1945 (Leipzig 1983 bis 1986); letzte Buchpublikationen (alle gemeinsam mit Kurt Pätzold): „Adolf Hitler. Eine politische Biographie" (Leipzig 1995), „Stufen zum Galgen. Lebenswege vor den Nürnberger Urteilen" (Leipzig 1996), „Geschichte der NSDAP 1920-1945" (Köln 1998), „Rudolf Heß. Der Mann an Hitlers Seite (Leipzig 1999), Schlagwörter und Schlachtrufe. Aus zwei Jahrhunderten deutscher Geschichte" (2 Bde. Leipzig 2002), „Kleines Lexikon historischer Schlagwörter" (Leipzig 2005).

Werner, Olaf, Prof. Dr.,
Jg. 1939, wh. in Jena, Studium der Rechtswissenschaften an der Universität Köln mit Abschluß des 1. juristischen Staatsexamens vor dem Justizprüfungsamt des OLG Köln in den Jahren 1960-1964, anschließend Referendardienst beim OLG Köln mit Abschluß des 2. juristischen Staatsexamen vor dem Landesjustizprüfungsamt Nordrhein-Westfalen von 1964-1968. 1967 Promotion während der Referendarzeit zum Thema „Zulässigkeit und Grenzen der objektiv vergleichenden Werbung", ab 1968 wissenschaftlicher Assistent an den Universitäten Köln und Göttingen mit abschließender Habilitation an der Universität Göttingen 1981 zum Thema „Aufnahmezwang privatrechtlicher Vereine und Verbände" und Erteilung der Lehrbefugnis für die Fächer Bürgerliches Recht, Zivilprozessrecht, Handels-, Gesellschafts- und Wirtschaftsrecht. Sommersemester 1982 Professor für Privatrecht an der Universität Münster und ab Wintersemester 1982-1992 Professor an der Philipps-Universität Marburg und gleichzeitig geschäftsführender Direktor des Instituts für Verfahrensrecht. 1991-1994 Gründungsdekan und Dekan der Rechtswissenschaftlichen Fakultät der Friedrich-Schiller-Universität und seit 1992 Professor an

— *Autorenverzeichnis* —

der Friedrich-Schiller-Universität Jena. Von 1996–2004 Richter am Thüringer Oberlandesgericht Jena, seit 2005 geschäftsführender Direktor des Abbe-Instituts für Stiftungswesen an der Friedrich-Schiller-Universität Jena. 1995–1999 Vorsitzender des Deutschen Juristen-Fakultätentages, seit 1987 Vertrauensdozent der Friedrich-Naumann-Stiftung, 1997 Verleihung des Verdienstkreuzes am Bande des Verdienstordens der Bundesrepublik Deutschland, 1992 bis 2000 Kuratoriumsmitglied der Evangelischen Akademie Thüringen, seit 1995 ordentliches Mitglied der Sächsischen Akademie der Wissenschaften zu Leipzig, seit 2000 Leiter des Arbeitskreises „Stiftungsprivatrecht" des Bundesverbandes Deutscher Stiftungen und damit gleichzeitig Beiratsmitglied in diesem Bundesverband. Mitglied des Vorstandes bzw. Beirates in zahlreichen Stiftungen. Die Forschungsschwerpunkte liegen im Bereich Stiftungsrecht, Erbrecht, Vereinsrecht, Ausübung und Durchsetzung der Rechte, Maklerrecht, Gastwirtshaftung, Besitzrecht und Besitzschutz, Insolvenzrecht, Verbraucherschutz, Sicherheitsleistungen, Rückführung von Raub- und Beutekunst, Sportrecht, Persönlichkeitsrechte bei Durchführung von Dopingkontrollen.